HENRY VALLOTTON

MARIA THERESIA

Die Frau, die ein Weltreich regierte

Biographie

NYMPHENBURGER

Aus dem Französischen von Ulla Leippe

2. Auflage 1980

Deutsche Erstausgabe Hamburg 1968
Die französische Originalausgabe erschien im Verlag Librairie
Arthème Fayard, Paris

Druck und Bindung: Welsermühl, Wels
ISBN 3-485-00341-7
Printed in Austria

INHALT

Erstes Kapitel

MARIA THERESIAS KINDHEIT UND JUGEND
[1717–1740]

Am 12. Mai 1717 wartet eine dichtgedrängte Menge vor der Wiener Hofburg auf die Geburt eines Kindes; der Vater ist Karl VI., Kaiser des Heiligen Römischen Reichs, Erzherzog von Österreich, König von Ungarn, König von Böhmen. Langsam gehen die Stunden dahin, die Nacht scheint kein Ende zu nehmen. Man flüstert, tuschelt, Klatschgeschichten, Gerüchte tauchen auf: »Erinnert ihr euch? Vor einem Jahr starb, sieben Monate alt, Leopold, das einzige Kind – ob das nicht die Strafe des Himmels war? Die Kaiserin ist zwar zum katholischen Glauben übergetreten, aber ob sie es ernst damit gemeint hat? Es heißt ja, daß sie immer noch das Glaubensbekenntnis von dem Luther spricht ... Ich hab's selbst gesehen, wie sie die Lippen bewegt hat, mitten in der Messe!«

Die Nacht vergeht, die Sterne verschwinden, die Sonne steigt über den Horizont und wärmt die Erde. Gegen sechs Uhr trifft der Kaiser ein, den eine Stafette in seinem Jagdschloß Laxenburg von der Entbindung benachrichtigt hat. Als sich der kleine Reitertrupp naht, winken die Frauen, ziehen die Männer den Hut: Es lebe der Kaiser! Gleich danach schließen sich die Tore der Kaiserburg hinter der Gruppe. Respektvoll und vergnügt zugleich blicken die Wiener zu den noch immer erhellten Fenstern der Hofburg hinauf.

Um sieben Uhr dreißig erhebt die große Glocke vom Stephansdom ihre Stimme, mit der sie die Siege, die großen Freuden und das große Leid verkündet. Ein Kind aus königlichem Geblüt ist geboren! Ein Prinz? Eine Prinzessin? Die Glocke verrät es nicht. Endlich öffnen sich die schweren Tore des Palastes, ein Herold tritt vor die Menge, die den Atem anhält. Laut ruft er: »Man höre! Eine Erz-

herzogin ist geboren worden, die Tochter Ihrer apostolischen Majestäten des Kaisers und der Kaiserin.« Keine Hochrufe erschallen, kein Beifall erhebt sich – schweigend zerstreut sich die Menge, alle sind bedrückt, denn alle sind überzeugt, daß es einer Frau nicht gelingen kann, Krieg und Untergang zu vermeiden, wenn Karl VI. einmal das Zeitliche segnet, ohne einen Sohn zu hinterlassen.
Am Abend wird das Kind im Beisein aller Würdenträger getauft. Damit seine Vorrechte und Ansprüche von vornherein augenfällig gemacht werden, hat das von Fürst Liechtenstein getragene Neugeborene Vortritt vor seiner Tante Wilhelmine Amalia, der Witwe Josephs I., und vor seinen beiden Kusinen, der achtzehnjährigen Maria Josepha und der sechzehnjährigen Maria Amalia. Maria Theresia Walburga Amalia Christine von Österreich wird mit Jordanwasser getauft, in das ein Dorn von Jesu Dornenkrone getaucht worden ist. Während der ganzen Zeremonie rollen dem Kaiser Tränen über das Gesicht, und auch die schöne Kaiserin weint in ihrem Wochenbett – nicht vor Glück ...

Als der dreiundzwanzigjährige König Karl III., der jüngere Sohn Kaiser Leopolds I., 1708 in Barcelona seine Frau, die Prinzessin Elisabeth Christine von Braunschweig-Wolfenbüttel in Empfang nahm, rief er aus: »Niemals hätte ich mir träumen lassen, daß Sie so schön sein könnten!« Er sah die Sechzehnjährige, die in Wien seinem Bruder per procuratione vermählt worden war, zum erstenmal. Die Bewunderung war berechtigt; Lady Mary Worthley Montagu, Gattin des britischen Botschafters in Konstantinopel, schreibt: »... Alles, was die Dichter über das Auftreten von Juno und die zarten Maße der Venus gesungen haben, bleibt hinter der Wirklichkeit zurück, wenn es um die Kaiserin geht. Die Grazien sind ihre Schwestern ... Bevor ich ihre Hände gesehen habe, hätte ich eine solche Vollkommenheit nicht für möglich gehalten, und ich bedaure nur, daß es mir mein Rang nicht gestattet, sie zu küssen!«
Erzherzog Karl von Österreich gehörte seit dem Tode Karls II. zu den Kronprätendenten von Spanien und behauptete als Karl III. mit Unterstützung der Frankreich feindlichen Mächte seine Ansprüche auf den spanischen Thron. Als aber sein Bruder, Kaiser Joseph I., 1711 an den Blattern starb, kehrte Karl nach Wien zurück, um die

österreichischen Erblande zu übernehmen. Er folgte seinem Bruder ebenfalls auf den Thron des Heiligen Römischen Reiches, und zwar als Karl VI. Joseph I. hinterließ seine Witwe, Wilhelmine Amalia, Tochter des Herzogs Johann Friedrich von Braunschweig-Lüneburg, und zwei Töchter, Maria Josepha und Maria Amalia.
Maria Josepha heiratete 1719 Friedrich August II., den Kurprinzen von Sachsen – als König von Polen August III. Ihre Schwester wurde 1722 die Gattin Karl Alberts, des Kurprinzen von Bayern, der 1742 als Karl VII. zum Kaiser gewählt wurde. Der einzige Sohn Kaiser Josephs I. starb schon 1701 mit einem Jahr.
Im April 1713 veröffentlichte Karl VI., immer noch ohne Sohn, seinen Entschluß: »Sollte kein männlicher Nachfolger vorhanden sein, geht die Erbfolge in erster Linie auf unsere Töchter Erzherzoginnen über; in zweiter Linie auf unsere Nichten Erzherzoginnen.« Diese feierliche Erklärung mit der Bezeichnung »Pragmatische Sanktion« ordnete die Unteilbarkeit der zur österreichischen Monarchie gehörenden Länder an. Obwohl die Töchter Josephs I. damit ihr Erstgeburtsrecht verloren, das ihnen durch ihren Großvater in der Leopoldinischen Verfügung 1703 zugesichert worden war, beschworen sie dennoch im Vertrauen auf die Unfruchtbarkeit ihrer Tante, der Kaiserin, die Pragmatische Sanktion. Doch ihre Rechnung ging nicht auf: 1716 brachte Elisabeth Christine einen Sohn zur Welt, der freilich im selben Jahr noch starb, dann aber gebar sie, am 13. Mai 1717, Maria Theresia. Sie schenkte ihrem Gemahl noch zwei weitere Töchter, aber keinen Sohn: Maria Anna, die am 7. Januar 1744 Karl von Lothringen, den Bruder des Kaisers Franz I., heiratete, und Maria Amalia, die jedoch schon 1730 sechsjährig starb.
Voller Furcht vor einem Erbfolgekrieg glaubte Karl VI., daß er die Pragmatische Sanktion sichern könnte, wenn er sie von den europäischen Mächten unterzeichnen ließ. Das kostete ihn jahrelange Anstrengungen und fühlbare Opfer. Prinz Eugen, sein Feldmarschall, hatte wiederholt vorgebracht, daß solche ehrenwörtlichen Verpflichtungen kaum Wert hätten und es besser sei, statt dessen die Armee zu verstärken und den Staatsschatz zu vermehren. Es gelang endlich, alle Mächte auf die Pragmatische Sanktion zu vereinen, und Karl VI. hoffte, sie endgültig zu zementieren, wenn sie vom Regensburger Reichstag bestätigt würde. Das kostete wiederum lange Ver-

handlungen. Schließlich nahmen die Reichsstände die Sanktion an, trotz dem Widerstand der Kurfürsten von Sachsen, Bayern und der Pfalz. Spanien unterzeichnete 1725, Rußland 1726, Preußen 1727, England und die Vereinigten Niederlande 1731, Schweden, Ungarn, Dänemark 1732, Frankreich 1735 und 1738.

Karl VI., zwar ausdauernd in wichtigen Dingen, sonst aber unentschlossen und weich, besaß nicht das Zeug zum großen Staatsmann. Er liebte seine Kinder, betete seine Frau an und war ein ergebener, frommer Katholik. Mut hatte er bewiesen, als er 1713 während der Pestepidemie nach Wien zurückkehrte und als er Barcelona unter verzweifelten Umständen verteidigte. Das Fehlen eines männlichen Erben, die daraus entstehende Unsicherheit der Dynastie, der Verlust des spanischen Thrones durch die Utrechter Verträge – das alles hatte ihn schwer getroffen. Als Maria Theresia geboren wurde, war er zweiunddreißig Jahre alt, seine Frau sechsundzwanzig. Sie konnten also hoffen, daß Gott ihnen noch einen kleinen Prinzen gewähren würde.

Gouvernanten folgten einander in der Erziehung von Reserl oder Resl und ihrer Schwester Mariandl: Gräfin Thurn, dann Frau von Starhemberg und vor allem ihre »Aja«, die Gräfin Fuchs, geborene Charlotte Mollard – von allen am meisten geliebt.

Jesuitische und weltliche Professoren, Österreicher wie Ausländer, umgaben die Prinzessinnen. Sie erhielten Unterricht in Geschichte, Mathematik, Latein (die Staatssprache in Ungarn!); Französisch, Italienisch, Spanisch wechselten mit Unterweisung im Tanzen, in der Etikette, der Poesie, im Gesang und Cembalospiel. Das abwechslungs- und vergnügungsreiche Erziehungsprogramm ließ Resls lebhafte und impulsive Natur voll aufblühen. Vergleicht man es mit dem unerbittlichen Arbeitsplan des künftigen Königs Friedrich II. im Jahre 1719 (als er sieben Jahre alt war) und mit dem, was Maria Theresia selbst später ihrem Sohn Joseph in den Schädel stopfen ließ, dann ist nicht zu übersehen, daß die beiden Schwestern es an Bildung mit diesen Männern nicht aufnehmen konnten. Resl beherrschte keine Fremdsprache wirklich gründlich, dafür aber alle Finessen des köstlichen Wiener Dialekts. In ihrem Kauderwelsch schrieb sie etwa: »Die Question ist schon decidirt bey mir und werde recht opiniatre darauf bleiben.« Oder: »Der König kann nicht

revenirn von unserer Noirceur«, was besagen sollte, daß er sich von seiner gedrückten Stimmung nicht befreien konnte. In Marginalien, die sie später auf offiziellen Berichten anbrachte, liest es sich – ganz abgesehen von falsch geschriebenen französischen Wörtern – etwa so: »Beede fälle seind schwär.« Sie brauchte Wendungen wie »ein praetext geben« – einen Vorwand abgeben – oder »Placet, Gott gebe, daß er reussire«. In ihr Deutsch mischten sich außer französischen auch gelegentlich italienische Ausdrücke.
Die Jahre vergehen, der ersehnte Thronerbe stellt sich nicht ein, und statt den Ausbildungsplan der Erzherzogin entsprechend zu ändern, die Finanzen seiner Länder aufzubessern und die Armee zu verstärken und zu trainieren, setzt der Kaiser seine mühsamen Verhandlungen um die Verankerung der Pragmatischen Sanktion fort.
1733 berichtete der Botschafter Englands, Sir Thomas Robinson, Lord Harrington über die sechzehnjährige Maria Theresia: »Die Erzherzogin überlegt mit klarem und scharfem Verstand und möchte sich unbedingt einen Überblick über die Staatsgeschäfte verschaffen. Sie ist so auf das Herrschen erpicht und so sehr dazu geeignet, daß sie ihren Vater als eine Art Verwalter ansieht... Geist und Logik sind hervorragend... Sie ist fröhlich und munter.« Der venezianische Gesandte Foscarini meinte: »Sie ist bereits heute so auf die Zukunft eingestellt, daß man sich leicht vorstellen kann, wie wenig sie später geneigt sein wird, den von ihr berufenen Ratgebern großen Einfluß einzuräumen.« Ihr Biograph Arneth schreibt, Maria Theresia sei »eine reizende Gespielin, die den ein wenig düsteren Hof erhellt wie eine Blume, die sich in den Ritzen eines alten Gemäuers entfaltet.« Die Blume entfaltet sich übrigens unter den Strahlen der Liebe...

Ende Dezember 1723 war ein schöner, kräftiger, schlanker Edelknabe an den Wiener Hof gezogen, wo seine Erziehung vollendet werden sollte: Franz Stephan, eines der zahlreichen Kinder Herzog Leopolds von Lothringen und der Prinzessin Elisabeth Charlotte von Orléans, Schwester des Regenten von Frankreich. Man wies ihm die Wohnung zu, die Eleonore Magdalene, Mutter Karls VI., in der Hofburg innegehabt hatte. Der junge Mann hatte seinen Erzieher mitgebracht, drei Kammer- und zwei andere Diener, zwei Läufer und zwei Heiducken. Der Kaiser gab ihm die Grafen Cobenzl und Neipperg zu Erziehern, zwei Kammerherren, zwei Pagen und zahlreiche Domestiken. »Er war ein liebenswürdiges Kind«, schreibt Lefebvre, Hofmeister des souveränen Hofes von Lothringen, »aber erstaunlich unbändig. Er schien unfähig zu irgendeiner Form von Fleiß zu sein.« Die Lehrer des jungen Mannes merkten denn auch sehr bald, daß ihr Schüler die Jagd dem lateinischen Aufsatz und das Schießen der Grammatik vorzog.

Im September 1723 hatte die Kaiserin ihrem Gatten anvertraut, daß sie zum vierten Mal ein Kind erwartete. Voller Hoffnung, daß ihm Gott diesmal einen Sohn bescheren werde, fand Karl VI. für ein paar Monate zu seiner alten Fröhlichkeit und Lebenslust zurück. Aber die Kaiserin brachte ein Mädchen zur Welt, Maria Amalia, die mit sechs Jahren starb. Der tiefbekümmerte Kaiser mußte sich mit dem Gedanken trösten, daß Maria Theresia dank der Pragmatischen Sanktion in Frieden regieren werde – da er aber trotzdem fürchtete, daß der junge Herzog von Lothringen kaum imstande sein würde, mit fremden Ansprüchen an die Krone fertigzuwerden, suchte er nach einem mächtigeren Gatten für seine Tochter. Zunächst nahm er die Heirat mit dem Erben von Portugal in Aussicht, zog sich dann aber wieder zurück und unterzeichnete 1725 eine geheime Abmachung mit Elisabeth Farnese, der Gattin Philipps V. von Spanien: Resl sollte die Frau ihres ältesten Sohnes Don Carlos und Mariandl die des jüngeren Bruders Don Philipp werden. Die europäischen Höfe witterten das Geheimnis bald, alles regte sich auf, und die Abmachung wurde annulliert. Das hätte die beiden kleinen Prinzessinnen, wäre es ihnen zu Ohren gekommen, sicher zu Freudenausbrüchen hingerissen, denn beide waren in den schönen Lothringer verliebt. Seckendorff, der Botschafter Österreichs in Berlin, kam mit einem anderen Vorschlag: Kronprinz Friedrich von Preußen, der fünf Jahre älter als Maria Theresia war. Doch der Plan, lebhaft bekämpft vom Prinzen Eugen, zerschlug sich; der künftige Friedrich II., wenig geneigt, sich eine Frau auf den Hals zu laden, hatte überdies erklärt, daß er keineswegs zum Katholizismus übertreten werde. (Aber man fragt sich doch, was aus Österreich, aus Preußen, ja was aus Europa geworden wäre, wenn diese Heirat stattgefunden hätte ...)

Am 27. März 1729 starb Leopold von Lothringen und ließ seiner

Frau vier Kinder zurück: den einundzwanzigjährigen Franz Stephan, der in Wien lebte, die achtzehnjährige Elisabeth Theresia, Karl, siebzehn Jahre alt, und Anna Charlotte, fünfzehnjährig. Franz kehrte sofort nach Nancy zurück; er trat als Franz III. die Nachfolge seines Vaters an. Dann begab er sich auf Reisen nach Paris und London, wobei ihn der österreichische General Neipperg begleitete, den Karl VI. für diesen besonderen Anlaß zu seinem außerordentlichen Gesandten ernannt hatte. In Den Haag wurde Franz Stephan durch den englischen Botschafter Lord Chesterfield in den Freimaurerorden aufgenommen. Im Mai 1732 kehrte er nach Wien zurück, »mit 100 000 Pfund in Gold, einer gleichen Summe in Wechseln, weiteren Mitteln in Kreditbriefen – also als ein beachtlicher Posten auch für die Krone«. In der Hofburg begegnete ihm die herangewachsene Maria Theresia, hinreißender und liebenswerter denn je. Sie war fünfzehn Jahre alt – Zeit, an eine Vermählung zu denken! Aber Karl VI., besorgt und unentschlossen wie stets, schickte Franz Stephan mit einer Mission nach Mainz, ernannte ihn dann zum Gouverneur von Ungarn, mit Residenz in Preßburg. Elisabeth Charlotte, Franz' Mutter und Regentin Lothringens, verhehlte ihm nicht ihr lebhaftes Mißvergnügen: »Wenn schon Gouverneur, dann lieber in Lothringen als in Ungarn!«

Besessen von dem Gedanken an die Erbfolge, hatte Karl VI. die Krone Polens seinem Neffen August von Sachsen garantiert, gegen Anerkennung der Pragmatischen Sanktion durch den Kurfürsten. 1733 starb August II. von Sachsen, König von Polen. Voller Hoffnung, sich von der Vormundschaft Sachsens zu befreien und die russische Oberherrschaft abzuschütteln, vergab Polen die Krone an Stanislaus Lesczynski, den Schwiegervater Ludwigs XV. Sofort wurden österreichische und russische Truppen in Marsch gesetzt, um August III., Sohn des verstorbenen Kurfürsten und Königs, auf den Thron zu heben. Daraufhin lebte der alte Familienpakt der Bourbonen gegen die Habsburger wieder auf, und die Könige von Frankreich, Spanien und Sardinien warfen ihre Truppen gegen Polen und gegen Italien. Mehrere Niederlagen zwangen Karl VI., geheime Friedenspräliminarien mit Frankreich und einen Waffenstillstand mit Spanien und Sardinien zu schließen. Im Wiener Vertrag, 1738, trat er Neapel, Sizilien und einen Teil der Lombardei ab und erhielt Parma und

Piacenza. Er überließ Stanislaus das Herzogtum Lothringen, der dafür auf die polnische Krone verzichtete; nach dem Tode von Stanislaus sollte Lothringen an Frankreich fallen. Ludwig XV. erklärte sich dafür einverstanden, daß der Lothringer die Toskana erhielte, wenn der regierende Großherzog, der letzte der Medicis, das Zeitliche segnete.

Um diesen unglückseligen Tausch Lothringens gegen die Toskana vollziehen zu können, brauchte Karl VI. die Zustimmung Franz Stephans von Lothringen. Mit der heiklen Verhandlung wurde der für seine Brutalität bekannte Bartenstein beauftragt, der sich dann auch entsprechend benahm: mit wenigen Worten erklärt er dem jungen Fürsten die Lage und läßt ihm die Wahl: Maria Theresia gegen Lothringen – falls nicht, den Bruch! Als kleine und einigermaßen unsichere Kompensation wird ihm außerdem die Toskana in Aussicht gestellt – wenn der Großherzog stirbt, soll Franz ihm auf dem Thron folgen.

Das Haus Lothringen, verbunden mit Karl VI. und den meisten europäischen Höfen, regierte seit sieben Jahrhunderten in Oberlothringen. 1048 hatte Kaiser Heinrich III. Oberlothringen dem Stammvater der Dynastie, dem elsässischen Grafen Gerhard, verliehen. Bis zu Franz III. hatten fünfundzwanzig Fürsten dieses Geschlechts die Krone getragen. Das durch seine Landwirtschaft reiche Land war in drei Ämter mit dem Regierungssitz Nancy aufgeteilt. So sollte also das erlauchte Haus der Lothringer alles verlieren – die Ländereien, die Einkünfte, die privilegierte Stellung? ... Hatte Karl VI. vergessen, daß Karl Leopold von Lothringen im Jahre 1683 zur Verteidigung Wiens gegen die Türken beigetragen hatte? Daß er sechs Jahre danach geholfen hatte, Mainz zu retten und Bonn zu befreien? Und falls dem Kaiser doch noch ein Sohn geboren werden sollte, der Maria Theresia um ihre Thronrechte brächte? Bedeutete das Ganze nicht, daß die Eheschließung mit Maria Theresia keine Liebesheirat, sondern nur Kompensation für den Verlust eines Landes wäre? Ein furchtbarer Konflikt, eine grausame Wahl für den jungen Fürsten! Seine Mutter und sein Bruder Karl flehten ihn an, fest zu bleiben, doch er war Maria Theresia aus ganzem Herzen verbunden; er hatte so viele Jahre in ihrer Nähe gelebt, daß eine Trennung unmöglich erschien.

Zwischen seiner Liebe zur Erzherzogin und den Pflichten gegenüber seiner Dynastie hin- und hergerissen, machte der junge Herzog schlimme Stunden durch. »Mein Sohn schneidet sich die Kehle durch, sich und der ganzen Familie«, schrieb die Herzogin-Witwe einer Freundin. »Wenn er so töricht wäre, auf das einzugehen, was dieser Kaiser will, müßte er wohl verhext sein!« Bartenstein, entschlossen, die Entscheidung mit Gewalt zu erzwingen, machte dem Herzog am 11. April 1736 einen letzten Besuch, las ihm den Abtretungsvertrag vor und drückte ihm die Feder zum Unterzeichnen in die Hand. Dreimal warf der Fürst sie zu Boden; dreimal hob Bartenstein sie auf und reichte sie wortlos wieder hin. Schließlich unterzeichnete der Herzog. Seine Mutter warf ihm vor, die Ahnen verraten und die Nachkommen beraubt zu haben. Um Karl von Lothringen zu beruhigen, der in der Absicht nach Wien gereist war, seinen Bruder um Standhaftigkeit anzuflehen, versprach ihm der Kaiser die Hand seiner zweiten Tochter Maria Anna. Im Tauschhandel um Lothringen erhielt Franz Stephan eine jährliche Apanage von dreieinhalb Millionen, die gezahlt werden sollte, bis er in den Besitz der Toskana gelangt sei.

Am 31. Juli 1735 wurde die Verlobung Maria Theresias mit dem seines Landes beraubten Franz Stephan von Lothringen gefeiert, der danach der Etikette gemäß Wien verließ und bis zum Hochzeitstag in Preßburg blieb. Sein Herz war zerrissen zwischen Liebe zu seiner Braut und Groll auf den Schwiegervater, der ihm das Erbe verschleudert hatte. Resls Liebe freilich konnte durch Franz Stephans Verzicht nur noch gesteigert werden. »Sie ist von zärtlicher Liebe für den Fürsten durchdrungen«, berichtete Robinson. »Nachts sieht sie ihn im Schlaf, und tagsüber unterhält sie ihre Hofdame so ausschließlich von ihm, daß es wenig wahrscheinlich ist, sie könnte den Mann jemals vergessen, der nach ihrer Meinung ganz für sie geschaffen ist.« In dieser vom Protokoll vorgeschriebenen Trennungszeit wechselten die Verlobten Briefe, die bei Maria Theresia so lauten:

»Caro viso!

Ich bin Ihnen unendlich dankbar für die Aufmerksamkeit, mir über Ihr Ergehen zu berichten, denn ich war betrübt wie ein armes Hündchen. Lieben Sie mich ein wenig, und verzeihen Sie, daß ich Ihnen

nicht ausführlich antworte, aber es ist zehn Uhr, und Herbéville wartet auf meinen Brief.
Adieu, Mäusl, ich umarme Sie aus vollem Herzen! Geben Sie gut acht auf sich! Ich bin Ihre

sponsa dilectissima
Maria Theresia«

Franz Stephan antwortete, daß die Tage, an denen er keine Nachrichten von seiner sehr lieben Braut erhielt, ganz unerträglich seien und daß er sehr traurig wäre, dächte er nicht immer an ihre bevorstehende Vereinigung.
Am 12. Februar 1736 wird die Vermählung des achtundzwanzigjährigen Herzogs Franz Stephan von Lothringen mit der neunzehnjährigen Maria Theresia, die ihn seit Kindertagen liebt, in der Augustinerkirche in Wien vollzogen. Der Gemahl ist wohlgebaut, hat regelmäßige Züge und ein angenehmes Auftreten. Resl, die schmale Taille fest geschnürt, sieht bezaubernd aus und strahlt vor Glück. Bewegt spricht sie den Schwur: »Für immer und ewig!« Im Gegensatz zu den üblichen Gepflogenheiten wird die lange Schleppe der Braut nicht von Pagen getragen, sondern von der dreiundsechzigjährigen Gouvernante Gräfin Fuchs – zärtlich Füchsin oder Mami genannt.
Die Lothringer Familie war tief unglücklich über den Verlust ihres Landes. Als die Fürstin Elisabeth Charlotte mit ihren beiden Töchtern am 6. März 1737 endgültig das Schloß von Lunéville räumte, um sich nach Commercy zu begeben, streckten die am Wegrand knienden Bauern die Arme nach den dreien aus und beschworen sie, bei ihnen zu bleiben. Die Prinzessinnen weinten. Drei Wochen später zog Seine Polnische Majestät Stanislaus Lesczynski in Nancy ein; die Straßen waren wie leergefegt; der Adel glänzte durch Abwesenheit, Unbekannte hatten mehrere Fenster des Schlosses zugeschlossen oder zugemauert ...

Im April 1736 starb plötzlich Feldmarschall Prinz Eugen. Er war ein Sohn von Eugen Moritz von Savoyen und Olympia Mancini, einer Nichte Mazarins. Der »Abbé von Savoyen« oder »der kleine Abbé«, wie man ihn in seinen jungen Tagen nannte, hatte sich bei der Belagerung Wiens durch die Türken ausgezeichnet und sich bei Hochstädt, Oudenarde und Belgrad glanzvollen Ruhm erworben, der auch durch einige Niederlagen nicht getrübt werden konnte. In Wien hatte er sich das großartige Palais Belvedere erbaut, war täglich in der Hofburg erschienen und hatte Maria Theresia große Zuneigung bezeigt.

Im Wunsch, die territorialen Verluste auszugleichen, stürzte sich Karl VI. unvorsichtig und entgegen der Ansicht seiner Ratgeber in den Krieg gegen die Türkei. Feldmarschall Seckendorff wurde nach schwerer Niederlage abgesetzt und verhaftet. Im Dezember 1737 glaubte der Kaiser, ihn durch seinen Schwiegersohn Franz Stephan ersetzen zu können, der inzwischen Gouverneur der Niederlande geworden war und nun zum Generalissimus ernannt wurde. Ohne jede militärische Erfahrung errang Franz Stephan am 4. Juli 1738 den leichten Erfolg von Kornin, erlitt danach aber eine ernsthafte Niederlage, wurde krank und von seinem Posten entbunden. In Wien empfing man ihn mit unfreundlichen Mienen. Da kam es sehr gelegen, daß Johann Gaston Medici, sechster Großherzog der Toskana, die Höflichkeit besaß, ohne Erben zu sterben; Franz Stephan, dank der Verträge nun sein Nachfolger, brach am 17. Dezember mit Maria Theresia und den Kindern nach Florenz auf. Die Tochter Maria Elisabeth war zweiundzwanzig Monate alt, Marianne im Oktober geboren. Florenz empfing den neuen Herrn mit großem Pomp, und Franz machte sich rasch beliebt, als er eine Akademie für junge Adlige gründete und einen Gefangenenaustausch mit den Berbern durchführte. Maria Theresia gewann aller Herzen durch Schönheit, Wohlwollen und musikalische Begabung. Der Aufenthalt in Florenz ließ sich für alle Teile so gut an, daß sich die Stadt entschloß, zur Erinnerung einen Triumphbogen vor den Toren von San Gallo zu errichten.

Nach drei Monaten kehrten Franz und seine Familie über Mailand nach Wien zurück, wohin ihn der dringende Wunsch des vom Schicksal geschlagenen Karls VI. rief. Die Armeen des Kaisers hatten neue Niederlagen erlitten; mehrere Generäle waren ihres Postens enthoben und eingekerkert worden; die Türken hatten bei Krotzka gesiegt und Belgrad eingenommen, und Karl mußte Belgrad, Orsowa, Serbien und die Kleine Walachei zurückgeben.

Der Botschafter Robinson berichtete am 17. August 1739 nach London: »Hier geht alles in völliger Verwirrung dem Untergang ent-

gegen; überall werden Symptome schlimmster Unordnung und Torheit sichtbar, wie sie nur einem vom Himmel verfluchten und durch innere Streitigkeiten wie durch allgemeines Mißgeschick heimgesuchten Volk beschieden sein können: Niederlagen, Unfähigkeit, Hunger, Armut und Pest ...«
Im Sommer erkrankt der Kaiser nach einer Mahlzeit Champignons. Sein Zustand verschlechtert sich zusehends. Maria Theresia, zum viertenmal schwanger, fällt am Bett des zärtlich geliebten Vaters in Ohnmacht; man bringt sie aus dem Zimmer. Am 20. Oktober stirbt Karl VI. im Alter von fünfundfünfzig Jahren. Man raunt, daß sich am Vorabend in der Umgebung des Schlosses das Gespenst der Weißen Dame gezeigt habe, die den Habsburgern großes Unglück anzuzeigen pflegt ... Karl VI., der letzte männliche Sproß der seit vierhundertzweiundsechzig Jahren regierenden Habsburger, wird im Rittersaal aufgebahrt, im Galakleid, mit Perücke und Federhut. Auf einem Kissen von Goldlamé ruhen die Kronen des Heiligen Römischen Reichs Deutscher Nation, des Königreichs Böhmen, des Königreichs Ungarn, daneben das Zepter. Zu seinen Füßen liegt ein silbernes Kruzifix.

Als Maria Theresia am 20. Oktober 1740 den Thron besteigt, ist Österreich-Ungarn ein Konglomerat ungleicher, aneinandergereihter Länder, unterschiedlich nach Ursprung, Sprache, Konfession und Tradition. Das Mosaik, ein Völkerbund im Kleinen, ist weniger durch Eroberungen entstanden als durch landesherrliche Verfügungen, durch Absprachen, Erbgänge und Heiraten. Deutsche, Serben, Rumänen, Böhmen, Kroaten, Italiener, Ungarn – Katholiken, Protestanten, Juden, Moslim bilden die buntscheckige Bevölkerung. Erträgnisse und Einkünfte sind begrenzt. Wie hoch die Steuern auch immer sein mögen, der Staat ist ständig auf ausländische Subsidien angewiesen, um seine Truppen unterhalten zu können, falls sie mehr als einen Feldzug im Jahr unternehmen.
Karl VI., der seine Laufbahn als Herrscher mit glänzenden Erfolgen begann und sie mit schlimmen Niederlagen fortsetzte, hatte reiche Länder hingegeben, um die Pragmatische Sanktion zu sichern. Neapel und Sizilien hatte er dem Infanten Don Carlos überlassen, einen Teil des Herzogtums Mailand dem Haus Savoyen. Für den weit ent-

fernten Hafen Antwerpen hatte er beträchtliche Mittel aufgewandt, in Ostende und Triest eine Flotte aufgebaut. Er unterhielt Garnisonen in Brüssel, Antwerpen, Mailand, Mantua, Palermo und Messina. In Brüssel vertrat ihn Prinz Eugen, dann Marquis de Prié und seit Oktober 1725 Erzherzogin Maria Elisabeth. Den Gouverneuren stand der *Konferenzrat* zur Seite, meistens nur *Konferenz* genannt. Der Herrscher verfügte in Wien über den *Obersten Rat der Niederlande*, der in allen Angelegenheiten dieser Provinzen beratende Stimme hatte. Als Folge von Schikanen und Gewaltakten, die der daraufhin in Ungnade gefallene Marquis de Prié begangen hatte, kam es in Belgien zu blutigen Aufständen.

1740 kennzeichnet Piot die Situation der österreichischen Niederlande mit den Worten: »Völlige Erschöpfung als Folge von Kriegen und schlecht geleiteten kommerziellen Spekulationen; Versuche, die Macht in den Händen des Gouvernements zu sammeln und deshalb starkes Mißtrauen in der Bevölkerung; Tyrannei, Aufstände, Ausbeutung des Landes zum Vorteil Österreichs, ungeschickte Neuerungen, Vernichtung von Handel und Gewerbe.« Maria Theresia fielen die österreichischen Niederlande gemäß den Utrechter Verträgen zu, die 1715 im Barrieren-Vertrag bestätigt wurden. Der Oberste Rat setzte sich zusammen aus dem Präsidenten, Don Emanuel de Silva-Tarouca, dem Marquis Pacheco, Don Emanuel Desvals, de Paol und einem einzigen Belgier: Charles Philippe Pattyn. Präsident Tarouca, ein vollendeter Edelmann, verstand nach seinen eigenen Worten »nichts vom bürgerlichen Recht, nichts von Rechtsprechung und Rechtsverfahren«.

Maria Theresia erbt also von ihrem Vater die Königreiche Ungarn und Böhmen, Schlesien, das österreichische Schwaben, Vorder-, Ober- und Niederösterreich, Steiermark, Kärnten und Krain, die vier Städte, Burgau, Breisgau, Friaul, Mailand, die Herzogtümer Parma und Piacenza. Beim Tode Karls VI. besteht das Heer aus knapp hunderttausend über das weite Reich verstreuten Soldaten; die Armee ist kaum organisiert, entmutigt, schlecht geführt; manche Schwadronen haben nur eine Handvoll Reiter. Die Generäle Seckendorff, Neipperg, Wallis sitzen in Haft; Königsegg ist seines Kommandos enthoben und hat ein Hofamt übernommen. Die Minister sind uneinig, der Adel ist unsicher, das Volk mutlos, die Kasse leer. Es fehlt

an Lebensmitteln. Der Botschafter Englands vergleicht die österreichische Aristokratie jener Zeit mit den Römern der Verfallszeit, die sich für das Schicksal ihres Vaterlandes nicht interessierten, solange nur ihre Villen und ihre Fischteiche unangetastet blieben. Später schilderte Maria Theresia selbst die Verhältnisse, die sie als junge, sorgenvolle, aber mutige Herrscherin vorfand:
»Niemand wird mir widersprechen, wenn ich behaupte, daß man in der Geschichte nicht leicht das Beispiel einer anderen Herrscherin finden wird, die unter schlimmeren Umständen als denen, mit denen ich mich abplagte, die Zügel der Regierung ergriffen hat. Die Truppen, einstmals als die besten Europas betrachtet und der Schrecken ihrer Feinde, hatten ihren Ruf fast völlig verloren. Die Pest wütete im größten Teil meiner Länder; die Grenzen waren überall ungeschützt. Einige tausend Gulden war alles, was ich in den Kassen vorfand ... Die Schwierigkeiten schienen unüberwindlich.«
Sollte Österreichs Ende gekommen sein?

Zweites Kapitel

MARIA THERESIA AN DER ARBEIT

[1740]

Vom Augenblick ihrer Thronbesteigung an handelt Maria Theresia mit einer Schnelligkeit und Entschlossenheit, wie man sie am Wiener Hof nicht gewohnt war. Schon am Todestage ihres Vaters besteigt sie die Stufen des Thrones, den erzherzoglichen Hut auf dem Haupt. Plötzlich bleibt sie stehen, wendet sich um, als ob eine Stimme sie gerufen hätte, und bricht in Tränen aus. Aber es ist nur ein kurzer Schwächeanfall – sie faßt sich und nimmt auf dem Thron Rudolf von Habsburgs Platz. Graf Sigismund Rudolf Sinzendorff, Oberhofmarschall, tritt einige Schritte vor und erklärt im Namen aller Würdenträger Ober- und Niederösterreichs, daß sie die ihnen vom verstorbenen Herrscher übertragenen Ämter zur Verfügung stellen. Maria Theresia erhebt sich zu einer bewegten Ansprache: Ihr vielgeliebter Vater habe ihr, so erklärt sie, vor seinem Tode seine Mitarbeiter wärmstens ans Herz gelegt; sie schätze sich glücklich, ihnen ihre Ämter zurückzugeben; sie zweifle nicht daran, daß sie ihre Aufgaben mit gleichem Eifer und gleicher Hingabe durchführen würden.

Die Stimme der jungen Herrscherin ist klar und fest und schwankt nur wenige Augenblicke unter dem Ansturm der Gefühle. Hingerissen von der Schönheit, der Jugend, dem Mut Maria Theresias leisten die Würdenträger den Eid auf die Frau, die den Titel einer Königin von Ungarn, einer Königin von Böhmen mit dem einer Erzherzogin von Österreich vereint.

Bereits am folgenden Morgen eröffnet sie die Sitzung des Ministerrats, der »Geheimen Konferenz«. Zu ihrer Linken sitzt ihr Gemahl, die sechs Räte haben ihren gewohnten Platz am Tisch eingenommen.

Ein seltsamer Anblick – die dreiundzwanzigjährige Souveränin, die einem Areopag von sechs Greisen mit einem Gesamtalter von vierhundertzehn Jahren präsidiert! Da ist Graf Philipp Ludwig Sinzendorff, Chef der Königlichen Kanzlei, also eine Art Premierminister, ehemaliger Diplomat, bewandert in allen einschlägigen Gepflogenheiten und Hofintrigen, geschickt, listig, geldgierig, abwechselnd schmeichelnd und schroff, arrogant und demütig, eigensinnig und geschmeidig. Sein Reichtum hat ihn nicht gehindert, Herzog Leopold von Lothringen um Ländereien und 100 000 Taler zu erleichtern. »Er hätte das Zeug zu einem großen Staatsmann gehabt«, schrieb Maria Theresia später, »aber ich hatte kein Vertrauen zu ihm, weil er zu viele Vorurteile, Passionen und Hintergedanken besaß.«

Neben ihm sitzt sein Gegner, der ehrenwerte und erprobte Graf Gundaker Starhemberg, dessen Bruder sich bei der Belagerung Wiens ausgezeichnet hat. Seit dreißig Jahren ist er Präsident der Staatsbank, ein sehr aktiver, loyaler, verläßlicher, sparsamer Mann. Er ist es, den Karl VI. auf seinem Sterbebett seiner Tochter vor allem empfohlen hat. Aber Starhemberg zählt siebenundsiebzig Jahre und steht der Hofkammer seit siebenunddreißig Jahren vor; seine Kräfte entsprechen nicht mehr seiner Ergebenheit.

Und da ist der Feldmarschall Graf Lothar Königsegg, der die Bürde seiner siebzig Jahre mit Leichtigkeit trägt. Er war einer der schönsten Männer des Reiches und einer seiner mittelmäßigsten Lenker. Während einer Mission in der französischen Hauptstadt verblüffte er die Pariser durch die Schönheit seiner auf spanische Art geschirrten Pferde, die Kostbarkeit seiner Karossen und die wie Gold schimmernden Livreen der Lakaien – was alles den Staat ein hübsches Stück Geld kostete. Nach den Niederlagen gegen die Türken hat er den Vorsitz im Kriegsrat an Graf Johann Joseph Harrach abtreten müssen, einen sehr durchschnittlichen Mann, der geschickt persönlichen Vorteil aus seinen Ämtern zu ziehen weiß. Harrach sitzt neben seinem siebzigjährigen Bruder Graf Alois Raimund Harrach, dem ehemaligen Botschafter in Madrid, jetzt Landmarschall und Gouverneur von Niederösterreich.

Den Platz am Tischende nimmt Hofrat Johann Christoph von Bartenstein ein; mit halbgeschlossenen Augen, die Gänsefeder schreibbereit, wartet er darauf, das Protokoll dieser ersten Sitzung in der

neuen Herrschaftsepoche aufnehmen zu können. Er macht die ganze Arbeit, übrigens ohne offiziellen Sitz im Rat zu haben, Sinzendorff fügt nur seine Unterschrift hinzu. Bartenstein, der Sohn eines protestantischen Philosophieprofessors in Straßburg, ist nach Beendigung seines Rechtsstudiums nach Wien gekommen und Karl VI. als intelligenter, ergebener und gewandter Mann aufgefallen, so daß er ihn unter seine Fittiche genommen hat. Dank dieser Unterstützung und seines Wertes voll bewußt, ist Bartenstein hart geworden und gibt sich bei Gelegenheit sogar grob. Seine Kollegen im Rat verübeln ihm die bürgerliche Herkunft und den schnellen Aufstieg und bezweifeln, daß er aus ehrlicher Überzeugung zum Katholizismus übergetreten ist. »Jeder Minister war Herr seines Geschäftsbereichs und durchkreuzte alles, was ihm nicht paßte«, berichtete Maria Theresia später. Die vier *Hofkanzleien* Österreich, Böhmen, Ungarn, Transsylvanien arbeiten getrennt voneinander.
Was wird die Königin tun? fragen sich die sechs alten Männer voller Unruhe. Wird sie sich für die Antipathie rächen, die sie gelegentlich Franz Stephan von Lothringen spüren ließen? Werden sie mit einigen freundlichen Worten, einer bescheidenen Pension, einem Orden, den Abschied erhalten? Sie denken mit Schrecken an eine Rückkehr auf ihre Güter. Jeder von ihnen wünscht, im Kabinett zu bleiben und weiter teilzuhaben an der Macht, die ihr Lebenszweck geworden ist. In einem Alter, wo sie sich eigentlich auf den Ruhestand freuen sollten, klammern sich »die sechs Greise, die mageren Katzen«, wie Maria Theresia und Franz Stephan sie unter vier Augen nennen, an ihre Sessel, in der Illusion, daß sie für die Königin unentbehrlich, für das Reich unersetzlich seien …
Gespannt hören sie zu, wie Maria Theresia mit bewegten Worten das Werk des verstorbenen Herrschers umreißt. Sie stellt fest, daß sie allein nach der Pragmatischen Sanktion zur Nachfolge berechtigt ist; sie erklärt ihren festen Entschluß, den bestehenden Verträgen und Abkommen Geltung zu verschaffen und das Werk ihres Vaters fortzusetzen. Überrascht von der Sicherheit der Erklärung bezeugen die Mitglieder des Rats nur mit einer Verneigung ihre Zustimmung; die nächsten Worte werden die entscheidenden für sie sein, sie werden ihr Schicksal besiegeln. Aber die Königin würdigt zunächst ihren Gemahl und seine Qualitäten als Fürst. Die Alten schweigen

nach wie vor. Endlich geruht sie, sich mit ihnen zu befassen: Sie wird sie in ihren Diensten behalten; mit Gottes Hilfe und ihrer getreuen Mitarbeit will sie das Reich der Habsburger behaupten.
In einem feierlichen Akt erhebt Maria Theresia am 21. November 1740 ihren Mann zur Würde eines *Mitregenten*, womit Franz Stephan keinerlei Anspruch auf ihre Nachfolge erhält, sondern nur das Recht, die Regentschaft für einen unmündigen Thronfolger zu übernehmen, falls die Königin früh sterben sollte. Maria Theresia läßt die feierliche Akte an allen Gerichtshöfen des Erzherzogtums eintragen mitsamt der handschriftlichen Verpflichtung des Herzogs, der Verfügung »nie den Vorwand zu entnehmen, sich über den Vorrang seiner erhabenen Gemahlin hinwegzusetzen, sich ferner an die Klauseln der kaiserlichen Sanktion zu halten und niemals etwas gegen die Rechte der Erben vom Hause Österreich zu unternehmen.«
Tatsächlich ist die junge Souveränin bemüht, mit ihrem Gemahl nicht nur das Bett zu teilen, sondern auch die fürstlichen Ehren, das ganze Leben, wenn schon nicht die Macht.
Als einige Minister rügen, daß sie in der Öffentlichkeit mit ihrem Mann zusammen speist, schließt sie ihnen mit drei Wörtern den Mund: »Ich will es.«
Am 22. Oktober 1740 entfaltet sich die prunkvolle Zeremonie der Thronbesteigung. Die Würdenträger der österreichischen Länder und die Delegierten der Städte sind anwesend. Unter dem Baldachin im Rittersaal der Hofburg steht Maria Theresia und erklärt mit klingender Stimme: »In allen Dingen werde ich Ihre hingegebene Souveränin und *Ihre Mutter* sein, bis zu meinem Tode.«
Dann begibt sie sich mit dem Hof und allen anderen Anwesenden zum Stephansdom. Sie trägt eine mit Hermelin verzierte Seidenrobe, Nacken und Arme sind bloß, Diamanten funkeln im Haar. Sie selbst ist die einzige Frau in diesem eindrucksvollen Aufzug von Diplomaten, Generälen, ordensgeschmückten Beamten. Ein Spalier von Soldaten in weißer Uniform mit Dreispitz hält die Menge zurück, deren schüchterne Hochrufe die Unruhe der Bevölkerung illustrieren: Kann die Königin, wie tapfer sie auch sein mag, das Reich wie ein König verteidigen?
Auf die kirchliche Zeremonie folgt das Festmahl im Schloß. Hier sind zum erstenmal einige Damen zugelassen: »Das weibliche Im-

perium kündigt sich an.« (Ann Tizia Leitich). Der apostolische Nuntius, die Botschafter, Prälaten, Räte, Würdenträger, Höflinge bleiben stehen; die Stille wird nur durch einige Ansprachen und Musik unterbrochen. Früh zieht sich die Herrscherin zurück. Danach können endlich die Gäste den Speisen und den Weinen Ehre erweisen.

Man hat für diesen besonderen Tag im Graben einen »Ruhmestempel« errichtet: In ihm lächelt Maria Theresia, gemalt von Martin van Mijtens, zwischen den Göttinnen Weisheit und Tapferkeit. Ob diese banale und konventionelle Allegorie wirklich die Herrschaft versinnbildlicht, die mit diesem Tag beginnt?

Nicht anders als die übrigen Geladenen zeigt sich auch der Gesandte Graf Podewils von der Hoheit der jungen Herrscherin überrascht. Er berichtet seinem König Friedrich II.:

»Ihr Gang ist frei, ihre Haltung majestätisch, ihre Gestalt groß, ihr Antlitz rund und voll, ihre Stimme frei. Ihre Augenbrauen sind schön gezogen und, wie ihre Haare, blond, ohne ins Rot zu streifen. Ihre Augen sind groß, lebhaft und zugleich voll Milde, wozu ihre Farbe, ein tiefes Blau, nicht wenig beiträgt. Die Nase ist regelmäßig, nicht Adler-, nicht Stumpfnase. Ihre Zähne sind weiß, ihr Lächeln angenehm. Ihr Mund ist etwas groß, aber recht schön. Nacken und Brust sind wohlgebildet, die Arme und die Hände aber bewunderungswürdig. Ihr Teint ist ganz rein, trotz geringer Sorgfalt, die sie darauf verwendet. Ihre Physiognomie ist offen und glücklich, ihre Annäherung heiter und anmutig. Sie kleidet sich sehr einfach, wie übrigens der ganze Hof außer an Festtagen. Kurz, man kann es nicht bestreiten, sie ist eine schöne Frau. Als brillante Amazone ist Maria Theresia anscheinend der Ansicht, daß die wahre Attitüde der Herrscherin zu Pferde sei«, meint Podewils. Der Diplomat Capello notiert, daß »die Königin mit ihrem feierlichen Einritt in die Städte, wobei sie sehr aufrecht auf ihrer weißen Stute saß und das Volk huldvoll grüßte, viel dazu getan hat, die Stimmen der Leute zum Schweigen zu bringen, die darüber murrten, daß die Krone nun an die Kunkelmagen, die weibliche Linie, gefallen war«.

Jagd, für die sich ihr Mann begeisterte, schätzte sie wenig; nur ihm zuliebe nahm sie gelegentlich daran teil. Dagegen fuhr sie gern durchs Land, kreuz und quer, hielt zuweilen an, um Kaffee zu trinken oder mit Freunden im Linzer *Richterhaus*, beim *Jammerpepi* in

Baden oder beim *Peperl* im Prater eine leichte Mahlzeit einzunehmen. Auf dem Lande machte sie stundenlange Fußwanderungen. »Die Königin kümmert sich nie um ihre Gesundheit«, berichtete wiederum Podewils. »Sie verläßt sich völlig auf ihre Kraft und ihre Widerstandsfähigkeit. Auch im strengsten Winter veranlaßt sie ihr heißes Geblüt, oft an einem geöffneten Fenster sitzenzubleiben. Meistens stehen ihre Räume jedem Windzug offen, zum großen Mißbehagen ihrer Umgebung. Ihr Arzt hat ihr deshalb schon ernste Vorhaltungen gemacht, aber sie begnügt sich damit, ihm ins Gesicht zu lachen. Man hat sie mehrmals ein paar Stunden, bevor sie einem Kind das Leben gab, noch in der Oper gesehen, und das Volk nimmt von ihren Wochenbetten kaum Notiz – schon sieht man sie wieder durch die Gassen fahren oder an ihrem Schreibtisch arbeiten.«

Überzeugt, daß Gott selbst ihr eine Mission auferlegt habe und sie nicht verlassen werde, packte Maria Theresia ihre Arbeit mit großem Eifer an. Sie kannte die unruhige Stimmung der Bevölkerung und bemühte sich, sie zu beschwichtigen. Sie ließ sich in der Stadt blicken, äußerte sich betont optimistisch über die Absichten der Nachbarstaaten, über Finanzen und Armee. Doch die Niederlagen, die Karl VI. hinnehmen mußte, hatten die Moral der Österreicher untergraben, die bezweifelten, daß eine Frau der Lage Herr werden könnte. Als bekannt wurde, daß der aus der Haft entlassene General Seckendorff in die Dienste des Kurfürsten von Bayern getreten war, zeigte sich deutlich die allgemeine Mutlosigkeit. Franz Stephans militärische Schlappen waren nicht vergessen; alarmierende Gerüchte kursierten: Es hieß, der Feind (und Feind waren vor allem Türken, Russen, Bayern und Franzosen) wolle in Österreich einfallen und seine Beute sei bereits verteilt...
Am 22. Oktober 1740 schrieb der Marquis de Mirepois, der französische Botschafter, an Monsieur Amelot: »Die Fürstin ist nicht beliebt. Ein Teil des Hasses und des Widerwillens, den man dem Großherzog entgegenbringt, fällt auch auf sie. Alle Wünsche vereinigen sich auf den Kurfürsten von Bayern, und ich zweifle nicht daran, daß man ihm in hellen Haufen zulaufen würde, wenn dieser Fürst erschiene.« Der venezianische Gesandte berichtete: »Man vernimmt das Gemunkel aufgeregter Leute, die der Meinung sind, es zieme

sich nicht für die Nation, von einer Frau regiert zu werden, und das allgemeine Interesse fordere die Wahl eines deutschen Fürsten.«
An mehreren Orten mußten die Truppen einschreiten, um Aufstände niederzuhalten. Aber Maria Theresia hielt sich gut. Den Offizieren, die sich im unglückseligen Krieg gegen die Türken ausgezeichnet hatten, ließ sie Belohnungen zukommen. Die Bauern, die den reichen Wildbestand der kaiserlichen Reservate dezimierten, weil sie sich über den Wildschaden ärgerten, wurden nicht bestraft, Maria Theresia gab sogar ihrerseits den Wildhütern Befehl, etliche Hirsche und Wildschweine zu töten und das Fleisch an die Bauern zu verteilen. Sie öffnete die Tore ihres Schlosses, empfing die geringsten Untertanen und hörte sich ihre Wünsche und Klagen an. Und bald schon wurde die Herrscherin mit dem Ruf begrüßt: »Es lebe der König!« Tarouca schrieb: »Die Königin und der Großherzog sind von Mut erfüllt. Sie arbeiten mit einer Ausdauer, die man nicht bei ihnen vermutet hätte... Sie sind gegen alle Gesandten und Untertanen von solcher Milde und Aufmerksamkeit, als ob sie sich auf dem Gipfel des Glücks befänden... Unsere anbetungswürdige Herrin verbindet mit der reizendsten Anmut eine gleiche Festigkeit.«
Auf Maria Theresias Wunsch hatte Tarouca einen täglichen Arbeitsplan ausgearbeitet, den er ihr vorlegte. »Aber was? Soll ich um acht Uhr aufstehen – bei all der Arbeit, die ich hab?« rief die Souveränin empört aus. Mit energischer Hand machte sie eine 6 aus der 8 und setzte eine 5 in Klammern dazu: für den Sommer...
Das Diner dagegen verlegte sie unter Mißachtung aller höfischen Traditionen von 11 Uhr abends auf 8 1/2 Uhr. Denn da sie jedes Dossier ansehen, alle Geschäfte selbst überblicken wollte, durfte sie keine Zeit verlieren und brauchte auch die Abende zum Arbeiten. Dem Sekretär Koch, der in seinen Augen ein Muster an Gewissenhaftigkeit und Tugend war, ließ sie ausrichten: »Ihre Majestät wünscht, daß Sie jeden Morgen um 8 Uhr nach der Messe kommen, um Bericht zu erstatten.«
Ihr Eifer, ihre Energie und Munterkeit sind um so höher zu bewerten, als ihr persönliches Glück einen grausamen Schlag erhielt: Am 12. Januar 1740 hatte sie ihr drittes Kind, Karoline, zur Welt gebracht, aber fünf Tage vorher war ihre älteste Tochter, die dreijährige Elisabeth, gestorben.

Obwohl zum vierten Male schwanger, setzte die Königin hartnäckig den Kampf gegen die Unruhe ihrer Untertanen fort.

In ihrer *Ersten Denkschrift* (auch als *Politisches Testament* bekannt) stellte Maria Theresia rückblickend fest, daß ihr Vater sie nicht in die Staatsgeschäfte eingeführt habe. Um dem abzuhelfen und die Situation jedes europäischen Landes von Grund auf kennenzulernen, las sie alle Berichte ihrer Missionschefs und unterhielt sich lange mit ihren Ratgebern, mit Diplomaten und Generälen, mit Botschaftern und Gesandten der anderen Staaten. Was sie erfuhr, war dies:

Frankreich und England sind die ersten Mächte der Welt – Frankreich dank seiner Landmacht und seiner Einkünfte, England durch die Flotte und seinen Reichtum. Seit 1672 hat Frankreich keine so günstige Epoche wie die gegenwärtige erlebt; sein Staatsgebiet ist um ein Drittel größer als zu Zeiten Ludwigs XIII.; Franche-Comté, Elsaß, Lothringen, Teile Flanderns sind hinzugekommen. Da aber Frankreich versucht, außerdem seine See- und Kolonialmacht zu erweitern, beschwört es die Gefahr eines Zusammenstoßes mit England herauf, das seinerseits eine aktive Kolonialpolitik betreibt und seine Herrschaft über die Meere sichern will. Die geschickte ministerielle Politik und der bereits weltumspannende Handel haben das britische Königreich zum reichsten Staat Europas gemacht. König von England und Kurfürst von Hannover, Georg II., dem seit zehn Jahren Robert Walpole zur Seite steht, hat gerade mehrere Siege über Spanien erfochten, das versuchte, die britannische Konterbande von Übersee zu bekämpfen.

Mit Tatkraft und Ausdauer hat Peter I. aus dem asiatischen Rußland eine große europäische Macht geschaffen. Seine Nachfolger (Katharina I., Peter II. und Anna Iwanowna) haben seinen Eroberungen nichts hinzugefügt, russische Truppen allerdings unter Feldmarschall Münnich 1738 Choizim und Jassy besetzt. Die Petersburger Politik steht unter dem Expansionsdrang in Richtung Ostsee und Schwarzes Meer; Palastrevolution und gewaltsam herbeigeführter Herrscherwechsel machen jedes Bündnis mit Rußland zu einem Wagnis.

England, Frankreich und Holland haben Spanien so viel von seinem Überseehandel genommen, daß die für den Staatshaushalt verwand-

ten Einkünfte wesentlich zurückgegangen sind. Philipp V., Enkel Ludwigs XIV., regiert seit 1700 in Madrid. Seine zweite Gemahlin, die ehrgeizige Elisabeth Farnese, treibt ihn an, für seine beiden Söhne Territorien in Italien und den österreichischen Niederlanden zu verlangen.
Italien ist in viele Staaten, Königreiche oder Fürstentümer, aufgesplittert. Der Vertrag von Utrecht hat dem Haus Savoyen Sizilien verschafft, Viktor Amadeus II. ist König geworden. Der Vertrag von Wien, 1737, hat Italien unter österreichische Herrschaft gebracht. Das Haus Savoyen laviert mit sehr geschickter und geheimer Politik zwischen Frankreich und Österreich.
Die Republik der Vereinigten Provinzen (Holland, Seeland, Geldern, Friesland, Utrecht, Ober-Yssel und Groningen) hat ihren Höhepunkt im siebzehnten Jahrhundert erlebt und ist dann von Großbritannien aus ihrer Position verdrängt worden. Aber dank seiner gewandten Kaufleute ist Holland der Bankier bedürftiger Staaten geblieben. Die Freiheit von Meinung und Presse, die dort herrscht, hat zum Druck von Werken und Schriften geführt, die in anderen Staaten verboten oder beschlagnahmt worden wären.
Nach der Niederlage von Poltawa, 1709, mit der Peter I. Schweden den Rang einer Großmacht nahm und ihn Rußland verschaffte, hat Schweden Livland, einen Teil Pommerns, Bremen und Verden verloren. Es ist seit Richelieu und Gustav Adolf mit Frankreich verbunden, das ihm beträchtliche jährliche Subsidien zukommen läßt. Nach zwei Jahren eigener Regierung hat Königin Ulrike Eleonore, die Schwester Friedrichs von Preußen, 1720 Friedrich von Hessen-Kassel geheiratet. Das arme und stolze Land Schweden bringt nichts als Eisen und Männer aus gleichem Stoff hervor.
Die Geschicke Dänemarks werden von Christian VI. geleitet, der »das Himmelreich erobern wollte und dessen militärischen Kodex das Evangelium bildete«.
Von gierigen Nachbarn umringt, wird Polen von inneren Zwisten zerrissen; alle drei Jahre tagt die Ständevertretung in Warschau oder Grodno. Kurfürst August II. von Sachsen regiert seit 1733 als König in Polen.
Auf dem bayerischen Thron sitzt Karl Albert. Der stets ironische und grausame Friedrich II. von Preußen schreibt: »Bayern ist ein irdi-

sches Paradies, bewohnt von Tieren... Der Kurfürst von Köln treibt mit seinen Truppen (8000 bis 12 000 Mann) Handel wie ein Viehhändler mit Ochsen...«

So sieht in groben Umrissen das Bild aus, das sich die junge Souveränin von Europa macht. Aber da ist noch der nächste gefährliche Nachbar, Preußen, für das sich Maria Theresia besonders interessiert. Dieser Staat von 12 000 Quadratkilometern und 2 400 000 Einwohnern besteht aus mehreren unzusammenhängenden Teilen: dem Kern Brandenburg, dazu in der Mitte Hinterpommern, Magdeburg, Halberstadt; im Osten das Herzogtum Preußen (Ostpreußen); im Westen Cleve, Mark, Ravensberg, Minden; im Süden, seit den Utrechter Verträgen, das Fürstentum Neuenburg. Dieses von Lutheranern und Reformierten bewohnte Preußen, »ein Staat ohne Grenzen und geographische Einheit«, hat weder Hochadel noch Klerus, noch reiches Großbürgertum, das sich seit Jahrhunderten für den König geschlagen hätte. Die endlose Liste von Titeln, die der Souverän führt, gibt einen Eindruck vom geographischen und rechtlichen Vielerlei des Staates.

Der Verwaltungsapparat besteht aus dem Ministerium für auswärtige Angelegenheiten, dem Justizministerium, dem Generaldirektorium der Finanzen, dem des Krieges und dem der Domänen. Daneben gibt es vier besondere Abteilungen: Gewerbe, Militärverwaltung, Bergbau und Forste. In den Provinzen arbeiten siebzehn Kriegs- und Domänenkammern mit Sekretären und ihren Untergeordneten, Landräten, Steuerräten und Amtleuten. Handel und Gewerbe sind auf die Städte konzentriert; Ausfuhr beschränkt sich auf Getreide, Holz, Wollwaren. Die Lage der Leibeigenen, die Frondienste leisten müssen, ist beklagenswert.

Das Heer ist mit 85 000 Mann verhältnismäßig groß, denn Frankreich und Österreich unterhalten bei einer sechsfach höheren Bevölkerungszahl nur Armeen von 166 000 bzw. 100 000 Soldaten. 1733 ist die Militärdienstpflicht eingeführt worden. Mitten im schwankenden Deutschland bildet Preußen, das Land des Feudalismus und des unbedingten Gehorsams, einen festen Block.

Am 31. Mai 1740 besteigt der achtundzwanzigjährige Friedrich II. den Thron. Zu seinen Paten gehören Kaiser Karl VI., Peter der

Große und der Kanton Bern. Er ist Enkel Friedrichs I., Sohn Friedrich Wilhelms I., des »Soldatenkönigs«. Dieser tyrannische Vater behandelte seinen Kronprinzen äußerst hart. Als man den verzweifelten Fluchtplan des Sohnes, mit dem Freund Katte nach England zu seinem Onkel Georg II. zu fliehen, entdeckte, wurde Katte zum Tode verurteilt und Friedrich von seinem Vater gezwungen, der Hinrichtung vom Fenster seines Gefängnisses aus zuzusehen. 1733 hat Friedrich auf Befehl des Vaters die Herzogin Elisabeth Christine von Braunschweig-Bevern geheiratet, eine Nichte Kaiser Karls VI.; seit 1736 lebte er mit ihr in Rheinsberg; die ersten Ehejahre waren glücklich.

Bei seiner Thronbesteigung findet Friedrich II. einen wohlbegründeten Staatsschatz vor, gesunde Finanzverhältnisse, eine gefürchtete Armee, eine pedantische, aber fleißige Verwaltung, allerorten Disziplin und Ordnung. Unter der harten Faust der Hohenzollern ist Preußen eine Armee geworden, ein Feldlager und ein Waffenarsenal...

Maria Theresia hat sich über die finanzielle, wirtschaftliche und militärische Lage der Staaten Europas unterrichtet. Da sie sich keine Illusionen über die Gefahren macht, die sie erwarten, bittet sie Gott, ihren Völkern das kostbarste aller Geschenke zu gewähren: den Frieden.

Drittes Kapitel

DER ÖSTERREICHISCHE ERBFOLGEKRIEG [1740–1748]

DER ERSTE SCHLESISCHE KRIEG [1740–1742]

Dem Brauch gemäß zeigte Maria Theresia den Fürsten des Reichs und den Oberhäuptern der Mächte ihre Thronbesteigung an. Ihre diplomatischen Missionen drückten den Wunsch aus, daß sich die ausgezeichneten Beziehungen zum verstorbenen Kaiser fortsetzen möchten, und die Überzeugung, daß die Unterzeichner der Pragmatischen Sanktion ihren Verpflichtungen nachkommen würden. Karl Albert von Bayern, vermählt mit ihrer Kusine Maria Amalia, machte aber ebenfalls Ansprüche auf die Nachfolge Karls VI. geltend. Bereits einige Tage nach dem Ableben des Kaisers hatte er in Wien durch seinen Gesandten de Peruza gegen die Thronbesteigung Maria Theresias protestiert. Außer den Thronansprüchen seiner Frau brachte er vage eigene Rechte vor, abgeleitet aus einem Testament Ferdinands I. Eine Abschrift seiner Note ließ er den Botschaftern der europäischen Mächte übermitteln, mit der dringenden Bitte, von jeder Handlung abzusehen, die als Anerkennung der Kaisertochter ausgelegt werden könnte. Maria Theresias Notifikation sandte er ungeöffnet an sie zurück, mit der Forderung, sie habe jede Beziehung zu ausländischen Gesandten abzubrechen.

Am Abend des 3. November 1740 empfing der Kanzler Graf Sinzendorff in seinen Wiener Räumen die Vertreter Englands, Rußlands, Sachsens, Preußens und Hannovers. Er legte ihnen das originale, proprio manu unterzeichnete Testament Ferdinands I. vor, das die Erbfolge der österreichischen Länder den *»ehelichen« Nachkommen* (also auch den Töchtern) und keineswegs nur den *männlichen*

Nachkommen zusicherte, wie es der Kurfürst behauptete. Am Tage danach legte er sie noch einmal auf den Tisch, diesmal in Gegenwart Peruzas, des Nuntius und der Vertreter Frankreichs und Venedigs. Peruza wurde nach München zurückbeordert. Der Kurfürst hatte jedoch Parteigänger in Wien, die auf die Mauern der Herrengasse schrieben: »Wir wollen nicht von einer Frau regiert werden! Karl Albert gefällt uns. Er soll kommen!«

August II., Kurfürst von Sachsen und König von Polen, hatte die Schwester der bayerischen Kurfürstin geheiratet, Maria Josepha, die vor ihrer Vermählung auf alle Thronansprüche in Österreich verzichtet hatte; August war später der Pragmatischen Sanktion gegen Unterstützung seiner Ansprüche auf den polnischen Thron beigetreten. Da man aber in Wien wußte, daß er nicht weniger ehrgeizig sei als sein Schwager in München, sandte man ihm einen Sonderbeauftragten – der allerdings zu spät kam, denn Friedrich II. war ihm zuvorgekommen. Es gab noch weitere Prätendenten für das Erbe Karls VI., vor allem Philipp V. und Elisabeth Farnese, die Mailand, Parma, Piacenza und die Toskana forderten.

Preußen allerdings beunruhigte die Königin nicht. Zweifellos erinnerte sich Friedrich II. doch daran, daß Leopold I. im Jahre 1701 dem Markgrafen Friedrich von Brandenburg die Königskrone zuerkannt hatte? Und sicher hatte er nicht vergessen, daß sein Pate Karl VI. öffentlich die Hoffnung ausgesprochen hatte, das gute Einverständnis zwischen seinem und dem preußischen Königshaus möge bis ans Ende der Zeiten fortbestehen? Schließlich würde Friedrich bedenken, daß sich der Kaiser persönlich bei Friedrich Wilhelm für ihn verwendet hatte, als der Vater nämlich seinen Sohn in der Affaire Katte zum Tode verurteilen lassen wollte ... Und: hatte nicht der Kaiser seit 1733 seinem Patensohn jährlich 3000 und dessen Schwester 1000 Dukaten zukommen lassen? Wie hätte Maria Theresia unfreundliche Gefühle gegen einen Freund hegen sollen, der gerade in seinem *Anti-Machiavell* heftige Anklagen gegen die Anstifter der Kriege geschleudert hatte?

Maria Theresia machte sich also wegen der Haltung des jungen Königs keine Sorgen – aber wie bitter sollte sie enttäuscht werden! Denn tatsächlich informierte Friedrich bereits am 28. Oktober 1740 seine Minister vertraulich von seiner Absicht, in Schlesien einzufallen. An Podewils schrieb er: »Man ist recht hoffärtig in Wien. Man schmeichelt sich, die Erbländer für sich selbst bewahren zu können. Man sieht schon den Herzog (Lothringen) als Kaiser. *Eitelkeit! Torheit! Lächerliche Illusion!* Da werden wir etwas Wandel schaffen!«

Um Zeit zu gewinnen, hielt Friedrich II. sein Spiel einstweilen so verborgen, daß er die »Illusion« noch unterstützte, und während er die Invasion vorbereitete, täuschte er die Öffentlichkeit, ordnete Hoftrauer an, schrieb freundschaftlich an Maria Theresia, gratulierte ihr zur Thronbesteigung und äußerte anderen Souveränen gegenüber seine Sympathien für die junge Herrscherin. Doch in seinem Kondolenzbrief für Franz Stephan spielte er bereits darauf an, daß der Tod des Kaisers »ganz Europa in Bewegung bringen« könnte. Diese vieldeutige Bemerkung alarmierte nun doch Maria Theresia, die sich an die Ansprüche des Großen Kurfürsten auf Schlesien erinnerte. Sie veranlaßte ihren Gatten, in einem eigenhändigen Brief Friedrich II. freundlich um seine Stimme bei der Kaiserwahl zu bitten, und schrieb ihm am 9. November selbst:

»Ich wiederhole Eurer Majestät die Worte, die mein lieber Gemahl Ihnen bereits von sich aus geschrieben hat. Der gute Wille, den ich sicherlich bei Ihnen anläßlich der Kaiserwahl antreffen werde, sichert Eurer Majestät meine ewige Dankbarkeit.«

Während des ganzen Novembers versuchten die in Berlin akkreditierten Diplomaten und die mit Sondermissionen beauftragten Persönlichkeiten – Voltaire hielt sich sechs Tage in Berlin auf –, die Absichten des Königs zu ergründen. Vergebens. Zehn Stunden lang schloß sich der König mit General Schwerin und dem Kabinettsminister Podewils ein; er setzte Truppen in Bewegung und ließ Munitionsdepots in den wichtigsten Grenzstädten anlegen – was alles nicht ausschloß, daß in Rheinsberg gespielt und getanzt wurde. Das österreichische Kabinett erhielt alarmierende Nachrichten über die kriegerischen Vorbereitungen des preußischen Königs, doch die Minister weigerten sich, ihnen Glauben zu schenken, hielten sich vielmehr an die Meldungen aus London und Paris, wonach der junge Monarch seinen Ehrgeiz auf Jülich und Berg beschränkte.

Um jedoch endlich klarzusehen, sandte Maria Theresia den Feldmarschall Marchese Botta d'Adorno nach Berlin. Was Botta unterwegs auf der Militärstraße von Frankfurt/Oder zu sehen bekam, nahm ihm allerdings alle Illusionen: Die preußischen Truppen marschierten nach Schlesien! Während einer großen Parade sagte Botta: »Sire, Ihre Truppen sind sehr schön. Die unseren haben nicht diesen Schliff, aber sie sind in manchen Stürmen erprobt... Ich beschwöre Sie, Sire, bedenken Sie gut, was Sie jetzt beginnen!« Friedrich II. verdoppelte seine freundschaftlichen Proteste und fügte hinzu, daß Borke, sein Gesandter in Wien, und der Kriegsminister Graf Gotter demnächst Maria Theresia seine Vorschläge unterbreiten würden. Er entließ Botta mit den Worten: »Die Königin möge meine Mitteilungen überdenken. Sie wird dann erkennen, wie vernünftig meine Vorschläge und wie rein meine Absichten sind. Versichern Sie ihr meine Ergebenheit.« Mehr erfuhr der Marchese nicht. Drei Tage danach ließ der König ihn jedoch rufen, um ihm mitzuteilen: »Ich werde in Schlesien einmarschieren. Nehmen Sie aber zur Kenntnis, daß ich es *als guter Freund* tun werde, weniger um meine eigenen Rechte geltend zu machen, als um die Erbrechte der Königin gegen alle ihre Feinde, besonders gegen Sachsen und Bayern, zu verteidigen, die bereit stehen, sie anzugreifen. Ich werde die Kaiserkrone dem Großherzog aufs Haupt setzen!«

In französischer Sprache schrieb Friedrich II. eigenhändig am 6. Dezember 1740 an die Königin:

»Meine Frau Schwester,

Marchese de Botta hat mir Eurer Majestät Schreiben übergeben, und ich war entzückt, einer Person zu begegnen, der ich meinen hohen Respekt für die Person Eurer Majestät aussprechen konnte. Ich habe meinem Gesandten Borke die nötigen Instruktionen erteilt, um Eure Majestät von der Reinheit meiner Absichten zu überzeugen. Ich schmeichle mir, Sie wird mit meiner Handlungsweise einverstanden sein und durch sie erkennen, daß ich mit wahrem Vergnügen Ihre Ansichten teilen werde, in der Hoffnung, daß es auf Gegenseitigkeit beruht.

Ich bin mit allen Empfindungen der vollkommensten Achtung,
meine Frau Schwester,
Eurer Majestät guter Bruder

Am selben Tage richtete er ein Schreiben an Großherzog Franz Stephan, versicherte auch ihn »von der Reinheit meiner guten Absichten... meiner Freundschaft, meiner hohen Achtung« und beschwor ihn, auf keinen Fall »vorschnelle Schlüsse zu ziehen«. Maria Theresia las die beiden Sendschreiben wieder und wieder. Allerdings verfing der Köder der »reinen Absichten« des Königs nicht mehr bei ihr. Sie wußte, daß er seine Truppenstärke um 16 Bataillone, 6 Husaren-Schwadronen und eine Schwadron Gardedukorps vermehrt hatte. Zu welchem Zweck? Gegen wen? Was verstand er unter »Gegenseitigkeit«? Worin bestanden seine »Instruktionen« für seinen Gesandten? Die Herrscherin sollte rasch über Friedrichs »Freundschaft« aufgeklärt werden: Am 16. Dezember 1740 fiel er mit 32 000 Mann in das reiche, fruchtbare, 45 000 Quadratkilometer große, an Preußen grenzende Schlesien ein. Karl VI. hatte dort nur drei österreichische Bataillone stehen lassen. Maria Theresia mußte erkennen: der angebliche Freund war der Feind Nummer Eins!

Die Königin weigerte sich, Marschall Gotter zu empfangen, der Franz Stephan am 20. Dezember hochfahrend erklärte:

»Ich halte in der einen Hand das Heil des Hauses Österreich und in der anderen die Kaiserkrone für Eure Hoheit. Die Finanzmittel des Königs, meines Herrn, stehen Ihrer Majestät der Königin zur Verfügung...«

Friedrich bot außerdem die Hilfe seiner Verbündeten an – Englands, Hollands, Rußlands. Zur Belohnung solcher Angebote und zur Entschädigung für die Gefahr, die er damit einginge, fordere er ganz Schlesien, nicht einen Deut weniger! Diese Rechnung, eher mit einer Erpressung als einem diplomatischen Schritt zu vergleichen, beantwortete Franz mit der folgenden, von der Herrscherin aufgesetzten Antwort:

»Kehren Sie zu Ihrem Herrn zurück und sagen Sie ihm: Solange er noch einen einzigen Mann in Schlesien stehen hat, werden wir lieber untergehen, als mit ihm verhandeln!«

Maria Theresia ließ sich auch durch die schwere Bedrohung nicht entmutigen; sie wiederholte, daß sie ihr väterliches Erbe bis zum Tode verteidigen und nicht die kleinste Parzelle abtreten werde. Ihr Kabinett stimmte ihr bis auf Sinzendorff zu, der angesichts der gefährlichen Situation ein Opfer empfahl.

Am 3. März 1741 schrieb der König von Preußen an seinen Freund Jordan: »Mein Alter, das Feuer der Leidenschaft, der Wunsch nach Ruhm, ja sogar, um Dir nichts zu verhehlen, die Neugier, haben mich aus der süßen Ruhe gerissen, die ich genoß. Die Befriedigung, meinen Namen in den Gazetten und später in der Historie zu lesen, hat mich verführt.« Und auch in seinen Memoiren gibt er später zu: Ehrgeiz, Selbstsucht, der Wunsch, von sich reden zu machen, drängten ihn zum Krieg.

Inzwischen war Maria Theresia als Nachfolgerin Karls VI. von Karl Emanuel von Sardinien, von Holland, von Georg II., König von England und Kurfürst von Hannover, von Venedig, Papst Benedikt XIV. und der Zarin Anna Iwanowna anerkannt oder hatte die Zusicherung der Anerkennung erhalten. Was aber würde Frankreich tun? Im Friedensvertrag von 1738, der die Präliminarabmachungen von 1735 bestätigte, hatte Ludwig XV. der Pragmatischen Sanktion uneingeschränkt und in eindeutigen Formulierungen zugestimmt, befand sich jetzt aber in überaus heikler Situation, weil er 1727, 1733 und 1738 dem bayerischen Kurfürsten Karl Albert die Kaiserkrone zuerkannt hatte. Welche Lösung konnte es bei so widersprechenden Verpflichtungen geben?
Mit der Mehrheit ihres Kabinetts, vor allem Sinzendorff und Bartenstein, rechnete auch Maria Theresia fest mit einer Unterstützung durch Frankreich, das Bartenstein als »den einzigen Freund unserer Königin« bezeichnete.
Hatte nicht Kardinal Fleury erklärt, daß der Titel, nach dem er strebte, der eines »Friedensbringers für Europa« sei? Hatte er nicht des öfteren wiederholt, daß er sich »die letzten Jahre seines Lebens nicht durch Krieg verdüstern lassen« wollte? Vielleicht würde Frankreich eine kleine territoriale Kompensation fordern, unter Umständen in den österreichischen Niederlanden ... Einige Minister waren allerdings skeptisch und fragten sich, ob Ludwig XV. wohl mit der seit Ludwig XIV. verfolgten Politik der Schwächung Habsburgs brechen mochte. Würde der König in dem Augenblick, wo der Erbfeind in Gefahr zu sein schien, auf einen siegreichen Kampf verzichten wollen, wie er von Richelieu, Mazarin, Condé, Turenne, Villars geführt worden war?

Fleury gab den österreichischen Diplomaten Fürst Liechtenstein und Ignaz von Wassner höchst beruhigende Erklärungen ab. Um Zeit zu gewinnen, sandte er Maria Theresia liebenswürdige Briefe, die ihn zu nichts verpflichteten, die unerfahrene Herrscherin aber in Sicherheit wiegten. Allerdings muß zu seiner Entlastung erwähnt werden, daß eine junge Partei in Versailles zum Krieg gegen Österreich trieb, mit der Begründung, daß man die günstige Gelegenheit nutzen solle, um die Verpflichtungen von 1735 und 1738 loszuwerden. An der Spitze dieser Gruppe stand der tapfere General Graf Belle-Isle, der die gesamte militärische Führungsschicht hinter sich hatte. Der Feldzugsplan, den er ausgearbeitet hatte, sah den Angriff auf Wien über Sachsen und Böhmen vor und umfaßte sogar die Krönung Karl Alberts von Bayern zum Kaiser; Belle-Isles Frau war weitläufig mit dem Kurfürsten verwandt.

Unruhig beobachtete Fleury, der schließlich keine Lust hatte, seine Tage in einem Kloster zu beschließen, das Anwachsen der Partei von Belle-Isle. Er hatte einen Kompromißvorschlag bereit: Frankreich sollte Maria Theresia als Königin von Ungarn und Böhmen anerkennen – sie sich dagegen für die Kaiserwahl des bayerischen Kurfürsten einsetzen. Belle-Isle wurde entsprechend als Botschafter an den Frankfurter Reichstag gesandt, später zum Marschall ernannt.

Die Verhandlungen zwischen Frankreich und Preußen hinderten Friedrich II. nicht, sich gleichzeitig England zu nähern. Er bot sich Georg II. »als treuer Verbündeter von unverbrüchlicher Entschlossenheit« an, »denn unsere Interessen, unsere Religion, unser Blut, sind gleich; es wäre doch sehr bedauerlich, wenn wir einander entgegenwirken sollten.« Und er fügte hinzu: »Es wäre um so ärgerlicher, als es mich veranlassen könnte, in Frankreichs große Pläne einzustimmen, was ich allerdings nur gezwungen täte.«

Podewils erhielt im Januar 1741 die charakteristische Anweisung: »Halten Sie Frankreich hin, bis wir ziemlich klar sehen, ob es möglicherweise unseren Zwecken mit einer Mediation zu Hilfe kommt!« Friedrichs Taktik war klar: Er wollte die Abtretung Schlesiens mit Hilfe Englands und Rußlands erreichen, sich aber, falls das nicht glücken sollte, auf ein Offensivbündnis mit Frankreich beschränken, was freilich nur als »Notbehelf« gelten sollte. Gemäß den Weisungen seiner Regierung schlug Sir Thomas Robinson in Wien einen einzigartigen Handel vor: Friedrich würde Maria Theresia eine Anleihe von zwei Millionen Talern für ihre Staatsausgaben gewähren und dafür einen Teil Schlesiens als Pfand erhalten, wobei dieses Pfand selbstverständlich niemals zurückgegeben werden solle. Die Königin schlug das Arrangement ohne Zögern aus: »Man hat noch niemals gesehen, daß man Leuten Geld anbietet, die nicht danach gefragt haben!« antwortete sie hochmütig.

Anfang Februar kam der König von Preußen aus Schlesien nach Berlin zurück. Der französische Gesandte Valory legte ihm einen Vorschlag des Kardinals Fleury für ein Defensivbündnis vor. Friedrich verwarf es voller Verachtung; er forderte die Teilnahme von 30 000 Mann, Zusicherung eines Entlastungsangriffs, Garantie für den Besitz von Schlesien, »im anderen Falle er sich zu einer andern Seite wenden würde«. Durch diese plötzliche Wendung seines Gesprächspartners außer Fassung gebracht, schrieb Valory am 7. Februar an Belle-Isle: »... Leichtfertigkeit, Dünkel, Stolz, sind die Grundlagen dieses Charakters.« Kardinal Fleury, der sich auf diesen gefährlichen Weg hatte drängen lassen, nahm die Bedingungen des preußischen Königs an und setzte sich damit über die Verpflichtungen hinweg, die Seine Allerchristlichste Majestät 1738 übernommen hatte. Aber Amelot wies seinen Gesandten an, kein schriftliches Wort dieses Übereinkommens in der Hand des Königs von Preußen zu lassen.

Maria Theresia richtete in wohlbegründetem Mißtrauen dringliche, respektvolle, freundschaftliche Briefe an den Kardinal. Sie erinnerte ihn an die Unterschrift unter die Pragmatische Sanktion, sie forderte die Unterstützung des Allerchristlichsten Königs bei der Wahl ihres katholischen Gatten zum Kaiser des Heiligen Römischen Reiches, »zum Wohl der Kirche«. Fleury gab mehrdeutige Antworten, wich aus, blieb absichtlich unklar, brachte Einwände vor. Der König stände treu zu seinen Versprechungen, schrieb er, aber wie dürfte er das Recht eines Dritten opfern? ... In einem lateinisch abgefaßten Brief vom 29. Dezember 1740 wandte sich Maria Theresia an alle Garanten der Pragmatischen Sanktion, an alle Fürsten des Reichstags. Sie enthüllte und brandmarkte die Machenschaften Friedrichs II. »Es geht alle christlichen Fürsten an, nicht ungestraft die heiligsten Bande der menschlichen Gesellschaft zerreißen zu lassen... Alle müssen sich mit der Königin vereinen und ihr die Möglichkeit verschaffen, eine solche Gefahr von sich abzuwenden. Sie selbst wird dem gemeinsamen Feind furchtlos alle Kräfte entgegensetzen, die ihr Gott anvertraut hat.« Während in London, in Holland und Polen heftige Pamphlete den König von Preußen angriffen, feierte sein Lobredner Voltaire in Versen und Prosa »den König Salomon«, »den Wohltäter des Menschengeschlechts«, der »Schlesien eine große Ehre erwiesen« habe, als er die Hand darauf legte.

Friedrich II. empfing den Gesandten Frankreichs, Valory, in seinem schlesischen Hauptquartier. Sie einigten sich auf ein enges Bündnis, das geheim bleiben sollte, damit Preußen seine kriegerischen Vorbereitungen beenden konnte: Man spielte einander etwas vor. Denn obwohl der König Valory mehrmals erklärt hatte, daß die *Angelegenheit in Ordnung sei und er keine Änderungen wünsche,* schrieb er eilig an seinen Gesandten in London: »Wirken Sie aus allen Kräften dahin, daß der König von Großbritannien aus der Kabale herausgeholt wird... Sie können anführen, *daß ich bis jetzt noch die Hände frei habe, da ich noch kein Bündnis mit Frankreich geschlossen, ungeachtet der Vorteile, die es mir bietet.*«

Am 10. März reist der Botschafter Frankreichs, Marschall Graf Belle-Isle, begleitet von seinem jüngeren Bruder, durch Metz; ihnen folgen Scharen von Edelleuten, Offizieren, Pagen, Läufern, Lakaien und viele Equipagen. Der Botschafter macht den Kurfürsten von Trier, Köln und Mainz seine Aufwartung und langt am 15. April in Dresden bei dem Kurfürsten August II. von Sachsen an, einem mäßigen Herrscher und geschickten Sammler von Kunstwerken. Dort erfährt er, daß der König von Preußen vier Tage zuvor bei Mollwitz über die Österreicher gesiegt hat.

Die Nachricht traf zu. Im Dezember 1740 hatte Friedrich II. Schlesien bis auf einige befestigte Städte besetzt. Die Bevölkerung sollte mit einer schamlosen Veröffentlichung beruhigt werden: »... Sie (die Invasion) soll in keiner Weise Ihrer Majestät der Königin von Ungarn schaden. Mit ihr und mit dem ehrwürdigen Haus Österreich möchten Wir im Gegenteil die engste Freundschaft aufrechterhalten, ihr wahres Interesse schützen und sie unterstützen, dem Beispiel ent-

sprechend, das Unsere ruhmreichen Vorfahren uns gegeben haben ... Die Zukunft wird klar beweisen, daß Wir Uns nur von diesen Absichten haben leiten lassen, denn Wir sind in Wahrheit im Begriff, Uns Ihrer Majestät zu erklären und das Einverständnis mit Ihr herzustellen.«
Ende Februar kehrte der König nach mehrwöchigem Aufenthalt in Berlin nach Schlesien zu seiner Armee zurück, die ungefähr 18 000 Infanteristen, 5000 Reiter und 53 Kanonen umfaßte. General Neipperg, dem Maria Theresia vertrauensvoll das Kommando übergab, verfügte dagegen über 10 000 Infanteristen, 7000 Reiter und 19 Kanonen. Er hatte seine Truppen in der Umgebung von Olmütz, an der Grenze zwischen Mähren und Schlesien, zusammengezogen und wußte, daß die preußischen Truppen über ganz Schlesien verteilt waren; es wäre deshalb nicht schwierig gewesen, die nächstgelegenen Einheiten überraschend anzugreifen, sie aufzusplittern und Unordnung in die Reihen des Feindes zu bringen; aber der alte General mochte nichts riskieren. Er rückte in kleinen Etappen von Neiße nach Grottkau, Brieg und Ohlau vor, wo Friedrich II. ein beachtliches Depot schwerer Artillerie angelegt hatte. Von da aus schrieb Neipperg nach Wien, daß er »noch keinen Entschluß gefaßt habe«, und ergänzte die Mitteilung am 9. April 1741: »Ich halte mich in der Mitte zwischen den Preußen, und ich bin im Begriff herauszufinden, wie ich mein Vorrücken den Bewegungen des Feindes und den Gegebenheiten des Terrains anpassen kann und wozu sich der Feind bei der Lage, in der er sich befindet, entschließen könnte.«
Während also Neipperg – gemäß der österreichischen Taktik des »Posten«- oder »Stellungskriegs« – unbeweglich verharrt, geht Friedrich II. zur Offensive über, die er von nun an auch gegen zahlenmäßig überlegene Feinde in vorteilhafter Stellung möglichst anwendet. Den ganzen Vormittag des 10. April entfaltet er seine Truppen auf der schneebedeckten Ebene bei Mollwitz. Um 14 Uhr greift er den Feind an, der seine Stellungen noch nicht bezogen hat. Die 36 österreichischen Schwadronen werfen sich aber so ungestüm auf die gegnerische Reiterei, daß die Preußen umdrehen und, wie Friedrich II. später sagte, »wie eine Hundemeute fliehen«. Auch die Infanterie wird von Panik erfaßt. General Schwerin, der die Schlacht für verloren hält, bittet den König inständig, das Schlachtfeld zu

verlassen. Der König sucht das Weite, legt 56 Kilometer zurück und verdankt seine Rettung nur seinem weißen Hengst, den die Truppe »das Pferd von Mollwitz« tauft. Ein Teil seiner bewaffneten und unbewaffneten Suite wird gefangengenommen.
Nach dem Aufbruch des Königs ordnet Schwerin seine Truppen und gibt ihnen den berühmten Befehl: »Der Rückzug geht quer durch die Reihen des Feindes!« Als die österreichische Infanterie vorrückt, wird sie von einem so furchtbaren Musketenhagel empfangen, daß sie ins Schwanken gerät. Die preußische Infanterie rückt nun drei Schritt vor, hält, feuert auf Befehl, rückt wieder drei Schritt vor, hält, gibt eine neue Salve ab. Die Disziplin dieser Truppe, ihr Tempo und ihre Exaktheit erzwingen den Sieg. Um 19 Uhr ordnet Neipperg den Rückzug über die Neiße an.
Friedrich hat inzwischen Löwen erreicht und ruht sich in einer Mühle aus; ein Offizier, der auf die Suche geschickt worden ist, entdeckt ihn und überbringt die Siegesmeldung. Im Galopp reitet Friedrich zu seinen Truppen zurück, die auf dem Schlachtfeld biwakieren. Einige Tage später ergibt sich das befestigte Brieg den Preußen. Nach Friedrichs Angaben hat die Schlacht von Mollwitz die österreichische Armee 180 Offiziere, 7000 Tote, 3 Standarten und 1200 Gefangene gekostet, während die Preußen 2500 Gefallene (darunter ist Markgraf Friedrich, ein Vetter des Königs) und 3000 Verwundete verloren haben.

In Wien erlebte Maria Theresia am 25. Januar 1741 den Schmerz, ihr drittes Kind sterben zu sehen, die einjährige Maria Karolina. Aber der Himmel hat einen Trost bereit: Am 13. März, gegen zwei Uhr morgens, wird Joseph geboren, ein männlicher Erbe, der erste Habsburg-Lothringer, nach drei Mädchen. Die Erbfolge im Reich und in den österreichischen Erbländern scheint gesichert. Mit Tränen in den Augen verkündet Großherzog Franz Stephan die glückliche Neuigkeit den Würdenträgern und Hofleuten, die in großer Aufmachung seit Stunden in den Salons der Hofburg warten und mit großen Schritten die eisigen, durch Öllampen trübe erhellten Korridore durchmessen. Als Franz Stephan die Glückwünsche entgegengenommen hat, kehrt er zu seiner Frau zurück und legt ihr ein prachtvolles Perlencollier in die Hände. Lächelnd dankt Maria There-

sia; voller Wärme erklärt sie ihm, daß sie sich nur eines wünscht: möglichst bald wieder schwanger zu sein!
Von so viel Gemütsbewegungen ermüdet, begibt sich der glückliche Vater ins Nebengemach, wo eine Mahlzeit für ihn bereitsteht. Er wirft sich auf Kapaun, Eicherkuchen, Makkaroni aus Nancy, alle die köstlichen Leckerbissen aus Lothringen, die er so liebt und mit dem geliebten Tokayer hinunterspült. Trotz der frühen Stunde, trotz allen Ratschlägen seiner Ärzte ißt und trinkt seine Hoheit für zwei.
Am selben Morgen noch tauft der Nuntius, dem sechzehn Bischöfe assistieren, den Erzherzog Joseph Benedikt August Anton Michael Adam, den künftigen Kaiser Joseph II.
Die Wiener drängen sich vor der Hofburg: »Vivat der Bue!« Bald sind die Häuser der Stadt geschmückt, Triumphbogen spannen sich über die breiten Straßen, Blumengirlanden über die Gassen. Am Sankt-Michaels-Platz hat ein Bader sein Haus mit zwei Riesenkrebsen bemalen lassen, die einen kleinen Karren ziehen; darauf sitzt die Hebamme. Schallend lachen die Gaffer über den Text, der unter der Zeichnung steht:

»Frau Sopherl reist nach Haus. Ihr Arbeit ist vollbracht
Sechs Wochen saynd nun aus, auf's neu ist sie bedacht
Wie's in 9 Monaten wird wieder zurückgehen.
Und wir mit größter Freud ein neuen Printzen sehen.«

Die Königin ließ die Fenster weit öffnen, entgegen der Tradition, die vorsah, daß die Wöchnerin zwei Wochen lang hinter verschlossenen Fenstern das Bett zu hüten hatte. Schon legte sie sich in ihrem Arbeitszimmer auf das Kanapee, ließ sich Rapporte vorlegen und unterzeichnete Schriftstücke. Ein paar Tage lang übernahm der Großherzog den Vorsitz im Rat, aber das Reich brauchte Maria Theresia, und sie wußte es. Ihr erster Kirchgang wurde mit Pomp gefeiert. Als sie im offenen, von zwölf Schimmeln gezogenen Wagen mit ihrem Gatten in der Stadt erschien, erhob sich ein Sturm des Entzückens. Auf den Spruchbändern, die sich über die Straßen spannten, drückte sich naiv, zutraulich und doch respektvoll die Liebe der Wiener zu ihrer Herrscherin aus:

»Liebe Resl, halt dich wohl!
Mach uns öfters freudenvoll!«

Die Wiener hatten schon einen zärtlichen Namen für ihren Prinzen bereit: Sepperl. Und obwohl der Feind die Stadt und die Kirche von Zuckmantel und Johannesthal zerstört hatte, feierte das Wiener Volk ein Fest nach dem andern: Fackelzüge, Umzüge mit Musik, Prozessionen, Defilé der Innungen mit ihren Fahnen, Bälle, Maskenfeste. Während man in den Gassen tanzte, verließ ein österreichischer Edelmann in großem Aufzug die Stadt: Maria Theresia hatte General Seckendorff aus der Haft befreit, zur gleichen Zeit wie Neipperg und Wallis; mitsamt den Generalstabskarten fuhr der Überläufer zum König von Preußen, um ihm seine Dienste anzubieten! Königin, Großherzog und die ganze Stadt lebten noch im Freudentaumel, als die Nachricht von der Schlacht bei Mollwitz nach Wien gelangte. Die »Alten« im Kabinett waren entsetzt und unterstützten Sir Thomas Robinson, der Maria Theresia riet, sich mit dem Sieger zu verständigen. Franz Stephan, dem Friedrich II. seine Stimme für die Kaiserwahl versprochen hatte, falls man sich arrangierte, war ebenfalls bestürzt. Aber die Königin behielt den Kopf oben; Bartenstein und Kinsky standen ihr bei. Sie sprach von ihrem guten Recht, sie überantwortete es Gottes Entscheidung, der sie nie verlassen werde. Übrigens macht es den Eindruck, als habe sie damals Ursachen und Umfang der Niederlage nicht recht erfaßt, denn sie tröstete Neipperg und weigerte sich, den passiven und verbrauchten Befehlshaber zu entlassen.

Die Schlacht von Mollwitz fand in Europa ein beachtliches Echo. Karls VI. Niederlagen hatten die Erinnerung an die glänzenden Waffentaten Prinz Eugens nicht ausgelöscht, und die österreichischen Soldaten hatten immer noch einen großen Ruf. Man war also auf eine Niederlage Friedrichs gefaßt gewesen. Als Ludwig XV. der Einmarsch der Preußen in Schlesien gemeldet wurde, hatte er ausgerufen: »Der Mann ist ja toll!« Nun wandten sich die Augen Europas erstaunt und bewundernd auf das kleine Land, das über eine Großmacht triumphiert hatte und dessen Soldaten auf dem Schlachtfeld so exakt kämpften wie auf einem Exerzierplatz. Und schon boten die Vertreter Frankreichs, Englands, Hollands, Hannovers und der Niederlande dem Sieger ein Bündnis an: Die Pragmatische Sanktion, garantiert von allen Ländern, galt nur noch als ein Wisch Papier.

Friedrich läßt Maria Theresia seine Friedensbedingungen über den Botschafter Englands nennen: vollständige und endgültige Abtretung der vier Herzogtümer Niederschlesiens samt Breslau. Ohne Zögern weist die Königin den Vorschlag zurück. Am 28. Mai 1741 wird auf persönliches Betreiben Ludwigs XV., der damit die friedliche Politik Fleurys gegen die des Hasardeurs Belle-Isle eintauscht, in Nymphenburg ein Bündnisvertrag der drei bourbonischen Häuser (Frankreich, Spanien, Sizilien) mit Preußen und später auch mit Sachsen geschlossen. Schon verteilt man die Beute: Frankreich reserviert sich die österreichischen Niederlande; Spanien soll die Lombardei, Parma und Piacenza erhalten; Preußen Schlesien; Bayern will Oberösterreich, Tirol und Breisgau; Sachsen soll Oberschlesien und Mähren bekommen. Belle-Isle geruht, Maria Theresia Niederösterreich und Ungarn zu lassen. Am 9. Juli wird noch ein Sondervertrag zwischen Frankreich und Preußen unterzeichnet, der für fünfzehn Jahre gegenseitige Verteidigungshilfe garantiert. Die Franzosen überschreiten am 15. August den Rhein und vereinigen sich mit den Bayern, die in einem Handstreich Passau eingenommen haben.

Inzwischen hatte Georg II. versprochen, Maria Theresia 12 000 Mann und 300 000 Pfund Sterling zur Verfügung zu stellen; mehr könne er nicht tun, behauptete er. Schlesiens Schicksal interessierte ihn so wenig wie der Krieg zwischen Maria Theresia und Friedrich – er hatte nur den Wunsch, daß Österreich möglichst alle seine Truppen gegen Frankreich würfe, damit die Kräfte Ludwigs XV. auf dem Kontinent gebunden seien und England in Übersee freie Hand hätte. Sein Botschafter Sir Thomas Robinson (später Lord Grantham) erhielt den Auftrag, mit »größter Energie« darauf zu dringen, daß die Königin einen ehrenvollen Frieden mit Friedrich II. schließe. Ungeschickt versuchte der Diplomat, Maria Theresia, die ihn verabscheute, zu überreden: Falls sie auf Schlesien verzichtete, das er für verloren hielt, und ein Bündnis mit England, Preußen und Holland einginge, könnte Franz Stephan am Ende Lothringen zurückgewinnen und sich zum Kaiser krönen lassen, so würde Österreich die Gefahr vermeiden, zerstückelt zu werden... Maria Theresias Umgebung begann schwankend zu werden, und sogar Franz Stephan zeigte sich unschlüssig – nicht aber die Königin. Nein, sie wollte Schlesien nicht abtreten. Um Frieden zu gewinnen, war sie bereit, dem König von

Preußen zwei Millionen Taler, das Herzogtum Geldern oder Limburg, vielleicht sogar das Herzogtum Glogau zu überlassen. Robinson, der Friedrich den Vorschlag überbrachte, wurde äußerst ungnädig empfangen: »Bin ich ein Bettler, daß man mir Geld bietet?« Er bestand auf Niederschlesien und Breslau. Entzückt vom Gang der Ereignisse feierte Belle-Isle in Frankfurt den Namenstag seines Königs mit einem Feuerwerk, das beinahe so schön war wie das berühmte seines Großvaters Fouquet in Vaux.

Am 30. September 1741 unterzeichnete Georg II., der fürchtete, Hannover zu verlieren, nach mühsamen Verhandlungen einen Vertrag mit Frankreich: Er werde Österreich nicht mehr militärisch unterstützen und sich für die Kandidatur des bayerischen Kurfürsten einsetzen; Hannover solle den Status einer neutralen Macht erhalten. Als Maria Theresia die Nachricht von Englands Abfall erfuhr, hielt sie mit ihrer Entrüstung nicht zurück. In Wien brachen Aufstände aus, der Adel verließ samt Bargeld und Schätzen die Stadt; Agitatoren munkelten vom unmittelbar bevorstehenden Anrücken des Feindes, von Bombardement, Belagerung, Hungersnot. Sie erklärten, daß die Kandidatur Franz Stephans für den deutschen Kaiserthron die Wurzel allen Übels sei, und betrieben lebhafte Propaganda für den Kurfürsten von Bayern.

Endlich gibt Maria Theresia auf die inständigen Bitten ihres Gemahls und ihrer gesamten Ratgeber hin nach. Am 9. Oktober 1741 wird im Schloß Klein Schnellendorff auf Antrieb von Lord John Carmichael Hyndford ein Waffenstillstand geschlossen: Der König von Preußen verpflichtet sich, nicht mehr offensiv gegen Österreich und seine Verbündeten vorzugehen; er wird Niederschlesien bis zur Neiße erhalten; Feldmarschall Neipperg steht es frei, seine Truppen gegen die Franzosen zu werfen. Aber dieses Abkommen soll völlig geheim bleiben, kein Wort davon an die Öffentlichkeit dringen. Hier und da können also »*pro forma* kleine Einheiten die Feindseligkeiten fortsetzen« ... Friedrich bombardiert weiterhin ein wenig die Stadt Neiße, die nach vorgeblicher Belagerung dann am zwölften Tag kapituliert. Die österreichischen Truppen können Schlesien räumen und den Weg zur Moldau einschlagen. Die Armee Neipperg ist gerettet.

So hat also der König von Preußen, der sich als »unverbrüchlicher

Freund« bezeichnete, seine Verbündeten im Stich gelassen und ihnen das auch noch verhehlt. Als die Tatsachen dann durchsickern, ist die Entrüstung in Paris groß. Und der Krieg geht weiter: die französisch-bayerische Armee unter dem Befehl des bayerischen Kurfürsten hat eine volle Woche in Linz vertan. Im Gegensatz zu den Vermutungen in Wien marschiert sie nicht auf die Hauptstadt zu, sondern wendet sich nach Prag. Unter dem Vorwand, die Österreicher hätten das Geheimnis nicht gewahrt, in Wahrheit aber beunruhigt über diesen Vormarsch seiner Verbündeten, wechselt Friedrich II. noch einmal die Lager. Am 4. November – seit dem Abkommen von Klein Schnellendorff ist also noch kein Monat verflossen – unterzeichnet er einen Sondervertrag mit Karl Albert: Der bayerische Kurfürst wird ihn bei der Eroberung der Festung Glatz unterstützen, Friedrich ihm dafür seine Stimme bei der Kaiserwahl geben.
Auf diese Weise also setzt der König seine Grundsätze in die Praxis um, die er in einem von Neipperg abgefangenen Brief an Podewils niederlegte: »*Wenn wir ehrliche Leute sein müssen, um zu gewinnen, seien wir es. Und kommt es auf Täuschung an, seien wir Schurken!*«

In der Nacht vom 25. auf den 26. November erkletterten die Franzosen unter Moritz von Sachsen eine Mauer von Prag und nahmen die Stadt ohne große Verluste. Belle-Isle traf kurz darauf ein, organisierte die Besatzung und arbeitete täglich achtzehn Stunden, während der Kurfürst von Bayern Diners veranstaltete, eine Kriegskontribution von sechs Millionen Gulden erhob und sich zum Ausgleich seiner Unfähigkeit zum König von Böhmen proklamierte. Bald darauf erreichte Marschall de Broglie Prag. Ludwig XV. hatte Belle-Isle auf seinen Wunsch von einem Teil seiner aufreibenden Arbeiten als Botschafter und Armeekommandant entbunden und den alten leidenden Marschall zum Oberkommandierenden berufen. Am 27. Dezember brach Belle-Isle nach Würzburg auf, der Kurfürst von Bayern, nun auch König von Böhmen, erreichte Dresden. Am Abend zuvor hatte Friedrich II., der in Mähren eingedrungen war, Olmütz genommen – als hätte es nie eine Konvention von Klein Schnellendorff gegeben.
Auf militärischem Gebiet war das Jahr 1741 für Maria Theresia verheerend verlaufen: Schlesien und ein Teil Mährens waren in den

Händen des preußischen Königs, Oberösterreich, der größte Teil Böhmens, Linz, Prag, Olmütz vom Feinde besetzt. Frankreich, Spanien, Preußen, Bayern, Sachsen, die Kurfürsten von der Pfalz und von Köln bildeten eine vernichtende Koalition gegen Österreich. General Freiherr von Schmettau, der Terrain, Festungen, militärische Organisation seines Heimatlandes von Grund auf kannte, war zum König von Preußen übergegangen.
Aber dafür hatte Maria Theresia einen großen politischen Erfolg in Ungarn erreicht.
Bereits in vergangenen Zeiten hatte es in Ungarn weibliche Thronfolger gegeben. In verschiedenen Epochen war es aber zu Auseinandersetzungen mit Österreich gekommen, namentlich unter Franz Rakoszy und seinem Sohn. Wie würde sich Ungarn jetzt verhalten? Ob die Magyaren einer Krönung Maria Theresias zustimmen würden? Würden sie die Mitregentschaft des Großherzogs Franz Stephan, eines Fremden also, hinnehmen? Und unter welchen Bedingungen? Würden sie die unumgänglich notwendigen Truppen und Gelder zur Verfügung stellen? Oder die Gelegenheit nützen, sich vom Joch der Habsburger zu befreien? Voller Mißtrauen und Abneigung hatte das Wiener Kabinett Maria Theresia vorgeschlagen, weder Geld noch Soldaten zu verlangen, da niemand voraussagen könnte, was die Ungarn mit Waffen anfangen würden. Ein Minister hatte rundheraus erklärt: »Ihre Majestät täte besser, sich auf den Teufel zu verlassen!«
Aber Maria Theresia war anderer Meinung und verließ sich außerdem auf die Ergebenheit ihres in Ungarn sehr beliebten Stellvertreters Johann Palffy. Der Graf, der sich unter dem Kommando Prinz Eugens hervorgetan hatte, war jetzt achtundsiebzig Jahre alt. Als Maria Theresia, von fast allen Herrschern im Stich gelassen und nur mangelhaft unterstützt von England, an Palffy appellierte, zögerte der alte Soldat keinen Augenblick mit der Antwort: Solange seine Beine ihn trügen, solange sein Arm ein Schwert halten könne, solle sich Ihre Majestät auf ihn verlassen. Und was auch die »Greise« einwenden mochten, Maria Theresia berief den ungarischen Reichstag ein.
Die beiden Kammern traten am 18. Mai 1741 in Preßburg zusammen. Im Anschluß an die üblichen Reden beschloß der Reichstag,

eine Delegation von 34 Mitgliedern nach Wien zu schicken, um der Königin ihre Ergebenheit, das Beileid zum Tode Karls VI. und Glückwünsche zur Geburt Josephs auszusprechen. Die Abordnung wurde am 27. Mai feierlich in der Hofburg empfangen. Ihr Führer, Bischof Gabriel Erdödy, hielt eine feurige lateinische Ansprache, die Maria Theresia in derselben Sprache beantwortete, mit dem Versprechen, die Privilegien Ungarns zu wahren. Danach sah sie sich die kriegerischen Vorführungen der zwanzig Kompanien von je fünfzig Panduren an, deren Mäntel flatterten, deren rote Mützen leuchteten, die mit Waffen aller Art und jeden Kalibers ausgerüstet waren. Die Königin ließ jedem einzelnen einen Taler aushändigen.

Am 19. Juni bricht sie nach Ungarn auf, entschlossen, die dortige Opposition gegen eine Mitregentschaft Franz Stephans zu besiegen. Sie kennt den Zauber, den sie auf das Volk ausübt, und hat nichts übersehen, was die Begeisterung der Magyaren wecken könnte. Ihre schönsten Roben nimmt sie mit, ihre Diademe und alle Juwelen. Mit den ungarischen Farben Rot, Weiß, Grün ist ihr Schiff geschmückt; Offiziere, Begleitmannschaft, Lakaien tragen ungarische Uniformen und Livreen.

Die kleine Flotte fährt die Donau hinunter und hält zum erstenmal an der Grenze bei Wolfsthal. Die Menge spendet anhaltenden Beifall, die Königin wird von Erzbischof Kalocsa, dem Primas von Ungarn, begrüßt. Die Magnaten reiten heran; eine Schar von Bauern in gestickten Hemden und Abgesandte der Städte in kostbaren Gewändern empfangen die junge Herrscherin. Der Primas führt sie unter ein Zelt von Brokat und heißt sie in lateinischer Sprache willkommen. Maria Theresia antwortet ihm auf die anmutigste Art. Nach den Vorstellungen besteigt sie ihr Schiff zur Weiterreise. Der Empfang in Preßburg, der alten Hauptstadt Ungarns, ist nicht weniger herzlich.

Schon am nächsten Morgen beginnt die Arbeit in den beiden Kammern des Reichstags, die als »die beiden Tafeln« bezeichnet werden. Die zweite Kammer, die den niederen, den Habsburgern feindlich gesonnenen Adel umfaßt, fordert sogleich so viele »Freiheiten«, daß der Souveränin kaum noch der Schatten einer Macht bleiben würde – dennoch nimmt das Oberhaus an. In ihrer Antwort schlägt Maria Theresia einen Kompromiß vor. Als der Protonotar des Vizekönigs den Text vorliest, bricht ein Sturm los. Man schreit: »Sie sollte sich lieber an Satan als an die Ungarn wenden«, oder »Der Teufel soll sie holen!« Mehrere Tage lang werden die Debatten in einer Atmosphäre von Unruhe und Aufruhr fortgesetzt, und in der Stadt zirkulieren Karikaturen und wütende Pamphlete gegen die den Ungarn verhaßten »deutschen« Ratgeber Maria Theresias. Endlich gelingt es dem Geschick Palffys – der den Titel »Palatin«, etwa »Vizekönig«, nämlich Präsident der beiden Kammern, trägt –, eine Verständigung herbeizuführen, nach der nun die Krönung möglich ist.

Am 25. Juni 1741, einem prachtvollen Sommersonntag, verläßt ein von Gold und Silber schimmernder Zug das Schloß und wendet sich zum Sankt Martinsdom. Die Glocken dröhnen, die Häusermauern verschwinden unter Fahnen und Blumen. Die Ritter vom Goldenen Vlies haben Gala angelegt. Die Magnaten tragen ihre Festtracht, eine lange, von edelsteinbesetztem Gürtel gehaltene Tunika, eng anliegende Kniehosen, den kurzen Umhang aus kostbarem Material, Stiefel aus geschmeidigem Leder. Auf den Baretten wehen weiße Federbüsche über harten Gesichtern, und jeder trägt einen Krummsäbel. Wild und eindrucksvoll wirkt die Leibgarde mit ihren Leopardenfellen. Die Männer reiten weiße Vollblutpferde mit schön gearbeiteten Sätteln, goldenem Geschirr, scharlachfarbenen Schabrakken und silbergestickten Decken. In einer von acht Hengsten gezogenen Karosse sitzt Maria Theresia, allein, in ungarischem Gewand, juwelenbedeckt, und lächelt der jubelnden Menge zu. Freude und Begeisterung dieses edlen Volkes reißen sie mit, sie vergißt Sorgen und Müdigkeit, ja sogar den Krieg. Die Königin hat Fröhlichkeit und Mut wiedergefunden. Sie ist vierundzwanzig Jahre alt.

Auf der Schwelle der Kathedrale wird Ihre Majestät empfangen von Kardinal Kollonitz, dem Erzbischof von Wien, vom apostolischen Nuntius Paoulucci, dem Palatin, dem venezianischen Gesandten Pietro Andrea Capello, dem hohen Klerus. Die Kirche wird von Tausenden von Kerzen erhellt, der Duft von Weihrauch und Parfum mischt sich in den herben des Wachses. Der Primas führt die Königin zum Thron. Der Ban von Kroatien hält den Reichsapfel, der Oberrichter hebt das Zepter, ein Priester und der Großsiegelbewahrer bieten Kreuz und Kelch dar, der Woiwode von Transsylvanien

reckt das Schwert hoch. Mit gedämpfter Stimme verliest Palffy die vereinfachte Form des Eides, den die Könige Ungarns seit Stephan I. gesprochen haben, jenen Eid, den auch »König« Maria, Tochter Ludwigs des Großen, vor fast vierhundert Jahren ablegte. Mit lauter Stimme schwört Maria Theresia, die Privilegien der Ungarn zu achten:
»Wenn ich oder wenn irgendeiner meiner Nachfolger zu irgendeinem Zeitpunkt eure Privilegien antasten sollte, sei es euch und euren Nachkommen erlaubt, euch zu verteidigen, ohne deshalb als Rebellen behandelt zu werden!«
Die Worte, schwer vom Gewicht der zehn Jahrhunderte, tönen in die Stille hinein. Dann verspricht die kniende Maria Theresia, ihre Hand auf das Evangelium gelegt, die Kirche zu verteidigen, die Gesetze zu achten und in Ungarn Gerechtigkeit herrschen zu lassen. Nach der Ölung ergreift der Erzbischof ehrfürchtig den Mantel des heiligen Stephan, diesen von den Jahren zermürbten, den Jahrzehnten zernagten, den Jahrhunderten durchlöcherten Mantel, den Maria Theresia und ihre Frauen der Sitte gemäß ausgebessert haben. Er legt ihn über die Schultern der Königin, reicht ihr dann Schwert, Zepter und Reichsapfel und setzt ihr schließlich die Krone auf das volle blonde Haar. Maria Theresia zieht das Schwert aus der Scheide und segnet das Volk mit dem Kreuzeszeichen. Tränen rinnen über die Wangen der Herrscherin, die zum erstenmal als »Heilige apostolische Majestät« angeredet wurde, Tränen der Liebe, der Dankbarkeit, aber auch des Kummers: Ihr Gemahl, Großherzog Franz Stephan, steht nicht an ihrer Seite, ja er ist nicht einmal in der Kirche, denn das Protokoll hat keinen Platz für ihn.
Während sie, die Krone auf dem Haupt, unter einem Baldachin thront, leisten dann Primas und hohe Würdenträger der Königin den Treueid. Damit ist die Zeremonie beendet. Und nun bricht, trotz dem geheiligten Ort, aus tausend Kehlen ein Schrei, der wie ein Windstoß in die Kerzen fährt: *Vivat Domina et Rex noster!* Es lebe unsere Herrin und unser König! Und ein einfacherer Ruf wird hörbar, der in der Sprache des Landes aus dem Herzen des Volkes selbst aufsteigt: *Eljen Maria Theresia!*
Anschließend begibt sich der Festzug in jede Kirche der Stadt und hält schließlich vor dem »Königshügel«. Maria Theresia steigt aus

ihrem Prunkwagen. Graf Joseph Esterházy präsentiert ihr ein feuriges schwarzes Vollblut und hält den Steigbügel, als die Königin sich aufs Pferd schwingt. Sie spornt das Tier zum Galopp, stürmt auf den Hügel und bringt es dort zum Stehen. Dann hebt sie sich in den Bügeln, zieht das große Schwert des heiligen Stephans aus der Scheide, schwingt es und zeichnet mit großer Gebärde vier Kreuze – nach Norden und Süden, nach Osten und Westen: Es ist »der königliche Gruß des Schwertes an das Kreuz«. Und es bedeutet den stummen Schwur, Ungarn gegen jeden Feind zu verteidigen, von welcher Seite er kommen möge: aus Preußen, Frankreich, Spanien, Schweden, Rußland oder woher auch immer. Vielleicht liegt auch der Ehrgeiz darin, das Reich über seine jetzigen Grenzen hin auszudehnen? Am Fuß des Hügels reißen die Magyaren ihre Schwerter aus den Scheiden, als ob sie auf den Appell an den heiligen Stephan antworteten...

Der Tag endet mit einem festlichen Diner. Maria Theresia strahlt: Ihr vielgeliebter Gemahl sitzt in ihrer Nähe, auf einem Ehrenplatz.

Nach Abschluß der Krönungsfeierlichkeiten setzte der Landtag die mühevollen Verhandlungen über eine ganze Reihe von Fragen fort. Darunter waren es vor allem die politische Organisation Ungarns, die Kontributionen und Steuern, das »Krönungsgeschenk« (100 000 Gulden für Maria Theresia) und die Mitregentschaft Franz Stephans, die bisweilen recht lebhafte Debatten auslösten. In Gesprächen mit den Vorsitzenden der beiden Tafeln bemühte sich Maria Theresia, das Mißtrauen der Abgeordneten zu zerstreuen, das ja vor allem der Abneigung gegen ihren Ministerrat entstammte.

Gleich zu Beginn ihres Preßburger Aufenthalts hatte sie schlechte Nachrichten erhalten: Frankreich setzte als »bayerische Hilfe« getarnte Truppen mit blauweißen Kokarden ein; die Verbündeten rückten vor und bedrohten Wien; Englands Unterstützung genügte bei weitem nicht. In Paris erklärte Kardinal Fleury bereits voreilig: *»Österreich hat aufgehört zu existieren!«*

Und jetzt kam auch für die Königin ein Augenblick der Verzweiflung, in dem sie ausrief: »Ich weiß nicht einmal, ob mir irgendwo auf Erden ein Platz bleibt, wo ich niederkommen kann!« Die Sorge war nicht ganz unberechtigt, da sie zum fünften Mal schwanger war. Aber schon faßte sie wieder Mut: »Gewiß, ich bin eine Frau. Aber ich habe das Herz eines Königs!«

In kühnem Entschluß befahl sie die allgemeine Mobilisierung aller waffenfähigen Männer in Ungarn. Deutlicher hätte sie ihr Vertrauen auf die Treue der Ungarn nicht beweisen können. Am 11. September traten die beiden Tafeln im großen Saal des Schlosses zusammen. Maria Theresia, ganz in Schwarz gekleidet, das Schwert an der Seite, schritt langsam durch die Reihen, stieg die Stufen zum Thron empor, setzte sich und gab dem Kanzler Ludwig Batthyany das Wort. In wenigen Worten umriß er die schwierige Lage der Monarchie. Dann erhob sich »der König« und hielt mit fester Stimme eine lateinische Rede:

»Der Ernst unserer Lage macht es uns zur Pflicht, die Ständevertretung des erhabenen Königreichs Ungarn von der bewaffneten Invasion zu unterrichten, die unser Erbland Österreich betroffen hat, sowie von der Gefahr, die dieses Königreich bedroht. Wir haben die Aufgabe, Mittel zur Behebung der Gefahr vorzuschlagen. Es handelt sich um die Existenz dieser Länder, um unsere Person, unsere Kinder, unsere Krone. Von allen verlassen, finden wir Hilfe nur in der Treue dieser erlauchten Ständeversammlung und in der Tapferkeit, die man zu allen Zeiten den Ungarn nachgerühmt hat. Wir bitten die Stände dieser erlauchten Versammlung, keinen Augenblick zu verlieren, sondern sofort die Maßnahmen zu beschließen und durchzuführen, die in dieser äußersten Not für unsere Person, unsere Kinder, das Königreich selbst und unsere Krone notwendig sind. Unsere treuen Stände dürfen versichert sein, daß unsere königliche Liebe alles tun wird, damit das Glück und die Ehre dieses Landes erhalten bleiben.«

Der Primas antwortete, die Königin könne sich fest auf die bedingungslose Ergebenheit der Stände verlassen, und brausend klang der Ruf der Abgeordneten auf: *Vitam et sanguinem consecramus* – Blut und Leben werden wir opfern! Sie zogen sich zur Beratung zurück und beschlossen, 100 000 Gulden beizusteuern und 30 000 in 13 Regimenter aufgeteilte Infanteristen zu stellen; jeder Adlige hatte sich samt einem Pferd zur Verfügung zu stellen. Hinzu kamen Kroaten, Panduren, Slawonen mit ihren traditionellen kriegerischen Einheiten, so daß sich die Zahl der von Ungarn gestellten Truppen auf ungefähr 100 000 Mann belief. Der ungarische Adel bildete ein Garderegiment. Und schließlich stimmte der Landtag sogar zu Maria Theresias Freude der Mitregentenschaft Franz Stephans zu. Die Königin gewährte dagegen einen großen Teil der vom Landtag geforderten Rechte, worüber eine Konkordanz von siebzig Artikeln aufgesetzt wurde. »Ich bin nicht gekommen, um nur zu nehmen, sondern um auch zu geben«, erklärte sie.

Maria Theresia hatte übrigens vor diesem historischen 11. September überstürzt nach Wien aufbrechen müssen, um die Verteidigung der Stadt zu organisieren: Das französisch-bayerische Invasionsheer war in Niederösterreich vorgedrungen und hatte die beiden reichen Klöster Melk und Göttweih geplündert. Am 11. September war die Königin dann sofort nach Preßburg zurückgekehrt.

Am 21. September leistete Franz Stephan den Eid und schwor, Leben und Blut für die Unabhängigkeit Ungarns einzusetzen. Plötzlich öffnete sich eine Tür, und eine Frau erschien, die ein Kind »lebhaft wie ein Eichhörnchen« auf dem Arm trug – den etwa sechs Monate alten Joseph. Maria Theresia nahm ihren Sohn auf den Arm und hielt ihn hoch empor. Die Abgeordneten riefen: »Moriamur pro rege nostro Maria Theresia!« (Wir wollen für *unseren König* Maria Theresia sterben!) – und verhöhnten anschließend die Minister Ihrer Majestät...

Am 29. Oktober war die Landtagssession, die achtzig Sitzungen umfaßt hatte, zu Ende. Mit Kühnheit und Tatkraft, mit Charme, Intelligenz und Geschick hatte Maria Theresia eine sehr schwierige Partie gewonnen – Dame und König zugleich.

Der Erfolg von Ungarn rief in ganz Europa großes Erstaunen und Bewunderung hervor. In England veranstaltete man öffentliche Sammlungen, um die Bewaffnung zu finanzieren; die Witwe Herzog Marlboroughs stiftete 40 000 Pfund Sterling. Die Franzosen klagten über die Unfähigkeit des Oberbefehlshabers Karl Albert von Bayern und seines Günstlings Minister Törring und kritisierten den Mangel an Vorbereitung sowie die schlechte Ausrüstung ihrer Verbündeten. Belle-Isle, der in Frankfurt durch die Vorbereitungen zur Kaiserwahl und überflüssige protokollarische Streitigkeiten festgehalten wurde, fluchte über den Kurfürsten von Mainz, der jeden Vorwand ergriff, um die Einberufung des Reichstags hinauszuschieben. In Wien war man Tag für Tag darauf gefaßt, die Feinde vor den Toren zu sehen – aber sie wandten sich gegen Prag.

In dem heißen Wunsch, die Kaiserkrone auf dem Haupt ihres Gemahls zu sehen, hatte Maria Theresia sich am 25. September insgeheim mit Friedensvorschlägen an Belle-Isle gewandt; sie hatte Frankreich die österreichischen Niederlande (außer Luxemburg) angeboten und sich bereiterklärt, dem Kurfürsten von Bayern (samt dem Königstitel) Schwaben, Breisgau, Freiburg abzutreten. Der Marschall informierte Kardinal Fleury und Friedrich II. sofort über diesen österreichischen Vorschlag. Einen Monat später wies Fleury, an den die Königin persönlich geschrieben hatte, das Angebot hochmütig zurück.

Maria Theresia hatte Feldmarschall Graf Khevenhüller beauftragt, die Festungen Wiens instandzusetzen und neue Kontingente auszuheben. Er führte seine Aufgaben rasch durch und bewies dadurch von neuem Fähigkeiten, die bereits Prinz Eugen zu schätzen gewußt hatte. Bürger und Studenten wetteiferten, ihm zu helfen. An der Spitze kriegstüchtiger Truppen ging Khevenhüller zur Offensive vor und nahm Enns und Steyr wieder ein. Das bedeutete einen Bruch mit der Taktik der österreichischen Generäle dieser Epoche, die großen Wagnissen aus dem Wege zu gehen und sich auf methodische Stellungswechsel und Vorstöße zu beschränken pflegten.

Der Feldmarschall schlug der Königin vor, die Einschließung von Linz hinzunehmen, in Bayern einzudringen und München zu erobern, doch die Monarchin wünschte aus Prestigegründen, daß Linz sofort zurückerobert würde. Anstatt nun ihre beiden fähigsten Generäle, Khevenhüller und Traun, an die Spitze der Armee zu berufen, unterstellte sie die beiden ihrem Mann, der als General recht unzulänglich war, und ihrem einunddreißigjährigen, kriegsunerfahrenen Schwager Karl von Lothringen. Karl stieß zum Heer mit einem Troß von zahlreichen Karossen und Transportwagen, die seinen persönlichen kleinen Generalstab brachten: Wundärzte, Ärzte, Friseure, Perückenmacher, Kammerdiener, Küchenpersonal, dazu ein Zelt und unzähliges Beiwerk.

Am 23. Januar 1742 eroberten die Österreicher unter dem Feldgeschrei *Maria Theresia*! Linz. Den Befehlen seiner Frau entgegen gewährte Großherzog Franz Stephan den 6000 Mann des Comte de Ségur freien Abzug, nachdem diese sich ehrenwörtlich verpflichtet hatten, ein volles Jahr lang keine Waffen gegen Österreich zu erheben. Khevenhüller setzte den siegreichen Marsch in Böhmen fort und drang dann in Bayern ein. Er nahm Passau, Braunau und Burghausen. Die bayerischen Truppen fluteten in völliger Auflösung zurück und ließen Fahnen, Kanonen und Wagen im Stich. Am 14. Februar 1742 ergab sich München den Panduren General Menzels.

Der Zufall will es, daß ausgerechnet zwei Tage vorher der Kurfürst von Bayern in Frankfurt zum Kaiser gekrönt wird. Feste und Feierlichkeiten nehmen in gewohnter Pracht ihren Verlauf, dreitausend Edelleute erbitten Audienzen, machen Besuche, geben Empfänge. Am 12. Februar, gegen ein Uhr mittags, setzt sich der an Gicht leidende Kurfürst mühsam aufs Pferd und zieht an der Spitze eines prächtigen Gefolges in den Dom. Alle Glocken läuten, können aber kaum den Lärm der Kavalkade und die Hochrufe einer unzählbaren Menge übertönen. Karl Albert sitzt ab, betritt die Kirche und geht mühsam zu seinem Betpult. Er leidet an Körper und Seele: Bayern ist in den Händen seiner Feinde, und die körperlichen Schmerzen sind so heftig, daß er kaum knien kann. Später berichtete er über diese Stunde: »In diesen Augenblicken der Herrlichkeit wußte ich besser als je zuvor, daß ich ein gebrechlicher Mensch war, mehr als andere den Leiden unterworfen, die ich durch eine mir doch anscheinend unterworfene Welt erfuhr.«
Die Messe beginnt. Nach Verlesung des Evangelientextes nimmt man Karl Albert die kurfürstlichen Gewänder ab und salbt ihn feierlich. Er wirft sich zu Füßen des Altars nieder und geht dann zur Sakristei, wo man ihm das Gewand Karls des Großen anlegt. »Geleitet von Graf Pappenheim, der einen nackten Säbel als Symbol der Macht trägt, kehrt er in den Chor zurück, wo ihm der Kurfürst von Mainz das Schwert des großen Kaisers übergibt. Sein Bruder reicht ihm Ring, Zepter und Reichsapfel; zwei Abgeordnete aus Nürnberg werfen den Mantel Karls des Großen über seine Schultern. Schließlich setzen die beiden Kurfürsten und der erste Wahlbotschafter von Trier die Krone auf das kaiserliche Haupt. Und nun schwört

der Monarch den Gesetzen des Reichs Treue.« Es folgen Kommunion und der Schluß der Messe, dann setzt sich der Kaiser auf einen Thron, der neben dem Altar errichtet worden ist, und nimmt die Huldigung der Kurfürsten entgegen. Unter den Gewölben hallt es: *Vivat Carolus Septimus!*

Nach der Zeremonie begibt sich der Kaiser mit Gefolge zu Fuß in den Römer, um dort seine Rolle bei den volkstümlichen Teilen der Krönungsfeierlichkeiten zu übernehmen. Die Menge rauft sich um Gold- und Silbermedaillen, die von Pagen unters Volk geworfen werden, und verspeist einen ganzen Ochsen. Abends wird ein königliches Mahl abgehalten, und endlich kann der von Müdigkeit, Schmerzen und Kummer gebeugte Kaiser sein Bett aufsuchen. Er nimmt an den folgenden Tagen weder an den großen Soupers des Marschalls Belle-Isle noch an dem Ball der sechshundert Masken teil. Schließlich räumen Fürsten und Grafen die Stadt, und Frankfurt findet zu seinem gewohnten Kleinstadtrhythmus zurück.

Das Kurfürstenkollegium hat Freiherrn von Brandau, dem Bevollmächtigten der Königin von Böhmen, die Teilnahme an den Wahlriten verweigert und ihn aus dem Hotel Braunfeldt ausgewiesen. Während der Festtage sind insgeheim Kopien eines Briefes von Maria Theresia verbreitet worden, in dem sie die Wahl für null und nichtig erklärt und die Stände bittet, ihr zu helfen, damit die fremden Truppen aus Deutschland verjagt werden. Darauf wird es eine neue Kaiserwahl geben ...

Die Krönung Karls VII. bedeutet einen harten Schlag für die Monarchin: Die Kaiserkrone, die das Haus Habsburg seit Jahrhunderten getragen hat, ist ihm jetzt entgangen; und es ist ihr Gemahl, der darum betrogen wurde. Zudem hatte der Kurfürst, der jetzt Kaiser geworden ist, die Pragmatische Sanktion unterschrieben: eine dreifache Enttäuschung für die fünfundzwanzigjährige Königin.

Der König von Preußen, der den Dezember in Schloß Rheinsberg verbracht hatte, kehrte Mitte Januar 1742 zu seiner Armee zurück. Er hatte den Plan des neuen Feldzugs sorgfältig ausgearbeitet: Mit Hilfe der Franzosen und der Sachsen, die vor allem die preußischen Truppen entlasten sollten, wollte er durch Mähren nach Wien marschieren. Doch obwohl preußische Husaren die Umgebung der österreichischen Hauptstadt erreichten, scheiterte der Plan an schlechter Verständigung und mangelhaftem Nachschub. Zornig befahl Friedrich II. den Rückzug von zwölf Bataillonen durch Böhmen. Die neunzehn vom Fürsten Dietrich von Anhalt befehligten Bataillone wurden im April durch Karl von Lothringen nach Schlesien zurückgetrieben.

Auf Wunsch ihres Mannes, der sich aus Linz an sie wandte, ließ Maria Theresia dem preußischen König durch den Baron Pfütschner vorschlagen, er möge sich mit dem Großherzog von Toskana treffen. Der König lehnte ab. Er erklärte die Königin für *»endgültig verloren«* und fragte den Baron: *»Glauben Sie an Wunder?«* Er selbst wird es kaum getan haben, aber Maria Theresia glaubte fest daran. Sie weigerte sich, Böhmen an Bayern, Schlesien an Preußen, einen Teil Mährens an Sachsen abzutreten, wie es ihr der König zumutete. Aber sie beging den Fehler, ihrem Feldmarschall 12 000 Mann zu entziehen, mit denen sie die Armee in Böhmen unter Karl von Lothringen verstärkte. Damit vernichtete sie Khevenhüllers Plan, »durch Bayern nach Böhmen zu marschieren, um eine echte Aktion zu beginnen«.

Statt nun aber rasch zu handeln, fragte Karl Wien um Rat. Er gab keine Befehle, sondern verhandelte. Er zögerte, suchte Ausflüchte. Sollte er die Preußen und die Sachsen in Mähren angreifen? Oder besser die Franzosen in Böhmen? Oder die Bayern in Prag? Die Wochen vergingen, der Prinz berief immer wieder den Kriegsrat, machte keinerlei Gebrauch von seinen Vollmachten, ließ günstige Gelegenheiten zum Angriff verstreichen. Vergebens drängte Maria Theresia ihn zum Handeln. Schließlich entwickelt sich am 17. Mai 1742, morgens um sieben Uhr, die Schlacht von Chotusitz, 80 km von Prag entfernt. Prinz Karl verfügt über 30 000 Mann, Friedrich II. hat nur 20 000 Soldaten, dafür aber das Terrain gut gewählt. Der Sieg schwankt hin und her, doch um zehn Uhr zwingt das gut gelenkte preußische Artillerie- und Infanteriefeuer den Prinzen, die Schlacht abzubrechen; er zieht sich auf Willimow zurück, ohne verfolgt zu werden.

Obwohl Friedrichs II. Sieg die gegnerische Armee weder zerstört noch zur Kapitulation gezwungen hat, ist dieser Sieg doch aus mehreren Gründen sehr wichtig: Er bestätigt die Kampfkraft des preußischen Heeres, die Überlegenheit seiner Befehlshaber und seiner Infanterie; er zeigt, welche Fortschritte das preußische Kriegswesen, vor allem die Kavallerie, seit Mollwitz gemacht hat. Und schließlich handelt es sich um die erste Schlacht, die der König selbst begonnen und geleitet hat, denn tatsächlich hat er Feldmarschall Schwerin, dem er es nicht verzeiht, daß er ihn bei Mollwitz zur Flucht überredet hat, ausgeschaltet und den alten Dessauer nach hinten und in Arrest geschickt. Chotusitz stellt die kriegerischen Fähigkeiten des Königs ebenso ins Licht wie die Unfähigkeit des Prinzen Karl von Lothringen.

Am 13. Februar 1742 wurde Walpole gestürzt; an seine Stelle trat Lord Carteret. »Der Krieg breitete sich aus, Krieg zwischen England und Spanien, zwischen England und Frankreich. Man kämpfte überall, auf den Meeren, in Amerika und Indien, in Italien, an der Donau und am Rhein«, schreibt Gaxotte. In Adressen an den König forderten Ober- und Unterhaus wirksamere Unterstützung für Maria Theresia, die man mittlerweile zur *Jeanne d'Arc von der Donau* ernannt hatte. Carteret wies Lord Hyndford und Thomas Robinson an, die Friedensverhandlungen zwischen der Königin und Friedrich II. wieder anzuknüpfen und dabei »um jeden Preis« zu einem Ergebnis zu kommen. Nun hätte sein jüngster Sieg den Preußenkönig vermutlich zur Ablehnung veranlaßt, hätte nicht Prinz Karl Pilsen genommen und damit die Franzosen gezwungen, sich auf Prag zurückzuziehen. Alle Anstrengungen des französischen Gesandten Valory, den König zu einer Hilfsaktion für seine Verbündeten zu bewegen, waren vergeblich.
Da er jetzt fürchten mußte, Schlesien zu verlieren, schloß Friedrich II. am 11. Juni 1742 in Breslau einen Vertrag mit Österreich, der am 28. Juli durch den Berliner Friedensvertrag bestätigt wurde. Der König von Preußen erhielt darin »für alle Zeiten und in voller Souveränität« Schlesien und die Grafschaft Glatz, nicht aber die Fürstentümer Teschen und Troppau, ferner bekam er Teile von Jägerndorf. Er übernahm dafür eine Anleihe von 1 700 000 Talern in London und verpflichtete sich, den katholischen Kultus in Schlesien nicht anzutasten.
Preußen, dann auch Sachsen, verließen die Koalition. Am 28. Novem-

ber unterzeichneten Preußen und England in Westminster einen gegenseitigen Garantievertrag. Als der König erfuhr, wie empört man diesen neuen Abfall in Frankreich beurteilte, rief er aus: »Die dummen Witze der Pariser sind nicht mehr als das Geschimpfe von Papageien, und ihr Urteil bedeutet mir nicht mehr, als wenn ein Affe von Metaphysik schwatzt.«
Mit seinen einunddreißig Jahren hat Friedrich II. ein Gebiet von 25 000 Quadratkilometern guten Bodens mit 1 200 000 Einwohnern erobert. Aber das genügt ihm noch nicht.

Dank einer einzigartigen diplomatischen Konstruktion befand sich Frankreich nicht mit Österreich im Krieg, sondern half nur seinem Verbündeten Bayern. So war auch ein Angehöriger der französischen Botschaft mit Namen Vincent in Wien geblieben – und in Paris der österreichische Diplomat Gundel. Außerdem setzte der Marquis Stainville als Gesandter des Großherzogs von Toskana seine Tätigkeit am Hofe Ludwigs XV. fort.
Beunruhigt von der militärischen Situation und den Folgen des preußischen Abfalls sprach Kardinal Fleury am 27. Juni 1742 Stainville seinen Wunsch aus, Frieden, ja sogar ein Bündnis mit Österreich zu schließen. Einige Tage darauf traf also der niedergeschlagene Belle-Isle mit dem alten Feldmarschall Königsegg in Schloß Komorzan zusammen und erklärte sich bereit, eine Räumung Böhmens durch die französischen Truppen ins Auge zu fassen. Aber Maria Theresia hatte weder vergessen, daß Fleury vor einigen Monaten ihre Wünsche schroff zurückgewiesen, noch daß Seine Eminenz erst vor kurzem geäußert hatte: »Das Haus Österreich hat aufgehört zu existieren!« Nun nahm sie Rache, veröffentlichte zwei Briefe des Kardinals, ließ sich auf kein Vortasten der Franzosen ein, unterband Besprechungen Belle-Isles mit Franz Stephan und lehnte die Kapitulationsvorschläge der in Prag umzingelten Franzosen ab. Am 11. Juli richtete Fleury einen langen Brief an Königsegg: Ludwig XV. sei bereit, gemäßigte und ehrenhafte Friedensbedingungen entgegenzunehmen; Fleury selbst hoffte wieder, vor seinem Tod den Frieden verwirklicht zu sehen. Doch am 16. Juli zeigte Stainville dem Kardinal, als er in Fleurys Landhaus bei Issy empfangen wurde, Maria Theresias nachdrücklich ablehnende Antwort. Von al-

len Seiten mischte man sich ins Spiel dieser verwickelten diplomatischen Szenerie, doch Maria Theresia blieb unbeugsam.
Während Karl von Lothringen seine Zeit verlor, wurde die Armee Maillebois nach ihrer Vereinigung mit den Truppen Moritz von Sachsens und Seckendorffs zu einem Entlastungsunternehmen nach Böhmen geschickt, und da Franz Stephan zauderte und sich nicht zu energischem Handeln durchrang, konnten die Verbündeten Bayern wieder einnehmen und in Böhmen eindringen. Sie mußten sich aber drei Wochen später wegen Nachschubschwierigkeiten wieder zurückziehen, verfolgt von starken österreichischen Einheiten unter dem Befehl Franz Stephans und später Karls von Lothringen. Lobkowitz verstärkte die Belagerung Prags mit 12000 Mann. Die Garnison stand jetzt unter dem Befehl von Belle-Isle, der seinem alten Gegner Broglie auf diesen Posten gefolgt war; Broglie wiederum ersetzte Maillebois.
Es gelang Belle-Isle in der Nacht vom 16. auf den 17. Dezember 1742 mit 11000 Mann Infanterie, 3000 Reitern, 30 Feldgeschützen, 16 Geiseln und 300 Bagagewagen aus Prag zu entweichen. Damit befolgte er einen geheimgehaltenen Befehl Ludwigs XV., »sich um jeden Preis und auf jede Gefahr hin zu befreien, sei es durch ein dem Feind abgelistetes Entweichen, sei es, wenn es anders nicht möglich wäre, durch ein großes Opfer und durch Kampf«. Viele Stunden hindurch schlich die lange Kolonne durch die Nacht. Den zwei Avantgarden folgten fünf geschlossene und für sich allein kampffähige Einheiten. Herrn von Lobkowitzens Husaren hörten nichts, sie lagen in tiefem Schlaf.
Der Rückzug dieser ausgehungerten Kolonnen war furchtbar; mit der Axt schlugen sie sich den Weg durch dichte Wälder frei und wankten über verschneite Fußwege. Tausende von Männern fielen der Kälte, dem Hunger, der Erschöpfung zum Opfer. Es war wie eine Vorahnung des Rückzugs, den die napoleonische Armee aus Rußland zu bestehen hatte... Der Marschall und Botschafter Belle-Isle war mit prächtigen Karossen in Deutschland eingezogen, umgeben von Edelleuten, umsorgt von Bedienten; der prunkvolle Aufzug war als eine Art Werbefeldzug für die Wahl Karl Alberts von Bayern zum Kaiser gegen Franz Stephan von Toskana gedacht gewesen, und die gewaltigen Kosten für die Pracht hatten ihre Wirkung

nicht verfehlt. Nun, zwei Jahre danach, führte der Marschall 8000 von den ursprünglichen 40 000 nach Frankreich zurück, die meisten lahm und verwundet...

Am 1. Januar 1743 verließen Oberleutnant Chevert und 4000 Mann die Stadt, 2000 Kranke und Verwundete blieben in den Lazaretten zurück. Der österreichische General hatte den Tapferen ehrenvolle Behandlung zugesagt.

VIERTES KAPITEL

DER ZWEITE SCHLESISCHE KRIEG [1743–1748]

Ihrer Tradition getreu, der weder Gefahr noch Niederlage etwas anhaben können, beginnen die Wiener das Jahr 1743 mit Vergnügungen: Am 2. Januar applaudieren sie dem berühmten Damenkarussell mit zwei reitenden und zwei fahrenden Quadrillen. Die Kaiserin-Witwe Elisabeth Christine sitzt in der Hofloge der neuerrichteten Neuen Reitschule. Trotz ihrem langen Trauerschleier gibt ein großzügiges Dekolleté den Hals zur Bewunderung frei. Würdenträger und Aristokratie lassen sich die Szene nicht entgehen. Die Schönheit der Frauen wird unterstrichen durch die Pracht ihrer Roben, durch funkelnde Diademe, Diamantengehänge, Colliers, Armbänder, Ringe. Die Herren, in großer Uniform, ordenbesät, bemühen sich um die Gunst der Damen. Plötzlich verstummt das Geplauder, Beifall prasselt auf: Maria Theresia erscheint auf einem herrlichen Vollblut, das sie diesmal im Herrensitz reitet. Wer wollte glauben, daß diese brillante Reiterin Mutter von fünf Kindern ist? Daß die noch nicht Sechsundzwanzigjährige seit zwei Jahren so viele Sorgen, Treulosigkeiten, Niederlagen hinnehmen mußte?

Der Königin folgt ein Zug Reiter in roten Fräcken und weißen Hosen, den Dreispitz leicht auf das gepuderte Haar gedrückt. Ob Großherzog Franz Stephan der Gemahlin auch applaudieren würde, wenn er wüßte, daß sie im Beginn der sechsten Schwangerschaft ist? Maria Theresia, die immer an ihr Volk denkt, möchte nicht, daß nur wenige Auserlesene das außergewöhnliche Schauspiel genießen. So übernimmt sie die Tête der Reiter und Wagen und führt den Zug bis zur Michaeliskirche, dann bis zur Hofburg – und tanzt dort bis in den Morgen hinein.

Nach Auffassung der Herrscherin ist dieses Karussell, sind das Bogen- und Pistolenschießen, die Redouten und Maskenbälle, die noch folgen sollen, nicht nur Vergnügungen, sondern dienen gleichzeitig der Werbung: So will sie Europa vor Augen führen, daß Österreich siegreich aus den Kämpfen hervorgegangen ist, daß es stark ist und auf sein Schicksal vertraut – trotz »dem Schurken in Berlin«. Maria Theresia wird von dreifacher Hoffnung getragen: Schlesien zurückzugewinnen, ihrem Mann Lothringen wiederzugeben und ihm die Kaiserkrone zu verschaffen.

Am 25. April 1743 verläßt die Herrscherin in Begleitung des Großherzogs Wien, um sich die Wenzelskrone aufs Haupt zu setzen. Bei jedem Aufenthalt wird sie mit Pomp von den Grundherren empfangen. Am 29. fährt sie in Prag ein. Es ist so kalt, daß sie ihrer Gewohnheit entgegen die Galakutsche mit einem geschlossenen Wagen vertauscht. Vor der Karosse schreitet Fürst Khevenhüller, das Kronschwert in der Hand, ohne Kopfbedeckung; doch hat er sich unter die Perücke eine kleine Samtkappe geschoben, die er Graf Colloredo entwendet hat. Am Stadttor bietet Bürgermeister Wenzel Ihrer Majestät in deutscher Sprache den Willkomm und übergibt ihr die Schlüssel der Stadt; kurz darauf begrüßt Graf Johann Ernst Schaffgotsch, der die Stände repräsentiert, sie auf Tschechisch, und danach bringt der Rektor der Universität seine Huldigung in lateinischer Sprache dar. Maria Theresia antwortet deutsch und lateinisch.
Langsam bewegt sich die Karosse durch die unwegsamen Straßen. Kanonenkugeln haben die Häusermauern durchlöchert, Häuserzeilen dem Erdboden gleichgemacht, Trichter ausgehöhlt. Fahnen und Festschmuck an den Ruinen wirken wie Wundpflaster. Maria Theresia lächelt der jubelnden Menge kaum zu, denn sie zürnt dieser Stadt, die ihren Gegner Karl Albert – den Usurpator der Titel Erzherzog von Österreich, König von Böhmen und Kaiser – so gut aufgenommen hat. Sie zürnt dem Erzbischof, der ihn im Veitsdom gesegnet hat, dem Adel, den Czernins, Kinskis, Waldsteins, Kolowrats und so fort, die ihm gehuldigt, den Juden, die ihm Geld gegeben haben. Statt der Begeisterung, die sie im vergangenen Jahr in Preßburg gezeigt hat, legt sie jetzt eine Zurückhaltung an den Tag, die eisig ist wie das Wetter. Nachdem sie in der Kirche vom Erzbischof

inmitten einer Schar von etwa dreißig Prälaten in ihren schönsten Priestergewändern empfangen worden ist, richtet sie sich für die Dauer ihres Aufenthalts im Königsschloß ein. In ihrer Ungeduld, die Zeremonien hinter sich zu bringen, verletzt sie den Großkanzler Böhmens Philipp Kinski mit den Worten: »Eure Krone von Böhmen sieht einem Narrenhaubl gleich.«

In einer feierlichen Zeremonie nimmt Maria Theresia am 11. Mai den Treueid der böhmischen Stände entgegen. Am Morgen darauf erscheint sie um sieben Uhr im großen Saal des Schlosses, gekleidet in eine Robe aus Silberstoff. »Ihre Frisur ist der Mode entsprechend gelockt, denn die Frauen tragen jetzt kurze Haare«, heißt es in einem Bericht. »Sie trägt weder eine Kopfbedeckung noch Schmuck im Haar, denn sie soll die Krone empfangen.« Im Augenblick, als sich die Königin bereit macht, das Schloß zu verlassen, bringt ein erschöpfter Kurier die Nachricht, daß Karl von Lothringen bei Braunau über kaiserliche und bayerische Truppen gesiegt und 6000 Gefangene gemacht hat, darunter General Minutzi. Diese unerwartete Nachricht, die auch den Würdenträgern sofort überbracht wird, breitet sich rasch unter der Menge aus; Freudengeschrei bricht auf, Ihre Majestät wird mit Jubel gefeiert. Wer sich dazu berechtigt glaubt, dringt in den Saal ein und benetzt ihre Hände mit Tränen. Diese spontane Kundgebung von Treue und Anhänglichkeit berührt Maria Theresia tief; ihr Groll schwindet und bleibt allein den Juden vorbehalten.

Die Krönungszeremonie – die um zwei Stunden verschoben wird, damit man erst ein Tedeum für den Sieg darbringen kann – entfaltet sich unter den geheiligten Formen in der Wenzelskapelle. Der Abend ist der Oper gewidmet. An ihrem Geburtstag am 13. Mai – sie wird sechsundzwanzig Jahre alt – legt General Lucchesi der lächelnden Majestät die in Braunau erbeuteten Fahnen des Feindes zu Füßen. An den folgenden Tagen nimmt die Königin an verschiedenen Festen teil, wobei sie die Adligen, die ihr die Treue gehalten haben, mit zahlreichen Titeln und Auszeichnungen bedenkt. Bei Spazierfahrten auf der hochgehenden Moldau lacht sie über die Grimassen ihrer Hofdamen. »Es sah recht gefährlich aus«, notiert Khevenhüller in seinem Tagebuch. Aber Maria Theresia kennt keine Furcht. Am 19. Juni bricht sie nach Linz auf und erreicht am 3. Juli Schönbrunn. Triumphale Rückkehr! Die Kürassierregimenter von Lobkowitz und Caraffa, die zur Krönung abkommandiert gewesen sind, kehren zum Heer zurück, und Prag geht an seine Arbeit: Unter den Ruinen liegen immer noch Leichen.

Der Feldzug von 1743 hatte für Österreich gut begonnen, das mit England, Rußland, den Niederlanden, Hessen und Sardinien gegen Frankreich, Bayern, Sachsen und Schweden verbündet war: Am 8. Februar hatte der österreichische General Traun – »ein außerordentlich ehrenhafter, aber alter, trübseliger und kränklicher Mann«, beurteilte ihn die Königin – die Spanier unter Herzog Montemar bei Camposanto (in der Emilia) mit Hilfe der Sarden geschlagen, aber aus Geldmangel darauf verzichten müssen, den Angriff fortzusetzen. Traun wurde später in Italien durch Fürst Christian Lobkowitz ersetzt und übernahm das Kommando in Mähren. Durch Khevenhüller unterstützt, schlug Karl von Lothringen die Bayern aus dem Felde, nahm den befestigten Ort Simbach und die Städte Dingolfing, Landau und Deggendorf. Am 9. Juni zog er in München ein. Der Rest der bayerischen Truppen kapitulierte.
Karl VII., Kaiser des Heiligen Römischen Reichs und Exkönig von Böhmen, in Wahrheit aber ein Fürst ohne Land, ohne Armee und ohne Geld, floh erst nach Augsburg, dann nach Frankfurt und mußte schließlich am 27. Juni einen Neutralitätsvertrag mit Österreich schließen. Maria Theresia triumphierte. Friedrich II., der durch den Breslauer Vertrag gebunden war, verdoppelte vergebens seine Drohungen und Versprechungen bei den Gesandten von Frankreich und England, den Herren Valory und Hyndfort.
England hatte 300 000 Pfund Subsidien gezahlt. Die »Pragmatische Armee« – so genannt, weil sie die Pragmatische Sanktion verteidigen sollte –, die aus Engländern, Hessen, Österreichern (unter dem Herzog von Arenberg), Hannoveranern und Holländern bestand, sammelte sich in Hannover unter dem König von England. Am 23. Juni errang sie am Main bei Aschaffenburg den zweifelhaften Sieg von Dettingen über 38 000 demoralisierte Franzosen unter Marschall Noailles, die sich ins Elsaß zurückzogen.
Zur Empörung Karls VII. gab Marschall Broglie Bayern auf. Im August wurden die Schweden durch Rußland geschlagen; Zarin Elisabeth erwarb darauf im Frieden von Åbo das südliche Finnland.

Durch solche Geschehnisse ermutigt, träumte Maria Theresia nicht nur davon, Schlesien und Lothringen wiederzugewinnen, sondern glaubte auch, Preußen zerstückeln, Karl Albert die Kaiserkrone entreißen und Bayern annektieren zu können. Prinz Karl stand am Rhein, der durch die Armeen Noailles' und Coignys (als Nachfolger Broglies) verteidigt wurde; er marschierte auf das Elsaß zu, nahm Weißenberg und Lauterburg, weigerte sich aber, den Oberbefehl an Georg II. abzugeben. Die österreichische und die Pragmatische Armee blieben im Sommer 1743 untätig und zogen sich schließlich zurück.

Maria Theresia, die mehrere undurchführbare Pläne ausgearbeitet hatte, mußte schließlich tief enttäuscht am 13. September 1743 das Offensiv- und Defensivbündnis von Worms schließen: England sollte weiterhin die Kosten des Krieges tragen, Österreich einige Gebiete Mailands an Sardinien abtreten und England 30000 Mann für die Vertreibung der Spanier aus Italien zur Verfügung stellen. Der Kanzler Graf Ulfeld schrieb an Bartenstein: »Ich wollte, ich hätte niemals einen Fuß nach Schönbrunn gesetzt! Mein Aufenthalt dort war sehr unangenehm. Ich habe Ihre Majestät nie in einem solchen Zustand gesehen, mit Tränen in den Augen ... Sie würde lieber den Vorschlägen des Feindes ihr Ohr leihen. Sie hat die Absicht, jemanden nach Frankreich zu senden, um zu einer Aussöhnung zu gelangen.«

Im Oktober schloß Frankreich den Vertrag von Fontainebleau mit Spanien, »den zweiten Familienpakt«. Ludwig XV. verpflichtete sich, seinem Schwiegersohn Don Philipp, dem Gatten seiner geliebten Tochter Luise, ein Fürstentum in Italien zu verschaffen, die Engländer aus Gibraltar und Menorka zu vertreiben und Don Carlos in Neapel und Sizilien zu verteidigen. Im Dezember schloß Maria Theresia ein entscheidendes Abkommen gegen Preußen mit Sachsen, das also die Fronten wechselte. Karl VII. verlangte erfolglos Unterstützung durch den Reichstag. Friedrich II. nutzte den Frieden, um seine Truppen zu trainieren, seine Festungen zu verbessern und die Kassen wieder zu füllen. Vergeblich hatte er versucht, die deutschen Fürsten gegen Österreich zusammenzuschließen. Podewils bekam den Auftrag, »Aufruhr gegen die Königin von Ungarn zu predigen«.

Das Bündnis hinderte Georg II. und Maria Theresia nicht, ganz unterschiedliche Ziele zu verfolgen: England strebte nach der Hegemonie auf dem Meer und in den Kolonien, nach Beherrschung der Welt im Interesse seines Handels und Gewerbes; seine natürlichen Gegner waren Frankreich und Spanien. England brauchte Österreich, um die französischen Truppen auf dem Kontinent zu binden und Hannover gegen nachbarliche Übergriffe zu schützen. Ganz anders gerichtet war Maria Theresias Politik: Die Königin, die nicht das geringste überseeische Interesse hatte, wollte um jeden Preis Schlesien zurückgewinnen, und dazu brauchte sie Subsidien und Truppen aus England.

Es ist verständlich, daß sich die beiden Verbündeten des öfteren nicht einigen konnten über die Kriegführung; im Verlauf der vergangenen Feldzüge hatten sich viele Meinungsverschiedenheiten ergeben, und in England wurden immer mehr Stimmen laut, die forderten, man solle sich aus dem »Krieg der deutschen Fürsten« herausziehen. Kurz, der Kampf zwischen Ludwig XV. und Maria Theresia war nichts als eine Episode in der großen englisch-französischen Auseinandersetzung um die Herrschaft der Meere.

Bei einer Besprechung der Generalstäbe, die im Januar 1744 in London stattfand, schlug der Herzog von Arenberg drei Operationen vor, die gleichzeitig durchgeführt werden sollten: Der Hauptteil der verbündeten Streitkräfte sollte über den Rhein gehen und Elsaß-Lothringen besetzen, ein anderes Korps in Bayern eindringen und ein Entlastungsangriff wesentliche Teile des Feindes in den Niederlanden festhalten. Dieser vom Hofkriegsrat ausgearbeitete Plan wurde jedoch von den Engländern abgelehnt.

Seit vielen Jahren liebte Karl von Lothringen Maria Theresias jüngere Schwester Marianne, die, nach Pereys Worten, »gut, anmutig und liebenswert war, Klugheit und Urteilsfähigkeit« besaß. Vom Prinzen Karl entwarf der Fürst von Ligne ein Portrait:

»Eine der schönsten Seelen, die ich gekannt habe, war Prinz Karl von Lothringen, der Bruder unseres guten Kaisers Franz. Er war allem Guten zugetan, lebhaft, milde, fröhlich, empfindsam und wach. Die Aufrichtigkeit seines Wesens stand ihm auf dem Gesicht geschrieben. Er ist der Mensch mit der echtesten Heiterkeit, den ich in meinem Leben kennengelernt habe; wer ihm nur einmal begegnete,

mußte ihn für immer lieben. Die Würde, die milde Majestät seiner Gestalt und seines Auftretens wetteiferten mit der Verbindlichkeit seines Gesichtsausdrucks und seiner Worte.«
Was der liebenswürdige Fürst von Ligne nicht erwähnte, war die ungewöhnliche Rechtschreibung, deren sich Prinz Karl bediente und die der seines Bruders in nichts nachstand...
Gegen Ende des Jahres 1743 kündigte Maria Theresia die bevorstehende Vereinigung des zweiunddreißigjährigen Prinzen Karl mit der sechsundzwanzigjährigen Maria Anna an. Sie kannte die gegenseitige Liebe der beiden und freute sich, die Verbindung der Häuser Habsburg und Lothringen durch ein zweites Band zu verstärken. Die Hochzeit ihrer »Herzensschwester« mit ihrem Schwager setzte sie auf den 7. Januar 1744 fest.
Hand in Hand schreitet das Brautpaar durch die prächtigen in Gold und Weiß gehaltenen Räume der Hofburg und tritt in die Augustinerkirche ein. »Sie sind schön, charmant, und ihre Köpfe gleichen diamantnen Bergen«, schreiben die Chronisten von den geladenen Damen. Die Wienerinnen haben ihre kostbarsten Juwelen angelegt, und Lady Montagu, die inzwischen die ganze Welt kennengelernt hat, ist verblüfft von so viel Reichtum. Der kirchlichen Trauung, bei der das Tedeum von mehreren Chören gesungen wird, folgen zahlreiche Feste, die zum Teil mit den Karnevalsveranstaltungen zusammenfallen. Am 11. Januar gibt Maria Theresia in der prächtig erleuchteten und dekorierten königlichen Manege einen Ball. Die Königin und der Großherzog, die Erzherzogin Marianne und Prinz Karl begeben sich auf das Fest mit einer Suite von sechzig Edelleuten, die als Amerikaner verkleidet sind, während durch eine andere Tür eine maskierte Bande – nach ungarischer und flämischer Mode kostümiert – den Saal betritt. Um Mitternacht verläßt Maria Theresia mit ihrer Familie den Ball, um im Schloß in aller Öffentlichkeit zu speisen, wobei sechzig Gedecke aufgelegt sind.
Am nächsten Nachmittag genießen die Wiener das Spektakel eines Korsos von 34 Schlitten. Die leichten, gepolsterten und bemalten Gefährte werden jeweils von einem einzigen, reich geschirrten Pferd gezogen; der Fahrer lenkt es stehend; in jedem Schlitten sitzt eine Dame, eingehüllt in teure Pelze; auf den Hüten wippen Straußenfedern. Die Pferde, erregt durch das Gebimmel ihrer Schellen, die

Zurufe des Publikums, das Knallen der Peitschen, scheinen über den Schnee dahinzufliegen. Als der Abend einbricht, werden die Straßen von Fackeln erleuchtet; die Menge klatscht den geschickten Schlittenlenkern und den feurigen Pferden Beifall und singt Schnadahüpferl auf Khevenhüller, der sein sehr lebhaftes Tier im Sitzen lenkt. Der Graf hat überhaupt kein Glück bei diesem Fest: die Gräfin Kokorzowa, die ihm das Los als Dame zugeteilt hat, trägt einen Mantel aus leuchtend grünem Samt, der sich abscheulich in dem preußischblauen Schlitten ausnimmt!

Lange Schlittenfahrten, bei denen der Hof ein Gefolge von Heiducken in auffallenden Uniformen mit sich führt, wechseln mit Maskenbällen und Schauspiel ab. Der Maestro Metastasio hat für diese Gelegenheit die Oper *Ipermestra* komponiert, die auf Wunsch Maria Theresias das eheliche Glück feiert und die Beständigkeit der Ehegatten unter widrigen Umständen preist. Für die erste Vorstellung werden alle Rollen mit Hofleuten und Aristokraten besetzt, und zu ihrem lebhaften Bedauern sieht sich die Königin durch das Protokoll daran gehindert, selbst auf die Bretter zu steigen. Sie muß sich damit begnügen, mit Franz Stephan und den Neuvermählten in der Loge Platz zu nehmen. Nicht zum Nachteil der Oper werden die Amateursänger in den weiteren Aufführungen von ausgebildeten Kräften ersetzt...

Maria Theresia, die nur sechzehn Monate älter ist als ihre Schwester, nimmt an den Festen teil, reitet viel, spielt, tanzt – was alles sie nicht hindert, täglich viele Stunden zu arbeiten. Sie empfängt ihre Minister und fremde Diplomaten, liest Berichte und Projekte, unterzeichnet Dekrete. Wie ein König. Wie ein guter König.

Der Aschermittwoch löscht mit einem Schlage Lichter und Lachen, zerstreut die Quadrillen und die Tänzer, zerstört die Idyllen, die sich angebahnt haben. In den düsteren Gängen der Hofburg schreitet man nicht mehr, man geht auf Zehen; man spricht nicht mehr, man flüstert und wagt kaum zu atmen.

Am Hochzeitstag hat Maria Theresia dem Prinzen Karl das Kommando der in Belgien liegenden Armee und das Gouvernement der Niederlande verliehen. Ende Februar 1744 bricht das junge Paar zu seinem neuen Domizil auf. Die Stadt Brüssel hat den beiden drei prachtvolle, von dem berühmten belgischen Wagenbauer Simon ge-

baute Karossen angeboten. Wegen der französischen und der bayerischen Truppen, die es zu umgehen gilt, ist die Hochzeitsreise nicht ungefährlich und dauert wegen des Umwegs über Westfalen einen vollen Monat. Generäle, Stadtoberhäupter, die Elite des belgischen Adels begeben sich zum Willkomm des neuen Gouverneurpaares an die Grenze und empfangen es in Antwerpen und Mecheln. Kurz vor der Hauptstadt läßt Marianne den Wagen halten, steigt aus und wechselt in einem Zelt am Wegrand ihre Wiener Robe gegen die Brabanter Tracht. Die zarte Aufmerksamkeit gewinnt ihr die Herzen der Belgier. Am 26. März halten ihre Königlichen Hoheiten feierlichen und prunkvollen Einzug in das *Edle Brüssel*, das ungefähr 55 000 Einwohner zählt. Die gastlichste Hauptstadt Europas hat mutig die Ruinen wieder aufgebaut, die das grausame und überflüssige Bombardement des Marquis de Villeroy im Jahre 1695 hinterließ. Unter Glockengeläut, Salutschüssen und Beifall der Menge rückt der festliche Zug zwischen den neuen, geschmückten und mit Blumen behängten Häusern weiter bis zum Haus Oranien-Nassau, wo Prinz Karl und seine Gattin wohnen sollen.
Die Königin hat ihrem Schwager klugerweise einen Berater mitgegeben, der sich bereits in ihrem Dienst in Turin ausgezeichnet hat, den Grafen Wenzel Kaunitz-Rietberg. Der Diplomat ist über diese Versetzung nicht glücklich, denn sie nimmt ihm die Gelegenheit, sich seiner liebsten Beschäftigung hinzugeben – der großen internationalen Politik. Bis an die Haare in fuchspelzgefütterte Decken gehüllt, eine Wärmflasche auf den Knien, reist Kaunitz in kleinen Etappen, in einem Wagen, dessen Doppelfenster hermetisch verschlossen bleiben. Berater eines Prinzen in einer so weit von Wien entfernten Stadt – das ist gewiß nicht der Posten, den er sich erhofft hat. Aber er ist entschlossen, hier auf keinen Fall seine Tage zu beschließen...

Am 15. März 1744 erklärte Frankreich England, am 26. April auch Österreich den Krieg. Maria Theresia teilte dem venezianischen Gesandten Contarini die Tatsache mit, und er berichtete dem Dogen: ... »Ich bewundere die an Gleichgültigkeit grenzende, unerschütterliche Standhaftigkeit, mit der Ihre Majestät das Ereignis aufzunehmen scheint.« Friedrich II. hatte sein Heer auf 140 000 Mann gut ausgebildeter, in starken Einheiten zusammengefaßter Soldaten vergrößert und das Nachschubsystem verbessert. Er hatte neuartige Munitionswagen eingeführt, die Zugpferde durch Ochsen ersetzt und die Schiffahrt auf Elbe und Moldau organisiert. Sein Werk war die »Frankfurter Union«, die – garantiert von Frankreich – Schweden, Bayern, den Landgrafen von Hessen und den Kurfürsten von der Pfalz vereinte. Bald darauf schloß er den Vertrag von Paris, der bis zu dem für Ende August geplanten Feldzug geheim bleiben sollte. Die wesentlichsten Vertragsklauseln besagten: die Offensive gegen Österreich sollte fortgesetzt, Schlesien Preußen garantiert werden; Karl VII. sollte seine Erblande wieder einnehmen, Böhmen zwischen Bayern und Preußen aufgeteilt werden und Frankreich einen Teil Belgiens erhalten.

Der preußische Gesandte Graf Dohna überbrachte dem österreichischen Kanzler Graf Ulfeld die Kriegserklärung Friedrichs II., die mit den Worten begann: »Um das Reich zum Vorteil seiner Systeme und Verfassungen und die Länder in ihren Privilegien und Freiheiten zu erhalten und um die Ruhe in Deutschland durch wahrhaften und dauerhaften Frieden wiederherzustellen...» Es ging Preußen tatsächlich nur darum, Österreich auf jede Weise niederzuhalten; das zeigte sich schon darin, daß der König den Sultan zum Krieg anstachelte und die ungarischen Protestanten gegen Maria Theresia aufzuwiegeln versuchte.

Anfang Mai setzte sich eine Armee der Verbündeten von den Niederlanden aus nach Elsaß-Lothringen in Bewegung. Sie bestand aus drei Gruppen: den Österreichern des Herzogs von Arenberg, den Holländern des Grafen Moritz von Nassau, den Engländern und Hannoveranern unter dem Befehl des Feldmarschalls Wade. Eine französische Armee von 100 000 Mann, in zwei Gruppen aufgeteilt (die eine unter dem Kommando Ludwigs XV., die andere unter Marschall Moritz von Sachsen), hatte inzwischen den Rhein überschritten und verlegte den Verbündeten den Weg. Die Franzosen nahmen Meenen, Ypern, Kortryck, Veurne und Dixmuyden. Moritz von Sachsens Tempo triumphierte über die Langsamkeit der Alliierten, die durch Meinungsverschiedenheiten noch vergrößert wurde. Graf Traun, Nachfolger des verstorbenen Generals Khevenhüller, verfügte zwar über 68 000 Mann, beschränkte sich aber trotzdem auf die Defensive und ließ es zu, daß sich die Bayern in der Pfalz, wohin sie sich zurückgezogen hatten, verschanzten. Erfolglos versuchte die Königin mit energischen Briefen einzugreifen; der Feldmarschall antwortete, er möchte sich nicht einem preußischen Angriff aussetzen. Maria Theresia blieb bei ihrer Forderung: »Ich sehe, daß Sie große Angst vor Preußen haben! Die Armee, die Ihnen anvertraut ist, hätte uns die Entscheidung bringen sollen... Sie müssen so rasch wie möglich nach Heilbronn marschieren; für mich ist die Stadt äußerst wichtig. Wenn uns der Feind zuvorkommt, sind die Pläne des Prinzen von Lothringen völlig zerstört... *Kümmern Sie sich nicht um den König von Preußen! Vertrauen Sie auf Gott! Lassen Sie sich nicht verwirren oder entmutigen!*«

Im Juli ging die 60 000 Mann starke Armee des Prinzen Karl über den Rhein, nahm Zabern und bedrohte bereits Straßburg. Der voreilige Heerführer berichtete seiner jungen Frau: »Wenn Sie erfahren, daß ich den Rhein überschritten habe, erwarten Sie weitere Nachrichten von mir erst aus Paris!« Stanislaus, der Exkönig von Polen, verließ überstürzt sein Schloß in Lunéville und suchte in Metz, dem Lehen des Marschalls Belle-Isle, Zuflucht. Maria Theresia vergaß die alten Mängel ihrer Generäle und die eigenen Ängste – jetzt konnte der Sieg ihr nicht entgehen: Schlesien, Lothringen und sogar Bayern sollten unter dem Zepter der Habsburger gedeihen! Voller Heiterkeit ritt sie aus, nahm an Reitkursen der Spanischen Reitschule teil, spielte bis zum Morgengrauen Pharao – obwohl sie zum siebtenmal schwanger war.

Als Ludwig XV. die Nachricht vom Übergang der Österreicher über den Rhein erhielt, reiste er nach Metz, wo er am 4. August ankam, aber so schwer erkrankte, daß man ihm vorsorglich die Sterbesakramente reichen ließ. Während seiner Krankheit blieb die Armee unter dem Kommando von Noailles völlig untätig.

Unter Nichtachtung der Verträge von Breslau und Berlin warf Friedrich II. sich am 12. August mit 80 000 Mann auf Böhmen. Um diesem schrecklichen Feind begegnen zu können, holte Maria Theresia das Heer Prinz Karls aus dem Elsaß heran, ferner die ziemlich schwache, in Bayern stationierte Armee Batthyanys und ungarische Truppen. Sie ermahnte ihren Schwager, sich tapfer für »sein Haus Lothringen, für das Reich, für die ganze Christenheit zu schla-

gen«, damit »der unvergängliche Ruhm, den er sich bereits erworben« habe, nicht verblasse.
Bereits am 15. September informierte »dieser Teufel« Friedrich II. den französischen Gesandten Valory: »Prag ist unser... Ich habe mit einer Abteilung den Tabor nehmen lassen. Wir marschieren geradewegs nach Österreich!« Prag, von 80 000 Mann belagert und durch Graf Ogilvy schlecht verteidigt, hatte sich nach mehrtägiger Beschießung zum drittenmal ergeben. Als die österreichischen Soldaten am Sieger vorbeizogen und ihre Waffen ablegten, zerbrach Baron Lentulus aus Bern seinen Degen, entrüstet über die Feigheit seines Befehlshabers; seine Dragoner taten es ihm nach.
Vom preußischen König geduldete Übergriffe seiner Soldaten, Brände, Plünderung, Gelderpressungen weckten in ganz Böhmen einen heftigen Haß gegen die Preußen, den der König in seinen Erinnerungen vergeblich so zu erklären versuchte: »Die Verschiedenheit des Glaubensbekenntnisses flößte diesem ebenso stupiden wie abergläubischen Volk eine unüberwindliche Abneigung gegen Preußen ein.« Aber »geradewegs nach Österreich«, wie der König verkündet hatte, konnte er doch nicht marschieren, denn Regenstürme, Epidemien, der Abfall der Sachsen, Feindseligkeit der Einwohner, Desertionen, zwangen ihn, am 26. November 1744 Prag zu räumen. Vergebens suchten die Preußen, Traun zur Schlacht zu zwingen. Schließlich erreichten sie Glatz. Sie hatten 17 000 Mann durch Desertion eingebüßt, Tausende von Pferden und beträchtliches Material verloren, die Armee war in beklagenswertem Zustand. Dazu hatte übrigens auch das Eingreifen einer ungarischen Insurrektionsarmee beigetragen, die auf Maria Theresias Wunsch hin ausgehoben worden war. Um Palffy ihre Dankbarkeit auszudrücken, schenkte ihm die Königin ihr Lieblingspferd, einen Degen, dessen goldener Griff mit Diamanten eingelegt war, und einen kostbaren Ring. Sie begleitete die Gaben mit einem Brief:
»Vater Palffy! Ich schicke Ihnen dieses Pferd, das es wert ist, einzig vom treuesten und ergebensten meiner Untertanen geritten zu werden. Nehmen Sie auch diesen Degen, um mich gegen meine Feinde zu beschützen, und den Ring als Zeichen meiner Zuneigung...«
Die Rückeroberung Prags und Friedrichs II. Rückzug ermutigten Maria Theresia zu dem Befehl an Prinz Karl, trotz dem strengen

Winter und den Nachschubschwierigkeiten in Schlesien einzudringen. Sie schrieb Graf Esterházy: »Es ist nicht mehr die Rede davon, die Abtretung eines Teils von Böhmen in Erwägung zu ziehen; wir müssen alle Kräfte anspannen und nichts versäumen, um dem König von Preußen Glatz und Schlesien zu entreißen.« Aber der österreichische Feldzug scheiterte an der geschickten Verteidigung des alten Dessauers, und zwar so völlig, daß ganz Schlesien Ende Februar 1745 wieder in Händen der Preußen war, die hier dann endlich ihre Winterquartiere aufschlagen konnten.
Die wenigen Truppen, die Prinz Karl in Böhmen gelassen hatte, konnten den Bayern, die München wieder eingenommen hatten, nicht widerstehen. Sie wurden nach Salzburg, Passau und Braunau zurückgenommen.

Erzherzogin Marianne, seit Januar 1744 mit Prinz Karl verheiratet, erwartete ein Kind, und Maria Theresia schickte voller Unruhe ihre beiden besten Ärzte nach Brüssel, erst Engel, dann Gerhard van Swieten. An Engel schrieb sie am 29. November:
»Die Fürsorge, die Sie meiner Schwester widmen, und die Promptheit, mit der Sie die Reise zu ihr unternommen haben, verpflichten mich Ihnen unendlich, denn ich liebe diese einzigartige Schwester mit einer Zärtlichkeit, die ihre persönlichen Qualitäten und ihr Charakter nur zu sehr verdienen. Sie mögen sich also eine Vorstellung meiner Dankbarkeit machen...«
Aber aller ärztlicher Beistand war umsonst: Am 16. Dezember starb die Erzherzogin nach einem Kaiserschnitt. Tief verwundet schrieb Maria Theresia eigenhändig an den Doktor van Swieten:
»Der schwerste Schlag, welchen der gütige Gott in diesem Augenblick über mich verhängen konnte, ist der Verlust meiner Schwester; er wird noch täglich fühlbarer durch die Liebe, die ich in meiner Familie finde... Meine Gesundheit hat diesen Schlag wie so viele andere ertragen, und obwohl ich im neunten Monat bin, halte ich mich so, wie man es erwarten kann. Ich sehe deutlich, wie sich Gottes Wille an mir verwirklicht, indem er mich in seiner Gnade aufrechterhält, damit ich den Weg der Prüfungen, der Schmerzen und der Tränen wandeln kann, den er mir vorgezeichnet hat.«
So wurden also Prinz Karl von Lothringen und die Erzherzogin Ma-

rianne, die sich so tief geliebt hatten, schon elf Monate nach ihrer Vereinigung getrennt.

Am 8. Januar 1745 schloß Maria Theresia in Warschau ein neues Bündnis mit England, Polen, Holland und Sachsen. Am 21. erhielt sie die Nachricht vom Tode Kaiser Karls VII., Kurfürsten von Bayern, der nur achtundvierzig Jahre alt geworden war. Er hatte seit Jahren gekränkelt und war durch seine letzten Fehlschläge tief bedrückt gewesen, ein Mann von durchschnittlicher Intelligenz und unbegrenztem Ehrgeiz. Als man ihm die Niederlage seiner Truppen bei Neudeck meldete, fragte er sich besorgt, ob er etwa wieder aus der eben zurückgewonnenen Hauptstadt vertrieben werden würde. Die Nachricht war zuviel für ihn. Bevor er den Geist aufgab, empfahl er in letzter Weisheit seinem achtzehnjährigen Sohn Maximilian Joseph, auf die Kaiserkrone zu verzichten und sich mit Österreich zu versöhnen, um wieder Herr im eigenen Lande zu werden. Am 1. Februar gab Maria Theresia einem siebten Kind das Leben: Karl Joseph, ihrem zweiten Sohn.
Indessen zog Feldmarschall Karl Batthyany an der Spitze eines österreichisch-ungarischen Heeres siegreich durch Bayern und bedrohte bereits München. Der junge Kurfürst floh nach Augsburg. Kurz darauf, am 22. April, unterzeichnete er das Verteidigungsbündnis von Füssen mit Österreich. Er verzichtete auf alle Ansprüche, die sein Vater erhoben hatte, und versprach Franz Stephan seine Stimme bei der Kaiserwahl. Das Beispiel seines Schwagers Karls VII. veranlaßte dann Friedrich August von Sachsen (als König von Polen August III.), gegen die Wünsche der französischen Diplomaten ebenfalls auf eine Thronkandidatur zu verzichten. Auch der heftige Widerstand seiner Frau Maria Josepha, die ihre Kusine Maria Theresia haßte, hinderte ihn nicht, sich mit Österreich zu verbünden.
Während des ganzen Jahres 1745 schwelte in den Niederlanden der Krieg zwischen den französischen und den englisch-holländischen, durch ein österreichisches Kontingent verstärkten Streitkräften; in Schlesien lagen sich Preußen und Sachsen-Österreicher gegenüber; in Italien Österreicher auf der einen, Franzosen und Spanier auf der anderen Seite. Friedrich hatte beschlossen, alles aufs Spiel zu set-

zen. An Podewils, der ihm zum Frieden riet, schrieb er: »Für den Fall, daß alle meine Mittel, alle meine Verhandlungen, mit einem Wort: alle Umstände sich gegen mich erklären, würde ich lieber mit Ehren zugrunde gehen, als Ruhm und Ehre für mein ganzes Leben einbüßen.«

Am 25. April überschritt eine 80 000 Mann starke französische Armee unter Moritz von Sachsen die Grenze und begann, Tournai zu belagern. Die in ihren Winterquartieren überraschten Verbündeten zogen sich auf Brüssel zurück. Am 10. und 11. Mai errangen die Franzosen in Gegenwart König Ludwigs XV. den glänzenden Sieg von Fontenoy über 50 000 Gegner (Engländer, Hannoveraner, Holländer, 2 Kompagnien und 8 Schwadronen Österreicher), die unter dem Oberbefehl des Herzogs von Cumberland, eines nachgeborenen Bruders des englischen Königs, und des Feldmarschalls Königsegg kämpften. Die Verbündeten verloren dabei mehr als 7000 Mann und 40 Kanonen.

Friedrich II. hatte die Wintermonate genutzt, seine Truppen zu rekrutieren, Organisation und Versorgung der Armee zu verbessern und den neuen Feldzug vorzubereiten. Vergeblich versuchte er, seinen Einfluß auf die Türkei geltend zu machen oder die französischen Pläne zu ändern. Er schrieb aus seinem schlesischen Generalquartier an Podewils: »Ich habe den Rubikon überschritten. *Entweder werde ich meine Macht behaupten, oder ich will, daß alles zugrunde geht und daß alles, bis auf den preußischen Namen, mit mir begraben werde!*«

Karl von Lothringen vergnügt sich in Wien – nicht anders als der größte Teil des Generalstabs, wie der venezianische Gesandte Erizzo entrüstet berichtet. In sicherer Entfernung von den ihm unterstellten Truppen gibt er sich dem Spiel hin. Ende April 1745 endlich geruht er, bei Königgrätz wieder zu ihnen zu stoßen.

Das mehr als 60 000 Mann starke österreichisch-sächsische Heer hat die Aufgabe, über Landshut in Schlesien einzudringen, Friedrich den Rückzug abzuschneiden und ihn zur Entscheidungsschlacht zu zwingen. Aber statt rasch vorzurücken, erreicht es erst am 3. Juni die Gegend von Hohenfriedberg. Täuschungsmanöver und ein geschickter Agent des Königs bringen Prinz Karl zu der irrigen An-

nahme, daß die preußischen Truppen über das ganze Land zerstreut sind und sich zurückziehen. Er verzichtet darauf, seine leichte Kavallerie auf Kundschaft zu schicken, und verläßt das Gebirge, ohne zu ahnen, daß ihn eine 70 000 Mann starke Armee erwartet. In der Morgendämmerung des 4. Juni schlägt Friedrich erst die Sachsen in der Ebene von Hohenfriedberg und treibt dann die zu spät angelangten Österreicher in die Flucht. Die preußische Kavallerie – unfähig bei Mollwitz, mittelmäßig bei Chotusitz – bewährt sich glänzend bei Hohenfriedberg; die Kürassiere des Grafen von Nassau beweisen ihre Überlegenheit über die österreichische Kavallerie. Prinz Karl schickt seinem Bruder einen Bericht, dessen französische Rechtschreibung seinem militärischen Genie entspricht. Er schreibt: »*Wir haben eine vollkommene Flucht durchgemacht, und das in der besten Stellung von der Welt,* und obwohl unsere Leute den größten Willen zum Angriff zeigten. Die Sachsen sind zuerst angegriffen worden, und als wir zum Angriff kamen, sind unsere Leute bei der ersten Salve umgedreht, und es gab kein Mittel mehr, sie aufzuhalten ... Nun ja, es war Gottes Wille!«
In Wien hält sich niemand zurück, wenn der Prinz kritisiert wird. General Prada scheut sich nicht, an der Marschallstafel in der Hofburg zu sagen: »Mit dem König von Preußen an der Spitze der österreichischen Truppen hätten wir die Preußen geschlagen!« Warum zögert die Herrscherin noch, ihren Schwager abzuberufen? Nach der »vollkommenen Flucht« hat Karl darauf verzichtet, in Schlesien einzudringen, und hat sich statt dessen in eine sehr starke Stellung beim Zusammenfluß von Elbe und Adler nach Böhmen zurückgezogen. Die preußische Armee folgt ihm und richtet sich zwischen Ruseck und Dewitz ein. Merkwürdigerweise versucht der Sieger nicht, das auf 25 000 Mann reduzierte österreichisch-sächsische Heer zu vernichten. Ob er auf seine Minister in Berlin hört? Oder glaubt er, Maria Theresia sei zermürbt durch die Niederlage, »die das Herz eines Pharaos erweichen könnte«, wie er an Podewils schreibt? Doch das Herz seiner Feindin ist abgehärtet; sie denkt nicht daran, Frieden zu machen. An die Königin von Polen schreibt sie: »Die Sache ist zu gerecht, als daß man nicht auf Gott vertrauen sollte, der sie am Ende triumphieren lassen wird. Bisher hat er die Dinge so gelenkt, daß sie seine Allmacht bezeugen: so daß den

glücklichsten Ereignissen die schlimmsten Rückschläge gefolgt sind.« Sie verabscheut Friedrich aus vollem Herzen und erklärt dem Botschafter Englands: »Und wenn ich wüßte, daß ich morgen mit ihm verhandeln sollte, so würde ich ihm trotzdem heute noch eine Schlacht liefern!«

Der Tod Karls VII. hatte dem Krieg zwischen Österreich und Bayern ein Ende und den Kaiserthron frei gemacht. Das Heilige Römische Reich Deutscher Nation – »weder heilig noch römisch, noch deutsch«, spöttelte Voltaire – bestand seit dem Jahre 800 (und hat noch bis 1806 bestanden). In der Mitte des achtzehnten Jahrhunderts ist es ein Mosaik von etwa 2000 ineinandergeschachtelten Territorien, 343 souveränen Staaten mit eigener Gesetzgebung, regiert von Königen, Kurfürsten, Erzherzögen, Herzögen, Grafen, Bischöfen, Markgrafen, Burggrafen, Landgrafen, Reichsäbten, Rittern, Stadträten. Achtzig dieser souveränen Gebilde sind nicht einmal zehn Quadratmeilen groß. Im Innern der Einheiten existieren nebeneinander 40 000 Lehnsherrschaften, fast ebensoviele Abteien, Herrschaften, Orden und Kapitel – alle mit Privilegien oder auch eigener Rechtsprechung ausgestattet.

Der Reichstag des Heiligen Römischen Reiches hat drei Kollegien: das der Fürsten, das der Freien Städte und das Kurfürstenkollegium, das die Kaiserwahl vornimmt und aus neun Kurfürsten besteht (sechs weltlichen: Österreich, Brandenburg, Sachsen, Bayern, Braunschweig, Hannover; drei kirchlichen: Mainz, Köln und Trier). Seit dem Westfälischen Frieden sind auch Frankreich und Schweden im Reichstag vertreten. Die jährlichen Einkünfte belaufen sich auf knapp 15 000 Gulden. Das Reichskammergericht, im wesentlichen damit befaßt, Streitigkeiten unter den Fürsten zu schlichten, tritt so selten zusammen, daß 60 000 Fälle auf Erledigung warten. Das Reich ist in zehn Kreise eingeteilt, deren Oberhäupter der Kaiser bestimmt; aber diese Einteilung, die keine Rücksicht auf staatliche Verhältnisse nimmt, steht nur auf dem Papier.

In Friedenszeiten und auf dem Papier verfügt das Reich über 28 000 Fußsoldaten und 12 000 Reiter; im Krieg über höchstens 120 000 Mann; aber niemals sah man mehr als 20 000 »Reichssoldaten« auf dem Kampffeld. In dieser Karnevalsarmee wird jede »Einheit«

aus Kontingenten verschiedener Staaten gebildet, die zudem ihre landesübliche Uniform und Bewaffnung beibehalten. Manche Miniaturstaaten entsenden nicht mehr als 2 Soldaten, die ihre eigene Uniform mitbringen. Die unteren Offiziersränge werden von den Landesherren besetzt, also vom Fürst, vom Bischof oder gar von einer Äbtissin. Der Sold wird oft gar nicht, zuweilen verzögert ausgezahlt, denn die Staaten vernachlässigen ihre Kontributionspflicht. Bunt zusammengewürfelte Truppen, lächerliche und unsichere Einkünfte, eine stickige Justizpraxis, ein uraltes Zeremoniell, endlose Auseinandersetzungen – das alles gehört zum charakteristischen Bild des Heiligen Römischen Reiches im Jahre 1745.

Doch das Oberhaupt dieser »immer noch imponierenden Leiche«, wie Villermont sich ausdrückt, kann den Titel König zuerkennen, Bischöfe ernennen, sich geplanten Fürstenheiraten widersetzen. Fremde Souveräne akkreditieren bei ihm Botschafter, die Friedrich II. als »Hinterhofköter« zu bezeichnen pflegt, die den Mond anbellen. Vor der Krönung muß der Kaiser schwören, die Rechte der Fürsten zu achten und nichts zu unternehmen, was dahin zielt, die Kaiserkrone in seiner Dynastie erblich zu machen. Er trägt den beneideten Titel »Heilige und Kaiserliche Majestät«, den ältesten und erhabensten aller Titel. Um ihn Karl V. streitig zu machen, haben Heinrich VIII. und Franz I. Unsummen verschwendet.

Maria Theresia ist fest entschlossen, diese kaiserliche Krone für Franz Stephan zu erlangen, als Ausgleich für den Verlust des Herzogtums Lothringen. Am 28. Juni 1745 begibt sich Franz Stephan zu den Heeren Trauns und Batthyanys, die aus Österreichern, Hannoveranern und Holländern bestehen und die Aufgabe haben, für Ruhe im Raum Frankfurt und für eine ungestörte Kaiserwahl zu sorgen. Sie vertreiben die französischen Truppen des Fürsten Conti aus Deutschland; allerdings kann sich Conti bei Nordheim über den Rhein zurückziehen und sich zwischen Worms und Speyer festsetzen.

Maria Theresia schreibt eigenhändig an den Kurfürsten von Mainz. In diesem sehr geschickten Brief heißt es:

»Der Wunsch, Seine Königliche Hoheit zur kaiserlichen Würde erhoben zu sehen, wird in mir nicht nur durch die zärtliche Zuneigung geweckt, die ich meinem Gemahl entgegenbringe, sondern ebenso durch das Verlangen, tatkräftiger, als ich es bisher vermochte, die Ruhe und das Gedeihen des Vaterlandes zu sichern. Zu diesem Ziel glaube ich auf Ihre Stimme und Ihre Mitarbeit rechnen zu dürfen.«

Das Vaterland? Maria Theresia hat diese Worte bereits in einem Brief an den Kurfürsten von Sachsen angewandt: »Es scheint mir unumgänglich notwendig, daß alle diejenigen, die durch Blut und Gesinnung zum *Wohle des Vaterlandes* gegen alle Störungen seiner Ruhe verbunden sind, auch über alle diese Ereignisse mit ihrer großen Reichweite die gleiche Ansicht hegen. Darin liegt auch das stärkste Motiv für meinen Wunsch, daß sich der Wahlvorgang rasch und glücklich erledigen läßt, da ich nicht daran zweifle, daß damit unsere Sicherheit und die gemeinsamen Interessen einem solchen Nachbarn wie dem König von Preußen gegenüber am besten verteidigt werden können.«

Soll man aus diesen beiden Briefen nun schließen, daß »das Vaterland« für die Erzherzogin von Österreich, »König« von Ungarn und Böhmen, auch die deutschen Staaten einschließt – natürlich mit Ausnahme Preußens, das nun einmal einen solchen König hat?

Die Kaiserwahl vollzieht sich nicht so glatt, wie es Großherzog Franz Stephan wünscht. Er schreibt Minister Bartenstein darüber einen Brief, dessen französische Schreibweise kaum zu entziffern ist. Er erklärt, er habe gehofft, die Wahl werde rasch vor sich gehen, nachdem das Gebiet vom Feind gesäubert sei, doch sehe es keineswegs danach aus, da noch nicht einmal Vorbereitungen dafür getroffen seien. Außerdem hätten bisher nur wenige Wahlbotschafter der Kurfürsten ihre Vollmacht erhalten, nämlich lediglich Mainz, Trier, Hannover, Österreich, und die »Intrigen der Franzosen, mit denen sie das große Werk hindern wollen«, wären »stärker als ihre Armee«. Er bittet Maria Theresia, für den Fall, daß er gewählt werde, sich dem Brauch gemäß mit ihm krönen zu lassen, da es sonst auf alle Welt einen schlechten Eindruck machen würde. Er beauftragt Ulfeld, bei der Königin vorstellig zu werden, der Kanzler antwortet aber, daß er keinen Erfolg gehabt habe: »Ich hatte gut reden. Eure Königliche Hoheit wissen ja, wie es geht, wenn Ihre Majestät einmal einen Entschluß gefaßt hat. Ich habe nur zur Antwort bekommen, daß sie nicht will; und falls sie glauben müßte, daß man sie in Frankfurt vor vollendete Tatsachen stellen wollte, oder so-

zusagen zwingen würde, wollte sie sich lieber gleich entschließen, gar nicht erst hinzufahren.«
Maria Theresia selbst schreibt ihrem Gemahl: »Lieber gar nicht kommen, es würde mich schmerzen, mich in meinem gegenwärtigen Zustand krönen zu lassen.« Die Herrscherin erlebt nämlich ihre achte Schwangerschaft; sie besteht erst seit drei Monaten, und bisher haben die Unpäßlichkeiten, die damit verbunden sind, sie noch nie von einer Reise abgehalten. Jetzt bietet die Schwangerschaft den Vorwand, die wahren Gründe ihrer Weigerung sind wahrscheinlich diese: Als Erzherzogin und Souveränin von Österreich, »König« von Ungarn und »König« von Böhmen will Maria Theresia nicht als Kaiserin an zweiter Stelle stehen, auch nicht in einem Reich, das nur eine Fiktion ist. Sie weist eine Krone zurück, die sie nicht aus erster Hand haben kann; sie zieht ihre beiden »maskulinen Kronen« vor und will, wie sie sagt, nicht »bei einer Komödie« mitmachen. Vielleicht möchte sie auch, daß ihr geliebter Mann diesen Titel allein genießt, den sie ihm so dringend verschaffen wollte. Stolz? Liebe? Wahrscheinlich beides.
Ein letztesmal kommt Franz Stephan darauf zurück, als er sie bittet, den Schmuck mitzubringen, den die Kaiserin Maria Amalia bei ihrer Krönung getragen hat. Sie antwortet: »Das ist nicht nötig! Das schafft nur Ärger!« Außerdem stellt sie noch eine Bedingung:
»Wenn der Kaiser die Königin bei sich haben will, möchte sie mit ihm (in Frankfurt) einziehen. Sonst wird sie inkognito kommen.« Als Franz Stephan resigniert zu wissen wünscht, wohin er ihr entgegenfahren solle, antwortet sie lieb, aber kurz: »So weit wie möglich, ohne sich zu inkommodieren!« Da die Situation nun geklärt und ihre Bedingungen angenommen sind, bereitet sich Maria Theresia endlich auf die Reise vor, die längste ihres Lebens!
Am 13. September 1745 wird Franz Stephan von Toskana – trotz der doppelten Niederlage von Fontenoy und Hohenfriedberg, trotz Intrigen und Bestechungen – zum Kaiser gewählt, und zwar von den sieben anwesenden Wahlbotschaftern (der drei Kurbistümer, Böhmens, Bayerns, Hannovers und Sachsens). Die Bevollmächtigten Brandenburgs und der Pfalz haben sich am Abend zuvor zurückgezogen, nachdem sie vergeblich das Wahlrecht Böhmens bestritten haben. Am 15., sobald die vollzogene Wahl verkündet ist,

macht sich Maria Theresia auf die Reise nach Frankfurt. Und nun keineswegs »inkognito«, sondern mit vollen Segeln, mit einer imponierenden Suite vorneweg und hinterher. Nun vergißt sie ihren »gegenwärtigen Zustand«, und in der großen Vorfreude, ihren Mann wiederzusehen und dem neuen Kaiser Glück zu wünschen, möchte sie gern die Reise überstürzen. Schließlich gestattet sie dann aber doch acht Etappen.

Eine triumphale Reise! Städter und Bauern, reich und arm strömen heran, um die tapfere Souveränin zu sehen und jubelnd zu grüßen. Nach Passau und Regensburg macht sie in Würzburg Halt und erhält dort die unerwartete und schmeichelhafte Visite der Markgräfin von Bayreuth, der Schwester des Königs von Preußen. Als Friedrich davon erfährt, ist er empört. Vergebens wendet die Markgräfin ein, daß es sich »um einen simplen Höflichkeitsbeweis« gehandelt habe; ihr Bruder trägt es ihr noch lange nach.

Die Gatten treffen sich in Aschaffenburg mit sichtlicher Freude, was die Begeisterung der Menge weckt. Goethe hat bei seiner Beschreibung der Krönung Josephs II. zum Römischen König die Legende wiederholt, die man sich damals noch erzählte: Maria Theresia »traf in Aschaffenburg ein und bestieg eine Jacht, um sich nach Frankfurt zu begeben. Franz, von Heidelberg aus, denkt seiner Gemahlin zu begegnen, allein er kommt zu spät, sie ist schon abgefahren. Ungekannt wirft er sich in einen kleinen Nachen, eilt ihr nach, erreicht ihr Schiff, und das liebende Paar erfreut sich dieser überraschenden Zusammenkunft...«

Am 25. zieht Franz Stephan allein in Frankfurt ein; Maria Theresia hat sich bereits dorthin begeben. Vom Balkon des Hotels *Zum Römischen Kaiser* aus klatscht sie fröhlich ihrem Gemahl Beifall, als er in der gläsernen, von Rubens bemalten Staatskutsche der Habsburger seinen Einzug hält. In diesem selben Wagen ist später die Prinzessin Elisabeth von Bayern, *Sissi, die tragische Kaiserin,* in Wien eingezogen, am 23. April 1854, dem Vorabend ihrer Vermählung mit Franz Joseph.

Maria Theresia und Franz Stephan fahren nach Heidelberg, um die österreichischen Truppen zu besichtigen. Wenn auch der Kurfürst von der Pfalz Franz Stephan seine Stimme verweigert hat, jubeln seine Untertanen doch der Frau zu, die man bereits »die Kaiserin«

nennt. Der Vertreter Frankreichs in Mannheim berichtet seiner Regierung:
»Die Gegenwart der Königin von Ungarn hat die Allerweltsbegeisterung für diese Fürstin gesteigert; sie selbst hat die Revue ihrer Truppen abgenommen, und zwar nicht zu Pferd und nach ungarischer Mode gekleidet, wie es heißt (die Ärzte verboten es ihrer Schwangerschaft wegen), sondern in einem kleinen offenen Wagen, mit dem Großherzog zu Pferde neben ihr. Er selbst stellte ihr die Offiziere und Regimenter vor. Sie hat im Zelt diniert und jedermann mit Höflichkeit überhäuft, zuweilen auch beachtliche Geschenke gemacht. Man spricht von nichts als von dieser Fürstin.«
Am 4. Oktober findet die Krönung in Frankfurt statt. Morgens um elf Uhr erscheint der Großherzog von Toskana. Bediente und Reichsgrafen, zu Fuß und barhäuptig, ziehen voran; Gesandte und die weltlichen Kurfürsten sitzen zu Pferd, in spanischer Hoftracht und mit Kopfbedeckung. Langsam, majestätisch auf dem schwarzen Vollblut, rückt Franz Stephan zum Dom vor. Auf dem Goldgrund des Baldachins entfaltet der Reichsadler seine Schwingen. Dem Brauch entgegen trägt Franz I. nicht wie Joseph I. und Karl VI., Onkel und Vater Maria Theresias, die alten karolingischen Gewänder, sondern den purpurnen, hermelingefütterten Samtmantel der Herzöge von Lothringen und die geschlossene Krone des Königreichs Jerusalem, deren Besitz seine Dynastie behauptet.
Der Zug füllt nach und nach die Kirche. Die Königin von Ungarn und von Böhmen verfolgt von ihrer Tribüne aus jede Geste und verbirgt ihre Ergriffenheit nicht, als sich die Kaiserkrone auf das Haupt ihres Gemahls senkt. Plötzlich erhebt sich in Wahrung einer alten Tradition der Kurfürst von Mainz und ruft laut: »Ist in dieser Versammlung jemand mit dem Namen Dahlberg?« Ein Mann meldet sich und tritt vor: Franz I., Kaiser des Heiligen Römischen Reiches Deutscher Nation, berührt ihn mit dem Schwert Karls des Großen und schlägt ihn zum Ritter.
Während das Gefolge aus dem Dom strömt und sich zum Zug durch die Stadt aufstellt, begibt sich Maria Theresia zu Fuß zum Haus Frauenstein, um von einem Balkon aus zuzusehen. Sie war, so berichtet Goethe, was er selbst gehört hatte, »über die Maßen schön... Als nun ihr Gemahl in der seltsamen Verkleidung aus dem Dome

zurückgekommen und sich ihr sozusagen als Gespenst Karls des Großen dargestellt, habe er wie zum Scherz beide Hände erhoben und ihr den Reichsapfel, den Zepter und die wundersamen Handschuh hingewiesen, worüber sie in ein unendliches Lachen ausgebrochen, welches dem ganzen zuschauenden Volke zur größten Freude und Erbauung gedient, indem es darin das gute und natürliche Ehgattenverhältnis des allerhöchsten Paares der Christenheit mit Augen zu sehen gewürdiget worden. Als aber die Kaiserin, ihren Gemahl zu begrüßen, das Schnupftuch geschwungen und ihm selbst ein lautes Vivat zugerufen, sei der Enthusiasmus und der Jubel des Volks aufs höchste gestiegen, so daß das Freudengeschrei gar kein Ende finden können.«

Und die Menge rief, bis sie außer Atem war: »Vivat Kaiser Franz! Vivat Maria Theresia! Vivat die Kaiserin-Königin!«

Nach der Krönung fuhren der Kaiser und Maria Theresia im Wagen nach Ulm und von dort aus an der Spitze von 32 Schiffen in ihre Hauptstadt. Sie wurden im Triumph empfangen.

Maria Theresia hatte Karl von Lothringen Verstärkungen geschickt mit dem Befehl, die Preußen aus Böhmen zu verjagen und sie nach Schlesien hinein zu verfolgen. Für die Ausführung dieses Auftrags ließ sie dem Prinzen freie Hand; ihm standen Fürst Arenberg und der unfähige Lobkowitz zur Seite. Ende September 1745 lagen die feindlichen Heere einander gegenüber. Die Österreicher hatten den Vorteil der besseren Stellung und waren den Preußen außerdem an Zahl überlegen. »Niemals wieder ist eine Armee unter besseren Vorzeichen und mit besseren Siegesaussichten in die Schlacht gezogen«, schrieb der österreichische Generalleutnant Rothkirch, und Friedrich II. bestätigte es: »Wenn mich die Österreicher hier nicht schlagen, werden sie es niemals tun!« Die Österreicher blieben untätig in ihrer Stellung bei Soor im nordöstlichen Böhmen und warteten auf den Angriff des Feindes, der in unmittelbarer Nähe lag. Sie unternahmen überhaupt nichts, während Friedrich die Schlacht vorbereitete. Er schickte seine Kavallerie gegen den Feind, der sie zweimal abschlug. Darauf ließ er die Infanterie angreifen und erzwang mit ihr den Sieg. Hauptursache für die Niederlage der Österreicher war die Unfähigkeit des Prinzen Karl. Friedrich II. dagegen

verdankte seinen Sieg wieder einmal seiner Kühnheit, seinem Angriffsgeist und der Disziplin seiner Truppen. Und wieder einmal verzichtete er auf Verfolgung des Feindes, weil er Desertionen fürchtete. Nach fünf Tagen zog er sich nach Schlesien zurück.
Mit Recht verärgert, beeilten sich die Wiener, den Triumphbogen abzureißen, der für die Rückkehr Maria Theresias und des Kaisers aus Frankfurt errichtet worden war: Sie wollten nicht, daß Prinz Karl ihn nach seinen böhmischen Niederlagen durchschreiten sollte.

Nach den Schlachten von Fontenoy und Hohenfriedberg hatte Sir Thomas Robinson während des Sommers Maria Theresia wiederholt eindringlich geraten, Frieden mit Preußen zu schließen. Trotz seinem Argument, daß der Krieg mit Friedrich II. auch die Kandidatur des Großherzogs für die Kaiserwahl erschwere, hatte die Königin die Entscheidung auf den Herbst verschoben. Jetzt, nach der Schlacht von Soor, kam der Botschafter darauf zurück, betonte, daß der Krieg mit Preußen sich unabsehbar in die Länge ziehen könne, legte Englands schwierige innere Situation dar und beschwor die Herrscherin, Frieden zu schließen: Die Opfer, die sie dabei zu bringen habe, behauptete er, würden immer noch geringer sein als die zu erwartenden Verluste, und angesichts seiner eigenen Schwierigkeiten sähe sich Seine britische Majestät gezwungen, alle Subsidien einzustellen, falls die Feindseligkeiten fortgesetzt würden.
Maria Theresia blieb jedoch fest. Sie könne den Raub Schlesiens durch den König von Preußen nicht hinnehmen, erklärte sie, und im übrigen seien die zwei Millionen Gulden, die England ihr jährlich zahle, nur der zehnte Teil dessen, was der Krieg Österreich Jahr für Jahr koste. England solle sich gedulden. Sie vertraue auf die Zukunft ... Erregt soll die Herrscherin zum Befremden des ehrenwerten Diplomaten ausgerufen haben: »Eher ließe ich mir Hemd und Unterrock ausziehen, als daß ich Schlesien abtrete!«
Maria Theresia hatte durchaus Grund, Georg II. zu mißtrauen: Im Verlauf der letzten Schlacht war ein Peloton Husaren bis ins Hauptquartier Friedrichs II. vorgestoßen und hatte sich bei der Gelegenheit einer Brieftasche bemächtigt, die Notizen des Königs über geheime Verhandlungen mit England enthielt. Georg II. hatte im Vertrag von Hannover am 26. August 1745 ohne Wissen seines Ver-

bündeten mit dem preußischen König einen Frieden geschlossen, bei dem sie sich gegenseitig ihre deutschen Besitzungen garantierten. Die Sorge, sein Kurfürstentum zu verlieren, hatte den britischen Herrscher veranlaßt, der Angliederung Schlesiens zuzustimmen, während sein Alliierter kämpfte, um die Provinz zurückzugewinnen! Entrüstet erklärte Maria Theresia dem venezianischen Gesandten Erizzo:

»Man will mich zwingen, mit dem König von Preußen zu verhandeln, aber ich widerstehe und werde solange ich kann widerstehen. Nicht, daß ich einen unbesiegbaren Haß gegen ihn hegte. Meine Abneigung wurzelt in den Erfahrungen, die ich mit ihm gemacht habe. Nicht ohne Grund muß ich fürchten, daß ich mich niemals sicher fühlen kann, solange er so mächtig bleibt.«

Man hat diese Unbeugsamkeit der Kaiserin manchmal ihrem Stolz, ihrem Ressentiment gegen Friedrich zugeschrieben. Gewiß, wenn auch beide es bestritten: Maria Theresia und Friedrich II. haben einander gehaßt. Aber es war doch auch selbstverständlich, daß ihr Schlesien am Herzen lag: es stellte das Bindeglied zwischen den Ländern der Habsburger und dem deutschen Reich dar; sein Verlust bedeutete einen Schlag gegen die Hegemonie Österreichs in Deutschland und seinen Rang als kontinentale Großmacht. Maria Theresia tat also ihre Pflicht, wenn sie versuchte, Schlesien zurückzugewinnen, das zweifellos auch nur einen ersten Bissen für Friedrich darstellen würde.

So stachelten sie die Niederlage von Soor, der Abfall und die Drohungen Englands nur noch an. Erfreuliche Nachrichten kamen aus Rußland: Die Zarin Elisabeth, die tief gekränkt war durch die Spötteleien des Königs von Preußen über »die drei Unterröcke« – Maria Theresia, die Zarin und die Pompadour –, erklärte, sie wolle sich nicht »erniedrigen« durch ein Bündnis mit Friedrich II.; sie sei vielmehr bereit, unverzüglich 160 000 Mann und später eine große Armee nach Schlesien zu entsenden. Maria Theresia schickte sofort einen Unterhändler nach Sankt Petersburg. Über den Gesandten Chavigny spann sie geheime Fäden nach Frankreich, das ebenfalls über die Annäherung zwischen Preußen und England verärgert war. Nach Dresden sandte sie den Kanzler von Böhmen, Graf Friedrich Harrach, mit der Vollmacht, einen Frieden mit Frankreich zu schließen, um danach die 40 000 Mann der Rheinarmee gegen Friedrich einsetzen zu können. Aber ihr Wunsch scheiterte an der Weigerung des Ministers Argenson, der erklärte: »Ich bin von Kopf bis Fuß Preuße, denn ich bin ein guter Franzose!«

Auf beiden Seiten waren die Generalstäbe nicht untätig geblieben. Die Sachsen schlugen vor, in die Mark Brandenburg einzufallen, um Friedrich II. zu zwingen, seine Truppen aus Schlesien abzuziehen zur Verteidigung des eigenen Landes. Der Erfolg dieses Plans hing von der engen Zusammenarbeit zwischen den österreichischen, russischen und sächsischen Streitkräften ab, ebenso von Entschlußkraft und Offensivgeist, die ihnen indessen völlig abgingen. Ende November rückten die Sachsen auf Brandenburg zu; Feldmarschall Traun, der die Rheinarmee befehligte, kommandierte ein Korps nach Halberstadt ab. Prinz Karl zog aus Böhmen nach Sachsen. Plötzlich vereitelte eine Nachricht aus Sankt Petersburg alle Pläne: Elisabeth wollte einen Angriff gegen preußisches Territorium nicht mitmachen, sondern nur dann ein Hilfskorps schicken, wenn man sich mit der Wiedereroberung Schlesiens begnüge. Daraufhin ersetzte man den ursprünglichen Plan durch einen Kompromiß: Die Sachsen sollten auf die Lausitz vorstoßen und sich dort mit der Armee Prinz Karls vereinen; an der Grenze zwischen Brandenburg und Schlesien hatten sie dem preußischen König den Rückzug abzuschneiden...

Am 11. November wurden diese Pläne Friedrich II. bekannt, weil der sächsische Graf Brühl bei einem Bankett eine entsprechende Bemerkung fallen ließ. Der König verließ sofort Berlin, begab sich bei Liegnitz zu seinem Heer und wandte sich zur Lausitz, um die Vereinigung von Sachsen und Österreichern zu verhindern und sie getrennt zu schlagen. Der alte Dessauer erhielt die Anweisung, seine Truppen zu sammeln und die Sachsen vor Leipzig anzugreifen. Am 23. November 1745 vernichtete der Feldmarschall bei Groß Hennersdorf die Abteilung Buchners und nahm den General gefangen.

Am 15. Dezember stand der Fürst von Anhalt-Dessau an der Spitze von 30 000 Mann den etwa gleich starken Sachsen gegenüber; sie wurden von Graf Rutowski befehligt, einem der vielen natürlichen Söhne Augusts des Starken; er brannte darauf, sich kriegerischen Ruhm zu erwerben wie sein Halbbruder Moritz von Sachsen. Die sächsische Armee lag in guter Stellung. Der alte Dessauer zögerte keinen Augenblick, stellte sich vor die Front, nahm den Zweispitz zu kurzem Gebet ab und rief: »Im Namen Jesu, vorwärts!« Obwohl dichter Schnee fiel, erklommen die Preußen die Höhe; ihre Infanterie griff die feindlichen Reihen von vorn, die Kavallerie von der Flanke an. Die Sachsen zogen sich zurück und ließen 5000 Mann auf dem Schlachtfeld von Kesselsdorf bei Dresden. Die österreichische Infanterie unter Graf Brunne, die zwei Marschstunden entfernt bei Chemnitz lag, hatte sich nicht gerührt, so wenig wie die zwischen Pirna und Dresden liegende des Prinzen Karl. Verblüfft, sich so plötzlich den Preußen gegenüber zu finden, schrieb der Prinz an den Kaiser: »... nie im Leben bin ich so verwirrt gewesen!«

Seine Unentschlossenheit und Schwerfälligkeit, dazu der Mangel an Koordination hatten nicht wenig zu der neuen Niederlage beigetragen. Die Befehlshaber der drei verbündeten Heere trafen sich in Dresden und verbrachten eine Nacht damit, sich gegenseitig heftig zu beschuldigen. Am Morgen darauf räumten sie die Stadt, in die Friedrich II. dann einzog.

Nun begannen Friedensverhandlungen in Dresden. Frankreich forderte die Abtretung ausgedehnter Territorien in den Niederlanden und in Italien, ferner den endgültigen Verzicht auf Schlesien. Harrach brach die Verhandlungen ab und verließ Dresden. In Pirna erhielt er neue Instruktionen von Maria Theresia, kehrte um, fuhr wieder nach Dresden, traf dort den Kabinettsminister Podewils und wurde sehr liebenswürdig von Friedrich II. empfangen. Am 25. Dezember 1745 wurde der Friedensvertrag von Dresden zwischen Preußen und Österreich unterzeichnet, in dem sich die beiden gegenseitig ihre deutschen Territorien garantierten. Friedrich II. erkannte Franz als Kaiser an und sicherte sich die gleichen Rechte und Privilegien wie Sachsen und Hannover. Österreich überließ ihm Schlesien. Als der König wieder in Berlin eintraf, wurde er zum erstenmal mit dem Ruf empfangen: »Hoch Friedrich der Große!«

Maria Theresia war gebrochen. Ihr so gut ausgearbeiteter Plan war durch Brühls Indiskretion und vor allem durch die Unfähigkeit des Prinzen Karl und des Grafen Rutowski vernichtet worden. Der Gesandte Erizzo berichtete dem Rat der Zehn: »Die schlimmste Niederlage hätte nicht bedrückender wirken können.«

Weihnachten 1745. Schnee fällt auf Wien. Die Glocken tönen mit vollem Klang. Weihnachtsglocken, die den Frieden mit Preußen begrüßen. Fünf Jahre sind vergangen, seit Maria Theresia den Thron bestieg. Fünf lastende Jahre mit Krieg, Enttäuschungen und Hoffnung. Mit vielen Toten, vielen Leiden, Waisen, Verstümmelten, verbrannten Häusern und zerstörten Höfen.

Die Koalition gegen Österreich hat sich aufgelöst und eine einzige Beute erhalten: Schlesien. Gewiß ein fühlbarer Verlust, aber gering im Vergleich zu der angedrohten Zerstückelung; ein Verlust übrigens, der durch die Heimkehr der Kaiserkrone zum Hause Habsburg gemildert wird. Ganz Europa gönnt Maria Theresia jetzt den Titel Kaiserin-Königin – bis auf Friedrich II., der sie »die Königin von Ungarn« nennt.

In der Hofburgkapelle, zwischen sich und ihrem Gatten den kleinen Joseph, dankt Maria Theresia Gott und fleht seinen Segen auf ihren Mann herab. Wie liebt sie diesen »adorablen Gatten«! Wenn er »dahingeht, wird sie ihm folgen oder sich in einem Kloster begraben«. Sie hat ihren Lebensgefährten eines Tages gefragt: »Was wäre ich ohne dich geworden? Und was wäre aus unserer Brut geworden?«

Weihnachten! Kniend betet Ihre Majestät um die ewige Ruhe der beiden kleinen Mädchen, die ihnen so schnell wieder genommen wurden, und um das Glück der Kinder, die neben ihnen die Knie beugen: die siebenjährige Marianne und der sechsjährige Joseph. Sie bittet für die drei anderen, die noch zu klein sind, um sie zu begleiten: Maria Christine, Elisabeth und Karl Joseph. Sie fleht um den Segen des Himmels für das Ungeborene, das sich in ihr rührt und in zwei Monaten geboren werden soll. Wird es ein Erzherzog oder eine Erzherzogin sein? ... Nach dem Gebet für ihre Familie, die Lebenden und die Toten, bittet die Kaiserin Gott, ihre Länder und ihre Untertanen zu segnen und der Pockenepidemie ein Ende zu machen, der bereits das junge Paar Windischgraetz und zwei Kinder Khevenhüllers zum Opfer gefallen sind. Sie fleht den Allmächtigen an, ihr Schlesien wiederzugeben, diesen Finger, der ihrer rechten Hand fehlt.

Maria Theresia erhebt sich vorsichtig. Die Kinder an der Hand, tritt sie aus der Kapelle, grüßt freundlich die Frauen, die Offiziere, die frierenden Bürger. Man sieht ihr die achtundzwanzig Jahre kaum an, trotz den vielen Geburten und der fortgeschrittenen Schwangerschaft, trotz den vielen dunklen Stunden, die hinter ihr liegen. »Niemand kann leugnen, daß sie eine schöne Frau ist... Jedermann ist bereit, sich zum Wohl der Fürstin zu opfern«, schreibt der junge Graf Podewils, der jetzt den preußischen König in Wien vertritt und ein Neffe des Kabinettsministers in Berlin ist. Ist sie schön? Die Kaiserin-Königin gefällt vor allem durch ihre Haltung, die Frische ihrer Haut, die Klarheit und Milde der blauen Augen und die Anmut ihres Lächelns.

Maria Theresia zieht sich in ihre Räume zurück, legt andere Kleidung an und setzt sich an ihren Arbeitstisch. Der Kaiser ruft seinen Jägermeister, um mit ihm die Jagd des kommenden Tages zu besprechen. Die Weihnachtsglocken sind verstummt.

Fünftes Kapitel

UMGRUPPIERUNG DER BÜNDNISSE [1745–1756]

Der Friede von Dresden hatte den Krieg zwischen Österreich und Preußen beendet, aber die Feindseligkeiten zwischen dem mit Spanien verbündeten Frankreich und Österreich (mit Sardinien) setzten sich in den Niederlanden und in Italien fort. Im Laufe des Jahres 1745 verschlechterte sich die Lage: Die mit Sold und Nachschub mangelhaft versorgten und von den Einheimischen ungern gesehenen österreichischen Truppen schlugen sich schlecht und verkamen in der Demoralisierung, die durch Lobkowitz' Unfähigkeit einriß. Sie gaben nacheinander Tortona, Parma, Pavia, Alessandria, Valence auf. Am 19. Dezember nahmen die Spanier Mailand. »Meine Lage verschlimmert sich von Tag zu Tag«, vertraute Maria Theresia dem venezianischen Gesandten Erizzo an. »Ich fürchte, es wird bald kein Mittel zur Rettung mehr geben.« Im März 1746 zog die Armee, die in Schlesien und Böhmen gekämpft hatte, über die Alpen; Don Philipp und seine Truppen, die Mailand mehr als zwei Monate besetzt hatten, räumten die Stadt und wandten sich nach Pavia.

Am 16. Juni schlug Feldmarschall Wenzel Liechtenstein mit 40 000 Mann bei Piacenza Don Philipps Spanier und die Franzosen des Marschalls Maillebois. Aber er war krank und bat um seine Entlassung. Am 9. Juli starb Philipp V. von Spanien; sein Sohn Ferdinand VI., der ihm auf den Thron folgte, war an Elisabeth Farneses Plänen uninteressiert, rief seine Truppen aus Italien ab und zwang so die Franzosen, sich nach Savoyen zurückzuziehen. Die Österreicher nahmen Genua, das die fremde Herrschaft wegen der Übergriffe des Marchese Botta aber bald wieder verjagte.

In den Niederlanden zeichneten sich die 100 000 von Moritz von

Sachsen geführten Franzosen aus; sie nahmen im Februar 1746 Brüssel, Antwerpen, Charleroi, Mons und Namur. In der Schlacht von Rocour-les-Lièges brachten die Franzosen am 11. Oktober den 90 000 Kaiserlichen (Österreichern, Ungarn, Hannoveranern und Bayern) eine empfindliche Niederlage bei. Eine österreichische Armee unter Browne, die Maria Theresia auf Verlangen Englands gegen Toulon schickte, mußte die Belagerung von Antibes aufgeben und wegen des genuesischen Aufstandes die Grenze nach Italien überschreiten.

Erste Friedensverhandlungen in Breda scheiterten. Das Gouvernement in Holland wurde abgelöst, Wilhelm von Oranien zum Statthalter ernannt. Die Franzosen nahmen Menton, der österreichische General Schulenburg mußte im Juli 1747 nach einer Serie fehlgeschlagener Unternehmungen die Belagerung Genuas endgültig aufgeben. Der Chevalier de Belle-Isle, ein Bruder des Marschalls, wurde im Engpaß des Col d'Assiette auf dem Weg nach Turin schwer geschlagen und fand den Tod. Moritz von Sachsen schlug bei Maastricht 100 000 Kaiserliche in die Flucht; darauf eroberte Graf Löwendal am 16. September die für uneinnehmbar gehaltene Festung Berg-op-Zoom in Brabant. Die Österreicher richteten sich für den Winter in der Lombardei ein, die Sarden bei Bordighera, die französisch-spanischen Truppen in der Grafschaft Nizza.

Im Frühjahr 1748 wird der Kongreß von Aachen eröffnet. Nach endlosen Verhandlungen und zahlreichen Zwischenfällen kann der Friedensvertrag im Oktober unterzeichnet werden. Die wesentlichen Klauseln: Alle eroberten Gebiete werden zurückgegeben, mit Ausnahme Schlesiens und der Grafschaft Glatz, die Preußen samt der Garantie der Mächte erhält. Der König von Sardinien behält einen Teil der Lombardei. Österreich tritt Parma, Piacenza, Guastalla an den Infanten Don Philipp ab. Die Pragmatische Sanktion wird bestätigt, Franz von Lothringen als Kaiser anerkannt. Frankreich gibt Maria Theresia »die belgischen Provinzen« zurück, erreicht aber die Räumung der befestigten Grenzorte und deren Abtretung an Holland. Frankreich erhält von England die Insel Kap Breton zurück und verpflichtet sich, die Befestigungen von Dünkirchen nur an der Landseite wieder zu errichten, ferner den Prätendenten auf den

englischen Thron, Karl Eduard Stuart, vom französischen Boden zu vertreiben.
Spanien und Sardinien sind unzufrieden, und Maria Theresia beklagt sich bitter, daß ihr Verbündeter England sie im Stich gelassen habe; sie unterzeichnet den Vertrag erst am 17. November. Als der britische Botschafter eine Audienz erbittet, um ihr seine Glückwünsche auszusprechen, läßt sie ihm sagen, daß »Beileidsbezeugungen weniger unpassend erscheinen würden und daß sie ihm verpflichtet wäre, wenn er ihr eine Unterhaltung ersparte, die weder für sie noch für ihn angenehm sein könnte«. Frankreich, das doch die österreichischen Niederlande, das Herzogtum Savoyen, Nizza besetzt gehalten hat, zieht nur einen geradezu lächerlichen Vorteil aus dem Krieg, der es so viele Menschen und so viel Geld gekostet hat. Am 28. Januar 1749 verläßt die französische Garnison Brüssel, in die Prinz Karl von Lothringen am 23. April einzieht.
Der Aachener Vertrag hat unter die maritime und koloniale Auseinandersetzung zwischen England und Frankreich keinen Schlußpunkt gesetzt; er läßt zwischen Preußen und Österreich tiefgreifende Meinungsverschiedenheiten bestehen; er ist im Grunde nur ein Waffenstillstand. Wie lange also werden die Waffen schweigen?

Ende 1748 sah es trübe in Wien aus. Der Friede von Aachen war Maria Theresia buchstäblich auferlegt worden; wie sie darüber dachte, zeigt eine Stelle aus einem Brief an Prinz Karl: »Ohne Schlesien ist die Krone Österreichs kaum wert, daß man sie trägt.« Obwohl sie 1741 im Vertrag von Klein Schnellendorff auf Niederschlesien, danach in den Verträgen von Breslau und Dresden auf die ganze Provinz verzichtete, hatte sie doch nie die Hoffnung aufgegeben, das Land wiederzugewinnen. Aber jetzt war die Abtretung von allen Mächten garantiert worden. Die Herrscherin, die den Vertrag unterzeichnete, fühlte den Tod im Herzen. Sie bedachte nicht, daß Österreich immerhin Böhmen, die italienischen und die niederländischen Besitzungen behalten, seinen Rang als Großmacht behauptet und die Kaiserkrone errungen hatte. Sie konnte sich nicht über das »österreichische Wunder« freuen, das ihr eigenes Werk war, nicht über den Frieden, der ihr nach sieben Jahren ununterbrochener

Kämpfe gegönnt war, sondern beklagte ihr geliebtes Schlesien. Sie wünschte Friedrich alles Böse.

Und sie dachte mit recht gemischten Gefühlen an ihr Bündnis mit England. Sicher hatte Georg II. ihr Truppen geschickt und Subsidien gezahlt, sie aber auch gezwungen, an Unternehmungen teilzunehmen, die Österreich nicht interessierten. Zudem hatte er ihr *seinen* Frieden auferlegt. Die brutale Art, in der Sir Thomas Robinson vorstellig geworden war, hatte sie peinlich berührt. Auf der anderen Seite schien der ein Jahrhundert alte Kampf zwischen Österreich und Frankreich überholt und den wahren Interessen der beiden Staaten im Wege zu stehen. Schon 1746 hatte sie Ignaz von Wassner, einem ihrer diplomatischen Agenten erklärt: »Der König von Preußen ist so fest entschlossen, unser Haus mehr und mehr zu schwächen, daß man ihm, um das Gleichgewicht in Europa zu erhalten, das Haus Bourbon entgegenstellen muß. Das liegt deutlich auf der Hand.«

Ähnlich äußerte Maria Theresia sich auch zu den französischen Diplomaten Blondel und Hautefort. Sie fragte sich schließlich, ob sie als gläubige Katholikin nicht eine schwere Sünde beginge, wenn sie mit protestantischen Mächten gemeinsam die große katholische Macht bekämpfte ...

Welche Politik sollte Österreich nun einschlagen? Am 7. März 1749 forderte die Herrscherin die Mitglieder des Staatsrats auf, schriftlich und binnen sieben Tagen »das System« darzulegen, das sie der Politik künftig zugrundelegen wollten. Der Kaiser entwickelte seine Ansicht in einer Note; ihr wesentlicher Inhalt war der Vorschlag, die Monarchie im Innern zu konsolidieren und die Armee zu verstärken, ferner eine enge Allianz mit den Seemächten, den natürlichen Feinden Frankreichs, zu unterhalten; sowie sich Rußland als dem Gegner Preußens und der Pforte zu nähern. Freilich solle man sich davor hüten, den König von Preußen zu reizen. Müßig sei es, auf Frankreichs Hilfe zur Wiedererlangung Schlesiens zu rechnen, Frankreichs Versprechungen seien gefährlicher als seine Waffen! Die Schlußfolgerung konnte nur heißen: England war neben Rußland der einzige Staat, dessen Freundschaft für Österreich reellen Wert hatte. Also war es auch nötig, ein Defensivbündnis mit beiden Ländern zu schließen, damit der Frieden gesichert sei.

Bei dieser geheimen Staatsratssitzung stimmten Harrach, Khevenhüller und Ulfeld dem Kaiser zu. Harrach kritisierte den Ton der letzten an London gerichteten Noten so heftig, daß Bartenstein, der sie verfaßt hatte, seine Demission anbot, was aber die Königin sofort zurückwies.

Anschließend las Kaunitz, der Jüngste im Staatsrat, zwei Stunden lang seinen Entwurf vor, der mit 126 Seiten mehr als doppelt so umfangreich war wie die übrigen Beiträge zusammen. Die wesentlichen Gedankengänge dieses bemerkenswerten Memorandums, das nicht zurücksteht hinter dem ein Jahrhundert später verfaßten Frankfurter Bericht Bismarcks an Wilhelm I., waren folgende: Das wichtigste Ziel Österreichs muß die Wiedergewinnung Schlesiens und die Niederringung Friedrichs II. sein, »seines bedeutendsten, gefährlichsten und unversöhnlichsten Feindes«. Im Innern müssen alle Kräfte dafür angespannt werden. Die Konflikte mit Frankreich haben ihre Schärfe verloren, wie es in der verbindlichen Haltung Saint-Severins gegen Österreich auf dem Aachener Kongreß zum Ausdruck kam. England bleibt der natürliche Bundesgenosse; da Georg II. sich jedoch Preußen gegenüber wegen Hannover mäßigt, kann man nicht in allen Stücken auf seine Unterstützung rechnen, ebensowenig wie auf die Hollands. Rußlands Politik wiederum wird von sehr persönlichen und veränderlichen Impulsen bestimmt. Daraus folgt, daß Österreich sich Frankreich nähern sollte, freilich sehr vorsichtig, um einem Konflikt mit England aus dem Wege zu gehen; die Unterstützung Rußlands dürfte nicht ausgeschlagen werden, sofern die Regierung dort stabil sei. Maria Theresia hörte dem Beitrag von Kaunitz mit leidenschaftlichem Interesse zu; sie stimmte mit ihm überein. Man erzählt, daß sie ihm zum Dank die Hand zum Kusse gereicht hätte. Ob nun aus Ablehnung der Kaunitzschen Ideen oder aus einer eifersüchtigen Regung: der Kaiser soll sich brüsk erhoben und den Ratssaal wortlos verlassen haben.

Graf Wenzeslaus Anton Dominik Kaunitz-Rietberg war siebenunddreißig Jahre alt und mit der Gräfin Marianne Starhemberg verheiratet, einer Nachfahrin des berühmten Verteidigers von Wien gegen die Türken. Er hatte an den Universitäten Wien, Leipzig und Leyden studiert und war viel in Europa gereist; Hofrat mit zwanzig Jahren, dann Gesandter in Rom, Turin, Brüssel und London sowie Vertreter

Österreichs beim Aachener Kongreß. Maria Theresia und Kaunitz wußten wohl, daß eine Annäherung an Frankreich heikel war (Wassner, der frühere Botschafter in London, nannte sie »chimärisch«). Der alte Verbündete England durfte sich auf keinen Fall dadurch gekränkt fühlen, daß man sich um Paris und Moskau bemühte. Diese Überlegung führte in Wien zu folgenden Anweisungen an die Missionschefs: »Wir müssen das Haus Bourbon von unseren friedlichen Absichten überzeugen, freilich in der Art, daß es weder nach Furcht noch nach Kriecherei aussieht... Man muß alles vermeiden, was der französischen Nation mißfällt und sich nicht in die Parteiungen mischen, die das Land spalten... Man sollte sehr aufmerksam darauf bedacht sein, Frankreich *mit allen angemessenen Mitteln, mit der Aufrichtigkeit, die man den Verbündeten schuldig ist,* sowie mit der notwendigen Würde davon zu überzeugen, daß man aus der Vergangenheit keinen Groll bewahrt, sondern jetzt und in Zukunft bestrebt sein wird, sich auszusöhnen und auf die anständigste Art mit Frankreich auszukommen, vorausgesetzt, es liefert seinerseits deutliche Beweise dafür, daß es zu einer gleichen Haltung bereit ist, nach den Regeln der Billigkeit, der Gerechtigkeit und der Aufrichtigkeit.«

Der Friede von Aachen hatte die Beziehungen zwischen Österreich und Preußen und die gegenseitigen Gefühle der beiden Souveräne kaum gebessert. Am 9. Januar schrieb Botschafter Klinggräf, Podewils' Nachfolger in Wien, nachdem er sein Beglaubigungsschreiben vorgelegt hatte:
»Obwohl die Kaiserin mit Perfektion ihre Rolle spielt, wenn sie überzeugen will, hat sie bei mir damit keinen Erfolg gehabt. Sie war so eifrig bemüht, mir eine Vorstellung ihrer aufrichtigen Gefühle für Eure Majestät zu verschaffen, daß es bei mir ins Gegenteil umschlug. Ich bin mißtrauischer als jemals; ihre Augen strafen ihre Beredsamkeit Lügen.«
Der König antwortete:
»Ich bemerke mit Vergnügen... daß Sie auf der Hut sind gegen die zuckersüßen Schmeicheleien der Kaiserin-Königin und daß ihre Künste bei Ihnen kein Glück machen. Sie tun auch ferner gut daran, auf der Hut vor ihren Aufmerksamkeiten zu sein und sie richtig einzu-

schätzen. Ich weiß genau, woran ich mich halten soll, wenn es sich um ihre Gefühle über meine Person handelt, und würde sie mir auch mit heiligem Eid schwören, daß sie meine Freundin sein wolle, so würde ich ihr nur so lange Glauben schenken, als sie die Gelegenheit und den günstigen Augenblick nicht hätte, mir zu schaden.«
Verhandlungen, die Österreich in Berlin über die Schuldenregelung für Schlesien, die Wahl Josephs II. zum römischen König und vor allem über die Handelsbeziehungen aufnahm, scheiterten an der Ablehnung des Königs. Preußische Sonderbeauftragte in Wien nutzten ihre Mission aus für den Versuch, höhere österreichische Offiziere abzuwerben.

Dagegen hatte der Vertrag von Aachen zu einer gewissen Entspannung zwischen Österreich und Frankreich geführt, die sich in der Entsendung des Legationssekretärs Johann Karl von Mareschal nach Paris und der des Geschäftsträgers Blondel nach Wien ausdrückte. Maria Theresia beging einige Unvorsichtigkeiten: sie lud Blondel zu intimen Geselligkeiten bei Hofe, an denen sonst nur der Nuntius, die Botschafter von England und Holland und einige Minister teilnahmen; sie sprach von Anfang an, ja schon bei der ersten Audienz völlig offen mit ihm und erklärte, sie sei von ihren Bundesgenossen enttäuscht und wünsche eine Aussöhnung mit Frankreich. Da sie, zum elften Mal, schwanger war, fügte sie hinzu, sie werde, falls ein Sohn geboren würde, Ludwig XV. bitten, die Patenschaft zu übernehmen. Blondel berichtete alles nach Paris. Friedrichs II. Spione (wo hatte der König keine?) informierten ihn sofort; übrigens unterrichtete ihn der König von Frankreich selber als treuer Verbündeter ebenfalls.

Weit davon entfernt, auf die Annäherungsversuche einzugehen, verweigerte Ludwig XV. Herrn von Mareschal, einem einfachen Geschäftsträger, den man bei Hofe übersah, eine Audienz. Der Außenminister Marquis Puysieulx, Argensons Nachfolger, empfing ihn frostig. Nach einigen Monaten schlug die Kaiserin Kaunitz vor, den Pariser Botschaftsposten zu übernehmen. Er lehnte die Ehre ab und schützte vage familiäre und finanzielle Probleme vor. Maria Theresia, welche die Chefs ihrer diplomatischen Missionen mit mehr Geschick auswählte als ihre Generäle, beseitigte alle Hindernisse. Sie versprach sich viel davon, daß Österreich in Frankreich durch diesen gebildeten, kultivierten, tüchtigen und vorsichtigen Edelmann vertreten würde.

Im Oktober 1750 kam Kaunitz in Paris an, wo er mit kühler Höflichkeit aufgenommen wurde. Ungefähr zur gleichen Zeit legte in Wien Marquis Hautefort, Botschafter Ludwigs XV., sein Beglaubigungsschreiben vor. Die Kaiserin sprach mit ihm über Schlesien: »Man wirft mir zu Unrecht vor, daß ich nur noch an diese Provinz denke. Ich behaupte nicht, daß mich der Verlust nicht schmerzt. Ich will auch nicht sagen, daß ich nicht etwa, falls sich im Laufe der Zeit günstige Umstände ergeben sollten, versuchen würde, Schlesien zurückzugewinnen. Aber ich wiederhole Ihnen, daß ich im Augenblick nicht daran denke.« Sie versicherte dem Botschafter, daß sie aufrichtig an einer engeren Verbindung mit Frankreich interessiert sei.

Kaunitz sandte Berichte an Maria Theresia, den Kaiser und den Kabinettssekretär Baron Ignaz Koch. 1751 schlug er ihr im Anschluß an die Feststellung, daß seine Bemühungen erfolglos geblieben seien, einen grundlegenden Wandel in der Politik vor:

»Man darf auf keinen Fall übersehen, daß sich die beiden großen Mächte, Frankreich und England, bemühen, Friedrich gefällig zu sein und ihm den Besitz Schlesiens garantieren. Frankreichs Politik ist verständlich, da Friedrich sein größter und mächtigster Verbündeter ist. Die englische Politik wird durch die Haltung seines Friedrich so geneigten Parlaments bestimmt; die öffentliche Meinung steht König Georg feindselig gegenüber, der die Reichtümer Englands für sein Erbe Hannover vergeudet. England wird niemals eine Schwächung Friedrichs zulassen. Es wird im gegebenen Fall alles in seiner Macht Liegende daran setzen, ihn aus der Allianz mit Frankreich herauszulösen. Was bleibt uns unter solchen Verhältnissen an wirksamen Mitteln, unsere eigene Sicherheit zu festigen, als *endlich den Verlust Schlesiens zu vergessen,* den König von Preußen von seinen Befürchtungen zu befreien und ihn auf diese Weise an den Bündniskranz Österreichs mit den Seemächten heranzuziehen?«

Maria Theresia zögerte, hin und her gerissen zwischen ihrem glühenden Wunsch, Schlesien wiederzugewinnen und dem Vertrauen auf ihren Botschafter. Plötzlich kam Kaunitz auf sein erstes Projekt, auf die Verständigung mit Frankreich, zurück. Er war mehrmals bei

Madame de Pompadour eingeladen gewesen, in ihrem Schloß Bellevue, das die Favoritin gern ihre Hundehütte, ihre Nippessache, ihr Spielzeug nannte. Voller Hoffnung schrieb er nach Wien: »Solche Sympathien können beachtliche Folgen haben – im geeigneten Augenblick ... Ich habe allen Anlaß zu der Vermutung, daß mir die königliche Favoritin keine schlechten Dienste leisten wird ... Sie bezeugt mir große Güte und Vertrauen ...«

Am 14. September 1752 wurde ein Defensivbündnis von Österreich, Spanien, Sardinien und Neapel geschlossen: Wirkte sich dieses Bündnis mit den Bourbonen bereits aus? Oder machte sich der Einfluß der Pompadour geltend? Jedenfalls ließ Ludwig XV. Kaunitz wissen, daß er mit Vergnügen sehen würde, wie er feierlichen Einzug in Paris hielte, so wie es ihm Marquis Hautefort in Wien vorgemacht habe. Der Botschafter teilte dies der Kaiserin unverzüglich mit, die ihm für diesen Zweck einen Kredit von 100 000 Gulden einräumte. Seine Exzellenz machte seine Sache hervorragend: In einer prachtvollen, von den berühmten Wiener Pferden gezogenen Kutsche, begleitet von dem Paar, Mercy d'Argenteau und Georg Starhemberg – vor sich, neben sich, hinter sich Lakaien in glitzernder Livree –, zog er unter lebhaftem Beifall der Pariser in die Hauptstadt ein.

Indessen war die Kaiserin Ulfelds müde geworden und rief Kaunitz zurück, um ihm das Ministerium des Äußeren zu übergeben. Er verließ Paris am 1. Januar 1753. Sir Charles Hansbury Williams berichtete dem Herzog von Newcastle aus Wien: »Maria Theresia erwartet die Rückkehr von Kaunitz so ungeduldig, wie seinerzeit Heinrich VIII. die Heimkehr von Crammers, als er Wolseys überdrüssig geworden war.« Um Kaunitz den vorgesehenen Posten freizumachen, ernannte Maria Theresia Ulfeld zum Obersthofmeister – mit beträchtlichem Gehalt. Sie bezahlte die 160 000 Gulden betragenden Schulden des Grafen und schenkte ihm ein Palais. Auf Verlangen von Kaunitz trennte sie sich von dem getreuen und so weitschweifigen Bartenstein und machte ihn zum Geheimrat und Vizekanzler des Direktoriums. Der neue Staatskanzler richtete sich am Ballhausplatz ein, wo ihm ein Dutzend Vorleser und Kanzlisten nach eigener Auswahl zur Verfügung standen. Die Ära Kaunitz hatte begonnen. Sie dauerte siebenundzwanzig Jahre.

Anfang Mai 1751 war Maria Theresia nach Preßburg aufgebrochen. Ihr Gatte, die Erzherzöge Joseph, Karl und Leopold, zehn, sechs und vier Jahre alt, sowie Erzherzoginnen Marianne und Marie, dreizehn und neun Jahre alt, begleiteten sie. Bei der Eröffnung des Reichstages saß sie auf dem Thron, neben ihr die drei Söhne in ungarischer Tracht. Nachdem sie die Huldigung der Versammlung entgegengenommen hatte, hielt sie eine kurze lateinische Rede, worauf sich die drei Stände zurückzogen, um getrennt über die Forderung der Königin nach einer Sonder-Beisteuer von 1 200 000 Gulden zu beraten. (Ungarn zahlte, obwohl seine Bevölkerung ein Drittel der Gesamtmonarchie betrug, nur ein Zehntel der Steuern, weil Adel und Geistlichkeit von Steuern befreit waren). Ohne Zögern ernannte der Reichstag Graf Ludwig Batthyany zum Palatin als Nachfolger des verstorbenen Palffys. Dagegen kam es erst nach einundsechzig Sitzungen mit leidenschaftlichen Debatten zum Beschluß über eine ermäßigte Kontribution von 700 000 Gulden. Ende August kam die Königin wieder nach Wien. Zu Beginn des Monats hatte sie noch Budapest aufgesucht, um dort eine Truppenschau abzuhalten, dann auch Gödöllö; Magnaten in großer Aufmachung hatten sich abgelöst, um sie von Stadt zu Stadt zu geleiten.
Während der endlosen und oft heftigen Palaver in Preßburg hatte Maria Theresia sehr intensiv, oft sogar nachts, gearbeitet; sie hielt mehrere Reden, entschied über zahlreiche Anliegen des Reichstags, führte den Vorsitz bei den Beratungen ihrer Minister und empfing Delegationen. Dank ihrer Beharrlichkeit hatte sie in unausgesetztem Ringen einen halben Sieg erfochten. Die Anwesenheit und die Ratschläge ihres Mannes, an dessen Gouverneurszeit sich die Ungarn gern erinnerten, waren dabei sehr wertvoll.
Nach langer Unterredung mit der Königin schrieb der Botschafter Sir Charles Hansbury Williams am 15. Juli 1753 aus Wien an den Herzog von Newcastle: »Im ganzen Auftreten Ihrer Majestät zeigt sich Vernunft, Geist, Milde; jede ihrer Bewegungen ist von Anmut und Würde durchdrungen. Ihre ganze Persönlichkeit ist geschaffen, eine Krone zu tragen.« Zwei Jahre später stellte der Großkanzler Fürst fest: »Sie ist eine der schönsten Frauen Europas. Sie hat sich bewundernswert gut gehalten, trotz durchwachter Nächte und großer Arbeitsleistung.«

Der neue Botschafter Österreichs, Graf Georg Starhemberg, kam Anfang 1754 nach Paris. Er sollte, obwohl die Verhältnisse am Versailler Hof dafür ungünstig waren und es manche unfreundlichen Vorkommnisse gab, betonen, daß die Kaiserin nichts als den Frieden wolle; solange der König von Preußen seine Verpflichtungen innehalte und keinen neuen Brand entfache, habe man von Österreich nichts zu besorgen... In Starhembergs sehr ausführlichen Berichten hieß es: »Wenn auch ein Krieg nicht wahrscheinlich ist, scheinen dennoch eine gute Verständigung und aufrichtige Freundschaft mit Frankreich unmöglich zu sein.«

Inzwischen hatten sich die Feindseligkeiten, die in den Kolonialgebieten Nordamerikas zwischen Frankreich und England ausgebrochen waren, rasch ausgebreitet. Verhandlungen zwischen den Kabinetten und Auseinandersetzungen nach Art der »Grenzkommissionen« führten zu nichts. Deshalb wurde der Friede ständig von zwei großen Konflikten bedroht: Vom Kampf zwischen Österreich und Preußen um Schlesien und von der Rivalität Frankreichs und Englands um die Vorherrschaft des lateinischen oder des angelsächsischen Elements auf dem Wasser, in Amerika und in Indien. Kaunitz, der an den nahe bevorstehenden Kriegsausbruch zwischen England und Frankreich glaubte, wandte sich nach London, aber ein lebhafter Austausch von Memoranden blieb wirkungslos. Am 17. Juni 1755 sandte der Kanzler dem britischen Kabinett eine recht deutliche Note, als nämlich England von Österreich ein Kontingent von 35 000 Mann zur Verteidigung Hannovers gefordert hatte. »Sie finden hier sehr starke Ausdrücke. Es war nötig, diesen Ton anzuschlagen, damit ich endlich klar sehe, woran ich mit den Engländern bin«, schrieb die Kaiserin ihrem Schwager Karl von Lothringen als Kommentar zu einer Kopie des Kaunitzschen Versuchs, den Partner zur Erfüllung seiner Verbindlichkeiten anzuhalten.

In der Ratssitzung vom 19. August 1757 entschloß sich die Kaiserin, Frankreich ein Bündnis vorzuschlagen. Sehr geheime Instruktionen wurden von Kaunitz verfaßt, von Maria Theresia und Franz gelesen und dann durch zwei Sonderkuriere Starhemberg zugestellt. Er erhielt dabei auch die folgende für Ludwig XV. bestimmte Erklärung vom 21. August 1757: »Ich verspreche mit meinem Wort als Kaiserin und Königin, daß von allem, was ich durch den Grafen

Starhemberg dem Allerchristlichsten König vorzuschlagen habe, niemals etwas publiziert werden und daß das tiefste Geheimnis über alles bewahrt werden soll, gleich, ob die Verhandlung zu einem Erfolg führt oder nicht. Allerdings unter dem Vorbehalt, daß der Allerchristlichste König seinerseits in einer Erklärung das gleiche Versprechen abgibt.« Der Botschafter war außerdem Überbringer eines persönlichen Briefes von Kaunitz an die Marquise von Pompadour, die seit 1751 die Kabinettssitzungen mit ihrer Gegenwart beehrte.
Ludwig XV. wählte als Vertrauensperson den Abbé de Bernis, der von seinem Posten als Botschafter in Rom abberufen worden war und nach Madrid gehen sollte. Bernis, »der typische Kavalier der Kirche, von mildem Wesen, seltener Bildung und unendlichen geselligen Talenten«, wie Saint-Beuve schrieb, wurde vom König schriftlich beauftragt, in dessen Namen Graf Starhemberg anzuhören und nur ihm, dem König, darüber zu berichten. Also entwickelte Starhemberg am 3. September in Schloß Bellevue vor dem Abbé und der Marquise von Pompadour die Vorschläge Ihrer Majestät der Kaiserin-Königin: Eine Koalition sollte Frankreich, Österreich, Spanien, Rußland und Bayern vereinen; Frankreich sollte auf sein Bündnis mit Preußen verzichten; Österreich wäre damit einverstanden, daß der Infant Philipp, Ludwigs XV. Schwiegersohn, seine kleinen Herzogtümer in Italien gegen »eine Etablierung von größerem Gewicht in den Niederlanden« eintauschte; ferner würde Österreich die Ansprüche Fürst Contis auf den polnischen Thron unterstützen. Als Unterpfand ihrer Aufrichtigkeit würde die Kaiserin-Königin von vornherein einer Besitzergreifung von Nieuport und Ostende zustimmen, sofern Frankreich die Häfen brauchte, um England in Schach zu halten. – Bereits am 9. überbrachte Bernis dem österreichischen Botschafter die ablehnende Antwort Seiner Majestät.
Dieser Mißerfolg überraschte und entmutigte Kaunitz keineswegs. Die Verhandlungsgespräche wurden fortgesetzt, freilich verzögert durch die Geburt der Erzherzogin Maria Antonia (Marie Antoinette). Wenn auch der Gesandte Friedrichs II., Freiherr von Knyphausen, dem Außenminister Rouillé versicherte, daß »sein Herr durchaus keine Absprache mit England getroffen habe, daß kein wahres Wort an solchen Gerüchten sei und es sich nur um böswillige Unterstellungen« handle, so waren die Verhandlungen zwischen London und

Berlin doch schon weit gediehen. Am 16. Januar 1756 schloß der König den Bündnisvertrag von Westminster mit England, der vier Artikel, darunter einen geheimen, enthielt. Die beiden Mächte bestätigten ihre feste Absicht, den Frieden in Deutschland aufrechtzuerhalten und sich dem Einzug oder Durchzug jeder fremden Armee in das Reich zu widersetzen. Sie erneuerten ferner die wechselseitige Garantie für Schlesien und Hannover. Der Geheimartikel schloß die Niederlande von der Segnung der stipulierten Abmachungen aus. Im Kriegsfalle sollte Preußen eine halbe Million Pfund Subsidien erhalten.

Der Herzog von Nivernais, ein Großneffe Mazarins, ging als Botschafter und mit dem besonderen Auftrag nach Berlin, den Allianzvertrag mit Preußen zu verlängern, der im Juni 1756 auslief. Nivernais kam am 12. Januar in Berlin an und wurde am 14., danach wieder am 17., vom König empfangen – mithin am Tage nach Unterzeichnung des Vertrages von Westminster. »Friedrich II. empfand solche Verachtung für das Versailler Kabinett, daß er zunächst versuchte, ihn hinters Licht zu führen. So ließ er den Herzog von Nivernais glauben, daß es nur um die Garantie der deutschen Territorien ginge. Die Eroberung der Niederlande sei Frankreich immer noch möglich. Der König von Preußen ging so weit zu behaupten, er werde eine solche Eroberung begrüßen, da sie Ludwig XV. zu einem neuen Bruch mit Maria Theresia zwingen würde.« (P. Rain)

Die Nachricht, daß Friedrich II. trotz seinen wiederholten Erklärungen zum Feind übergegangen sei, trieb Ludwig XV. am 1. Mai 1756 zum Abschluß des Verteidigungsbündnisses von Versailles. Der Vertrag sah die Neutralität Österreichs in einem englisch-französischen Krieg vor, ferner den Verzicht Frankreichs auf jeden Angriff gegen österreichische Besitzungen und gegenseitige Hilfe in Europa durch jeweils 24 000 Mann. Der Anschluß anderer Staaten an das Bündnis wurde vorbehalten. »Es ist der erste Vertrag, den ich aus vollem Herzen unterschreibe«, erklärte Maria Theresia, als sie die Feder ansetzte. Der Gesandte Podewils täuschte sich also, als er an Friedrich II. schrieb: »Ihre Majestät scheint von ihren Vorfahren deren ganzen Haß auf Frankreich geerbt zu haben, mit dem sie sich meiner Meinung nach niemals verständigen wird.«

Starhemberg berichtete Kaunitz: »Madame de Pompadour ist entzückt über diesen Abschluß, den sie als ihr Werk betrachtet ... *Ganz sicherlich verdanken wir ihr alles, und von ihr haben wir auch für die Zukunft alles zu erwarten.*« Kaunitz dankte der Favoritin. Er schrieb unter anderem: »Was noch zu tun bleibt, ist zu groß und Ihrer zu sehr würdig, als daß Sie von dem Versuch Abstand nehmen dürften, ein Werk nicht unvollendet zu lassen, das Sie nur für alle Zeiten Ihrem Vaterland teuer machen wird ...«

Die Zarin hatte mit dem König von England in dem Vertrag vom 19./30. September 1755 ein Verteidigungsbündnis für vier Jahre abgeschlossen. Sie versprach, gegen entsprechend hohe Subsidien 55 000 Mann in Livland zu unterhalten. In einem abgetrennten und geheimen Artikel verpflichteten sich die Verbündeten, »sich gegenseitig vertraulich und zuverlässig über alles zu unterrichten, was sich irgendwie auf Verhandlungen mit dem *gemeinsamen Feind* beziehen könnte.« Die Zarin war also sehr unzufrieden, daß der Vertrag zwischen England und dem König von Preußen ohne ihr Wissen ausgehandelt und zustandegekommen war. Am 19. Februar 1756 richtete sie an den Staatssekretär Holderness eine »höchst geheime Erklärung«, die jeden Zweifel an der Identität des »gemeinsamen Feindes« beseitigte. Hier nannte sie ihn mit Namen: Friedrich II.

England bemühte sich, Österreich zur Verständigung mit Preußen zu überreden, wobei dann jeder Staat dem anderen seinen Besitz garantieren sollte. Schlesiens wegen lehnte Maria Theresia ab; sie erklärte Sir Keith, der sie damit bedrängte: »Ich und der König von Preußen werden uns niemals verständigen. Keine Macht der Welt wird es jemals fertigbringen, mich zu einer Übereinkunft zu veranlassen, an der er teilhat ... Ich habe in Wahrheit nur zwei Feinde: Preußen und die Pforte.« Ein Jahr später vertraute sie dem venezianischen Geschäftsträger an, sie habe sich »niemals zufriedener gefühlt (più contenta che mai) als in dem Augenblick, als sie das Bündnis auflöste, das immer nur auf ihr gelastet und ihr geschadet habe.«

Bis Ende 1755 war Europa in zwei Lager gespalten gewesen: Auf der einen Seite Frankreich und Preußen, verbündet durch die Übereinkünfte von 1741 und 1745, die bis 1756 und 1757 laufen sollten; auf der anderen das seit 1742 alliierte England und Österreich, von

Rußland und Sachsen unterstützt. Die Verträge von Westminster und Paris änderten die Situation von Grund auf und bestätigten die Umgruppierung der Bündnisse. Friedrich II., der Österreich isolieren wollte, hatte es statt dessen auf Frankreich und Rußland verwiesen.

Wer waren außer Kaunitz die wesentlichsten Mitarbeiter der Kaiserin? Sinzendorff, Kinsky, Starhemberg und Herberstein waren tot. Obersthofmeister Graf Ulfeld, ein spitzfindiger, mißtrauischer, vom Gefühl seiner Überlegenheit durchdrungener Mann, wurde von den Diplomaten wegen seiner Schwerfälligkeit und seiner Geldgier abgelehnt. Bartenstein hatte nichts von seiner Autorität eingebüßt, aber seine endlosen Monologe, seine verworrenen Schriftstücke ermüdeten Zuhörer und Leser. »Die bloße Ankündigung einer Note von Bartenstein bringt mich schon zum Gähnen«, hatte Kardinal Fleury gesagt. Aber er behielt das Wohlwollen Maria Theresias wegen seiner Ergebenheit und unermüdlichen Arbeit.
Feldmarschall Graf Königsegg, der Doyen der Konferenz, war zu unentschlossen und zu erschöpft, um noch eine Autorität darzustellen. Der Reichs-Vizekanzler Rudolf Colloredo, offen, großzügig, intelligent aber faul, schloß sich jeweils der Mehrheit an. Seine leichten Sitten, seine Spielleidenschaft und seine Schulden hatten ihn bei der Kaiserin unbeliebt gemacht, doch seine gute Laune und sein Geist bewahrten ihm die Freundschaft Franz' I. Oberstkämmerer Graf Joseph Khevenhüller trat 1748 im Alter von vierzig Jahren in die Konferenz ein. Ein vollendeter Hofmann von perfekter Korrektheit, ein untadeliger Familienvater, der Monarchie völlig ergeben; er besaß Maria Theresias Vertrauen, aber nicht das Zeug zu einem Staatsmann.
General Graf Daun war der militärische Berater, an den sich die Kaiserin am liebsten wandte, Haugwitz ihr Ratgeber in finanziellen und wirtschaftlichen Fragen. Sie verbrachte viele Stunden damit, die beiden zu befragen, und wandte ihre ganze Intelligenz auf, um ihren Erklärungen zu folgen. Haugwitz, Sohn eines sächsischen Generals, zum Katholizismus übergetreten, hatte sich um die Verwaltung Schlesiens verdient gemacht, bevor ihn die Königin nach Wien berief; sie nannte ihn später »ihre rechte Hand«. Graf Friedrich Harrach, Schwiegersohn des Fürsten Liechtenstein und Bruder des Gou-

verneurs der Lombardei Ferdinand Harrach, hatte zunächst das Vertrauen der Kaiserin besessen, die er bei den Verhandlungen zum Dresdner Vertrag vertreten hatte. Doch die zahllosen amourösen Abenteuer des spöttischen Grafen mißfielen Maria Theresia; sein Widerstand gegen jede Reform auf fiskalischem Gebiet brachte ihn schließlich in Ungnade.
Endlich gab es noch die beiden Schweizer Ratgeber der Herrscherin, Johann von Fries, Spezialist in Handelsfragen, und den ausgezeichneten Finanzfachmann Peter Ochs aus Basel.

Prinz Karl von Lothringen war am 23. August 1749 nach Abzug der französischen Besatzung wieder in Brüssel eingezogen, stürmisch begrüßt von der Bevölkerung, denn dieser miserable General war »einer der beliebtesten Fürsten, die jemals an der Spitze Belgiens standen...«, wie Discailles schrieb. Auf Kaunitz' Posten als »bevollmächtigtem Gesandten bei dem Generalgouvernement der Niederlande« in Brüssel hatte Maria Theresia Karl von Cobenzl berufen, der sich aber als tyrannisch und recht zugänglich für Geschenke erwies, die er zu provozieren verstand. Maria Theresia machte ihn später zu ihrem Vizekanzler.
Auf Vorschlag von Kaunitz beschloß Maria Theresia, der Pompadour ihr Porträt zu widmen. Nach mehreren Entwürfen fertigte der Maler Veneveault eine bezaubernde Miniatur an, die von den kaiserlichen Juwelieren in kostbare Steine gefaßt wurde. Starhemberg bestellte dazu bei den Pariser Juwelieren Durolly und Estienne ein Schreibpult aus Lack mit goldenen, fein ziselierten Schreibgeräten. Dieses wurde nach Wien geschickt, wo die Goldschmiede die Miniatur geschickt einfügten. Ein wahrhaft fürstliches Geschenk, für das die Kaiserin die Bagatelle von nahezu 31 000 Gulden zahlte. Endlich war die kostbare Sendung fertig. Kaunitz beauftragte in einem Brief vom 10. Januar 1759 seinen Pariser Botschafter, das Geschenk mitsamt einem persönlichen Brief von ihm, Kaunitz, abzuliefern. Das Begleitschreiben lautete:
»Die Kaiserin ist sehr angetan, Madame, von dem Interesse, das Sie an ihrer Union mit dem König zu nehmen fortfahren. Mit Vergnügen hat sie bis jetzt die Beständigkeit und Entschlossenheit bemerkt, die Sie von Anfang an dem zwischen unseren beiden Höfen so glück-

lich errichteten System immer gewidmet haben, und sie weiß Ihnen dafür verbindlichsten Dank. Sie beauftragt mich, Ihnen das in ihrem Namen auszusprechen, und da sie darauf rechnet, es sei Ihnen nicht unangenehm und auch der König könne nur zustimmen, wenn sie versucht, Ihnen zu beweisen, wie sehr sie Ihre Gefühle für ihn und für sie zu schätzen weiß, beauftragt sie Graf Starhemberg, Ihnen eine kleine Erinnerungsgabe von ihrer Hand zu überreichen und wünscht, Sie möchten sie freundlich entgegennehmen als Zeichen ihrer Gefühle für Sie. Ich bin entzückt, daß die Kaiserin geruht, sich meiner zu bedienen, Ihnen dieses auszusprechen. Erweisen Sie mir die Liebenswürdigkeit, sich davon überzeugt zu halten, und bewahren Sie mir Ihre Güte, die durch Achtung und unverbrüchliche Anhänglichkeit zu verdienen ich mir zur Ehre mache, der ich über allen Zweifel hinaus sein werde, so lange ich lebe, Ihr ...« usw.
Wie würde aber der König dieses Geschenk aufnehmen, das nur von seinem Schreiben, nicht aber von einer handschriftlichen Zeile oder auch nur von einer Unterschrift Maria Theresias begleitet wurde? Diese Frage quälte Kaunitz, der an Starhemberg schrieb: »Wenn die Schicklichkeit es gestattete, wäre auch ein Handschreiben Ihrer Majestät abgegangen.« Zwar glaubte er, daß es nicht recht angängig sei, fragte sich aber doch voller Unruhe, was nun geschehen werde. Am 1. Februar konnte Starhemberg seinen Chef beruhigen: Er hatte Madame de Pompadour das Geschenk überbracht, die ihre außerordentliche Dankbarkeit ausgesprochen hatte. Dabei blieb es, denn *weder die Kaiserin noch Kaunitz antworteten.* In einem Brief vom 10. Oktober 1763 an die Kurfürstin Antonia von Sachsen erklärte Maria Theresia, sie habe niemals an die Maitresse des französischen Königs geschrieben. Prinz Heinrich von Preußen allerdings notiert in den für seinen Freund Graf Roche-Aymon bestimmten *Betrachtungen über den Siebenjährigen Krieg*: »Der Wiener Hof fügte die niedrigsten Schmeicheleien hinzu, indem die Kaiserin-Königin an Madame Pompadour schrieb und sie als ihre Kusine anredete.« Der Prinz war durch seinen Bruder Friedrich II. zu diesem Irrtum veranlaßt, der nicht nur »das Kusinenverhältnis erfand«, sondern auch den folgenden fiktiven Brief verfaßte und sogar 1758 in Den Haag drucken und vertreiben ließ. Angeblich habe die Pompadour an die Kaiserin geschrieben:

»Meine sehr teure Schwester!
... Meine schöne Königin! Die reizenden Dinge, die Eure Majestät mir zu schreiben geruht, sind unschätzbar... Möchten Sie, daß ich mich zitternd der unvergleichlichen Fürstin nahe, die mich als ihre ›gute Freundin‹ ehrt?... Haben Sie Nachsicht mit der Liebe! Dulden Sie sie! Setzen Sie mich durch solche Toleranz in den Stand, Ihnen meine Huldigung ohne Argwohn und Furcht darzubringen, zu glücklich, meine schöne Königin, wenn es mir gelingen würde, Sie so leicht mit meiner Göttin, der Venus, auszusöhnen, wie ich Sie mit meiner Nation versöhnt habe!«

Am 13. September 1758 las der König von Preußen in Schönfeld in Gegenwart seines Vorlesers Catt den Text dieses »Briefs der Madame de Pompadour an die Königin von Ungarn« vor. Am 13. März 1759 schrieb er an seinen Sekretär in Den Haag, ob er eine gute Anzahl (von Exemplaren dieses Briefes) nach Frankreich bringen könne und ob die Sache so gut eingefädelt sei, daß ein Exemplar in die Hände der Madame de Pompadour gelangen würde. Obwohl die Kaiserin den Vorfall dementierte, haben doch verschiedene Autoren (darunter Thomas Mann) berichtet, sie habe einen oder mehrere sehr freundschaftliche Briefe an die Favoritin gerichtet. Sicherlich waren ihnen die Briefe von Kaunitz und Starhemberg unbekannt, doch einer von ihnen behauptete auch dann noch, als er Kenntnis von ihnen erhalten hatte: »Der Kaiser schlug mit der Faust auf den Tisch, erhob sich zornig und verließ den Konferenzsaal!« Hofmannsthal sagt guten Glaubens in seinem Aufsatz »Maria Theresia. Zur zweihundertsten Wiederkehr ihres Geburtstages«: »... wenn sie einen Brief schreibt, wie jenen berühmten an die Pompadour, durch den die Allianz mit Frankreich zustande kam, so fühlen wir, daß ihr Gewissen, das stärker war als ihr starkes und stolzes Gemüt, die Entscheidung gegeben hat und daß in dem Briefe eine Art Selbstaufopferung liegt.«

Der große Dichter war schlecht unterrichtet, und die Legenden haben ein zähes Leben.

Sechstes Kapitel

DER SIEBENJÄHRIGE KRIEG
[1756–1763]

Von Pondichery bis zur Hudsonbai haben die Feindseligkeiten zwischen England und dem mit Spanien verbündeten Frankreich nicht mehr ausgesetzt. Die Engländer haben dreihundert Handelsschiffe beschlagnahmt, etwa sechzig Zivilisten entführt, die Fischereianlagen an der französischen Küste der Neuen Welt zerstört. Die französischen Bewohner Akkadiens sind vertrieben worden, im Tal des Ohio reißen die Kämpfe nicht ab. So sieht sich Ludwig XV. gezwungen, am 15. Mai 1756 England den Krieg zu erklären. Der Herzog von Richelieu belagert den Hafen Mahón auf der Baleareninsel Menorka. Als der englische Admiral John Byng die Flotte von Admiral La Galissonnière angreift, wird er vernichtend geschlagen und, obwohl unschuldig, von einem Kriegsgericht zum Tode verurteilt und auf der Reede von Portsmouth an Bord seines Flaggschiffs füsiliert. Mahon fällt in die Hände der Franzosen.
Die seit 1744 abgerissenen Verbindungen zwischen Rußland und Frankreich werden im Frühjahr 1756 wieder angeknüpft dank der Bemühungen des schottischen Flüchtlings Douglas und des zwielichtigen, aber geschickten Chevaliers d'Eon. Preußen setzt seine Kriegsvorbereitungen tatkräftig fort, doch ist man in Wien der Meinung, daß es angesichts der neuen Annäherung zwischen Frankreich, Rußland und Österreich keinen Angriff wagen oder doch jedenfalls nicht vor dem kommenden Frühjahr angreifen werde.
Doch die Meldungen ihrer Agenten in Preußen veranlassen die Kaiserin, von Juni 1756 an alles zu tun, um die Sicherheit ihres Landes zu erhöhen. Friedrich läßt bald darauf durch seinen Wiener Geschäftsträger Graf Klinggräf anfragen, »ob die österreichische Rü-

stung für einen Angriff auf Preußen gedacht« sei, worauf Maria Theresia dem Diplomaten die Antwort gibt, daß »die Maßnahmen nur für die eigene Sicherheit und zur Verteidigung der Verbündeten, aber nicht zum Nachteil von irgend jemandem getroffen« seien. Trotzdem dringt der König auf eine formelle Erklärung, daß »die Kaiserin nicht beabsichtigt, in diesem oder in dem folgenden Jahr anzugreifen«, und ruft den Himmel zum Zeugen an für seine Unschuld an dem Unglück, das aus einem Krieg hervorgehen würde. Während die Noten hin und her gehen, findet der alte Minister Podewils den Mut, seinen König vor einem Abenteuer zu warnen. Der König unterbricht ihn mit der sarkastischen Bemerkung: »Adieu, mein Herr von der ängstlichen Politik!« Später schreibt er an ihn: »Sie sind der größte Hasenfuß, den ich kenne!«

Beunruhigt durch Preußens militärische Vorbereitungen, läßt der französische Außenminister Rouillé Friedrich II. durch den preußischen Geschäftsträger Knyphausen in Paris und durch den in Berlin akkreditierten Marquis Valory warnen. Der König antwortet, daß er nur Verteidigungsmaßnahmen gegen Rußland und Österreich getroffen habe. Doch am 28. August 1756 verläßt er mit seiner Garde Berlin, und am Tage darauf marschiert er mit 70 000 Mann in Sachsen ein.

Maria Theresia, die zur Jagd in Ungarn weilt, bricht sofort nach Wien auf und läßt, wenn auch ungern, ihren Mann weiter sein Wild und die Eroberung der Wilhelmine Auersperg verfolgen. Den Kurfürsten von Sachsen weckt man mit der Nachricht, daß Friedrich II. die Grenzen Sachsens überschritten habe. August II. begibt sich unverzüglich zu seiner etwa 16 000 Mann starken Armee. Er erhält von Maria Theresia eine beträchtliche Vorauszahlung für militärische Ausgaben und erklärt sich auf ihr Verlangen bereit, mit seinen Truppen das in Böhmen stehende österreichische Korps von 32 000 Mann unter Feldmarschall Browne zu verstärken. Dann aber veranlaßt ihn die Behauptung seiner Generäle, das Lager bei Pirna sei uneinnehmbar, sich dort zu verschanzen. Friedrich II. nimmt Dresden, plündert den Schatz des Kurfürsten und schließt die Sachsen bei Pirna ein. Browne rückt heran, liefert den Preußen am 1. Oktober die unentschiedene Schlacht von Lobositz und zieht sich unbehelligt auf Prag zurück.

Am 15. Oktober kapituliert die sächsische Armee mitsamt ihren achtzig Kanonen kampflos bei Pirna. Sie wird mit Gewalt dem preußischen Heer einverleibt, aber die Truppen desertieren ohne Rücksicht auf den ihnen abgepreßten Treueid. August II. erhält von seinem Besieger die Erlaubnis, sich in sein Königreich Polen zurückzuziehen. Seine Frau Maria Josepha bleibt in Dresden, wo sich Friedrich II. einrichtet, denn seine Truppen haben ihre Winterquartiere in Sachsen aufgeschlagen. Er nimmt die Akten der Staatskanzlei, die Gelder der Staatskasse und die Diamanten der Königin an sich, belastet das Kurfürstentum mit drückenden Steuern und behandelt Maria Josepha ohne jede Rücksicht. Sie stirbt im Monat darauf.
Der brutale Einfall in Sachsen hat in Europa, vor allem in Versailles, eine Entrüstung geweckt, die Maria Theresia noch durch aktive Propaganda gegen »den Straßenräuber von Berlin« schürt. Prinz Heinrich von Preußen, der Bruder des Königs, schrieb später: »Dieser Angriff war nicht gerechtfertigt. Der König hatte keinen Anlaß, August II. feindselige Handlungen vorzuwerfen.« Friedrichs II. rücksichtsloses Vorgehen erweist sich als schwerer politischer Fehler, denn es ruft Frankreich und Rußland auf den Plan und wirft Sachsen und Polen einer neuen Tripelallianz in die Arme: Frankreich–Österreich–Rußland. Die Gegner im Siebenjährigen Krieg, den Friedrich II. ausgelöst hat, sind dieselben wie im österreichischen Erbfolgekrieg, nur haben England und Frankreich die Fronten gewechselt.

Nach dem Attentatsversuch von Damiens, den man schrecklich folterte, ehe man ihn vierteilte, hatte Ludwig XV. elf Tage lang Madame Pompadour ohne jedes Lebenszeichen gelassen. Am zwölften Abend kehrte er zu ihr zurück. Die Favoritin setzte sich, so schreibt Bernis in seinen Memoiren, »mit der gleichen oder noch stärkeren Selbstsicherheit wieder auf den Thron wie vorher«, sie wurde wieder »Ihre Majestät Unterrock II«, wie der König von Preußen sie zu nennen beliebte. Madame Pompadour, die 1752 ihren Rang als Marquise gegen den einer Herzogin vertauscht hatte, wußte natürlich auch, daß der Preußenkönig seinen Hund *Pompadour* rief. Sie begrüßte daher die Unterzeichnung des zweiten Versailler Vertrags mit Österreich am 1. Mai 1757, der folgendes festsetzte: Frankreich sollte zu den bereits versprochenen 24 000 Mann weitere 105 000 stellen; es sollte jährlich 12 Millionen Gulden an Österreich, Sachsen und die Pfalz zahlen, die später Preußen abgenommene Gebiete erhalten sollten; Österreich sollte 80 000 Mann ausheben, die flämische Küste an Frankreich abtreten, und den größten Teil der Niederlande an den Infanten Philipp. Parma, Piacenza und Guastalla sollten zurückgegeben, dem König von Preußen wesentliche Territorien genommen werden.

Die Zarin Elisabeth hatte sich dem ersten Vertrag angeschlossen, trotz dem Widerstand von Bestuschew, der von England und Preußen gekauft worden war, und obwohl England dem Zarewitsch Peter und seiner Frau Katharina Anleihen gewährt hatte. Die Zarin unterzeichnete die Militärkonvention von Sankt Petersburg mit Österreich: Die beiden Kaiserinnen wollten gemeinsam gegen den König von Preußen vorgehen, bis Österreich Schlesien und Glatz zurückgewonnen hätte. Zu diesem Zweck sollte jedes Land mindestens 80 000 Mann aufbringen, Rußland ferner 15–20 Kriegsschiffe und 40 Galeeren einsetzen. Ein gemeinsamer Plan sollte ausgearbeitet werden, und jede Seite wollte einen General in den Kriegsrat der anderen delegieren, wo er an den Beratungen teilnehmen und Stimmrecht haben sollte. Man verbot sich feierlich jeden Waffenstillstand oder Separatfrieden. Österreich versprach, Rußland eine Million Rubel zu überlassen und alles in seiner Macht Liegende zu tun, um ihm den Besitz der Herzogtümer Kurland und Samogitien zu sichern, die polnische Lehnsgebiete waren.
Schweden trat dem Bündnis bei. Der Regensburger Reichstag entschied sich mit 60 gegen 26 Stimmen für Erklärung der Reichsexekution gegen Preußen und damit für Unterstützung des Kurfürsten von Sachsen. »Der Krieg der Unterröcke«, wie der König von Preußen verächtlich sagte, hatte begonnen, und die drei Unterröcke hatten ein paar ärgerliche Überraschungen für ihren Verächter bereit...

Am 8. Dezember 1756, noch während der Verhandlungen mit Frankreich, gab Maria Theresia in einer sehr schmerzhaften Entbindung ihrem sechzehnten und letzten Kind, dem Sohn Maximilian, das Leben. Sie war untröstlich, daß ihre »Brut« nun nicht mehr

größer werden sollte. Kaiser Franz I. schrieb, wieder in seiner eigenen französischen Rechtschreibung, fünf Tage später an seinen Bruder Karl:
»... die Kaiserin hat uns nicht wenig beunruhigt, denn sie ist drei Tage krank gewesen, und das nicht so wenig, und man hat sie zur Ader lassen müssen. Aber Gottseidank, seit gestern geht es besser, und man würde sagen, daß sie nach der Entbindung nur ein wenig schwach ist, aber ich hoffe, sie ist vorsichtig, vor allem bei dem schlechten Wetter, das wir haben ...«
Von Kaunitz kräftig unterstützt, war es Maria Theresia gelungen, die bestehenden Bündnisse über den Haufen zu werfen und eine gefährliche Koalition gegen ihren Feind zusammenzubringen. Aber nun beging sie den Fehler, die Hauptarmee Karl von Lothringen anzuvertrauen. Ob sie ihn wirklich für einen großen General gehalten hat? Ob sie ihrem Gemahl gefällig sein wollte? Wir wissen es nicht und können uns nur darüber wundern, daß sie sich nicht des Feldmarschalls Graf Ulysses Browne de Camus bediente, dessen Tüchtigkeit erprobt war.
Am 28. Januar 1757 brach Karl nach Wien auf. Er wurde von der Kaiserin warmherzig aufgenommen und erhielt eine Gratifikation von 8000 Dukaten und ein Gehalt von 2000 Dukaten monatlich. Er bezahlte 1500 Dukaten Spielschulden und verlor während seines Aufenthaltes in der Hauptstadt noch weitere 1000. Nachdem er seine prachtvollen Equipagen nach Prag in Marsch gesetzt hatte, geruhte er endlich am *28. April*, sich bei der Armee einzufinden, die auf ihn wartete.
Friedrich II., wahrscheinlich unterrichtet über die Koalition, die sich gegen ihn zusammengefunden hatte, ließ August II. sonderbare Vorschläge unterbreiten: Er wolle ihm sein Gebiet und seine Armee zurückgeben, ihm eine Kriegsentschädigung von mehreren Millionen zahlen und »sich von England lösen, mit dem er sich nur widerwillig verbündet habe«; als erstes »würde er sich mit Frankreich verständigen«. Der Kurfürst von Sachsen antwortete darauf überhaupt nicht, informierte aber Frankreich, Österreich und Rußland über die Vorschläge.
In Wien hatte der Kriegsrat nach langen Diskussionen einen Operationsplan aufgestellt: Die Armee sollte durch Sachsen marschie-

ren, sich nicht um Schlesien kümmern und geradeswegs auf Berlin vorrücken. Aber es entsprach nicht dem Wesen und der Gewohnheit des Königs von Preußen, seinem Gegner die Initiative zu überlassen. Vom *18. bis 20. April* fielen seine Truppen in Stärke von etwa 200 000 Mann in Böhmen ein und trieben die österreichischen Abteilungen zurück. Vergebens schlug Feldmarschall Browne vor, sich zur Schlacht zu stellen; auf den Rat der übrigen Generäle zog Karl von Lothringen sich nach Prag zurück, wobei er dem Feind wohlgefüllte Magazine überließ. Er hatte nicht die geringsten Vorsichtsmaßregeln getroffen und nicht einmal Vorposten aufgestellt. Um 6 Uhr morgens am 6. Mai griff unter den Mauern von Prag eine der preußischen Armeen mit 67 000 Mann, 132 leichten und 82 schweren Geschützen die Österreicher an, die über 60 000 Mann, 118 leichte und 59 schwere Geschütze verfügten, und schloß sie ein. Nach blutigen Kämpfen errang Friedrich II. nachmittags gegen drei Uhr den Sieg.

Karl von Lothringen floh mit 40 000 Österreichern in die Mauern von Prag, wo sie die 15 000 Mann starke Garnison verstärkten. Es ist nicht überliefert, ob der Prinz, der während der Schlacht das Bewußtsein verloren hatte, seine Galakarossen wiedergefunden hat.

Tag für Tag beschoß Friedrich die Stadt, die 146 000 Menschen, Soldaten und Bürger, beherbergte. Fünfhundert Häuser stürzten ein, Lebensmittel wurden knapp, Krankheiten wüteten, es fehlte an Munition. Die unglückliche Stadt machte dieses Martyrium zum viertenmal durch. Um die Belagerten zu ermutigen, sandte die Kaiserin ihnen eine Botschaft, die ein Offizier tatsächlich in die Stadt bringen konnte:

»Es macht mir großen Kummer, daß so viele meiner Generäle und so viele meiner Soldaten in Prag eingeschlossen sind.

Aber ich sage ihren Anstrengungen einen guten Erfolg voraus. Ich kann es ihnen nicht deutlich genug sagen, daß sie sich mit *ewiger Schande* bedecken würden, falls sie nicht das täten, was im letzten Kriege die an Zahl viel geringeren Franzosen geleistet haben. Die Ehre der ganzen Nation und der kaiserlichen Heere wird von der Haltung der Verteidiger Prags berührt. Die Sicherheit Böhmens, meiner anderen Erbländer und sogar Deutschlands hängen von der Behauptung dieser Stadt ab. Die Armee des Feldmarschalls Daun verstärkt sich täglich und wird bald imstande sein, Prag zu entsetzen. Die Franzosen nähern sich in aller Eile. Die Schweden kommen zu Hilfe. Bald werden die Dinge mit Gottes Hilfe eine ganz andere Wendung nehmen ...«

Prags und ganz Österreichs Situation schien verzweifelt, aber die Kaiserin gab Feldmarschall Daun die energischsten Befehle. Er verfügte über die letzte freie Armee. »Daß er mutig vorwärts geht! Daß er sich schlägt! Daß er mir die Stadt entsetzt!«

Am 12. Juni 1757 marschiert also Daun mit etwa 50 000 Mann nach Prag. Friedrich zieht von der Belagerungsarmee 20 000 Mann ab, die sich mit dem kleineren Heer unter dem Kommando des Prinzen von Braunschweig vereinigen. Daun stellt seine Streitkräfte auf den Höhen auf, die Kolin beherrschen. In der Morgendämmerung des 18. Juni greift der König, die dringenden Ratschläge seiner Generäle mißachtend, die rechte Flanke des Feindes an, die er für die schwächere hält. »Die Österreicher, die sich zunächst zurückgezogen hatten, richteten anhaltendes Artillerie- und Infanteriefeuer auf den Feind. Starhembergs und Serbellonis Dragoner sowie vier sächsische Reiterregimenter griffen mit Furore an und brachten die Husaren unter Seydlitz und die preußische Infanterie in völlige Verwirrung. Die ›Gelbschnäbel‹ (Rekruten) der Dragoner von Ligne, die Regimenter von Arenberg und Los Rios hatten wesentlichen Anteil am Erfolg«, schreibt *Henry Bernard* in *Benelux, Terre inconnue.* Wütend gibt Friedrich der Unbesiegliche den Befehl zum Rückzug. Rückblickend schrieb Prinz Heinrich von Preußen: »Unser Einmarsch in Böhmen vollzog sich nach dem Plan Marschall Schwerins. Doch der König machte ihn aus Ungeduld und Eifersucht zunichte, nachdem er ihn eine Zeitlang befolgt hatte.« Seiner Schwester Amalia teilte Heinrich mit: »Endlich ist Phaeton gestürzt, und wir wissen nicht, was aus uns werden soll. Der 18. wird für Brandenburg immer ein schwarzer Tag bleiben. Phaeton hat seine Person in Sicherheit gebracht und sich zurückgezogen, ehe noch die Niederlage feststand ...«

Zwei Tage später reiten früh am Morgen zwanzig Piköre mit schmetterndem Hörnerklang vor Schloß Schönbrunn. Oberstleutnant von Vettes löst sich aus dem Peloton und überbringt der Königin, die bereits in ihre Arbeit vergraben ist, die Meldung vom

Sieg bei Kolin. Am nächsten Tag legt General Graf Benedikt Maria Theresia die 24 auf dem Schlachtfeld erbeuteten preußischen Fahnen und Standarten zu Füßen. Sie jubelt: Der 18. Juni wird der »Geburtstag der Monarchie« sein! Die Kaiserin stiftet den Theresienorden für militärische Leistungen und ernennt Feldmarschall Daun zum ersten Träger des Großkreuzes. In allen Kirchen wird das Tedeum angestimmt, und jeder Soldat erhält als Gratifikation einen Monatssold.

Am 23. Juni zieht Daun in Prag ein, wo er mit Prinz Karl zusammentrifft. Auch in Paris feiert man den Sieg von Kolin. Botschafter Starhemberg berichtet Kaunitz: »Ich bin erst zwei Stunden nach Mitternacht aus Versailles zurückgekommen, da ich bei Madame de Pompadour soupiert habe. Aus vollem Herzen haben wir auf das Wohl Ihrer Majestät der Kaiserin getrunken ... Es kam mir vor, als wäre ich unter Landsleuten, und die Freude, die hier jedermann an den Tag legt, ist so aufrichtig, daß ich vergessen könnte, im Ausland zu sein.«

Friedrich II. sendet Marschall Richelieu ein Schreiben, das zugleich seine Verstörung und seine Diplomatie verdeutlicht:

»Ich weiß, mein Herr Herzog, daß man Sie nicht auf einen Posten berufen hat, auf dem Sie zum Verhandeln da sind. Indessen halte ich mich durchaus davon überzeugt, daß der Neffe des großen Kardinals Richelieu geschaffen ist, Verträge zu unterschreiben, wie Schlachten zu gewinnen ... Es handelt sich um eine Bagatelle, mein Herr: Frieden zu machen, falls man ihn wirklich wünscht ...«

In Erinnerung an den entscheidenden Sieg Peters I. über Karl XII. von Schweden soll der König ausgerufen haben: »Das ist unser Poltawa! Alle meine Husaren sind tot!« Ob er daran gedacht hat, das Gift zu nehmen, das er immer für den Fall einer ausweglosen Niederlage bei sich trug? Wir wissen es nicht. Er hätte auch unrecht gehabt, denn er besaß einen Helfer in jenem Mann, der trotz seinen Niederlagen immer noch an der Spitze der österreichischen Streitkräfte stand. Tatsächlich verfolgte Prinz Karl die zurückweichenden Preußen nur äußerst lässig. Die Garnison von Zittau ließ er entkommen und ermöglichte es Friedrich II., seine Truppen zu reorganisieren, neue Kontingente auszuheben und schließlich seine Kräfte mit denen seines Bruders in Bautzen zu vereinen. Die 80000

Österreicher Seiner Hoheit konnten nicht fertig werden mit den 24 000 geschlagenen Preußen! Allerdings hatte Wien ihm vorgeschrieben, den Feind möglichst tatkräftig zu verfolgen, eine Schlacht aber nur dann zu wagen, wenn ein siegreicher Ausgang gewährleistet sei.
Endlich faßte Maria Theresia dann doch den Plan, Prinz Karl ins zivile Dasein zurückzuholen und ihn durch den Sieger, Generalfeldmarschall Daun, zu ersetzen. Aber der Kaiser bat sie, es nicht zu tun. Sie beging ein Unrecht, als sie ihm nachgab und den Wunsch, ihrem lieben Gemahl gefällig zu sein, über das Wohl von Armee und Land stellte.

Für Friedrich II. waren wirklich schwere Zeiten angebrochen. Zehn Tage nach der Niederlage von Kolin starb in Berlin seine Mutter, die Königin-Witwe von Preußen. Der König schrieb seiner Schwester Amalia: »Alles Unglück kommt über mich. O meine teure Mutter! Nie werde ich sie wiedersehen! Vielleicht hat sie der Himmel zu sich gerufen, damit sie nicht den Untergang unseres Hauses zu erleben braucht!« Er hielt die Lage für so ernst, daß er seiner Schwester Wilhelmine am 6. Juli 1757 schrieb: »Falls Sie, meine teure Schwester, etwas für das große Werk des Friedens tun wollen, schicken Sie doch bitte jenen Herrn von Mirabeau nach Frankreich. Er soll der Favoritin bis zu 500 000 Taler für einen Frieden anbieten.« Es handelte sich um einen Kammerherrn der Markgräfin, den Onkel des berühmten Revolutionsredners.
Der Kammerherr am Ansbacher Hof Barbut de Maussac übermittelte in Versailles Friedensvorschläge; er wurde ins Gefängnis geworfen. Marschall Richelieu, der Friedrichs II. Abgesandten von Eickstedt empfangen hatte, sprach von Verhandlungen und zog sich damit die drohende Frage Ludwigs XV. zu: »Wie oft waren Sie bereits in der Bastille, Monsieur le Duc?« Am 26. September 1757 beauftragte Friedrich II. Balbi, einen seiner geheimen Unterhändler, Madame de Pompadour das Fürstentum Neuenburg anzubieten, »zur lebenslangen Nutznießung mit allem Zubehör und allen Einkünften«. Vier Tage später mahnte er Balbi noch einmal: »Das Wichtigste, was wir für unsere Zwecke tun müssen, ist, uns der Madame de Pompadour angenehm zu machen, indem wir ihr das Für-

stentum Neuenburg und Vallangin anbieten, und zwar auf Lebenszeit.« Wahrscheinlich hat die Favoritin von diesen Bestechungsversuchen überhaupt nichts erfahren, und wenn, so hätte sie daran nur die Verzweiflung ihres Feindes erkannt und die Angebote unweigerlich zurückgewiesen.

Am 15. Juli brachen die Russen in Ostpreußen ein und nahmen Memel und Königsberg. Am 30. August schlug Marschall Apraxin an der Spitze von 100 000 Mann das kleine Heer des preußischen Feldmarschalls Lehwaldt, der dabei 4500 Mann verlor. In Rußland hieß es schon: »Auf nach Berlin!« Aber Apraxin zog sich auf Tilsit und Memel zurück. Der französische Botschafter in Sankt Petersburg, Marquis l'Hospital, beschuldigte später den Thronfolger, seine Frau Katharina und Bestuschew, eine Erkrankung der Kaiserin Elisabeth ausgenutzt zu haben, um den Marschall zu seinem Rückzug zu veranlassen. Apraxin dagegen behauptete, es habe ihm an Lebensmitteln und Munition gefehlt und sein Rückzug sei das Ergebnis gründlicher Beratungen mit seinen Generälen gewesen. Nach Rußland zurückgerufen, wurde er scharfen Verhören unterworfen und starb zu seinem Glück an einem Schlaganfall. Bestuschew dagegen wurde ein Jahr lang inhaftiert und verhört und dann auf seine Güter verbannt.

Anfang April 1757 hatte die mehr als 100 000 Mann starke französische Armee unter Marschall d'Estrées den Rhein nahe bei der preußischen Festung Wesel überschritten. Bei Hastenbeck errang sie einen Sieg über die englisch-hannoveranische Armee des Herzogs von Cumberland, eines Sohns von Georg II. Richelieu, der Estrées Kommando übernommen hatte, plünderte die Länder Hannover und Braunschweig. Cumberland legte die Waffen nieder und unterschrieb die Konvention von Kloster Zeven, die das ganze Kurfürstentum preisgab und bestimmte, daß die Truppen nach Haus geschickt und nicht mehr gegen Frankreich eingesetzt werden sollten. Allerdings weigerte sich dann der englische König, den Vertrag anzuerkennen. Richelieu wurde nun durch den Grafen Clermont ersetzt, der an Ludwig XV. schrieb: »Ich habe die Armee Eurer Majestät in drei Einheiten vorgefunden. Die erste ist unter der Erde. Die zweite ist auf der Erde, setzt sich aber aus Dieben und Marodeuren, lauter von Kopf bis Fuß zerlumpten Leuten, zusammen. Die dritte liegt in den Lazaretten.« Schlechte Versorgung zwang Clermont, sich zurückzuziehen; er ging über Weser und Lippe und setzte sich schließlich in Wesel, dem Ausgangsort der französischen Operationen, fest. Ende August vereinigte sich dann das französische Korps unter Soubise mit dem Reichsheer. Die Schweden waren in Pommern eingedrungen und behaupteten es bis zur Oder.

Die Zahl seiner Feinde beunruhigte Friedrich II. An Voltaire schrieb er: »Es heißt, sich für sein Vaterland zu schlagen oder dafür zu sterben, wenn man es kann. Kann man es nicht, ist das Überleben schmachvoll... Falls es an Gift fehlt, wird der Stahl es vollbringen!« Die Drohungen, sich das Leben zu nehmen, mit der Friedrich damals seine Briefe füllte, und die lange Epistel an d'Argens *»Verteidigung des Selbstmords«* machten auf Wilhelmine so starken Eindruck, daß sie sich anbot, das Schicksal ihres Bruders zu teilen. Voltaire allerdings reizte es nur zum Spott.
Konnte Friedrich überhaupt Schlesien behalten und seine Erbländer verteidigen? Seine Situation wäre höchst bedenklich gewesen, wenn seine Gegner ihm nicht wieder einmal durch ihre Fehler zu Hilfe gekommen wären. Tatsächlich ließ Prinz Karl jede Möglichkeit zu einer Schlacht ungenutzt, so daß ihm der Kaiser, wahrscheinlich auf Wunsch Maria Theresias, endlich am 25. September 1757 schrieb: »Ich zittere um deine Ehre! Du kannst dir vorstellen, wie es auf die ganze Welt wirkt, wenn diese kleine preußische Armee dir immer wieder entschlüpfen kann und du nie zum Kampf kommst, obwohl du ihr so oft und so lange ganz nahe warst!«
Karl erreichte Breslau am 3. Oktober – zu spät: Die Armee des Herzogs von Braunschweig-Bevern lag bereits vor der Stadt. Statt nun zu handeln, hielt er nur Sitzungen mit seinem Kriegsrat ab und verhandelte über die Instruktionen aus Wien. Während er so die Zeit vertut, gelingt dem ungarischen General Andreas Hadik ein glänzendes Manöver: er taucht am 16. Oktober mit 3500 Mann und 4 Kanonen vor Berlin auf, erzwingt sich den Zugang durch das Tor von Köpenick, läßt eine Brücke sprengen und dringt mit 1700 Mann in die Stadt ein, während eine andere Abteilung das Kottbuser Tor bezwingt. Hadik fordert unverzügliche Zahlung von 300000 Talern und erhält sie durch die Drohung, die Stadt sonst zu beschie-

ßen. Im Glauben, daß es sich um die Vorhut einer großen Armee handelt, bezahlt die Stadtverwaltung 150 000 Taler in Münzen, schreibt einen Wechsel über 50 000 Taler aus und übergibt der Truppe selbst 25 000. Am 17. Oktober verschwindet Hadik ohne die geringsten Übergriffe wieder aus der Stadt. Er entschlüpft den sieben Regimentern des Fürsten Moritz von Dessau, den Friedrich auf seine Spur gesetzt hat, um ihn »lebend oder tot« zu fangen, und taucht mit 6 erbeuteten Fahnen und 400 Gefangenen wieder in Bautzen auf. Der blitzartige Überfall hat die Angreifer nur den Tod General Babocsays gekostet, der bei dem Unternehmen gefallen ist. Hadik bringt der Streich das Großkreuz des Theresienordens und ein großes Besitztum in Ungarn ein. Er hat übrigens aus Berlin seiner Kaiserin als zarte Aufmerksamkeit Handschuhe von allerfeinstem Leder geschickt – aber leider hat man in der Eile nur 24 linke Handschuhe zusammengepackt.
Friedrich entschloß sich zu schnellem Handeln und setzte alles auf eine Karte. Mit einer Streitmacht von 22 000 Mann zog er auf Leipzig zu, der französischen Armee unter Marschall Soubise und der Reichsarmee unter dem Prinzen von Sachsen-Hildburghausen entgegen. Die »Eilende Reichsarmee«, aufgestellt durch den Reichstag, bestand, wie Gaxotte sagt, aus einer Ansammlung von »Landstreichern und Bettlern und dem Galgen Entronnenen, die von einem Generalstab aus Fürsten geführt wurden«. Vergebens hatte Soubise dessen Auflösung beantragt.
Friedrich verschanzt sich bei Roßbach. Der Prinz von Sachsen-Hildburghausen beschließt, im Gegensatz zu Soubises Ansicht, ihn dort anzugreifen. Vom König, der einen Rückzug vortäuscht, in die Irre geführt, wirft er seine Truppen gegen die Preußen. Plötzlich taucht Seydlitz auf, der sich mit seiner gesamten Kavallerie hinter einem Hügel verborgen hatte, und schlägt die Gegner in die Flucht. Die Schlacht von Roßbach am 5. November 1757 wird zum Blutbad. Die Preußen machen 5000 Gefangene und erbeuten die Artillerie, eine Menge Fahnen, Standarten und Bagage.
Schließlich nimmt Karl nach wiederholten Mahnungen der Kaiserin am 12. November 1757 Schweidnitz ein. Zwölf Tage später kapituliert Breslau; der Herzog von Bevern wird gefangengenommen. Der Prinz ist nun Herr von Breslau und ganz Schlesien und verfügt über

eine Armee von 80 000 auf ihre Taten stolzen Soldaten. Friedrich eilt von Roßbach heran und vereinigt seine Kräfte mit den Resten der Armee von Bevern, die nun von dem tüchtigen Zieten geführt werden. Am 3. Dezember ruft der König seine Generäle zusammen und hält ihnen eine Ansprache:

»Messieurs!

Ich werde entgegen allen Regeln der Kriegskunst die fast dreimal stärkere Armee des Prinzen Karl angreifen, wo ich sie finde. Es geht hier nicht um die Zahl der Feinde noch um den Wert ihrer Stellung: Der Mut der Truppen und die genaue Ausführung meiner Befehle werden, wie ich hoffe, alles überwinden. Ich muß diesen Schritt wagen, oder alles ist verloren. Wir müssen den Feind schlagen oder uns unter seinen Batterien begraben lassen. So denke ich, und so werde ich handeln.

Geben Sie meinen Entschluß allen Offizieren der Armee bekannt. Bereiten Sie die Truppen auf die Ereignisse vor, die jetzt abrollen werden, und verkünden Sie ihnen, daß ich mich im Recht glaube, unbedingten Gehorsam von ihnen zu verlangen. Wenn Sie sich übrigens daran erinnern wollen, daß Sie Preußen sind, werden Sie sich dieses Vorzugs sicherlich nicht unwürdig erweisen. Sollten aber Herrschaften unter Ihnen sein, welche sich fürchten, die Gefahren mit mir zu teilen, mögen sie heute ihren Abschied nehmen, ohne daß ihnen der kleinste Vorwurf gemacht werden wird...

Leben Sie also wohl, Messieurs! Binnen kurzem werden wir den Feind geschlagen haben, oder wir werden uns nicht wiedersehen!«

Am 5. Dezember 1757 entwickelt sich die Schlacht von Leuthen, die mit der Niederlage Karls von Lothringen endet. Breslau ergibt sich kampflos samt seiner 9000 Mann starken Garnison. Die Reste der österreichischen Armee bewerkstelligen einen verlustreichen Rückzug durch Böhmen, »in einem so schrecklichen und bejammernswerten Zustand des Verfalls, wie man es noch nicht erlebt hat«, berichtet Karl, der ja Fachmann auf diesem Gebiet ist... Mit Ausnahme von Schweidnitz ist ganz Schlesien wieder in Händen der Preußen.

Der neue französische Außenminister Bernis war von diesen Fehlschlägen und der Rivalität zwischen d'Estrées, Richelieu und Soubise sowie von der schlechten Organisation der Armee tief entmutigt. Er glaubt nicht mehr an einen Sieg und suchte bis zu seinem Sturz nur noch Frieden zu schließen. Voltaire schrieb am 8. Januar 1758 aus Lausanne an Darget: »Vor drei Monaten glaubte Friedrich II. alles zu verlieren; er wollte sterben, er sagte mir in Prosa und Versen Lebewohl. Und nun: Mit seiner Geschwindigkeit und der Disziplin seiner Soldaten sehen wir ihn zwei große Schlachten in einem Monat gewinnen, er eilt den Franzosen entgegen, fliegt gegen die Österreicher, nimmt Breslau wieder, macht 40 000 Gefangene und Epigramme. Wir werden ja sehen, wie diese blutige und heftige und so komplizierte Tragödie enden wird.«

Maria Theresia war von ihrem französischen Verbündeten enttäuscht. Sie vertraute Starhemberg an: »Man lullt uns mit vagen Versprechungen ein. Man verpflichtet uns, an die Elbe zu ziehen, während sie sich hinter der Weser halten, ohne uns die erwarteten 24 000 Mann zu schicken und während die Hauptstreitmacht des Königs von Preußen vor uns steht, bereit, in Böhmen einzumarschieren und vielleicht sogar in Mähren ... Ich bin der Meinung, daß wir vorgehen müßten, als gäbe es die Franzosen nicht, und daß wir nicht unsre eigenen Angelegenheiten verpfuschen dürfen! Von den Russen hängt unser Heil ab ...«

Die Verbündeten verlangten mit Recht die Abberufung des Prinzen Karl. Vergeblich bat ihn der Kaiser in zwei Briefen, selbst um seine Entlassung einzukommen. Die Kaiserin sah sich gezwungen, diesem so charmanten wie unfähigen Oberbefehlshaber endlich das Kommando zu entziehen. In einem Brief voller Takt und Zuneigung schickte sie ihn nach Brüssel zurück. Kaunitz schlug General Laudon als Oberstkommandierenden vor, aber dieser glänzende Soldat war mit seinen einundvierzig Jahren viel zu jung, und Maria Theresia fand nicht den Mut, das geheiligte Gesetz der Anciennität zu verletzen. Also übergab sie General Daun den Oberbefehl und ernannte Graf Lacy zum Chef des Generalstabs.

Trotz den großartigen Siegen von Roßbach und Leuthen, trotz der beträchtlichen Zahl von gefallenen, verwundeten, gefangenen oder desertierten Feinden wußte Friedrich, was ihm bevorstand, wenn ihn einmal ein tüchtiger Gegner nach einer Niederlage so vernichtend verfolgen würde, wie es Daun nach Kolin hätte tun müssen. Da alles Vortasten in Versailles ohne Ergebnis blieb, versuchte er es nun bei der Kaiserin, die sich aber auch taub stellte. So notierte er denn an seinem Geburtstag 1758: »Wenn das neue Jahr so grausam wie das vergangene sein sollte, hoffe ich, daß es auch das letzte ist!«

Im Jahre 1758 setzten die Kämpfe früh ein. Schon Mitte Januar nahmen die Russen unter Fermor, dem Nachfolger Apraxins, Ostpreußen und Königsberg ein. Anfang Februar setzte Ludwig XV. 24 000 Mann nach Böhmen in Marsch, die aber von den Preußen unter Ferdinand von Braunschweig über den Rhein getrieben und am 23. Juni bei Krefeld geschlagen wurden.
Maria Theresia war durchaus im Bilde über Bernis' Schwarzseherei, denn ihre Polizei pflegte alle Briefe an den Botschafter Stainville zu öffnen und zu dechiffrieren. Sie erklärte Kaunitz, sie habe »schlimme Befürchtungen hinsichtlich der französischen Minister, mißtraue aber nicht dem König, der ein guter Fürst ist«. Kaunitz erinnerte sie mit Recht daran, daß Frankreich 15 000 Mann bereitgestellt, 7 Millionen gezahlt, Schweden in die Koalition geholt und Dänemark dem König von Preußen abspenstig gemacht habe; außerdem seien die schweren Fehler ebenso von den österreichischen wie von französischen Heerführern begangen worden. »Will man das Bündnissystem ändern, muß man sich den Engländern in die Arme werfen«, sagte er, »denn schließlich gibt es nichts Schlimmeres, als isoliert und ohne Bundesgenossen dazustehen. Aber sind wir nicht immer von England vor den Kopf gestoßen worden und sein Opfer gewesen?«
Am 7. April besprach sich Stainville mit Maria Theresia und anschließend mit Kaunitz. Bernis erachte es für unmöglich, die Feindseligkeiten über den gegenwärtigen Kampf hinaus fortzusetzen, »weil wir nicht imstande sind, die Kosten länger als ein Jahr auf uns zu nehmen und weil wir den Krieg nicht führen können«. Deshalb sei es notwendig, sich unverzüglich auf einen Frieden einzustellen, wobei Preußen alle eroberten Gebiete mit Ausnahme von Schlesien herausgeben solle. Die Kaiserin antwortete, es sei voreilig, jetzt schon von Frieden zu reden, sie würde sich bis zum Schluß schlagen; im übrigen würde sie niemals Frankreichs Gegner werden und nie, was auch geschehen möge, den Mut verlieren.
Die Schweden hatten inzwischen Pommern besetzt und damit die Truppen Lehwaldts gebunden. Friedrich hatte bei Pitt hohe Subsi-

dien ausgehandelt. Die neue Übereinkunft vom 11. April 1758 verpflichtete England und Preußen, keinen Sonderfrieden zu schließen – andererseits erhielt Friedrich freie Hand für die Kriegsführung und brauchte nur dann auf dem westlichen Kriegsschauplatz einzugreifen, wenn die Verhältnisse es ihm gestatteten. An der Spitze eines großen Heeres und Herr in Schlesien: Was würde er jetzt tun? Sich auf Sachsen oder auf Böhmen stürzen? Friedrich ließ seinen Bruder Heinrich mit 20 000 Mann in Sachsen, den Grafen Dohna mit einer etwa gleich großen Truppenzahl in Pommern; er selbst nahm am 16. April Schweidnitz ein, überschritt die Grenze nach Mähren, erschien am 3. Mai vor Olmütz und belagerte es mit 55 000 Soldaten.

Anfang März traf Feldmarschall Daun bei der durch ungarische und böhmische Kontingente verstärkten Armee in Königgrätz ein. Die Kaiserin übermittelte ihm den Befehl, zum Entsatz von Olmütz zu eilen, da die nur 200 km von Wien entfernte Festung für die Versorgung der Hauptstadt sehr wichtig war. Daun, seinen Gepflogenheiten treu, gehorchte mit Vorsicht und Langsamkeit. Anfang Juni erreichte er endlich die Umgebung der belagerten Festung, entzog sich aber der Schlacht, die Friedrich suchte. Man meldete Daun, daß von Neiße her Nachschub für die Belagerungsarmee in Marsch gesetzt war. Daun befahl Laudon, die Zufuhrkolonne abzufangen. Es glückte dem General nicht gleich, denn Friedrich schickte dem Konvoi den tüchtigen Zieten mit 3000 Mann entgegen. Am 20. Juni aber warf sich Laudon von den Hügeln von Domstädtl herunter auf den Zug, massakrierte ein Bataillon junger Rekruten, tötete 2400 von Zietens Leuten, zwang die Überlebenden zur Flucht und ließ 3000 Wagen und ihre Lasten in Flammen aufgehen. Nur 200 Karren, die einen Teil des Goldes enthielten, erreichten Friedrichs Lager. Ohne den Nachschub, den er ungeduldig erwartet hatte, mußte der König von Preußen am 1. Juli 1758 die Belagerung aufheben; er zog sich nach Landshut zurück, ohne unterwegs behelligt zu werden.

Daun beeilte sich keineswegs, mit den 44 000 Russen zusammenzutreffen, die sich sehr langsam unter Fermor auf Frankfurt an der Oder zu bewegten, unterwegs alles zerstörten, »Männer und Kinder folterten und verbrannten«. Friedrich, der von ihrem Heranrücken informiert war, ließ einen Teil seiner Truppen zur Verteidigung von Schlesien zurück und verstärkte mit den übrigen die Armee Dohna westlich von Küstrin. Hier bereitete er sich auf den Kampf mit den Russen vor. Sein Feind lag bei Zorndorf in einer befestigten Stellung zwischen der Oder und dem Sumpfgebiet. Am 25. August 1758 schickte der König nach zweistündigem Geschützfeuer seine Infanterie in den Angriff, den die russische Kavallerie abschlug; dann aber drang Seydlitz mit 38 Schwadronen in die rechte Flanke des Feindes ein. Die Schlacht entbrannte in voller Heftigkeit am linken russischen Flügel, und bis zum Abend folgte eine Angriffswelle der Kavallerie auf die andere. Schließlich zogen sich die Russen in ihre Stellungen zurück und zwei Tage danach, ohne jede Verfolgung, nach Landsberg. Es war eine einzigartige, auf beiden Seiten verlustreiche Schlacht: Fermor, der mitten im Kampf die Flucht ergriffen hatte, büßte die Hälfte seiner Armee ein, Friedrich ein Drittel der seinen.

Dieser so schwer errungene Sieg steigerte die Furcht des Königs vor den Russen, die ihn ja bereits zum Vertrag von Westminster getrieben hatte. Bedrohlich schien nicht nur die Weite des russischen Reiches, die Zahl seiner Einwohner und Soldaten, sondern auch deren Wesen und Charakter, in dem der König eine Gefahr für ganz Europa sah. Die Kaiserin machte Daun verdiente Vorwürfe über die Niederlage von Zorndorf: Er hatte die Russen dem Ansturm des feindlichen Heeres allein ausgesetzt und nicht gewagt, mit seinen 60 000 Mann 20 000 Preußen anzugreifen!

Aus Sorge, daß die 60 000 Mann von Daun und die 20 000 der Reichsarmee unter dem Fürsten von Zweibrücken die etwa 20 000 Soldaten seines Bruders Heinrich vernichten könnten, marschiert Friedrich II. Anfang September nach Großenhain in Sachsen. Seiner gewohnten Taktik gemäß weicht Daun bis Hochkirch östlich von Bautzen aus, wo er sich in einer gut befestigten Stellung festsetzt. Am 14. Oktober überraschen die Österreicher um vier Uhr morgens nach einem minutiös ausgearbeiteten Plan die Armee des Königs in tiefem Schlaf. 9000 Preußen fallen, darunter Friedrichs Freund Feldmarschall Keith und Franz von Braunschweig. Daun verzichtet auf eine Verfolgung Friedrichs, der sich nach Schlesien zurückzieht. Während der ganzen Schlacht haben die Österreicher Mut und bemerkenswerte Disziplin bewiesen, und da die Preußen in beidem nicht zurückstanden, ist das Dorf Hochkirch dreimal von einer Hand in die andere gefallen. Für die Niederlage ist allein Friedrich II. verantwortlich: allzusehr überzeugt von seinen eigenen Fähigkeiten und der Überlegenheit seiner Truppen, hat er ohne jegliche Vorsichtsmaßnahmen in einem ungeschützten Lager kampieren lassen und sich über die Besorgnisse seiner Generäle hinweggesetzt.

In Schönbrunn feiert am Abend des 15. Oktober die kaiserliche Familie Maria Theresias Namenstag; man hat sich schon zurückgezogen, als die Nachricht von dem unerwarteten Sieg bei Hochkirch eintrifft. Sofort eilen die Erzherzöge und Erzherzoginnen herbei, um ihre Mutter zu umarmen, die einen noch in großer Toilette, die anderen im Nachtgewand. Alle bringen so rasch wie möglich ihre Kleidung in Ordnung, und man richtet, so gut es geht, die komplizierten Frisuren der Erzherzoginnen wieder her. Als Kleidung und Köpfe im großen und ganzen geordnet sind, bringt der Erzbischof von Wien in Anwesenheit des ganzen Hofes in der Schloßkapelle einen Dankgottesdienst dar.

Nach der Schlacht von Hochkirch hatte Daun an die Möglichkeit gedacht, die Festung Neiße zu erobern. Als ihm aber gemeldet wurde, daß Friedrich in Eilmärschen heranrückte, wandte er sich gegen Dresden, das von der kleinen Armee des Prinzen Heinrich verteidigt wurde. Am 9. November langte er vor den Mauern der Stadt an; acht Tage später zog er sich nach Böhmen zurück und ließ die Kaiserin wissen, er habe von einer Eroberung Abstand nehmen müssen, weil ihm die Belagerungsartillerie fehlte. Also endete das Jahr 1758, das dem Krieg endgültig ein Ende gemacht hätte, wenn Daun seinen Sieg von Hochkirch entsprechend genutzt hätte, in Ungewißheit und allgemeiner Unzufriedenheit. Am 25. November schrieb Franz I. an seinen Bruder Karl: »Diese drei Jahre der Kämpfe haben uns unendlich viel Leute und Geld gekostet, und wir haben auch nicht einen Fingerbreit Boden gewonnen... Indessen ist es sicher, daß auch der König von Preußen viele Leute verliert und daß der Krieg ihn teuer zu stehen kommt.« Trotzdem richtete Maria Theresia, großzügig wie immer, ein vererbbares Fideikommiß von 250000 Gulden für Daun ein und ließ manchen verdienten Offizieren Gunstbeweise zukommen.

Auf den Meeren, in Indien und Amerika hatte England beachtliche Erfolge errungen. Zu Lande war die Situation Frankreichs auf allen Kriegsschauplätzen verschlechtert, und nach mehreren Rückschlägen hatte auch Clermont, der Nachfolger Richelieus, seinen Oberbefehl abtreten müssen; Ludwig XV. übergab ihn Marschall Broglie. Der Kriegsminister Marquis Paulmy war durch Marschall Belle-Isle ersetzt worden, der Marschall von Frankreich geworden war, Erbherzog von Gisors, Pair des Reichs, Fürst des Saint Empire, Ritter vom Goldenen Vlies und Grande von Spanien. So weit hatte es sein wendiger Vorfahr Foucquet denn doch nicht gebracht!
Maria Theresia war hin und her gerissen zwischen dem Wunsch, Schlesien zurückzugewinnen, und ihrem dringenden Bedürfnis nach Frieden. Sie brütete über Generalstabskarten und widmete die Winterabende 1758 Diskussionen über Strategie und Taktik mit dem Kaiser, Feldmarschall Daun und Graf Franz Moritz Lacy. Dann unterbreitete sie ihren Verbündeten folgenden Plan: Die Armee Daun solle sich mit den Russen vereinen, um Schlesien zu erobern; eine zweite österreichische, von Franzosen und der Reichsarmee unterstützte Heeresgruppe Sachsen befreien. Die Franzosen schlugen indessen vor, gegen die Hannoveraner zu marschieren und Dresden zu erobern. Die Russen wiederum strebten nach Stettin. Der Frühling kam, und es war noch kein Entschluß gefaßt: die uralte Geschichte der Koalitionen wiederholte sich wieder einmal.

Nach vergeblichen Friedensverhandlungen in Paris und Den Haag unterzeichnete Maria Theresia im März 1759 den dritten Versailler Vertrag, der für sie sehr günstig ausfiel.
Die österreichische Armee war an der nördlichen Grenze Böhmens aufgestellt. Ende des Monats traf Daun dort ein. Aber die Wochen gingen ins Land, ohne daß er den Feind angegriffen oder sich mit den Russen vereinigt hätte, die immerhin nur 450 km entfernt lagen. Maria Theresia schrieb ihm: »Sie können wohl selbst ermessen, wie sehr wichtig es mir ist, der russischen Armee jede mögliche Hilfe zu gewähren und meine heiligen Versprechen zu halten. Sonst können wir auch nicht mehr mit der Unterstützung der Russen rechnen, weder jetzt, noch künftig, und die ganze Schuld daran fällt auf mich zurück.« Es war eine vergebliche Mahnung. Daun blieb wie festge-

Kaiser Karl VI., der Vater Maria Theresias

Jugendbildnis Maria Theresia

Krönungszug Maria Theresia auf dem Weg vom Hof zum Stephansdom. Die Kaiserin in einer Sänfte (rechts).

Karl Albert Kurfürst von Bayern. Als Karl VII. Kaiser des Heiligen Römischen Reiches.

Kaiser Karl VII. im Festzug nach seiner Krönung in Frankfurt am Main (rechts).

Kaiserin Maria Theresia. Stich von Philipp Andreas Kilian nach einem Gemälde von Martin van Meytens.

Franz I., Gemahl Maria Theresias

Kaiserin Elisabeth I. von Rußland

König Ludwig XV. von Frankreich

Friedrich II. von Preußen, Maria Theresias stärkster Gegenspieler.

Wenzeslaus Antonius Fürst von Kaunitz. Seit 1753 Staatskanzler, bestimmte er entscheidend die Außenpolitik Maria Theresias.

Nro. 138.

Magdeburg: privilegirte Zeitung

Anno 1757. vom 17. November. Donnerstag.

Authentique

Relation

von dem Siege,
welchen

Se. Königl. Maj. von Preussen

den 5. Nov. 1757. bey Rosbach in Sachsen,
über die vereinigte
Französische, Oesterreichische und sogenante
Reichs-Trouppen,
unter Commando der Prinzen von Hildburghausen und Soubise,
erhalten.

Zeitungsmeldung vom Sieg Preußens in der Schlacht bei Roßbach.

Schlacht bei Hohenfriedberg 1745. Gemälde von Camphausen (links oben).
Schlacht bei Lobositz, 1.10.1756 (links unten).

Schlacht bei Leuthen 1757. Friedrich der Große setzt seinen Generälen seinen Schlachtplan auseinander. Lithographie von Adolf von Menzel.

Karl Alexander Prinz von Lothringen, Schwager Maria Theresias und Oberbefehlshaber der österreichischen Truppen im Siebenjährigen Krieg.

Leopold Joseph Reichsgraf von Daun, der Sieger der Schlacht von Hochkirch.

Friedrich II. in der Schlacht bei Hochkirch, 13.10.1758.

Allegorie auf den Frieden zu Hubertusburg am 15.2.1763. Friedrich der Große überreicht Maria Theresia und dem König von Polen den Friedenszweig.

Begegnung Friedrichs des Großen mit Kaiser Joseph II. in Neisse 1769.

Stanislaus August Poniatowsky. Als Stanislaus II. letzter König von Polen.

Allegorisches Blatt auf die Teilung Polens. Katharina die Große, Joseph II. und Friedrich II. teilen Polen unter sich auf.

Zar Peter III. von Rußland

Katharina II. die Große von Rußland

Joseph II.

Maria Theresia im Kreise ihrer Familie (rechts oben).
Ferdinand I., König beider Sizilien, und seine Gemahlin Karoline Marie, Tochter Maria Theresias, mit ihren Kindern (rechts unten).

Marie Antoinette, Tochter Maria Theresias und Gemahlin Ludwigs XVI. von Frankreich.

Die Brüder Joseph II. und Leopold II (rechts).

Kaiserin Maria Theresia im Alter von dreiundfünfzig Jahren.

wurzelt in seinem Lager bei Königgrätz. Am 21. Juni befahl ihm die Kaiserin vorzurücken. »Man beunruhige sich nicht! Ich selbst trage die Verantwortung für einen eventuellen Fehlschlag!« Diesmal ließ sich Daun herbei, bis an die Neiße vorzustoßen.

Ende Juli gingen die Russen unter Fermors Nachfolger Soltykow an der Oder flußabwärts bis zu den Höhen von Kunersdorf östlich von Frankfurt an der Oder. Daun, 50 km davon entfernt, rührte sich nicht, sondern begnügte sich damit, ihnen Laudon mit 20 000 Mann zu schicken. Am 2. August lag Laudon, nur durch die Oder von den Russen getrennt, ihnen bei Zilchendorf gegenüber. Er schlug Soltykow vor, über den Fluß zu setzen und Friedrich II. anzugreifen, doch der russische General lehnte ab. Es sei an Daun, zu ihm zu stoßen. Am 12. August endlich erbat sich der österreichische Feldmarschall von Maria Theresia die Erlaubnis, die Vereinigung seiner Truppen mit den russischen bei Priebus, drei Tagemärsche entfernt, durchzuführen. Die Kaiserin sandte ihm den entsprechenden Befehl mit einer Stafette, die Nacht und Tag hindurch galoppierte.

Friedrich hat die fast unglaubliche Untätigkeit seiner Feinde zur Verstärkung seiner Armee benutzt. Am 12. August geht er über die Oder an das noch von den Russen besetzte Ufer und beginnt mittags um halb zwölf Uhr mit nachdrücklichen Angriffen. Die Russen, unterstützt von Laudons Grenadieren und Dragonern, leisten heftigen Widerstand. Nachmittags gegen fünf Uhr wenden sich die Preußen zur Flucht. Vergeblich versucht der König, eine Fahne schwingend, die Flüchtenden aufzuhalten. Er wäre von Kosaken gefangengenommen worden, wäre ihm nicht Hauptmann Prittwitz mit einer Husarenschwadron zu Hilfe gekommen.

Nach dieser schrecklichen Niederlage zieht sich Friedrich II. mit seinem Heer nach Schlesien zurück, ohne daß Daun an eine Verfolgung denkt. »Ein wirklich ärgerlicher Anblick, dieser tölpelhafte Marschall, der sich beständig im Kreise bewegt«, schreibt Maria Theresias Biograph Arneth. Ein Spaßvogel schickt dem Marschall ein Paket mit einer Nachtmütze. Die Russen ziehen sich, durch Dauns Haltung entmutigt, zur Weichsel zurück.

Am Morgen der Schlacht hatte Friedrich II., allzu siegesgewiß, seiner Gemahlin geschrieben: »Wir werden die Russen aus ihren Verschanzungen verjagen. Binnen zwei Stunden wird unser Triumph vollendet sein ...« Am selben Abend läßt er sie wissen: »Führen Sie die königliche Familie fort! Lassen Sie die Archive von Potsdam wegschaffen, und die Hauptstadt soll sich mit dem Feind arrangieren, wie sie kann!«

Am 4. September kapitulierte die preußische Garnison von Dresden – nach siebenundzwanzig Tagen Blockade – vor der Reichsarmee. Friedrich zog durch die Lausitz nach Sachsen und bereitete sich darauf vor, Dresden wieder einzunehmen, während Daun, der eine flüchtige Anwandlung, nach Berlin zu marschieren, wieder fallenließ, sich bei Kesselsdorf einrichtete. Hier konnte er die Korps der Generäle Finck und Dierecke einschließen, die sich am 21. November 1759 ergaben.

Maria Theresia war jetzt zweiundvierzig Jahre alt, wirkte aber älter: die Stirn war faltig, das Haar weiß geworden nach zehn Kriegsjahren, sechzehn Schwangerschaften, äußerster Arbeitsleistung, Enttäuschungen und Sorgen, ständigen Auseinandersetzungen und den Gedanken an die ungewisse Zukunft. Was würde der neue Feldzug bringen, der fünfte in diesem endlosen Krieg, der so viele halbe Niederlagen und ungenutzte Siege gebracht hatte? Manche Länder, vor allem Böhmen und Mähren, lagen verwüstet, manche Städte waren zur Hälfte zerstört; das Volk, durch Steuern verarmt, sehnte sich nach Frieden. Was bedeutete den Leuten der Verlust Schlesiens?
Frankreich hatte 1759 schwere Niederlagen in der Bucht von Quiberon, bei Quebec und im Atlantik vor Lagos hinnehmen müssen. Von seiner Kriegsmarine war nichts mehr übrig. England hatte freie Hand, seine Eroberungen auf den Antillen und in Kanada fortzusetzen, und konnte ungehindert an der Küste Frankreichs landen. Britische Flotten drangen in den Sankt-Lorenzstrom ein, fuhren flußaufwärts, eroberten im Oktober Quebec trotz dem heldenhaften Widerstand von Montcalm, der dabei den Tod fand. Mehrere Monate später fiel auch Montreal und zur gleichen Zeit Guadalupe: Kanada war verloren, die Inseln waren bedroht.
Auch Friedrich II. zog eine Verlustbilanz für das letzte Jahr: Er hatte Leipzig und Wittenberg verloren. So viele enttäuschte Hoffnungen, so viele Tote! Gewiß durfte er sich auf Englands Treue und Englands

Geld, auf das Wort von Pitt verlassen; würde diese Hilfe aber gegen die Koalition genügen? Der von Gicht geplagte König brach Ende Oktober in einer Sänfte nach Sachsen auf. »Ich lasse mich tragen wie die Reliquien eines Heiligen«, schrieb er an Voltaire. »Wenn Sie mich jetzt sehen könnten, würden Sie mich kaum wiedererkennen; ich bin alt, abgewrackt, grau und runzlig... Ich bin ein Galeerensträfling in Ketten... ein Stück Bagage zu Lasten der Armee... ein hinkendes Skelett...« Er hatte Halluzinationen, litt unter Albdruck; er sah sich ins Gefängnis von Magdeburg geworfen und spürte, wie ihn sein Vater mit dem Stock schlug. »Ich verliere meine Zähne, ich verliere meine Laune«, wiederholte er. Aber er hatte den Krieg noch nicht verloren, und Schlesien war noch in seinen Händen. Obwohl er nun wieder gelegentlich von Selbstmord sprach, hütete er sich wohl, eine der achtzehn kleinen »äußerst giftigen« Opiumpillen zu nehmen, die er in einer kleinen goldenen Dose um den Hals hängen hatte. Er hatte sie eines Tages seinem Vertrauten Catt mit den Worten gezeigt: »Hier ist das, was der Tragödie ein Ende machen wird!«

So wurden also Kaiserin und König von ähnlichen Sorgen und Hoffnungen bewegt. Sie hofften auf den Frieden und bereiteten doch ihre Armeen für den kommenden Feldzug vor. In Österreich ging ein Regen von Pamphleten auf Daun nieder, während Laudon als Held der Nation gefeiert wurde.

Am 1. Januar 1760 versammeln sich auf Schloß Schönbrunn Maria Theresias dreizehn Kinder, um ihren Eltern ein glückliches neues Jahr zu wünschen. Zehn Mädchen, drei Jungen, denn Elisabeth, Maria Karoline und Caroline leben nicht mehr. Anna, die älteste Tochter, ist zweiundzwanzig, Maximilian, der Jüngste, drei Jahre alt. Joseph, der künftige Joseph II., steht vor seinem neunzehnten Geburtstag. Diese Kinderschar ist der schönste Schmuck des Hofes, das mächtigste Band zwischen den Ehegatten und für das Volk ein um so erstaunlicheres Beispiel, als die Sitten der Epoche recht freizügig sind.

Franz I., jetzt recht beleibt und melancholisch, lächelt den Seinen zärtlich zu. Er braucht ihre Anhänglichkeit und ihren Frohsinn, denn seit seine Schwester Charlotte vor sechs Jahren nach Brüssel übersiedelt ist, fühlt er sich am Wiener Hof, der schließlich doch nicht sein Hof ist, recht vereinsamt. Trotz dem Protokoll und der Rücksicht seiner Gemahlin ist er hier nicht der Herr, sondern nur der vornehmste Statist. Maria Theresia, die von ihrer Arbeit beschlagnahmt wird, erscheint nur selten zu den Soupers, wodurch gleichzeitig die Teilnahme anderer Damen ausgeschlossen wird. Die früher so entzückenden Mahlzeiten mit hübschen, geistreichen, eleganten Frauen sind nun zu trüben Diners der Herren geworden, bei denen sich der Kaiser – königlich langweilt. Die Familienmitglieder haben nicht mehr Spaß daran als er selbst und erfinden so viele Ausflüchte, um nicht erscheinen zu müssen, daß Franz I. manchmal sogar allein soupiert, nach dem Theater, dem Ballett oder der Komödie. Ganz allein, im Tête-à-tête mit sich selbst in der trübseligen Hofburg! Deren Chef, der Oberstkämmerer Khevenhüller, ist dem Kaiser sehr ergeben; er berichtet Maria Theresia von den traurigen Mahlzeiten, worauf sie sofort die Etikette ändert: Künftig können Damen zu den Abendmahlzeiten gebeten werden, auch wenn die Kaiserin nicht erscheint. Aus den trostlosen Mahlzeiten werden wieder fröhliche Liebesmahle. Die Kaiserin hat ihrem Gatten einen großen Beweis ihrer Liebe gegeben!

Während die preußische Armee den sehr strengen Winter 1759/60 in der Gegend von Kesselsdorf, die österreichische ihn bei Dresden verbrachte, führte die Erörterung des Plans für den kommenden Feldzug und die Besetzung des Oberkommandos zu lebhaften Auseinandersetzungen in Wien und zwischen den Verbündeten. In einem Übermaß an Güte oder Schwäche konnte sich Maria Theresia nicht entschließen, den im Dienst verbrauchten Daun zu verabschieden, diesen erklärten Gegner jeder Offensive (es sei denn aus der Defensive heraus). Dabei standen ihr mehrere ausgezeichnete Generäle zur Verfügung, in erster Linie Laudon und Lacy. Der von Lacy ausgearbeitete Operationsplan, der vorsah, die Ankunft der Russen abzuwarten und dann Friedrich aus Sachsen zu vertreiben, wurde von Kaunitz heftig bekämpft; nach seiner Ansicht sollten die österreichischen Streitkräfte von Anfang an die Initiative ergreifen. Man einigte sich schließlich auf einen Kompromiß: Daun behielt das Oberkommando, mußte aber Laudon eine Armee mit dem Auftrag überlassen, in Schlesien vorzudringen und die Festung Glatz zu erobern.

Friedensverhandlungen in Den Haag scheiterten im Dezember 1759 an der Unversöhnlichkeit der beiden Kaiserinnen, die eine neue Übereinkunft zur Teilung Preußens abschlossen. Friedrich II. bemühte sich vergeblich, die Effektivstärke seiner Truppen zu vervollständigen. »Den Infanterieregimentern fehlte es so sehr an Offizieren, daß man ihnen kaum 12 statt der vorgeschriebenen 52 geben konnte«, schrieb er später. Es gelang ihm nur, 75 000 Mann auf die Beine zu stellen, mit denen er 250 000 Feinden gegenübertreten sollte!

Der König von Preußen hielt den jetzt begonnenen Feldzug für »seine letzte Chance«. Die ersten Treffen gaben ihm recht: Am 30. Mai 1760 brach Laudon mit der üblichen österreichischen Tradition, ergriff die Offensive und überschritt die Grenzen Böhmens, fiel in Schlesien ein und vertrieb die 11 000 unter General Fouqués Befehl stehenden Preußen aus der Festung Landshut. Fouqué, der sich wegen seiner Unterlegenheit nach Breslau zurückzog, erhielt von seinem aufgebrachten König den strikten Befehl, Landshut »unbedingt« wieder zu erobern. Doch in Nähe der Festung gelang es Laudon am 23. Juni, das preußische Heer trotz heldenhaftem Widerstand völlig aufzureiben. Er nutzte den Sieg und eroberte Glatz am 27. Juli.

Das Heranrücken der Reichsarmee zwang Friedrich, auf die Belagerung Dresdens zu verzichten. Er wandte sich nach Schlesien, vor sich die österreichische Armee unter Lacy und verfolgt von der Dauns. Vor seinem Abzug sollte die unglückliche Stadt aber seinen ganzen Zorn fühlen. Comte Maranville berichtete seinem Kriegsminister Marschall Belle-Isle: »Das Feuer ist so heftig gewesen und durch glühende Kugeln und Artilleriegeschosse aus Mörsern so gesteigert worden, daß die Altstadt fast gänzlich zerstört ist... Der König läßt immer noch in schnellem Tempo feuern und hat gestern mit Fackeln Feuer an Friedrichstadt gelegt, das er vorher hat plündern lassen...«

Am 31. Juli langte Laudon vor den Toren Breslaus an. Vergeblich forderte er General Tauentzien zur Übergabe auf. Während er die Stadt beschießen ließ, erfuhr er, daß die 35 000 Preußen unter Prinz Heinrich nur drei Tagemärsche entfernt waren und daß Soltykow, mit seinen Russen etwa zehn Marschetappen entfernt, endlich auf Breslau vorstieß. Aus Sorge, er könnte von der Armee Daun und dem

Korps unter Lacy abgeschnitten werden, gab Laudon die Belagerung von Breslau auf. Daun wiederum verzichtete trotz seiner überwältigenden Überlegenheit auf einen Angriff und stellte sich taub gegen alle Rügen der Kaiserin. Am 10. August 1760 erreichte Friedrich Liegnitz, während sich Daun, Lacy und Laudon in der Nähe vereinigten. Die Tage vergingen, Daun rührte sich nicht. Am 15. griff der preußische König an und fügte Laudon hohe Verluste zu. Da dem österreichischen General weder Lacy noch Daun zu Hilfe kamen, zog er sich schließlich in voller Ordnung zurück. Friedrich II. wußte trotz diesem neuen Sieg, daß eine Schlappe verhängnisvoll werden würde. Er schrieb am 27. August aus Hermannsdorf bei Breslau an d'Argens: »In meinem ganzen Leben bin ich nicht in einer heikleren Lage als bei diesem Feldzug gewesen! ... Ich muß Herkulesarbeit in einem Alter leisten, wo mich meine Kraft verläßt!«

Laudon hatte Kaunitz einen entrüsteten Brief geschrieben, in dem er sich beschwerte, daß ihn die beiden Generäle im Stich gelassen und ihm dadurch die Aussicht auf einen glänzenden Sieg genommen hätten. Maria Theresia zürnte nicht ... Um sich von den Armeen Lacy und Daun zu lösen – jede von ihnen stärker als seine! –, schlug Friedrich II. den Marsch nach Breslau ein, wo sich das Korps von Prinz Heinrich befand. Weder Daun noch Lacy machten einen Versuch, ihn dabei zu stören, dem Sieger seine gewaltige Beute wieder abzunehmen, die gefangenen und verwundeten Österreicher zu befreien. Maria Theresia hatte inzwischen Dauns Ausflüchte satt – Mitte September hatte er noch keinen Entschluß gefaßt! – und flehte ihn an, endlich zur Tat zu schreiten. Vergebens: die 160 000 Verbündeten griffen die 80 000 Preußen nicht an! Widerwillig schickte Daun schließlich Lacy gegen Berlin; am 8. Oktober schlossen 40 000 Österreicher und Russen die Hauptstadt ein, die darauf kapitulierte. Die Russen drangen als erste in Berlin ein, setzten viele Häuser in Brand und wüteten schrecklich. »Sie kennen nur Plünderung und Beute«, schrieb Lacy an Daun. Aber sie ließen Waffenfabriken, Arsenale, Lebensmittellager unzerstört, ebenso die königlichen Schlösser, so daß sich Lacy fragte, ob er den russischen General Tottleben beschuldigen müßte, sich mit dem Feinde verständigt zu haben ... Auf die Meldung hin, daß der preußische König heranrückte, verließen die Österreicher die Stadt, die sie vier Tage besetzt gehalten hatten. Eine

Kontribution von 50000 Gulden, 13 Geschütze und Karten, die Friedrich II. gehört hatten – das war die ganze Beute, die Lacy aus der preußischen Hauptstadt entführte. Doch die Potsdamer Waffenfabrik hatte er zerstört. Der Befehl der Kaiserin, Stadt, Privathäuser und Schlösser zu verschonen, wurde von den Österreichern sehr genau beachtet.

Daun folgt den Preußen und vereinigt sich wieder mit Lacy. Bei Torgau bezieht er mit seinen 53000 Mann und 275 Geschützen eine ausgezeichnete Stellung. Friedrich II., der nur über 44000 Mann und 300 Geschütze verfügt, faßt einen kühn-verzweifelten Plan: Seine Armee soll den Feind gleichzeitig von zwei Seiten angreifen. Er selbst will mit 25000 Mann durch den Wald marschieren, das Lager von Daun umgehen und ihn von Norden her überraschen. Der Rest der Truppen soll unter dem Husarengeneral Zieten den Feind von Süden her angreifen.

In der Nähe Torgaus angelangt, liefert die Armee des Königs am 3. November den im Karré aufgestellten Österreichern einen leidenschaftlichen Kampf, muß sich aber gegen Abend zurückziehen. Friedrich werden drei Pferde unter dem Leib erschossen; er selbst wird von einer abprallenden Kartätschenkugel getroffen und fällt ohnmächtig zu Boden. Daun, der verwundet ist, meint, er könne das Schlachtfeld schon verlassen, übergibt den Befehl dem General O'Donnell und schickt einen Offizier nach Wien, um den Sieg zu melden.

Die Nacht kommt; der Kampf scheint zu Ende zu sein; es wird kalt. Geschütze und Gewehre schweigen. Man hört nur Seufzen, Rufe ohne Antwort, Röcheln. Gelegentlich auch einen Schuß: ein Marodeur erledigt einen Verwundeten, der sich noch wehrte. Plötzlich taucht Zieten auf! Er ist durch schwieriges Gelände ein paar Stunden aufgehalten worden. Nun ist er da – mit seinen Husaren und 28 frischen Reservebataillonen des Herzogs von Holstein. Er nimmt wieder das Dorf Süptitz, erobert die Höhen, zwingt die Österreicher zum Rückzug. Auf beiden Seiten hat man sich bewundernswert geschlagen.

Zwölf Stunden, nachdem die Kaiserin die Meldung vom Sieg bei Torgau empfangen und bekanntgegeben hat, muß sie die Wiener benachrichtigen, daß sich der Sieg in eine Niederlage verwandelt hat. Als Antwort auf eine lange Liste von Fragen nach den Umständen und Verantwortlichkeiten dieses neuen Unglücks schickt Daun Maria Theresia einen Bericht, der mit den charakteristischen Worten schließt: »... Gott hat es so gewollt, denn sonst wäre es unmöglich gewesen, daß die Affaire auf eine so unglückliche Weise beendet werden konnte. Gott ist gerecht, und gegen das Böse gibt es keine Hilfe!« Er schlägt eine Besprechung vor, die stattfinden soll, wenn seine Wunden verheilt sind, »falls überhaupt Eure Majestät den Anblick einer so elenden Kreatur wie mich ertragen kann«!

Ende 1760 sah die Lage der Kriegführenden so aus: Laudon, der keinen neuen Erfolg melden konnte, hatte sich nach Böhmen zurückgezogen, ohne Glatz aufzugeben; Daun behauptete Dresden und richtete sich in der Umgebung ein – die Österreicher besetzten also dieselben Gebiete wie im Januar. Die Franzosen waren im Gebiet von Göttingen, die Schweden nicht über Greifswald hinausgekommen, die Russen in ihre ostpreußischen Winterquartiere zurückgekehrt. Friedrich II. verbrachte den Winter in Leipzig bei seinen Truppen, deren Lücken er durch intensive Aushebungen auffüllte. Obwohl der Feldzug von 1760 zehntausende Gefallener gekostet und Ruinen auf Ruinen getürmt hatte, war die Lage der Gegner unverändert.
Zwei andere Ereignisse gaben diesem fünften Jahr des Siebenjährigen Krieges ihr Gepräge: Am 6. Oktober heiratete Joseph; am 25. wurde nach Georg II., der im Alter von siebenundsiebzig Jahren gestorben war, sein Enkel als Georg III. König von England und Kurfürst von Hannover. Der junge Herrscher erklärte im Parlament, daß er die militärischen Operationen fortführen, seine Verbündeten unterstützen und den Frieden anstreben werde.

In Paris stellte man sich genau wie in Wien und Berlin die Frage: sollen die endlosen Feindseligkeiten fortgesetzt werden? Wäre es nicht klüger, sie durch einen ehrenhaften Frieden zu beenden und damit einen allgemeinen Zusammenbruch zu verhindern? Im Verlauf des Sommers 1760 hatte der Herzog von Choiseul dem Botschafter Starhemberg erklärt: »Ich verneine die Möglichkeit, unter den gegenwärtigen Umständen den Krieg fortzusetzen, und Sie dürfen überzeugt sein, daß ich alles tun werde, um den Frieden so rasch wie möglich herbeizuführen!« Unter Berufung auf die Berichte seiner Verbin-

dungsoffiziere, die Daun vorwarfen, daß er verschiedene gute Gelegenheiten zum Angriff auf Friedrich II. ungenutzt gelassen habe, sprach Choiseul eine mitleidlose Verurteilung des Feldmarschalls aus.
Der österreichische Botschafter brachte darauf in Wien den Rat vor, Daun von der Führung der Hauptarmee zu entbinden – schon um den Minister Choiseul zufriedenzustellen, dessen »ungezähmtes Temperament und unbegreifliche Unhöflichkeit mich einer übermenschlichen Prüfung aussetzen«. Aus Sankt Petersburg kamen über Esterházy gleiche Wünsche. Obwohl eine Minderheit im Kabinett diesen Standpunkt teilte, ließ die Kaiserin Daun auf seinem Posten und weigerte sich wieder, ihn durch Laudon oder Lacy zu ersetzen. Maria Theresia wollte weder dem Sieger von Kolin wehtun, noch die Demission mehrerer Generäle veranlassen, die einem Wechsel feindselig gegenüberstanden. Der wankelmütige und optimistische Choiseul hatte inzwischen seine Meinung über den Abbruch des Krieges geändert, bereitete einen sechsten Feldzug vor und erhöhte das französische Kontingent von 180 000 auf 200 000 Mann.
Die Kaiserin, immer noch fest entschlossen, Schlesien nicht aufzugeben, schlug alle Vorschläge aus, die Friedrich ihr durch Schwerin übermitteln ließ. Ein Versuch, in Augsburg einen Kongreß zusammenzubringen, scheiterte – der Krieg ging also weiter.
Ende März 1761 rückte eine russische Armee unter Marschall Buturlin durch Pommern vor, um sich bei Glatz mit Laudon zu vereinigen. Gemeinsam sollten sie Schlesien erobern, während das österreichische Hauptheer unter Daun Friedrich in Sachsen festzuhalten hatte. Dieser Plan hätte wahrscheinlich Erfolg gehabt, wäre er dem König von Preußen nicht von seinem Bewunderer, dem Zarewitsch Peter (dem späteren Peter III., Gemahl Katharinas II.) enthüllt worden, der damit sein Land und seine Verbündeten verriet und die russische Armee in Gefahr brachte. Später berichtete er selbst davon mit den Worten: »Nach jeder Sitzung der (österreichischen) Konferenz wurden mir Pläne und Operationsprojekte mitgeteilt, und ich habe sie meinerseits sofort dem König von Preußen geschickt!«
Friedrich wandte sich unverzüglich nach Schlesien, wobei er einen Teil seiner Truppen unter seinem Bruder Heinrich in Sachsen ließ, in unmittelbarer Nähe der Österreicher. Daun griff aber das isolierte Heer nicht an, folgte Friedrich auch nicht nach Schlesien, wie es der

Befehl der Kaiserin vorschrieb, sondern begnügte sich damit, Laudon Verstärkungen zu schicken.
Am 25. August 1761 endlich führte Buturlin seine Truppen mit Laudons bei Liegnitz zusammen. (Später warf Napoleon Friedrich als schwerwiegenden Fehler vor, daß er diese Vereinigung zuließ, anstatt im Mai oder Juni die isolierten und schwachen Truppen einzeln anzugreifen.) Zwischen den Verbündeten herrschte Uneinigkeit; Buturlin hatte vorher schon Dauns Wunsch abgeschlagen, nach Frankfurt an der Oder oder nach Berlin zu marschieren. Jetzt lehnte er Laudons Vorschlag ab, Friedrich in dessen verschanztem Lager bei Bunzelwitz anzugreifen, obwohl es von knapp 60 000 Mann verteidigt wurde, während die alliierten Heere eine Effektivstärke von 150 000 Mann hatten. Laudon war nicht stark genug, um den Angriff allein wagen zu können, und ließ deshalb mehrere Wochen verstreichen, was Friedrich dazu benutzte, nach Süden zu ziehen, um die Verpflegung seiner Truppen zu sichern. Laudon ergriff die Gelegenheit und eroberte am 1. Oktober Schweidnitz.
Auf Maria Theresias Ermahnungen hin eroberte Daun, dessen Kräfte durch ein Korps von Laudon verstärkt worden waren, im November Freiberg in Sachsen, wo er dann sein Winterquartier aufschlug. Kurz darauf fiel Kolberg den Russen in die Hände, die einen großen Teil Pommerns besetzten. Im Norden fochten die Schweden bis in den Spätherbst hinein kleinere Kämpfe aus.
Im Juli hatte Ferdinand von Braunschweig mit einem zahlenmäßig unterlegenen Heer die Truppen Marschall Broglies und Soubises bei Bellinghausen geschlagen. Danach trennten sich die beiden Heerführer, Broglie hielt eine Zeitlang Wolfenbüttel besetzt, während Soubise Leer, Aurich und Emden eroberte. Ihre große Überlegenheit an Zahl wußten beide nicht auszunutzen. Die Reichsarmee endlich, die Serbelloni befehligte und die 15 000 zerlumpte Leute umfaßte, sich westlich von Daun hielt und die Verbindung zu den französischen Truppen sicherte, war zu nichts nutze.
Gegen Ende des Feldzugs von 1761 schrieb Friedrich, daß seine Armee auf 30 000 Mann reduziert und die des Prinzen Heinrich kaum stärker sei; die Truppen, die sich in Pommern gegen die Russen geschlagen hatten, waren »ruiniert«; Friedrichs Provinzen zum größten Teil besetzt oder zerstört; er wußte nicht, woher er noch Rekruten,

Pferde und Ausrüstungen nehmen, wie er die Versorgung und den Nachschub an Munition für die kämpfenden Truppen sichern sollte. Er hatte viele Generäle verloren, zwölf waren in Gefangenschaft. Er hielt sich nur durch das, was er mit Recht *die göttliche Eselei* seiner Feinde nannte. An d'Argens schrieb er: »Wenn sie zur gleichen Zeit gehandelt hätten, wäre Ihnen nur übriggeblieben, meinen Nachruf zu schreiben. Der ganze Schwindel geht zum Teufel!«
Auch Österreich hatte schwer gelitten. Seine Schulden beliefen sich mittlerweile auf 136 Millionen Gulden, und das bei einer Jahreseinnahme von 24 Millionen. Im November hatte Daun wegen Versorgungsschwierigkeiten eine Kavalleriedivision nach Böhmen zurückgeschickt, und aus Geldmangel entließ die Kaiserin 20 000 Soldaten, trotz dem Widerstand Franz' I., der am 8. Dezember 1761 an seinen Bruder schrieb: »Das ist nur für den Augenblick gehandelt ... Das Militär hat es gewollt ... Ich bin sehr bedrückt wegen der ungeheuerlichen Folgen.« Auch General Lacy bedauerte diese Maßnahmen: »Unsere erhabene Herrscherin würde im Herzen ihres Militärs die Schätze finden, die zu beschaffen sich ihre weiten Länder künftig für nicht mehr imstande halten.« Er glaubte fest, daß Offiziere und Soldaten freudig zugestimmt hätten, wenn ihnen ihr Sold geschmälert worden wäre, ja daß die Begüterten unter ihnen sogar ganz darauf verzichtet hätten.

Noch einmal scheiterten Friedensverhandlungen, dann aber ändert der Tod der Zarin Elisabeth am 24. Dezember 1761 (beziehungsweise 5. Januar 1762) die Lage. Kaum ist Peter III. zum Zar ausgerufen, diktiert er Befehle für die russischen Streitkräfte, die in Europa gegen die Preußen kämpfen: Die Hilfstruppen von Czernitschew sollen sofort die österreichische Armee Laudons verlassen und sich nach Polen begeben; die anderen Truppen Preußen, Pommern, Neumark räumen und Kolberg zurückgeben. Die Kuriere sollen unverzüglich aufbrechen und zwar in dreifachem Galopp, damit sie so rasch wie möglich in die Hauptquartiere gelangen. Dann schreibt Peter III. einen persönlichen Brief an Friedrich II., um ihm diese Entschlüsse mitzuteilen und ihn seiner unveränderlichen Freundschaft zu versichern. Der König, der sich schon verloren glaubte, dankt ihm mit den Worten: »Wäre ich ein Heide, würde ich einen Tempel und Altäre für Eure Kaiserliche Majestät als für ein göttliches Wesen errichten. Mein Körper, meine Seele, mein Herz gehören Ihnen!« In Verletzung der feierlichen Verpflichtung, die der Senat übernommen hat, den Krieg gegen Preußen bis zum Ende zu führen und keinen Sonderfrieden zu schließen, unterzeichnet Peter III. am 24. April (5. Mai) 1762 einen Vertrag mit Preußen. Er gibt alle von seinen Truppen eroberten Gebiete heraus, seine Armeen sollen sich mit den preußischen vereinen, um den bisherigen Verbündeten Österreich zu schlagen. Das ist mehr als ein Abfall, das ist Verrat!

Der Zar Peter III. brüstet sich in seiner neuen Uniform als Oberst eines friderizianischen Regiments und küßt das Porträt seines Helden, das in einen Ring eingelassen ist. Er trägt eine einzige Auszeichnung, den Schwarzen-Adler-Orden, den er jetzt erhalten hat. Kurz zuvor hat er dem preußischen Gesandten anvertraut: »Wäre ich Herzog von Holstein geblieben, würde ich jetzt ein Regiment Ihres Königs kommandieren, eine Ehre, die ich viel höher schätze, als Großfürst von Rußland zu sein!« Jetzt sagt er: »Trinken wir auf die Gesundheit Ihres Herrschers, unseres Herrn und Meisters! Er hat mir ein Regiment gegeben. Hoffentlich wird er mich nicht verabschieden! ... Der Wille Friedrichs II. ist für mich der Wille Gottes!« Der Botschafter Englands schreibt: »Die Freundschaft oder besser Leidenschaft Seiner Kaiserlichen Majestät für den König von Preußen übersteigt jeden Ausdruck!«

Maria Theresias Pläne sind vernichtet. Friedrich schließt einen Waffenstillstand mit Schweden; nun stehen ihm wieder Pommern und Ostpreußen zur Verfügung, wo er Soldaten, Pferde, Lebensmittel und Geld bekommt. Die Effektivstärke seiner Truppen setzt er auf etwa 170000 Mann fest, eine Zahl, die er dann freilich nicht erreicht. Was soll die Kaiserin-Königin nun unternehmen? Ihre Ratgeber sind verschiedener Meinung. Laudon und Kaunitz befürworten trotz allem den Angriff; Daun und Lacy sind für Defensive. Maria Theresia gibt Daun recht und vertraut ihm – noch einmal – den Befehl über die Armeen in Schlesien an. Die Truppen in Sachsen werden unter Serbellonis Befehl gestellt, während Stolberg die Reichsarmee kommandiert.

Am 12. Mai 1762 erringen die Preußen unter Prinz Heinrich einen großen Sieg bei Freiberg über die Reichsarmee, deren General Zedewitz in Gefangenschaft gerät. Am 22. unterzeichnen die Schweden den Frieden von Hamburg, der die Situation von 1720 wieder herstellt. Alles wendet sich zum Schlechten für die Kaiserin. Dann aber meldet man ihr den Staatsstreich von Moskau, die Thronbesteigung Katharinas vom 28. Juni (9. Juli) 1762 und, neun Tage später, Peters III. Ermordung. »Seit ich auf der Welt bin, habe ich keine erfreulichere Nachricht gehört!« schreibt sie. Die neue Zarin bezeichnet Friedrich II. in einem Manifest als den »schlimmsten Feind Rußlands«. Sie gibt General Czernitschew den Befehl, mit seinen Truppen die preußische Armee zu verlassen und sich nach Polen zurückzuziehen. So haben die Russen also im Verlauf von sieben Monaten mit den Österreichern gegen die Preußen gekämpft, dann mit den Preußen gegen die Österreicher und werden nun zum Schluß zurückbeordert – was für Friedrich, nach seinen eigenen Worten, wie »ein Donnerschlag« kommt.

Wird Katharina nun ihre Truppen gegen »den schlimmsten Feind« Rußlands richten, wie man es in Wien hofft? Nein! Denn sie entdeckt in der geheimen Korrespondenz des Königs von Preußen mit dem ermordeten Zaren einen Brief, der für einige Zeit ihren Groll besänftigt: »... Für den Krieg gegen Dänemark ist es zu spät im Jahr«, hat der König geschrieben, »und außerdem: Fragen Sie die Kaiserin um Rat – sie kann Ihnen nur gute Ratschläge geben, und ich ermahne Sie, ihnen zu folgen.« Erstaunt und bis zu Tränen gerührt unterzeichnet Katharina II. sofort eine zweite Fassung ihrer Proklamation, aus der das Wort »schlimmste« verschwunden ist – jetzt handelt es sich nur noch um »den Feind«. Sie kommt auch dem Botschafter von der Goltz freundlich entgegen, und am 24. Juli läßt sie Friedrich II. von ihrer Absicht unterrichten, »den Frieden zu bewahren und in Freundschaft und guter Harmonie« mit ihm zu leben. Die österreichisch-französisch-russische Allianz wird also nicht erneuert, obwohl der Botschafter Mercy d'Argenteau »ganz außer Atem« kommt bei dem Versuch, die Zarin doch noch zu überreden, und obwohl ihr Maria Theresia einen sehr freundlichen Brief geschrieben hat.

Am 21. Juli 1762 schlägt Friedrich bei Burkersdorf Daun. Da Czernitschew seine Truppen noch nicht zurückgezogen hat, nahm der österreichische Feldmarschall irrtümlich eine überwältigende Überlegenheit des Feindes an. Manche Zeitgenossen beschuldigten den russischen General, er habe sich von Friedrich kaufen lassen und seinen Aufbruch hinausgezögert ... Am 9. Oktober kapituliert die österreichische Garnison von Schweidnitz nach heroischem Widerstand. Die Zitadelle ist nur noch ein Trümmerhaufen.

Zwar kann Hadik einige Erfolge gegen Prinz Heinrich verzeichnen, doch die österreichische Armee unter Fürst Stolberg erleidet am 29. Oktober bei Freiberg eine völlige Niederlage. Um den Sieg auszunutzen, befiehlt Friedrich II. mehrere Einfälle in Böhmen und Franken, bei denen alles aufzutreibende Gold mitgenommen, Geiseln entführt, Städte verwüstet werden. Kaunitz versucht, die Bedeutung dieser Verluste zu verschleiern: »Gott sei Dank handelt es sich nicht um eine verheerende Niederlage!« schreibt er der Kaiserin, die umgehend antwortet:

»So gering ist der Schaden nicht, und es wird uns sehr schwer fallen, diese Stellungen zu behaupten ... Dazu sind 70–80 000 Mann nötig. Wie das bewerkstelligen? Sie wissen, was uns diese Positionen gekostet haben: den Ruin der Armee. Das ist jetzt noch viel schlimmer als früher, denn jetzt gibt es weder Holz noch Feldhütten, und sogar die Abteien sind leergeräumt!

Ich will den Gesamtzustand der Truppen gar nicht erwähnen, ihre Qualitäten, ihre Generäle, den Lebensmittelmangel. Alles das gibt Anlaß zur Furcht. *Jeder Tag verschlimmert unsere Lage!*«

Die französische Armee d'Estrées hat eine fühlbare Niederlage erlitten, Soubise die Schlacht von Wilhelmstadt verloren, die von Johannisberg gewonnen. Der Herzog von Braunschweig hat Kassel zurückerobert.

England erobert im August die spanischen Kolonien Havanna und Kuba, die französischen Antilleninseln Martinique, Tobago und Grenade. Daß sich Spanien zu Beginn des Jahres an Frankreichs Seite gestellt hat, war vergebens.

Die Kaiserin hat recht: alles verläuft ungünstig. Am 24. November 1762 schließt Friedrich II. einen Waffenstillstand mit Österreich.

Ludwig XV. wartete die Thronbesteigung Peters III. und die neuen Siege der Preußen und Engländer nicht ab, um Frieden zu suchen. Entschlossen, alles zu opfern, was England in Indien, Afrika und

Amerika erobert hatte, ließ er schon 1761 London seine Absichten wissen. Verhandlungen begannen, die durch Pitts Entlassung erleichtert wurden. Ein Jahr später tauschte man Botschafter aus: der Herzog von Bedford ging nach Paris, der Herzog von Nivernais, ein Vertrauter der Pompadour, brach nach London auf.
Der dritte »Familienpakt« zwischen den Souveränen von Frankreich und Spanien, die Eroberung Kubas durch die englische Flotte, die schweren Verluste der spanischen Marine, der Widerstand Friedrichs II., ferner der des Herzogs von Cumberland, den Fox und die Militärpartei unterstützten, die von London herrisch geforderte Zerstörung der Befestigungen von Dünkirchen – das alles erschwerte die Aufgabe von Nivernais so sehr, daß er berichtete: »Ich würde lieber auf den Galeeren des Königs rudern, als unter den gegenwärtigen Verhältnissen mit London unterhandeln. Diese Leute hier vergleichen sich gern mit den Römern, und deren Hochmut und Starrsinn haben sie tatsächlich, gleichzeitig aber auch die ganze Aktivität der Karthager... Unglücklicherweise besitzen sie außerdem die Seemacht der einen und das Glück der anderen...«
Endlich unterzeichnen – obwohl zahlreiche englische Würdenträger daraufhin ihren Abschied nehmen – am 3. November 1762 Frankreich, England und Spanien den Präliminarvertrag von Fontainebleau, der schließlich am 10. Februar 1763 zum Pariser Frieden führt. Frankreich tritt das ganze Kanada, das Ohiotal, die Insel Cap Breton und andere Territorien an England ab; es macht in Übersee schwerwiegende Konzessionen, überläßt Spanien Louisiana westlich vom Mississippi, räumt das besetzte Deutschland und verpflichtet sich, die Festung Dünkirchen wieder zu schleifen. England bekommt Menorka zurück, Spanien tritt ihm Florida ab. Am 11. Februar verkünden Bayern, Württemberg und die Pfalz ihre Neutralität; am 15. Februar schließen Österreich, Preußen und Sachsen den Frieden von Hubertusburg. Maria Theresia verzichtet noch einmal auf Schlesien. Auf beiden Seiten räumt man die besetzten Gebiete und tauscht Gefangene aus. Friedrich II. hat sich geweigert, das kleine Herzogtum Glatz herauszugeben, verwirft jede Forderung auf Kriegsentschädigung, verspricht aber dem Erzherzog Joseph seine Stimme, wenn die Wahl zum Kaiser des Heiligen Römischen Reiches oder zum Römischen König fällig wird.

Österreich hat sich sieben Jahre lang für nichts geschlagen. Zwar hat auch Preußen keinen Landgewinn erzielt und ebenfalls schwere Verluste hinnehmen müssen, aber es kann einen beachtlichen Prestigegewinn verzeichnen, Preußens König und Preußens Armee haben die Bewunderung Europas errungen. Die allgemeine Einstellung im deutschen Volk hat sich völlig gewandelt: Nach Beendigung der österreichischen Erbfolgekriege war die Bewunderung für die junge Herrscherin, die ihr Erbe gegen einen ruchlosen Eindringling verteidigt hatte, allgemein. Doch nach dem Siebenjährigen Krieg sieht die Bevölkerung Deutschlands in Friedrich II. den Helden von Roßbach, der die Franzosen geschlagen hat, und das Haupt der Protestanten – während Maria Theresia Franzosen und Russen ins Land geholt hat. Das kleine Preußen mit seinen zweieinhalb Millionen Einwohnern hat sich seinen Platz unter den großen Mächten erkämpft. Der Siebenjährige Krieg hat übrigens auch die Herzöge von Savoyen erhöht – sie sind Könige von Sardinien geworden.
Der Pariser Vertrag bestätigt Englands Sieg über Frankreich und Spanien, seine Vorherrschaft zu Lande und auf dem Wasser. Pitt sagt später im Parlament: »Wir haben Kanada auf den Schlachtfeldern Deutschlands errungen!« Frankreich hat ungefähr ganz Indien und Senegambien verloren; sein Kolonialreich besteht fast nur noch aus ein paar Zucker produzierenden Inseln: Guadalupe, Martinique, der westlichen Hälfte von Haiti, den Inseln Bourbon und France im Indischen Ozean. Vernichtet ist die bewundernswerte koloniale Leistung, die unter Franz I. begann. Allerdings weiß man in Paris die ungeheure Bedeutung der Kolonien noch nicht recht einzuschätzen; Voltaire sieht in Kanada nur »ein paar Morgen Schnee«. Tatsächlich ist England Hauptnutznießer des Krieges: Es hat sich das genommen, »was es in der Welt vom Besten gibt«, und ist dank seiner Überlegenheit auf dem Wasser von nun an unbestritten die Herrin der Meere. Rußland wiederum hat die Position gesichert, die es Peter dem Großen verdankt.
Für Frankreich zeigt sich die wesentliche Folge des Siebenjährigen Krieges im Innern: Das Volk ist mit der Führung der aufeinanderfolgenden Feldzüge unzufrieden, unzufrieden mit der Uneinigkeit seiner Generäle, der Unfähigkeit mehrerer Befehlshaber, unzufrieden mit den Kosten und beträchtlichen Verlusten, mit den demüti-

genden Niederlagen. Die Monarchie ist unglaubwürdig geworden; noch unbewußt, aber schon mit raschen Schritten nähert man sich der Revolution. »Der Vertrag von Paris ist die Todsünde der Monarchie«, schrieb Pinon.

Es steht fest, daß die Umgruppierung der Bündnisse Österreich mehr genützt hat als Frankreich: Die österreichischen Niederlande und der Besitz in Italien kamen dadurch aus der Gefahrenzone, die Türkei wurde nicht durch Frankreich gegen Österreich aufgewiegelt, Frankreichs Verbündete (Spanien, Schweden, Neapel, Parma, Sardinien) unterstützten Österreich. Frankreich, das den größeren Teil seiner Kräfte und seiner Hilfsmittel an den Kampf auf dem Meer und für die Kolonien hätte einsetzen müssen, ließ sich in die kontinentalen Auseinandersetzungen hineinziehen. Maria Theresias Außenpolitik, die von Kaunitz inspiriert und getragen wurde, entsprach völlig den Interessen Österreichs.

Wie steht es um die beiden unversöhnlichen Gegner, Maria Theresia und Friedrich II.? Die Kaiserin, die jetzt seit dreiundzwanzig Jahren regiert, ist sechsundvierzig Jahre alt. Im Verlauf des Krieges hat sie einige Siege und zahlreiche Niederlagen erlebt; sie hat die Schwerfälligkeit, Passivität, Unfähigkeit, ja Insubordination mehrerer Armeechefs hingenommen. Sie hat 1756 einen Sohn geboren – Maximilian. Zwei ihrer Kinder sind an den Blattern gestorben: im Januar 1761 der sechzehnjährige Karl Joseph und im Dezember 1762 die zwölfjährige Johanna. Maria Theresias Gefühle für Friedrich II. haben sich nicht geändert; bis zu ihrem Tode wird sie ihn als Inbegriff aller Übel betrachten, die ihre Länder, ihre Dynastie und sie selbst bedrohen.

Friedrich, der seine Hauptstadt sechs Jahre nicht gesehen hat, ist am Abend des 30. März 1763 heimgekehrt, gealtert, weißhaarig, von der Gicht gekrümmt. »Meine Seele löst sich unmerklich aus der Gestalt der Welt, die vergänglich ist und die ich bald verlassen werde«, schreibt er. »Die Sensibilität meiner Seele ist erschöpft.« Zu d'Alembert sagt er, er hätte »lieber *Athalie* verfaßt als diesen ganzen Krieg geführt«. Nachdem er die Glückwünsche der Stadtverwaltung entgegengenommen hat, weigert er sich, die Galakarosse zu besteigen, und fährt mit seiner alten Berline aus dem Krieg auf Umwegen ins

Schloß, wo sich der Hof in großer Aufmachung versammelt hat. Er umarmt seine Brüder Heinrich und Ferdinand und Prinz Ferdinand von Braunschweig; er grüßt die Botschafter und sagt laut zu seiner Gemahlin, der Königin, die auf ihn zutritt: »Madame ist hübsch dick geworden!« Seine Majestät hatte Grund zu der Bemerkung, daß »die Sensibilität seiner Seele endgültig erschöpft« sei.

SIEBENTES KAPITEL

JOSEPH, ISABELLA VON PARMA UND JOSEPHA VON BAYERN [1760–1767]

Im Jahre 1760 war Joseph neunzehn Jahre alt, ein recht hübscher, schlanker Junge, der Lieblingssohn und die Hoffnung der Kaiserin, die in ihm ihren Mitarbeiter und Nachfolger sah. Er hatte, nach Fejtö, eine »zugleich sehr sorgfältige und sehr unzulängliche« Erziehung genossen. Der Zweieinhalbjährige war in ungarischer Adelstracht bei einem Galafrühstück zu Ehren seines Onkels Karl von Lothringen aufgetreten. Ein Jahr später nahm er in Gegenwart fremder Diplomaten an einem kleinen Ballett teil. Sein liebster Satz lautete: »I mog net!«, und den wiederholte er so oft, daß er manchmal schon Erzherzog Imognet genannt wurde... Mit sechs Jahren kam er aus der weiblichen Erziehung in die Hände eines Erziehers, des *Ajo.* Mehrere Kammerherren und Kammerdiener sorgten für sein Wohl, ein Augustinerpater für das Heil seiner Seele. Er spielte eine Hauptrolle in einer Kinderkomödie und sagte ziemlich mäßig ein Festgedicht auf. Im Jahr darauf erhielt er ein Regimentskommando, und Franz ließ seinem Sohn eine Uniform mit einem kleinen Degen anfertigen. Erstaunt und entzückt sagten die Wiener: »An herzigs Bübl, aber was für a Modi?« Als die Bataillonskommandanten ins Schloß kamen, um ihrem neuen Chef zu gratulieren, schickte ihn Maria Theresia zum Essen in sein Zimmer: Sie fürchtete frühreifen Hochmut des neuen »Obersten«, der bereits an Paraden teilnahm und vor Eltern und Geschwistern in Uniform defilierte.

1747 hatte der Gesandte Podewils aus Wien an Friedrich II. geschrieben: »Joseph sieht gut aus. Seine blauen Augen hat er von der Mutter: Die richtigen Habsburger Augen, klar, kalt, ein bißchen verschwommen. Im übrigen ähnelt er eher seinem Vater. Sein Blick ist stolz; er hat ein hochmütiges Auftreten ... Er ist so eigensinnig und starrköpfig, daß er sich lieber einschließen läßt und ohne Essen bleibt, als um Verzeihung bittet. Für das Lernen scheint er wenig geeignet zu sein, man wird Mühe haben, ihm die notwendigsten Begriffe einzuschärfen ... Er hat jetzt schon die höchste Vorstellung von seinem Rang, so hat er kürzlich zu irgend jemand gesagt, er habe ihn in Ungnade fallen lassen! Jedermann hält er die Hand zum Kuß hin, sogar den Damen!« Podewils macht die übertriebene Liebe des Kaisers und der Kaiserin dafür verantwortlich, die sie nämlich hindere, ihm »die verdienten Strafen« angedeihen zu lassen. Hochmütig und faul war der kleine Joseph, er verblüffte durch seine Ironie, seinen Spott, seinen Mangel an Zärtlichkeit, »leutscheu und embarassirt« nennt es der Zeremonienmeister. Gereizt durch die Anmaßung des Kleinen ließ Maria Theresia ihm eines Tages Prügel verabreichen, was einem Erzherzog von Österreich noch niemals zugestoßen war.

In der Hoffnung, einen Staatsmann und tüchtigen Offizier aus Joseph zu machen, setzte sie ihn einem riesigen Unterrichtsprogramm aus: Tote und lebende Sprachen, Arithmetik, Geometrie, Geographie, Geschichte, Religion, Militärkunde, Befestigungswesen, Numismatik, Reiten, Musik, Tanz – Joseph sollte alles wissen und können. Für seine allgemeine Erziehung stellte die Kaiserin unter anderem folgende Grundsätze auf: »Die Herren müssen mit ganz besonderer Sorgfalt darauf bedacht sein, aus ihrer Konversation jede Grobheit und Unhöflichkeit zu verbannen ... Sie sollen in der Seele ihres Zöglings Mitleid mit den Unglücklichen erwecken und den Sinn für Gerechtigkeit und Güte in ihm wachhalten, immer und überall das Laster und das Böse anprangern und Abscheu davor an den Tag legen ...« Der Stundenplan für den Jungen, von der Kaiserin eigenhändig und in französischer Sprache aufgesetzt, ist so vollgestopft, daß es wie ein Scherz anmutet, wenn Ihre Majestät zum Schluß schreibt: »Die notwendige Lektüre kann man auf die *verbleibenden leeren Tagesstunden* legen, vor allem am Sonntag und an Festtagen.«

Im Juli 1747 ernannte Maria Theresia den Schweizer Augustiner Abbé Franz Joseph Vegner, Kanonikus der Abtei Sankt Moritz, zu

Josephs Hofmeister. Vegner war Lizentiat der Universität Wien, ein fünfunddreißigjähriger Mann, der Französisch, Geographie und Geschichte unterrichten sollte. Maria Theresia schrieb ihm: »Die Schmeicheleien seiner verflossenen Erzieher haben in Joseph (dem Sechsjährigen!) einen reichlich hohen Begriff seiner eigenen Bedeutung erweckt; er will, daß man ihm gehorcht und ihn mit Ehrenbezeugungen überhäuft. Er kann es nicht ertragen, daß man ihm zuwider ist; alles, was er fordert, will er im Augenblick haben. Verweigert man es ihm, kann es gelegentlich sogar so weit kommen, daß er es an Respekt vor seinen Vorgesetzten fehlen läßt...« Die Kaiserin war dann des Lobes voll über Abbé Vegner, der, wie sie schrieb, »den glücklichsten Einfluß auf meinen Sohn gehabt hat«. Aber der Abbé erkrankte und starb schon 1751 in Wien.
Der »kleine Hof« des Thronfolgers setzte sich zusammen aus General Batthyany, dem großartigen Kriegskameraden Prinz Eugens, und den Grafen Georg Starhemberg, Anton Salm, Guido Harrach, Karl Sarau und Goess. Die »Lehrer« erhielten den Titel Hofrat. Sie führten das Programm streng durch und verfaßten für Joseph Darstellungen der Monarchie und ihrer Geschichte. Der gelehrte Bartenstein brütete zu Josephs Ehren ein Manuskript von 6000 Seiten über die Geschichte Deutschlands aus. (Gedruckt hätte das Werk drei dikke Quartbände ergeben.) Man verdammte Joseph zu seiner Lektüre. Und dann wunderten sich die Herren Professoren, daß sich ihr Opfer einschloß, sich auflehnte oder ungezogen wurde! Joseph kannte kein Vergnügen, außer wenn ihn Batthyany zu Pferd in die Umgebung führte oder ihn sein Regiment Revue passieren ließ. Dabei brachte ihm der General bei, wie ein alter Haudegen in mehreren Sprachen zu fluchen – was doch das ausgeklügelte Programm Ihrer Majestät strikt verboten hatte!
Mit elf Jahren wurde Joseph auf lateinisch in Metaphysik, Ontologie und Ethik geprüft, und da Kaiser und Kaiserin anwesend waren, darf man nur hoffen, daß das Professorenkollegium die Antworten vorbereitet hatte... »Ich glaube, daß er tüchtiger ist, als es den Anschein hat«, sagte Bartenstein vorsichtig. »Nichts scheint darauf hinzudeuten, daß er ein Genie werden wird«, ergänzte Podewils.
Im selben Jahr spielte Joseph die Rolle Cäsars in dem Stück »Die Saturnalien« von Madame de Graffigny, das der Kaiserin wegen

seiner Länge mißfiel. Mit vierzehn Jahren legte er erfolgreich die Prüfungen in Naturrecht und bürgerlichem Recht ab. Nach dem Bericht des Jesuiten Bittermann hatte er »genügende Kenntnisse in Geographie, Geodäsie und Fortifikationswesen, bessere als in anderen Wissenschaften«. Er beunruhigte seine Mutter bereits durch wenig orthodoxe religiöse Ideen und durch seine Bewunderung für Friedrich II. Nach seinem achtzehnten Geburtstag wurde das Erziehungsprogramm umgestaltet: jetzt begann die Unterweisung des späteren Herrschers. Man führte ihn in die Staatsangelegenheiten ein, legte ihm Berichte, Pläne und Studien vor und ließ ihn an den Konferenzsitzungen teilnehmen. Von diesem Augenblick an wurde aus dem störrischen, faulen, zerstreuten Schüler ein fleißiger, aktiver und lernbegieriger Jüngling. Er interessierte sich in erster Linie für alles, was mit dem Militär zusammenhing, trug immer Uniform, schlief auf einem Feldbett und pries die absolute militärische Disziplin – der anderen. Aber sein kritischer Geist hatte sich ebenfalls entwickelt, und allzu selbstsicher wollte er alles reformieren, und zwar jeweils sofort und alles gleichzeitig.
Ende 1756 erkrankte Joseph an Blattern, die mehreren seiner Brüder und Schwestern das Leben kosteten. Wien zitterte um ihn, doch er erholte sich. Von nun an folgte er mit leidenschaftlicher Anteilnahme dem Hin und Her des Siebenjährigen Krieges mit seinen Niederlagen und Siegen.

Der Erzherzog interessierte sich nicht für Frauen und behauptete eines Tages sogar, daß er die Ehe mehr fürchte als eine Schlacht. Das hinderte seine Mutter nicht, eine Heirat für ihn zu planen, die natürlich, nach der alten Tradition des Landes, etwas einbringen mußte für Österreich. Sollte sich außerdem Liebe ergeben, um so besser; wenn nicht, war es nicht zu ändern. Der Staat ging vor.
Maria Theresia hatte zunächst an die Tochter Josepha des Königs von Neapel gedacht, da es immerhin möglich war, daß ihr eines Tages, wenn kein männlicher Erbe vorhanden wäre, die Krone Spaniens zufallen würde. Man begann zu unterhandeln, beschloß aber, noch keine Verlobung zu verkünden, da die Hauptbeteiligten noch keine zehn Jahre alt waren. Und dann wollte die unschöne und unbegabte Josepha nicht so recht wachsen. Als der Herzog von Choi-

seul über Starhemberg die Infantin Maria Isabella als künftige Gattin für Joseph vorschlug, zögerte Maria Theresia nicht. Isabella entstammte der Ehe Don Philipps, des Herzogs von Parma, Piacenza und Guastalla mit Luise Elisabeth, der Tochter Ludwigs XV. und der Polin Maria Lesczinska.

Am 31. Januar 1759 ist Joseph nicht in Schönbrunn. Die Kaiserin nutzt seine Abwesenheit aus, um der Konferenz den Heiratsplan vorzulegen. Das Kabinett stimmt ausnahmslos zu. Ihre Majestäten richten ein Schreiben an Ludwig XV. mit der Bitte, beim Herzog und der Herzogin von Parma zu vermitteln. Kuriere gehen ebenfalls an Philipps Vater, den König von Spanien. Die Heirat wird beschlossen. Kaiser und Kaiserin informieren ihren Sohn über die Absprachen. Der Erzherzog ist sehr verärgert, daß man über sein Leben entschieden hat, ohne ihn zu befragen; als er dann aber eine Miniatur der Prinzessin sieht, hat er keine Einwände mehr: Sie ist dunkel, klein und zierlich, mit ovalem Gesicht, mattem Teint, sehr großen Augen und schwarzen Haaren, sie besitzt Schönheit und Grazie der Spanierin, hat aber unfeine Hände ... Es liegt nicht in Josephs Art, Begeisterung oder auch nur Zufriedenheit zu zeigen. Er zuckt nur mit den Achseln zum Zeichen, daß er sich fügen will, und erklärt nachher seinem Freund Salm: »Ich werde alles tun, um das Vertrauen und die Achtung meiner Braut zu gewinnen. Aber Liebe? Wissen Sie, mein Lieber, ich bin nicht fähig, den netten und verliebten Mann zu spielen, das ist meiner Natur zuwider!«

Franz I., der ja privat über großen Reichtum verfügt, finanziert die Hochzeit, damit sie mit außergewöhnlichem Prunk gefeiert werden kann. Fürst Wenzel von Liechtenstein, Feldmarschall, Sieger von Piacenza, der vornehmste und reichste Aristokrat der Monarchie, soll die Braut in Italien abholen. Nach der Prokurationsehe in Parma führt er sie am 1. Oktober 1760 nach Wien.

»Er brachte so viele prachtvolle Equipagen nach Parma, daß er sie nicht alle gleichzeitig auf den Weg schicken konnte; bei der Rückkehr waren nicht weniger als 300 Pferde bei jeder Relaisstation nötig«, schreibt Villermont. Joseph, der Isabella entgegengefahren ist und sie unterwegs zum erstenmal sieht, verliebt sich Hals über Kopf, verbirgt aber seine Gefühle. Isabella bezaubert Maria Theresia: »Ich kann sie gar nicht genug bewundern!«

Die Hochzeit, bei der Monsignore Borromée die Trauung vornimmt, ist von Georg Rettegi, der sie miterlebte, geschildert worden:
»In allen Straßen, durch welche die Braut fahren sollte, waren gewappnete Wiener Bürger in zwei Reihen aufgestellt; an jeder Straßenecke hielten einige Dragoner in einheitlicher Aufmachung. Musikkapellen zogen durch die Straßen, sämtliche Fenster und Türen waren von Menschen besetzt, reich und arm gesellte sich zueinander. Ein Regiment, das dem Kaiser gehörte, defilierte vorbei, danach kamen 120 Prachtkarossen, von herrlich geschirrten Pferden gezogen. Die Reiter und Lakaien, die vor und neben dem Zug ritten, trugen Paradeanzüge. Der Zug rückte langsam vor... Der stolze Wuchs der Braut, ihre schwarzen Augen und Brauen, ihre kunstvolle Frisur, das von kostbaren Steinen blitzende Diadem, das Gewand aus Silberlamé zogen alle Blicke auf sich. Im Schloß angelangt, wurde sie zur Kirche geleitet, wo sie ihren Bräutigam erwartete...
Nach der Trauung fand bei Anbruch der Nacht vor dem Schloßhof und dem Stephansdom eine Illumination statt, wie man sie bisher noch nirgends gesehen hatte. Das Licht aus fast 3000 Lampions reichte über vierstöckige Häuser hinaus. Auf dem Schloßhof brannten 3000 in zwei Reihen aufgestellte Kerzen aus weißem Wachs, ganz zu schweigen von den Fackeln. Die ganze Nacht hindurch war die Stadt von Menschengewühl, Rufen, Musik und Tanz erfüllt, so daß man kaum den Donner der Kanonen hörte, die unaufhörlich auf den Bastionen abgeschossen wurden.«
Nach feierlichem Bankett mit goldenem Service im Redoutensaal ziehen sich die jungen Eheleute in das Schloß zurück – und das Eheleben beginnt...
Die Infantin Isabella, am 31. Dezember 1741 geboren, also neun Monate jünger als Joseph, hatte ihre ersten Lebensjahre mit ihrer Mutter in Spanien verbracht, dann mit der Aja am Hofe Ludwigs XV. in Versailles. 1748 fiel das Herzogtum Parma durch den Vertrag von Aachen ihrem Vater zu, dem unbedeutenden Philipp, Sohn des spanischen Königs Philipp V. und der Elisabeth Farnese. Die Familie des Herzogs begleitete ihn nach Parma, doch Luise Elisabeth, die sich an dem kleinen Hof langweilte, kehrte oft mit ihrer Tochter nach Versailles zurück. Die sehr intelligente Isabella hatte eine ausgezeichnete Erziehung genossen, interessierte sich für Philosophie und

Wissenschaft und las viel, besaß Talent zum Zeichnen und Malen und große Begabung für die Musik. Als ihr die Eltern mitteilten, daß sie den Erzherzog Joseph heiraten sollte, nahm sie diese Entscheidung an, jedoch ohne Begeisterung, denn lieber hätte sie sich Gott geweiht. Im Jahre darauf meditierte sie in einem Brief an ihre Schwägerin Maria Christine (Mimi) über das allgemeine Schicksal der Prinzessinnen:

»... Was hat die Tochter eines großen Fürsten zu erwarten? Ihr Schicksal ist unwiderleglich am elendesten von allen. Sie wird als angehender Sklave der Vorstellungen, die das Volk hegt, geboren, um sich dem Schwall an Ehrenbezeigungen und den zahllosen Etiketten zu unterwerfen, die mit dem hohen Rang verbunden sind... Schließlich will man sie unterbringen. Und nun muß sie alles verlassen, Familie, Vaterland – und für wen? Für einen Unbekannten, eine Person, deren Wesen und Denkungsart sie nicht kennt, für eine Familie, die ihr vielleicht eifersüchtig oder doch voreingenommen begegnet. So ist sie das Opfer des angeblichen allgemeinen Wohls, im Grunde aber doch nur das der unglücklichen Politik, die ein Minister betreibt, weil er keine andere Möglichkeit sieht, zwei Häuser durch das zu verbinden, was er als unauflösliche Allianz verkündet – und was doch ebenso leicht zerbricht, sobald sich nur der Schatten eines Vorteils dafür zeigt. Sie reist fort, verläßt alles, woran ihr Herz hängt, und weiß nicht, wie sie dem gefallen soll, dem sie zugesprochen worden ist...«

Wer diese Überlegungen liest, muß an die schmerzlichen Verse denken, die (fast ein Jahrhundert später und im selben Palast der Hofburg) Elisabeth schrieb, die Herzogin von Bayern, Gemahlin von Franz Joseph – *Sissi, die Kaiserin der Einsamkeit:*

Umsonst muß ich zum Himmelsblau,
Gefangen, eingekerkert, schmachten.
Die Eisenstäbe kalt und rauh
Mein bittres Heimweh schnöd verachten.
O daß ich nie den Pfad verlassen,
Der mich zur Freiheit hätt' geführt,
O daß ich auf der breiten Straßen
Der Eitelkeit mich nie verirrt!
Ich bin erwacht in einem Kerker,

Und Fesseln sind an meiner Hand.
Und meine Sehnsucht immer stärker –
Und Freiheit! Du, mir abgewandt!

In Wien erwarb Isabella sich bald zwei Freundinnen: die Kaiserin selbst und Mimi, Maria Theresias fünftes Kind, wenige Monate jünger als Isabella. Isabella langweilte sich im alten Schloß. Für ihren Mann fühlte sie nur Freundschaft, und im Ehebett unter dem Baldachin fand sie kein Vergnügen. Während sie sich für geistige Dinge interessierte, kümmerte er sich ausschließlich um staatliche und militärische Fragen. Zwar liebte er sie, vermochte aber nicht, ihr seine Gefühle zu zeigen. Ohne Erfahrungen mit der weiblichen Seele und in der Liebe, hatte er kein Verständnis für ihre Melancholie, versuchte nicht, sie abzulenken, ihr zu helfen, und so lebten sie wie Fremde nebeneinanderher ... Wie läßt es sich erklären, daß der Erzherzog so wenig Verständnis aufbrachte für seine hinreißende Gemahlin, die er Tia-Tia nannte? Sein späterer Schwager, Prinz Albert von Sachsen-Teschen, der Mimi heiratete, schreibt in seinen Erinnerungen: »Im Grunde seiner Seele liegt unbezwingliche Härte.« Vor allem aber scheint Joseph unbeholfen gewesen zu sein, und da seine Frau schwieg, fragte er sie nicht. Sie gab ihm pflichtgemäß ihren Körper, und er forderte nicht ihr Herz, ihre Seele. Er liebte sie auf seine selbstsüchtige Weise. Albert von Sachsen schreibt weiter: »Obgleich die Güte, die sie tief in ihrem Gatten spürte, in ihr kein Gefühl von Zärtlichkeit für ihn geweckt hatte, wußte sie es so zu verbergen, daß niemand es bemerkte.« Dennoch schrieb sie nach einer überstandenen Krankheit Josephs an Mimi: »Adieu, so stark als ich dich liebe, so habe ich doch gestern empfunden, daß der Erzherzog geht vorhero.«

Isabella, die eine Beschäftigung brauchte, schrieb (fast immer französisch) Billetts, Briefe, kleine Gedichte, historische Studien, *Christliche Meditationen*, kurze Essays mit etwa folgenden Titeln: *Gedanken aus der Einsamkeit, Der wahre Philosoph, Abhandlung über die Männer, Die Reize der falschen Freundschaft, Über das Schicksal der Prinzessinnen, Die Übungen des Geistes, Die Abenteuer des Mutwillens, der sich der beständigen Bewegung hingibt* ... Sie plante sogar eine *Historische Abhandlung über die Sitten aller Völker von der Gründung der ältesten Staaten bis in unsere Zeit,* warf die Feder aber glücklicherweise schon bei Seite sechzehn fort und überließ die alten Ägypter den kompetenteren Historikern. Diese ganz ungleichen Jugendarbeiten verraten Phantasie, Sensibilität, einen scharfen und zuweilen extravaganten Geist.

Seltsamerweise dachte diese junge, schöne, reiche, geliebte, mit Geschenken und Ehren überhäufte, dem Erben einer glanzvollen Krone vermählte Prinzessin unablässig an den Tod. Vielleicht rührte es aus dem heftigen Schmerz her, den ihr der Tod ihrer Mutter am 6. Dezember 1759 verursachte. An Mimi schrieb sie:

»Der Tod ist ein Freund. Ich schwöre Ihnen, daß ich darüber niemals ernsthafter nachgedacht habe als jetzt. Ich habe mir alle Schrecken ausführlich und im einzelnen vorgestellt, aber ich muß gestehen, statt mich abzuschrecken, hat es mich heftiger wünschen lassen zu sterben. Gott sieht mein Herz ... Er liest, wieviel Kummer es mir macht, daß ich Seine Gnade nicht genutzt habe und daß ich wünsche, eine Welt zu verlassen, in der ich trotz meinen Anstrengungen Ihn immer wieder kränke. Ich bringe Ihm mein ganzes Herz zum Opfer ...

Was soll ich tun in dieser Welt? Ich bin zu nichts nütze, ich richte nur Böses an ... Wenn es erlaubt wäre, sich das Leben zu nehmen, wäre ich sehr versucht, es zu tun. Vielleicht wird Gott mir die Gnade erweisen, mich bald zu sich zu nehmen?«

Mimi schalt sie liebevoll:

»Erlauben Sie mir die Bemerkung, daß die große Sehnsucht nach dem Tode, die Sie an den Tag legen, ein unpassendes Gefühl ist.«

Isabella sagte ihr frühes Ende voraus:

»Eine heimliche Stimme sagte es mir. Und dieser Schlußpunkt, der mich bekümmern sollte, breitet eine Milde, eine Weihe in meiner Seele aus, wie ich sie nicht begreifen und noch weniger ausdrücken kann. Sie macht mir Mut zu allem und gibt mir eine Kraft, die stärker ist als ich. Ich bin in den zwei Tagen, seit mir das geschehen ist, in einem köstlichen Zustand, und ich wüßte keine Freude dieser Welt, die sich mit dieser Süße messen könnte.«

Ein Jahr nach der Hochzeit gab Isabella einem Mädchen das Leben, das den Namen Maria Theresia erhielt. »Sie wird keine sieben Jahre alt werden«, sagte die junge Mutter. Als sie von neuem schwanger war, kündigte sie ruhig an, daß dieses Kind gleich nach der Geburt sterben und daß sie selbst das Wochenbett nicht überleben werde. Am 1. Januar 1763 sandte sie ihrer lieben Schwägerin ein Glückwunschschreiben zum Neuen Jahr und fügte hinzu, sie selbst werde das Jahr nicht ganz erleben. Als sie im Herbst aus Laxenburg zurückkam, rief sie beim Anblick der Mauern von Wien: »Dort ist es, wo mich der Tod erwartet!«, und als sie am 18. November die Glokken läuten hörte, erblaßte sie und sagte zu ihren Hofdamen: »Das ist das Zeichen! Es ruft mich!« Am nächsten Tag redete sie fieberwirr. Am 20. brachte sie ein totes Kind zur Welt, am 27. starb sie an den Blattern. Ihr erstes Kind starb siebenjährig. So haben sich Isabellas Voraussagen wörtlich erfüllt...

Verzweifelt schrieb Joseph an seinen Schwiegervater: »Ich habe alles verloren. Meine angebetete Gattin, meine einzige Freundin ist nicht mehr. Sie haben meine Liebe zu ihr gekannt, Sie kennen meinen jetzigen Zustand. Völlig vernichtet, weiß ich kaum, ob ich noch lebe. Für den Rest meiner Tage werde ich unglücklich sein.«

Kurz darauf schrieb er seiner Mutter:

»Sie kennen die Empfindungen, die mich beseelten. Sie können also über meinen Zustand urteilen, und Sie schenken Ihrem unglücklichen Sohn Ihr Mitgefühl, das seinen einzigen Trost bildet. Mit meinem Schmerz bin ich aller Welt zu Last, und ich sehe mich gezwungen, alle meine Gefühle zu unterdrücken und den ganzen Tag hindurch zu heucheln. Haben Sie Mitleid mit einem Sohn, der Ihnen so aufrichtig ergeben wie wahrhaft verzweifelt ist.«

Im Jahr davor hatte er der Kaiserin ahnungslos geschrieben:

»Sie wissen wohl, meine Mutter, daß ich in dieser Welt nichts ersehne als die Liebe Eurer Majestät, die Freundschaft meiner Frau und mein Seelenheil. Und da ich sicher bin, die beiden ersten Schätze zu besitzen, können Sie sich mein Glück ausmalen!«

Von der ersten Begegnung an hatte Maria Theresia für ihre Schwiegertochter lebhafte Zuneigung empfunden. Bald nach der Hochzeit schrieb sie an Isabellas jüngere Schwester Luise: »Sie sind recht oft Gegenstand unserer Unterhaltungen, und alle Welt sagt mit Recht, Sie seien bemüht, dem bewundernswerten Original nachzueifern, das wir jetzt besitzen, das meines Lebens Glück ausmacht; es zu übertreffen, ist nicht möglich!« Am Abend vor Isabellas Tod sagte die Kaiserin zu Kaunitz, der die Ehe von Joseph zustandegebracht hatte:

»Wir nähern uns dem tragischen Ende eines engelhaften Wesens. Ich glaube nicht, daß sie den heutigen Abend überleben wird. Mein ganzes Glück und meine Ruhe sterben mit meiner nicht leiblichen bezaubernden Tochter, die ich Ihnen verdanke.«

Nach drei Jahren gemeinsamen Lebens, das ihn, aber nur ihn, glücklich gemacht hatte, vertiefte Joseph sich in die zahlreichen »Essays«, die er im Schreibpult der Verstorbenen fand, und in die Briefe und Billetts, die Isabella an Mimi gerichtet hatte. Da las er sonderbare Mitteilungen:

»Glaub mir! Meine größte, ja ich kann sagen, meine einzige Freude, ist es, dich zu sehen und bei dir zu sein. Weder Himmel noch Erde können meine Gefühle ändern ... Ich beginne den Tag mit Gedanken an meine Liebe und beende ihn damit, daß ich mich mit derjenigen befasse, die niemals meine Gedanken verläßt.«

»Ich bin ganz allein ... Eben habe ich dich verlassen ... Ich kann den Augenblick nicht erwarten, in dem ich mein Geschick erfahren soll, ob du mich für eine Person hältst, die es wert ist, geliebt zu werden ... Ich kann in solcher Unruhe nicht leben.« »Ich bin nicht imstande, an etwas anderes zu denken. *Ich bin verliebt wie eine Närrin.* Wüßte ich nur, warum? Denn deine Grausamkeit ist so groß, daß man dich nicht lieben sollte, und dennoch kann ich mich nicht daran hindern.«

»Ich sehe, daß ich Dinge gesagt habe, die ich nicht einmal denken dürfte ... Wie kann ich es wagen, vor dir zu erscheinen, nach all dem, dessen ich mich schuldig gemacht habe?« »Welches Glück, welche innere Zufriedenheit empfinde ich, wenn ich nur an diese so anmutig und reizvoll geschwungene Nase denke, die mich so oft hingerissen hat, diesen Mund, der gemacht ist, mit Küssen getröstet zu werden, die Augen, deren Sprache so ergreifend ist, diese Physiognomie, die alles in allem nur Heiligkeit atmet, endlich das Ganze, das so anbetungswürdig ist, daß man sogar von den höchsten Stufen ihm zujubeln muß ...«

»Lassen Sie mich also leben, um Sie ewig anzubeten.«

»Ich hoffe sehr, Sie zu küssen, ich liebe Sie bis zur Verrücktheit, ich werde entzückt sein, Sie zu sehen, Sie zu umarmen und von Ihnen umarmt zu werden... Adieu, *ich küsse und bete Sie an – ich kann nicht sagen wie sehr*, so daß ich zu Ihren Füßen zittere bei der unbedeutendsten, kleinsten Unpäßlichkeit...«

»Abwesend von Ihnen zu sein, ist eine Marter! Es gibt keine Freude, kein Vergnügen mehr...«

»Ich habe aber doch jedes Mittel versucht, mich zu trösten...« »Ich küsse alles, was Sie sich küssen lassen...«

»Ich verzehre mich vor Liebe, vor Freundschaft – alles, was Sie wollen.«

»Guten Tag, anbetungswürdige Schwester, Sie haben mir den Kopf verdreht!«

»Eserl, ich bete Sie an, ich glühe, ich umarme Sie...«

»Adieu, liebes Herz, ich küsse Sie eine Million Mal mit aller Kraft...«

Wie soll man diese Rufe der Liebe und glühenden Botschaften Isabellas an Mimi verstehen? Wie sind diese Billetts oder Briefe – 200 in drei Jahren! – zu interpretieren? Sollte Isabella, unverstanden von ihrem Mann, ein schuldhaftes Verhältnis mit ihrer Schwägerin unterhalten haben? Nein, so ist es nicht.

Man muß sich vergegenwärtigen, unter welchen Verhältnissen diese Briefe zustande kamen: Isabella war eine sehr junge, exaltierte Frau, die im Stil der Epoche schrieb. *Bevor* sie Mimi kennengelernt hatte, schrieb sie schon am 6. Juli 1760: »...Wenn Sie mir nahe genug sind, um mich kennenzulernen, *werden Sie sehen, wie sehr ich Sie liebe; ich muß Ihnen gestehen, daß ich es aus ganzem Herzen tue*... Meine Empfindungen sind zu lebhaft, als daß ich sie beschreiben könnte.« In ihrem zweiten Brief, vom 26. Juli, spricht sie ihre »Dankbarkeit und äußerste Zärtlichkeit für Ihre Majestät die Kaiserin« aus, die sie ebenfalls noch nicht kannte.

Am 26. hieß es, an Mimi gerichtet: »Noch ungefähr sechs Wochen, und ich werde das Glück haben, Sie zu sehen. Mit aller nur vorstellbaren Sehnsucht erwarte ich den Augenblick, meine liebe Schwester, *über jeden Ausdruck hinaus.*« Auf dem Wege nach Wien schrieb sie am 24. September aus Klagenfurt an diese nie gesehene Schwägerin: »Ich umarme Sie so innig, wie ich Sie liebe.«

Isabellas romantisches Gemüt, ihre lebhafte Einbildungskraft, die ganze jugendliche Schwärmerei äußert sich auch in solchen Zeilen:

»Wenn Sie wissen möchten, was mein Kopf ist, kann ich ihn nur definieren als einen Gallimathias aus Narrheiten ... Philosophie, Moral, Märchen, Meditationen, Liedern, Geschichte, Physik, Logik, Metaphysik, *Begeisterung für Sie.* Man könnte mein Gehirn das vollständigste Magazin für Übertreibung und Vernunft nennen.«
Übrigens bedachte Isabella auch andere Menschen mit ihren Überschwenglichkeiten. So schrieb sie im März 1762 an Mimi über deren Schwester Marianne: »Ich gestehe, daß ich sie *bis zur Tollheit liebe*!« Auch Mimis Oberhofmeisterin Gräfin Vasquez, geborenen Freifrau Korzowa, Koko genannt, bezeugte sie große Zuneigung, wie aus einem Brief aus dem Jahre 1762 an Mimi hervorgeht. »Adieu, mein liebes Herz, ich umarme Sie genau wie die Vasquez, von ganzem Herzen.« Oder in einem anderen Schreiben: »Ich küsse die Vasquez und Sie, liebes Herz, Millionen Mal aus ganzem Herzen.« Sie verstieg sich sogar bis zu dieser Äußerung an Mimi: »Ich habe eine vergebliche Hoffnung genährt ... *Ich sehe Sie in den Armen meiner Rivalin!«* Diese Rivalin war – die Kaiserin Maria Theresia, Mimis Mutter!
Mimi selbst hat ihrem Bruder die Briefe zum Lesen gegeben. Hätte sie das getan, wenn der Korrespondenz irgend etwas Zweideutiges angehaftet hätte? Hätte Joseph sie so erschüttert gelesen und in ihnen die ungewöhnliche Empfindsamkeit seiner geliebten Frau wiedergefunden, wenn der Kult, dem sie dargebracht wurden, ihn abgestoßen hätte? Nein! Zudem hatte Mimi selbst längst die Antwort gegeben, als sie ihrer Schwägerin einmal schrieb: »Meine Zärtlichkeit, meine Dankbarkeit, meine Freundschaft und meine Achtung für Sie sind grenzenlos.«

Seit Ferdinand I. 1556 Nachfolger seines älteren Bruders Karl V. auf dem deutschen Kaiserthron wurde, hatten die Habsburger bis 1742, der Wahl Karl Alberts von Bayern, den Kaisertitel des Heiligen Römischen Reiches getragen, und 1745 war dann wieder Franz von Lothringen dank der Geschicklichkeit seiner Gemahlin mit der Krone ausgezeichnet worden. Aus Sorge, das hohe Amt könnte ihrer Dynastie wieder entgehen, wünschte Maria Theresia brennend, daß Joseph zu Lebzeiten seines Vaters zum Römischen König gewählt würde, da der »König« der designierte Nachfolger des Kaisers war.

1750 scheiterten ihre Bemühungen am Widerstand Friedrichs II., an finanziellen und territorialen Forderungen der übrigen Kurfürsten. Neue Vorstöße führten zur Reichsversammlung vom Januar 1764. Friedrich II. hielt sich jetzt an die Verpflichtung, die er in einem Geheimartikel des Hubertusburger Vertrags übernommen hatte.

Im März 1764 bricht der zweiundzwanzigjährige Joseph mit dem Kaiser und seinem Bruder Leopold nach Frankfurt auf, wo er zum Römischen König gekrönt werden soll. Der Reichsvizekanzler Auersperg, der Oberstkämmerer Khevenhüller, die Generäle Salm und Thurn, zahlreiche Würdenträger und Kammerherren begleiten die drei Karossen mit einer so langen Wagenreihe, daß bei jeder Poststation 450 Pferde bereitstehen müssen. Der künftige König, völlig entkräftet, lebt nur in der Erinnerung an Isabella, die vor vier Monaten gestorben ist. Lächelnd verspeist der dicke Franz I. die Fische Ober-Österreichs. In Melk nehmen sie an einer Galavorstellung teil, in Mainz gibt der Kurfürst einen großen Empfang, nachdem mehrere sehr schwierige Protokollfragen gelöst worden sind: Der Kaiser wird auf einem mit Goldstoff bezogenen Sessel Platz nehmen, der Kurfürst auf einem gleichen, aber mit rotem Samt bedeckten. Was den Erzherzog, fast schon Römischen König, angeht, so wird der Kurfürst ihn »als Unerwarteten« begrüßen und »den Überraschten spielen«.

Franz I., seine Söhne und das Gefolge wohnen in Graf Schönborns Schloß Heussenstamm bei Frankfurt.

Am 29. März steigt der Kurfürst Emmerich Joseph, Kanzler des Heiligen Römischen Reichs und Baron von Breidtbach-Burresheim, vor dem Frankfurter Rathaus auf sein Pferd, mit ihm sind die Kurfürsten von Trier und Köln, die hermelingesäumte Mäntel tragen. Die weltlichen Kurfürsten haben nicht geruht, sich persönlich die Mühe zu machen, sondern entsandten ihre Wahlbotschafter, die spanische Hoftracht aus Goldbrokat tragen, dazu gewaltige, durch riesige Federn noch vergrößerte Hüte. Der Botschafter Preußens fällt durch seine Possen auf. Das Gefolge begibt sich in die Kirche; nach der Proklamation wird ein Tedeum angestimmt, während eine Stafette den neuen Römischen König von seiner Wahl benachrichtigt.

Der fünfzehnjährige Goethe sieht sich Josephs feierlichen Einzug in

Frankfurt am Nachmittag an: »Der junge König ... schleppte sich in den ungeheuren Gewandstücken mit den Kleinodien Karls des Großen wie in einer Verkleidung einher, so daß er selbst, von Zeit zu Zeit seinen Vater ansehend, sich des Lächelns nicht enthalten konnte. Die Krone, welche man sehr hatte füttern müssen, stand wie ein übergreifendes Dach vom Kopf ab. Die Dalmatika, die Stola, so gut sie auch angepaßt und eingenäht worden, gewährte doch keineswegs ein vorteilhaftes Aussehen ... man konnte sich nicht leugnen, daß man lieber eine mächtige, dem Anzuge gewachsene Gestalt um der günstigern Wirkung willen damit bekleidet und ausgeschmückt gesehen hätte.«

Joseph selbst bestätigte diesen Eindruck mit dem Bericht: »Ich tat mein Möglichstes, um mich aufrecht zu halten und zu verhindern, daß meine Knie unter dem Gewicht nachgaben.« Der Rat von Frankfurt empfängt Kaiser und Römischen König in einem prachtvollen, außerhalb der Stadtmauern errichteten Zelt. Nach Überreichung der Schlüssel und den üblichen Ansprachen bewegt sich der Zug durch die Stadt inmitten einer unabsehbaren Menschenmenge.

Am Tage darauf entfaltet sich der Pomp der Krönung. Die Glocken läuten, die Kanonen feuern ihre Salven. In einem Bericht von Fejtö heißt es: »Die Ratsherren von Aachen und Nürnberg schreiten über den Platz und tragen die Reichsinsignien in den Dom. Die drei Kurfürsten treten ein. Die Botschafter lassen sich vor das Rathaus geleiten. Ein anderer Zug bringt Krone und Schwert zum Kaiser. Man erkennt den Reichsmarschall auf Lebenszeit Graf Pappenheim in seiner spanischen Tracht, dem goldbestickten Mantel, dem hohen Federhut. Inzwischen ist der Kaiser mit dem Zeremonialgewand bekleidet worden; die Würdenträger des Reiches steigen zu Pferde, der Römische König schwingt sich ebenfalls in den Sattel unter dem großen Baldachin, der von zwölf Richtern und Räten der Stadt getragen wird.«

Am selben Abend noch schreibt Joseph, der Skeptiker, an seine Mutter: »Ich muß gestehen, daß es wunderbar, daß es erhaben war. Seine Majestät der Kaiser hat mir gestanden, daß es ihm nicht gelang, die Tränen zurückzuhalten ... Die religiöse Zeremonie wurde vom Erzbischof von Mainz in sehr ergreifender Weise durchgeführt.«

Nach der Krönung begeben sich Kaiser, Römischer König, Kirchenfürsten, Botschafter und Ratsherren zum öffentlichen Bankett in das Rathaus. Die Abwesenheit der weltlichen Kurfürsten, das unpassende Benehmen des preußischen Botschafters, der spürbare Widerwille der Herzöge von Zweibrücken, Joseph die Hand zu küssen, die Kälte einiger großer Herren, haben den Römischen König gekränkt. Dagegen hat er festgestellt, daß »alles, was der Erzbischof-Kurfürst von Mainz getan hat, ihm aus dem Herzen kam«. Er spricht ihm seine Dankbarkeit in einem Brief aus, der mit den Worten schließt: »... Mein einziger Wunsch geht dahin, daß ich der Würde gewachsen bin, die mir übertragen worden ist. Auf die Festigkeit meines Charakters, die Rechtschaffenheit meiner Absichten und meinen festen Willen, unsere nationalen Freiheiten zu bewahren, können Sie sich voll verlassen. Ich umarme Sie, mein Fürst...«

Die Reise nach Frankfurt hat drei Millionen Gulden gekostet!
In den täglichen Botschaften, die er seiner Mutter sandte, sprach Joseph unablässig von Isabella, der verstorbenen Geliebten. »In welch beklagenswertem Zustand befinde ich mich! Mein Herz wird von Kummer verzehrt, und doch muß ich so tun, als sei ich begeistert über eine Würde, von der ich in Wahrheit nur die Last, nicht aber ihre Freuden kenne. Ich liebe die Einsamkeit. Es widersteht mir, mein Vertrauen Leuten zu schenken, die ich nicht gut kenne. Und ich muß den ganzen Tag schwatzen und wohlgedrechselte Banalitäten sagen... Ich bin nicht imstande, die grausame Prüfung zu vergessen.«
Am Abend der Wahl schrieb er der Kaiserin: »Gestatten Sie dem Erzherzog, sich zu Ihren Füßen zu werfen und sich zu verabschieden. Nachdem er seinen Namen gewechselt hat, bittet Sie der Römische König, in ihm nur einen Sohn zu sehen, der seine Mutter maßlos liebt.« Vergebens versuchten einige junge Frauen, ihm Avancen zu machen. Die Prinzessinnen Josepha von Bayern, Kunigunde von Sachsen, Elisabeth Christine von Braunschweig-Wolfenbüttel, die älteste Tochter des Herzogs von Orléans, die Infantin Benedikte von Portugal träumten davon, eines Tages Kaiserin zu werden. Joseph erklärte seiner Mutter: »Wäre darunter nur eine, die so gut, so charmant, so geistreich wie Isabella wäre; könnte ich nur bei einer einzigen die Züge meiner Frau wiederfinden – dann vielleicht... Ich

bin ein Mensch, den der Schmerz mehr und mehr verzehrt. Ich spiele Komödie. Meine Lippen lachen, und meine Seele weint.«

Die Liebe zu Joseph, die Zuneigung zu der verstorbenen Isabella hinderten die Kaiserin nicht, an die Interessen der Dynastie zu denken. Die Lektion der Pragmatischen Sanktion trug ihre Früchte: Es war notwendig, daß Joseph wieder heiratete und Söhne hatte. A. E. I. O. U.! (Alles Erdreich Ist Österreich Untertan.)

Von seiner Mutter bedrängt, antwortete Joseph, daß er eine neue Verbindung nur mit einer einzigen Frau ins Auge fassen könnte – mit Maria Luise Theresia von Parma, der Schwester der Unvergeßlichen. Man hatte ihm berichtet, daß dieses dreizehnjährige Mädchen das lebende Abbild ihrer älteren Schwester sei und deren Schönheit, Intelligenz und Anmut besäße. Er bat seine Mutter, »sein Gesandter« zu sein. Zwar wußte Maria Theresia, daß Luise dem Sohn des Königs von Spanien versprochen war, erklärte sich aber doch bereit, einen Versuch beim spanischen Herrscher zu wagen. So verfaßte sie einen etwas verworrenen Brief, dessen Entwurf sie Joseph vorlegte:

»... Als Mutter und als Herrscherin möchte ich meinen Sohn Joseph wieder vermählt sehen, aber ich wünsche, daß es nach seinem Herzen geschieht ... Er vereinigt seine Wünsche auf die Prinzessin Luise von Parma, aus Achtung vor dem Gedächtnis und den Ratschlägen seiner verstorbenen Gemahlin, die ihm zu Lebzeiten gesagt hat, daß nur ihre jüngere Schwester imstande sei, sie bei ihm zu ersetzen und ihn glücklich zu machen. Es trifft zu, daß Eure Majestät uns bereits vertraulich hat wissen lassen, daß Sie diese Prinzessin für Ihren Sohn, den Infanten von Asturien, bestimmt haben. Ich wage auch kaum diese Bitte vorzubringen, deren Besonderheit mir durchaus bewußt ist, aber ich bitte Eure Majestät, sich meine Lage vorzustellen: Das Glück meines Kindes und das meiner Völker hängen von der Entscheidung ab. So habe ich mich denn entschlossen, Zuflucht zu Eurer Majestät zu nehmen, indem ich Sie bitte, unsere geschlagene Familie wieder aufzurichten ...«

Wie die Kaiserin vorhergesagt hatte, konnte Karl III. dem Wunsch nicht entsprechen und antwortete, nachdem er die von Maria Theresia erwähnten Gefühle gewürdigt hatte:

»... Ihr Vertrauen empfinde ich als Ehre für mich, und ich kann Eurer Majestät versichern, daß es mir sehr schmerzlich ist, durch frühere Verpflichtungen, durch mein Versprechen und mein gegebenes Wort gehindert zu sein, dem Wunsch Eurer Majestät Genüge zu tun, denn wie gern täte ich es sonst! ... Wir haben die Heirat meines Sohnes mit der jungen Herzogin von Parma noch zu Lebzeiten meiner Gemahlin, der Königin, beschlossen. Ich muß mich also an diese Entscheidung als Willensäußerung der Königin, der Mutter des Herzogs von Asturien, halten, und ich würde gegen ihr Gedächtnis sündigen, wenn ...«

So stand also der angebliche »Wille« der verstorbenen Königin den angeblichen »Absichten« der verstorbenen Isabella entgegen.

Während Maria Theresia sich weiter mit Heiratsplänen befaßte, blieb Joseph uninteressiert: mochten seine Eltern entscheiden, wie sie wollten, er würde gehorchen.

Die Kaiserin schloß Elisabeth von Braunschweig aus, deren Familie mit Friedrich II. verbunden war; sie schied auch Benedikte von Portugal als England zu nahestehend aus. Zwei Namen blieben auf der Liste: Kunigunde von Sachsen und Josepha, die Schwester des Kurfürsten von Bayern, der keinen männlichen Erben hatte. Unter dem Vorwand, die böhmischen Schlachtfelder zu besichtigen, traf Joseph ergeben in Teplitz mit Prinzessin Kunigunde zusammen, die er voll hoher moralischer Qualitäten, aber bar jedes körperlichen Reizes fand. In Straubing lernte er Josepha von Bayern kennen, über die er an seinen früheren Schwiegervater, den Herzog von Parma, schrieb: »Sechsundzwanzig Jahre alt (in Wahrheit war sie erst dreiundzwanzig), ist Josepha klein und dick, ohne Jugendreiz, mit Bläschen und roten Flecken im Gesicht und schlechten Zähnen. Beklagen Sie mich.« Seiner Mutter erklärte er: »Da Sie mir das Messer an die Kehle setzen, nehme ich Josepha, weil sie, wie man mir gesagt hat, wenigstens schöne Brüste hat!«

Die Hochzeit fand am 23. Januar 1765 statt. Damit die Feier nicht zu trostlos wurde, ließ die Kaiserin gleichzeitig zwanzig junge Paare trauen und schenkte jedem 200 Gulden. Sie berichtete ihrer Tochter Christine:

»Sie haben eine Schwägerin und ich eine Schwiegertochter. Ach, es ist die Prinzessin Josepha, gegen meine Überzeugung, gegen mein Herz, aber ich selbst mußte meinem armen Sohn zu der Entscheidung verhelfen, da er sich nicht entschließen konnte, weder allein, noch vor dem Kaiser und Kaunitz. Ich konnte nicht verhindern, daß er nur meinetwillen zugestimmt hat. Stellen Sie sich nun vor, in welchen Zustand er mich versetzt hat: Ich wünsche sehr, daß uns das Wetter am Ausgehen hindert, damit ich mich wieder fassen kann. Ich werde sogar die Medizin, die ich nehmen soll, vorschützen, um allein zu bleiben. Das Schlimmste ist, daß man fröhlich und zufrieden erscheinen muß, was ich ja tatsächlich auch sein müßte, da sich der Sohn gefügt hat; aber mein Herz stimmt meiner Vernunft nicht zu. Ich habe Mühe, mich zu fassen, obwohl ich die ganze Nacht für mich hatte ...«

Eine unfruchtbare und unglückliche Verbindung. Vergeblich versuchte die Prinzessin, die zwar häßlich, aber intelligent, gut und sanft war, das Herz ihres Gemahls zu gewinnen. Joseph nahte sich ihr nur mit Widerwillen und widmete ihr nicht die geringste Zärtlichkeit. Im Juli 1766 antwortete er seiner Mutter auf den Vorschlag, der Unglücklichen ein freundliches Wort zu schreiben: »Ich würde lieber dem Großmogul schreiben. Meine Gemahlin begnügt sich nicht mit meiner Achtung. Sagen Sie mir doch, liebe Mutter, was ich ihr schreiben, oder wo zum Teufel ich ein anderes Gefühl für sie hernehmen soll?« Im April 1767 zog sich Josepha die Blattern zu, Joseph kümmerte sich nicht um die Kranke. Von ihrem Mann völlig im Stich gelassen, starb sie am 28. Mai. Kaiser Joseph II. geruhte nicht einmal, an ihrer Beerdigung teilzunehmen. Und dabei hatte er seinem ehemaligen Schwiegervater in Parma wenige Tage nach der Hochzeit geschrieben: »Es ist mir nicht möglich, Josepha zu lieben. Aber sie hat an mir einen Freund, der ihre guten Eigenschaften anerkennt und sie mit der möglichsten Rücksicht behandeln wird.«

Der Name Josephas von Bayern, der Tochter Kaiser Karls VII. und der Gemahlin Kaiser Josephs II., gehört in die lange Liste der Prinzessinnen, die der Staatsraison geopfert wurden.

Achtes Kapitel

HOFLEBEN UND FAMILIENLEBEN

Das Nebeneinander von zwei Höfen in Wien, dem kaiserlichen Franz': I. und dem Hof Maria Theresias, der Souveränin und Erzherzogin von Österreich, »Königs« von Böhmen und »Königs« von Ungarn, vervielfältigt die offiziellen Zeremonien und Protokollvorschriften. Kirchenfeste, Hoffeste, Galaveranstaltungen, Empfänge, Bälle, Tagungen des Goldenen Vlieses, Gottesdienste, Trauerfeiern, lösen einander ab. Erschöpft berichtet der junge Herzog von Richelieu, der als Botschafter Frankreichs in Wien akkreditiert ist, seinem Kollegen Kardinal Polignac nach Rom: »Die Botschafter sind gehalten, dem Hof wie die Kammerdiener zu folgen... Es kann keinen Betbruder geben, wie kräftig auch immer seine Gesundheit sein mag, der dies Leben in der Fastenzeit hier aushielte... Von Palmsonntag bis zum Mittwoch nach Ostern bin ich insgesamt hundert Stunden in der Kirche gewesen, im Gefolge des Kaisers... Ich bin völlig erschöpft.« Wenn bei feierlichen Anlässen ein Redner den Namen des Kaisers nennt, muß er den spanischen Gruß entbieten: eine tiefe Verbeugung zur Büste hin, dann ein Knicks. Nur auf den Knien ist man zum Handkuß zugelassen. Ein Gesandter, der nicht mindestens Kardinal ist, kann nicht zur Tafel des Herrschers hinzugezogen werden.
Bei großen religiösen Feiern oder Trauergottesdiensten gehen dem Kaiser der Nuntius, die Minister und Botschafter mit unbedecktem Kopf voraus; die Kaiserin folgt ihm. Die Obersthofmeisterin in spanischem Umhang geleitet die Herrscherin an der Hand. Die vielen fremden Diplomaten benehmen sich meistens kleinlich, empfindlich und eifersüchtig. Allein hundert vertreten die deutschen Staaten; außerdem unterhalten Privatpersonen hier Vertreter. Vierzig Jahre hindurch, schreibt Brion, »behauptet Maria Theresia eine kräftige

und anspruchsvolle Selbstherrlichkeit nach spanischem Vorbild; sie hängt an der *grandezza,* von der ihre Herrschaft geprägt sein soll, vor allem dann, wenn fremde Souveräne und deren Botschafter anwesend sind. Auch in den Salons der Aristokratie beachtet man genauestens den Vorrang.« Für Hofempfänge ist spanische Tracht unerläßlich, mit roten Strümpfen, Perücke und Degen; Kaunitz freilich erscheint in weißen Strümpfen und ohne Degen. Der preußische Kammerherr Baron von Pöllnitz beschreibt anschaulich das Diner Ihrer Majestäten:
»Ein Kammerherr präsentiert die Getränke. Die beiden Majestäten trinken auf ihr gegenseitiges Wohl. In diesem Augenblick erscheinen der Obersthofmeister, der Oberstkämmerer, der Hofstallmeister und der Hauptmann der Garde, um sich ihre Befehle für den Nachmittag vom Kaiser zu holen. Die Damen und die obersten Chargen der Kaiserin erscheinen ebenso vor ihr, und dann verschwinden sie alle wieder... Ihre Majestäten sitzen an der Tafel, bis alles, auch das Tischtuch, fortgeräumt ist. Man legt ein neues Tuch auf, und der Obermeister der Silberkammer hält einen vergoldeten Wasserkrug und eine Schüssel hin, damit sich die hohen Herrschaften die Hände waschen können. Der Oberstkämmerer reicht dem Kaiser, eine Ehrendame der Kaiserin die Serviette. Darauf erheben sich die beiden Souveräne, um sich zurückzuziehen ...«
Wenn Kaiser oder Kaiserin eine Audienz gewähren, gehören bei Eintritt und Verlassen des Raums drei spanische Hofknickse dazu. Ist der Empfang beendet, zieht sich die Kaiserin in das »Spiegelzimmer« zurück, wo sie von ihren Damen erwartet wird, die ihr die Hand küssen, bevor sie sich an den Spieltisch setzen. Am Tage darauf suchen die Diener des Obersthofmeisters und des Oberstkämmerers die am Vortage bei Hofe empfangenen Persönlichkeiten auf, um ein Trinkgeld einzuziehen, dessen Höhe sie selbst nach dem Rang der Person bestimmen.
Bei einem Souper der Kaiserin gibt es kleine Besonderheiten: dreioder viermal nimmt ein Hoffräulein mit tiefer Verneigung die Leuchter vom Tisch, reicht sie dem Silberzeugverwalter zum Putzen und stellt sie mit tiefer Verbeugung wieder auf den Tisch zurück.
Viermal im Jahr dinieren die Majestäten öffentlich im Palais, wobei sie auf einem Podest unter großem Thronhimmel sitzen.

»Die Haushofmeister in spanischen Mänteln bringen unter Vorantritt des Obersthofmeisters die Platten, die vom Oberküchenmeister angerichtet und vom Silberkammermeister begutachtet worden sind«, berichtet Villermont. »Eine Schar von Kammerherren bieten kniend Wasser, Gläser, Teller dar. Bevor ein Teller Ihre Majestäten erreicht, ist er durch vierundzwanzig Hände gewandert. Der Monarch speist mit bedecktem Haupt und nimmt den Hut nur ab beim Tischgebet und beim Dankgebet, oder wenn die Kaiserin auf seine Gesundheit trinkt. Das diplomatische Corps, einschließlich des Nuntius, bleibt stehen, ebenfalls mit Kopfbedeckung, und zieht sich zurück, wenn der Kaiser den ersten Schluck zu sich genommen hat. Das kaiserliche Kammerorchester spielt während der Mahlzeit.«

Graf Joseph Khevenhüller klärt mühelos dank seiner profunden Kenntnis des Protokolls und seines tiefen Respekts vor der geheiligten Tradition die schwierigsten Fragen von Rang- und Platzordnung. Er verkörpert die Vergangenheit in ihrer ganzen Erstarrung und beklagt jeden geringsten Verstoß gegen die Etikette. Prinz Karl von Lothringen ist in Stiefeln über das Parkett der Hofburg gegangen? Welche Kühnheit! Ihre erhabene Majestät hat einen Gardeleutnant zur Tafel befohlen, der »kein Geborener« ist? Ungeheuerlich! Seine Majestät der Kaiser duldet bei kaiserlichen Festen die Anwesenheit bürgerlicher Offiziere? Ein Skandal!... Die »neue Ära« zerreißt Khevenhüller das Herz; er jammert über die unerhörten Nachlässigkeiten in der Kleidung.

»Die jetzige Herrschaft ist die Unordnung und das Potpourri schon allzusehr gewohnt«, klagt er. Und tatsächlich, manche Leute kombinieren Kleidungsstücke, die durchaus nicht zusammengehören! »Es gab die gewöhnlichen oder Ordinari-, die Appartementkleider; schwarztüchene oder ordinari Knöpfe mit seidenen Knopflöchern; Manschetten aus Musselin mit breitem oder weniger breitem Saum; mit oder ohne Fransen oder Spitzen; großer »Geschmuck«, kleiner oder gar keiner...« (Ann Tizia Leitich)

Eines Tages ruft Graf Ulfeld den Gesandten Podewils zur Ordnung, – der preußische Diplomat hat gewagt, den Hofkanzler mit »Sie« statt mit »Excellenz« und in der dritten Person anzureden!

Trotz Kriegen, Niederlagen, Blattern und Trauerfällen wird das Wiener Leben von Heiterkeit, Höflichkeit und Eleganz getragen, die in Wien so ausgeprägt sind und sich besonders in Redouten und Maskenbällen kundtun. Während des glanzvollen Karnevals von 1743 notierte Khevenhüller: »Die Kaiserin ist nie so glücklich wie in den Tagen, da sie sich unter die Menge mischt, maskiert und inkognito.«

Die strengen Fasten ziehen sich fast über ein Drittel des Jahres hin. Es ist Vorschrift, sich dann mit einer Mahlzeit täglich zu begnügen; die Wiener müssen sogar auf ihren Milchkaffee oder Kaffee mit Schlagobers verzichten. Die Fasten werden aus Respekt vor der Kirche gehalten, aber auch aus der Beflissenheit, »gute Figur« zu machen. Sind die Fastentage vorbei, bedecken sich die Tafeln der Reichen mit ausgesuchten Genüssen; Donaufische, Wild, Auerhähne, Geflügel sind auf raffinierte Art zubereitet und werden mit edlen Weinen genossen. Die kleinen Bürger begnügen sich mit fünf bis sieben Gängen und trinken Bier. Bei solchen Gepflogenheiten grassiert trotz den Fasten die Gicht.

Komödien, Bälle, Balletts, Konzerte, Maskeraden folgen einander bei Hofe. Manchmal erscheint die ganze kaiserliche Familie in rosa Dominos, nur die Kaiserin in einem weißen. Die Chefs der ausländischen Missionen geben große Feste. Der russische Botschafter Graf Lanczinsky veranstaltet einen verschwenderischen Empfang im Liechtensteiner Park, der von Fischer von Erlach angelegt worden ist. Kaskaden von Blumen, illuminierte Lustwäldchen, ausgesuchte Speisen, sprühende Feuerwerke bezaubern die kostümierten und maskierten Gäste. Draußen vergnügt sich das Volk mit Tanz die Nacht hindurch. Der Hochadel legt einen unerhörten Luxus an den Tag durch die Zahl der Diener, die reichen Livreen, die Pracht der Equipagen.

Maria Theresia begnügt sich nicht damit, bei Redouten im Herrensattel zu reiten; wie ihre Damen trägt sie lange Lederhosen unter einem weiten Rock. Khevenhüller verhüllt sich die Augen.

Man spielt viel und hoch bei Hofe. Lafue erzählt: »... Man braucht keine Standesperson zu sein, um zu den Spielsalons zugelassen zu werden, wo die Reichsten den Vornehmsten den Rang ablaufen. In ihren innersten Gemächern, die sie ihr *Retirata* nennt, hat Maria Theresia eine Pharao-Bank eingerichtet, bei der es nur hohe Einsätze gibt. Tausende von Dukaten rollen über die grünen Decken der großen Tische oder über die Einlegearbeit der Spieltischchen für vier Personen. An einem einzigen Abend hat Prinz Karl Maria Theresia 6000 Dukaten abgewonnen, während Kaiser Franz I. bei derselben Gelegenheit die Prinzessin Wilhelmine Auersperg-Neipperg um 4000 Dukaten erleichterte.« Marie Antoinette, der man vorwarf, Vermögen verschwendet zu haben, tat es nicht von ungefähr. Übrigens hat man auch vor ihrer Ankunft in Frankreich in Trianon wie in Marly schon hoch gespielt, manchmal mit Spielmarken von hundert Louisdor.

Trotz Etikette, Protokoll, Rangfragen, *grandezza* hat das Hofleben durchaus nichts Steifes: es ist eine typische Wiener Mischung von Repräsentanz und Einfachheit, Vornehmheit und Leutseligkeit, Zurückhaltung und Anmut.

Die Kaiserin-Witwe, Karls VI. Gemahlin, war in Wien geblieben. Sie lebte mit ihrem eigenen Hofstaat und ihrer eigenen Leibgarde in Schloß Hetzendorf. Ihre zahllosen Jagden bei jedem Wind und Wetter an der Seite ihres Mannes hatten ihr eine unangenehme Krankheit eingebracht, den Rotlauf, welcher die Vierzigjährige für immer entstellte. Maria Theresia verehrte ihre Mutter und erwies ihr immer tiefen Respekt; so versäumte sie auch bei den feierlichsten Empfängen nicht, ihr die Hand zu küssen. Aber sie fragte sie niemals um Rat in Staatsangelegenheiten. Trotz ihrer Fettleibigkeit und ihren Leiden blieb die Kaiserin-Witwe stets heiter und nahm sich aller Unglücklichen mit großer Güte an. Ihre einstige Schönheit, von Lady Montagu besungen, hatte sich zurückgezogen auf ihre Hände und ihr Haar. Am 31. Dezember 1750 lächelte sie ein letztes Mal und schlief dann sanft ein.

Anna Charlotte von Lothringen, die Schwester des Kaisers, war unvermählt geblieben, nachdem sich die geplante Heirat mit dem Herzog von Orléans zerschlagen hatte. Sie langweilte sich in Wien, obwohl sie einen bevorzugten Platz an der Tafel Franz' I. hatte. Viel mehr als für ihre zahlreichen Neffen und Nichten interessierte sie sich für den Kammerherrn O'Gara. Der schöne fünfzigjährige Ire wurde vom Kaiser zum Oberstkämmerer der Prinzessin ernannt. Der Hof zitterte. Was würde die Kaiserin zu dieser Art offizieller Konstellation zweier Junggesellen sagen? Maria Theresia schwieg, Khe-

venhüller zog ein Gesicht, und Charlotte langweilte sich nicht mehr.
Nach den morgendlichen Kabinettssitzungen begab sich die Kaiserin zu ihrer Familie. Sie fand Franz und ihre »Brut« vollzählig versammelt vor. Glücklich und entspannt beendete sie die Mahlzeit mit dem Genuß des Wiener Kaffees, während Franz spanische Schokolade trank, die seinem Embonpoint nicht gerade zuträglich war.
Als echte Wienerin liebte Maria Theresia die Natur und das Leben auf dem Lande. Deshalb verbrachte sie die Zeit vom Frühling bis zum Herbst auf Schloß Schönbrunn, das sechs Kilometer vom Zentrum der Stadt Wien liegt und auf eine bewegte Geschichte zurückblickt: 1569 wurde es als bescheidenes Jagdschloß von Kaiser Maximilian II. errichtet, von den Ungarn zerstört, von Kaiser Matthias wieder aufgebaut, 1683 in Brand gesteckt während der Belagerung durch die Türken, von Leopold I. wieder aufgebaut und von Karl VI. vernachlässigt. Maria Theresia wandte dem Schloß seit 1750 ihren gewohnten Eifer zu, ließ die inneren Gemächer vollenden oder herrichten, die Gloriette auf dem Hügel hinter dem Schloß bauen und machte so aus Schönbrunn das Schloß ihrer Epoche – mit seinen schönen Salons, den weiten Galerien, der Kapelle, dem kleinen Theater, dem Ehrenhof und den herrlichen Gärten.
In Schönbrunn hatte Napoleon 1805 und 1809 sein Hauptquartier, und der Herzog von Reichstadt starb hier am 22. Juli 1832 in jenem Zimmer, in dem sein Vater geschlafen hatte. Auch Franz Joseph wurde in Schönbrunn geboren und ist hier gestorben.
1752 wurde das Tiergehege des Schönbrunner Parks für die Wiener geöffnet, die nun vor allem sonntags erschienen, um entzückt Elefanten, Strauße, Affen zu bestaunen. Bald siedelten sich auch private Menagerien an, mit Löwen und Tigern, Gürteltieren – und marktschreierischen Ankündigungen.
Am 2. November 1755, während der Unterhandlungen um das Bündnis mit Frankreich, brachte Maria Theresia ihr fünfzehntes Kind zur Welt. Der Großzeremonienmeister notierte in seinem Tagebuch: »Die Kaiserin bringt ein Mädchen zur Welt, das leicht wie eine Feder, aber völlig gesund ist.« Nach dem üblichen Tedeum empfing der Kaiser die Gratulanten in seinem Privatkabinett. Am nächsten Morgen vollzog der Fürstprimas die Taufe der kleinen Erzherzogin

in der neuen »Antikamera«. Joseph und Marianne hielten stellvertretend für das Königspaar von Portugal das Kind über das Taufbecken. Es erhielt die Namen Maria Antonia Josepha Johanna und wurde Königin von Frankreich. Joseph, der recht bewegt von der Zeremonie war, zog Maria Christina und Antonia den anderen Geschwistern stets vor. Das letzte Kind der Kaiserin kam am 8. November 1756 zur Welt, Maximilian, der spätere Kurfürst von Köln, letzter Sprößling der großen »Brut«.

Nicht alle Kinder können in Schönbrunn wohnen, denn jedes hat seinen eigenen kleinen Hofstaat. Nur Joseph, Marianne und Mimi leben bei den Eltern, die anderen in der Hofburg oder im Palais Schwarzenberg. Karl Joseph wird sogar eine Zeitlang bei einem pensionierten Kammerdiener untergebracht (die untergeordneten Dienstboten leben in den benachbarten Dörfern wie Hietzing oder Penzing). Aber die Kinder finden sich immer wieder zusammen. Friedlich und fröhlich verläuft das Leben der großen Familie, trotz Krieg und Unglück, deren Last die Mutter allein zu tragen scheint.
Wagenseil gibt den Kindern ausgezeichneten Klavierunterricht; Georg Reutter bringt ihnen das Singen bei, aber den richtigen Vortrag und den Triller lernen sie bei einem italienischen Professor. Der Dichter und Komponist Metastasio ist so etwas wie ein Regisseur bei Hofe, denn man spielt ab und zu kleine (sorgfältig gereinigte) französische Komödien. Mit sieben Jahren ist die Erzherzogin Marianne der Star, und der jüngere Sohn des Grafen Harrach bewährt sich als Pulcinello. Als der Vorhang gefallen ist, werden Akteure und Aktricen zum Souper an einen Tisch neben der Tafel der Majestäten gebeten – eine große Auszeichnung! Das Einüben, die Vorstellungen, Theaterabende, religiöse Zeremonien und Gottesdienste nehmen viel Zeit in Anspruch. Man darf sich also nicht wundern, daß die Erzherzoginnen hervorragende Sängerinnen, ausgezeichnete Musikantinnen, sehr gute Schauspielerinnen sind, aber keine gelehrten Frauen.
Dazu die Einladungen in Paläste und Schlösser! Den Sankt Johanistag feiert man bei der Gräfin Fuchs in Mannersdorf, nahe der Ostgrenze. Nur die Kleinsten fehlen, die ganze übrige Familie findet sich hier zu Gelächter und Gesang zusammen. Am Abend wird das

Johannesfeuer entfacht, und trotz seiner Rundlichkeit springt der Kaiser als erster über die Flammen; ihm folgen leichtfüßige Höflinge und die Dorfbewohner; ist das Feuer erloschen, begeben sich die Erwachsenen in slowakischen Trachten zum Maskenball; die Kinder werden ins Bett gebracht, die Augen schon voller Schlaf. Sie spielen am Tag darauf nach der Messe unter sich, während der Kaiser nach Ebersdorf zu einer Parforcejagd aufbricht und die Kaiserin, längst auf den Beinen, ihre Arbeit mit den Ministern fortsetzt. Die heiterste aller Mütter hat der gewissenhaftesten aller Herrscherinnen Platz gemacht, aber am Nachmittag schon führt sie wieder ihre Küken an.

Wie Schüler, die den Unterricht schwänzen, entschlüpfen Maria Theresia und der Kaiser bisweilen ihrem Hof, versuchen ihr Gefolge abzuschütteln und genießen die Freiheit. Eines Tages, bei einem Ausflug in die Weingegend, vergeht die Kaiserin fast vor Durst. Galant klettert Franz über eine Mauer in einen Weinberg, pflückt drei prachtvolle Trauben und bietet sie ihr dar. Da erscheint drohend und scheltend der Bauer und fordert fünf Gulden Schadenersatz. Aber weder Maria Theresia noch Franz I. haben einen roten Heller bei sich. Der Bauer wird wütend, fragt nach den Namen und schließt das Kaiserpaar – im Glauben, daß sie ihn zum Narren halten – in seinen Keller ein. Die Leibwache findet und befreit die Eingeschlossenen endlich, Maria Theresia leiht sich zehn Gulden und überreicht sie lächelnd dem bebenden Winzer... Danach läßt sie eine Gedenksäule an der Stelle errichten, wo das Oberhaupt des Heiligen Römischen Reiches das Eigentumsrecht verletzt und Trauben geraubt hat, wobei Ihre Majestät die Königin von Böhmen und Ungarn seine Komplizin und sogar die Anstifterin gewesen ist...

Anschaulich hat Marcel Brion Wesen und Sitten der Wiener beschrieben, die so sehr an ihrem Herrscherhaus hängen. Wenigstens aus der Ferne wollen sie an höfischen Festen und Feierlichkeiten teilnehmen, dabei ihre eigene Armut verbergen und vergessen. Ihre heitere Zutraulichkeit entartet nie zu Respektlosigkeit; ihr echter, inbrünstiger Katholizismus hat nichts Bigottes. »Tanz ist für sie ein lebensnotwendiges Element und auch von den Kirchenfesten nicht zu trennen.« Getreu ihrer Devise *primum vivere* haben sie die Kunst des Lebens und die Kunst des Vergnügens bis zu einem nirgendwo so hohen Grad des Raffinements entwickelt; der »blaue Montag« verlängert die Freuden des Sonntags; der Lebensrhythmus wird von der theresianischen »grandezza« und der deutschen Innigkeit zugleich bestimmt.

Für den Wiener, ob Fürst oder Dienstmann, ist die Musik »eine Lebensnotwendigkeit, der wichtigste Faktor im gesellschaftlichen und politischen Dasein«. Schon im 12. Jahrhundert erzählte der höfische Dichter Reimar von Hagenau, daß die Wiener tanzen und lachen und auf der Fiedel spielen. Der Wiener Hof war immer ein Mittelpunkt für das musikalische Leben; hier erklangen die musica sacra und vom 17. Jahrhundert an Oper, Oratorium und Kantate, zu denen später Sonate und Symphonie hinzukamen. Aber nicht nur als Förderer der Musik sind die Habsburger aufgetreten, sondern auch als Komponisten: Ferdinand II., Leopold I., Joseph I. waren selber schöpferisch. Als ausgezeichneter Musiker hat Karl VI. oft das Orchester dirigiert und seine Tochter Maria Theresia auf dem Cembalo begleitet. Mit ihrer hübschen Stimme sang sie auch einmal vor den Botschaftern von England und Holland. Und Franz I. lud eines Tages seinen Bruder, der sich auf der Durchreise in Wien befand, ein, die Kaiserin im kleinsten Kreis singen zu hören. »Das zweite Stück geriet viel besser als das erste«, schrieb Karl von Lothringen, »das dritte noch besser. Sie wollte aufhören, aber der Kaiser drängte sie so, daß sie noch zweimal sang.« Der Prinz war »sehr erstaunt und begeistert über das Gehörte«.

Zu Beginn ihrer Herrschaft hatte die Königin bedauert, daß ihr das Protokoll verwehrte, die Hauptrolle in mehreren Opern zu übernehmen; bald darauf aber war sie dann so mit Arbeit überhäuft, daß sie sich selber den Verzicht auf den Gesang, das Spinett – und die geliebten Maskenbälle auferlegte: die Pflicht ging vor.

1759 veranstaltete man am Hof ein Konzert der Kinder: Joseph spielte Cello, Karl Violine, Marianne und Marie Klavier. Am 24. Januar 1765 führten die Erzherzoginnen Elisabeth, Amalia, Josepha und Caroline zu Ehren der zweiten Heirat ihres Bruders eine komische Kantate, *Il Parnasso confuso*, auf, die Gluck zu dem Text von Metastasio komponiert hatte.

Das achtzehnte Jahrhundert ist ja die große Zeit der Musik in Österreich: Gluck, Haydn, Mozart leben hier und dirigieren in Wien ei-

nen Teil ihrer Werke. Gluck läßt sich nach Aufenthalten in Mailand und London in Wien nieder, wo er studiert hat. Er komponiert *Semiramis* und *Telemach.* 1754 wird er zum Orchesterleiter der gerade eröffneten Oper ernannt und schreibt *Orpheus* (der am 15. Oktober 1762 zum erstenmal in der Hofburg aufgeführt wurde), *Alkestis, Armida, Iphigenie.* In seinem zimtfarbenen, mit einem weißen Jabot geschmückten Samtgewand ist er in den Salons der Aristokratie wohlgelitten und plaudert mit hübschen Frauen nicht nur über Musik. Er liebt geistvolle Aussprüche und definiert die Kaiserin eines Tages mit den Worten: »Beständig im Glauben, treu in der Liebe, ewig in der Hoffnung.« Im Jahre 1774 erringt seine *Iphigenie in Aulis* einen aufsehenerregenden Erfolg in Paris; bei einer fünf Jahre später erfolgenden Aufführung wird Marie Antoinette begeistert umjubelt.
Haydn gehört zu den Sängerknaben des Domchors; er studiert Cembalo, Geige und Gesang. Als die Kaiserin eines Tages beim Spaziergang eine Bubenschar auf den Dächern herumklettern sieht, gibt sie Auftrag, die Schlingel aus ihrer gefährlichen Höhe herunterzuholen, und läßt sich den Anführer der Bande kommen, einen hübschen blonden Jungen, der Entschuldigungen stammelt. Auch der verwirrte Chormeister erscheint und erhält verblüfft ein Geldstück von Maria Theresia mit dem Auftrag: »Geben Sie ihnen fünf Gulden Strafe!« Die Jahre vergehen. Eines Abends nach einem Schauspiel wird Haydn, Komponist der *Schöpfung* und der *Jahreszeiten,* der Herrscherin vorgestellt. Sie gratuliert ihm und fragt plötzlich: »Habe ich Sie nicht schon einmal gesehen?« Lächelnd sagt Haydn: »Gewiß, Majestät, ich bin der Anführer der Chorknaben, die auf den Dächern balancierten und zur Strafe fünf Gulden erhielten!«
Haydn stirbt in Wien; er hinterläßt ein gewaltiges Werk, darunter mehr als hundert Symphonien.
Am 13. Oktober 1762 wird ein sechsjähriger Wunderknabe von den Eltern in Schönbrunn vorgeführt, wo er Klavier spielen soll. Er trägt einen hübschen fliederfarbenen Anzug mit goldenen Tressen und benimmt sich weder schüchtern noch keck. Der kleine Musikant gleitet auf dem gewachsten Boden aus und fällt hin. Eine Erzherzogin seines Alters hilft ihm beim Wiederaufstehen. »Sie sind sehr lieb«, sagt der Knabe. »Ich werde Sie heiraten!« Die Kaiserin fragt lachend: »Warum willst du sie heiraten?« »Aus Dankbarkeit«, ant-

wortet er, »sie ist so lieb zu mir gewesen!« Dann setzt er sich ans Klavier. Er heißt Wolfgang Amadeus Mozart, und die kleine Erzherzogin ist Maria Antonia, die künftige Königin von Frankreich.
Nach triumphalen Reisen durch Europa kommt Mozart 1768 nach Wien zurück, wo er die *Finta semplice* und *Bastien und Bastienne* schreibt. Am 7. Dezember dirigiert er eines seiner Werke vor dem Hof und erhält ein schönes Geschenk von Maria Theresia. Diesmal gleitet er nicht auf dem Parkett aus, denn nun ist er fast ein Mann: er ist zwölf Jahre alt. 1782 heiratet er Constanze Weber. Er schafft seine Hauptwerke, *Die Entführung aus dem Serail*, *Figaros Hochzeit* und *Don Giovanni*, und stirbt mit fünfunddreißig Jahren, ausgezehrt durch Schwindsucht und Erschöpfung.
1729 ist der einunddreißigjährige Italiener Metastasio als Hofpoet an den Wiener Hof verpflichtet worden. Er bleibt bis zu seinem Tod 1782 in Wien und lehnt alle Angebote aus Italien ab, weil er sich bei der kaiserlichen Familie glücklich fühlt. Er verfaßt die Libretti zu vielen Opern, sein Text zu *Artaxerxes* wird von Gluck vertont. Unter den Geschenken, die Maria Theresia ihm macht, ist auch ihr von Diamanten umgebenes Porträt. Sie schreibt ihm liebevoll. Die Hofmusikkapelle – zugleich Hoforchester, symphonisches Ensemble, Schule der Chorknaben, Konservatorium und Singspielbühne – umfaßt 47 Sänger und 24 Kinder. Zum Orchester gehören Blechinstrumente, 6 Trompeten, eine Pauke, außerdem die Orgel. »Es war der Gipfel der musikalischen Kultur der Wiener im achtzehnten Jahrhundert«, schreibt Brion. Der Stadtkonvikt, ein Konservatorium für Unbemittelte, bildet arme begabte Kinder auf Kosten der Stadt zu Musikern aus. Der österreichische Adel – in erster Linie die Lobkowitz, Schwarzenberg, Esterházy, Lichnowsky, Thurn – holt sich die Komponisten und Musiker in seine Schlösser.
Der reiche englische Verleger Burney besucht auf Reisen durch Österreich auch Gluck, Haydn und Metastasio; er hört sich Opern an und ein Oratorium von Johann Joseph Fux im Stephansdom. Er studiert die von Leopold I. gesammelten oder komponierten musikalischen Werke, die sorgsam in der Hofbibliothek aufbewahrt werden – und verläßt Wien schließlich höchst verwundert durch das, was er gehört und gesehen hat. »Hier«, erzählt er im Jahre 1773, »singen sogar die steinernen Engel über den Portalen!«

Über das österreichische Leben (im Vergleich mit dem preußischen) schreibt Tschuppik: »Maria Theresias Welt wußte, daß es andere Freuden gab, andere Vergnügungen als den Gehorsam, Freuden, die dem Leben Wert verliehen. Die vitalen Funktionen, die Liebe, die Natur, der Frieden, die Schönheit, das stille Glück der Betrachtungen, das Sehnen nach Gott ... Man atmete hier die Luft von Wohlwollen und Menschlichkeit; man fühlte den Zwang nicht. Man sehnte sich nicht nach Gehorsam, Unterwerfung, man ließ der individuellen Entfaltung alle Freiheit – eine ganz und gar aristokratische Tendenz ... Die Dynastie Habsburg brauchte Luxus und Schönheit ...«

Maria Theresia fühlte sich von der Literatur nicht sonderlich gefesselt, war dem Theater gegenüber eher zurückhaltend, aber leidenschaftlich begeistert für die Oper. Fünfmal hintereinander hörte sie *Semiramis* von Gluck. Beim Tode Karls VI. mußte sie aus finanziellen Gründen das Hoftheater in ein privat geleitetes »Nationaltheater« umwandeln. Diese Bühne, die für jedermann zugänglich war, brachte abwechselnd italienische und deutsche Opern, Balletts und »in Musik gesetzte Komödien« aus Frankreich.
Wenn Wien auch dank Gluck, Haydn und Mozart – im Anfang des neunzehnten Jahrhunderts kommt noch Schubert hinzu – zur führenden europäischen Musikstadt geworden war, bedeutete das noch nicht, daß die Werke der Komponisten immer begeistert aufgenommen wurden; Wien hat sogar manchen Musiker darben lassen. Am 30. Januar 1769 schrieb Leopold Mozart an einen Freund: »Die Wiener sind nicht begierig, ernsthafte und vernünftige Sachen zu sehen, für die sie kaum einen oder gar keinen Begriff haben. Sie wollen nur Dummheiten, Tänze, Teufel, Gespenster, Zauberpossen, Hanswurst, Lipperl, Bernardon, Hexen und Erscheinungen. Das ist nun einmal ganz gewiß, und ihr Theater zeigt es jeden Tag.«
Gewiß, im Theater am Kärntnertor applaudierte man Parodien, ziemlich ordinären Possen oder mit Liedeinlagen und gepfefferten Witzen gewürzten Pantomimen. Die Wiener, die das ganze Jahr über Messen, Symphonien, Oratorien und Serenaden zu hören bekamen, genossen die leichte Musik. Mit Unterstützung von Kaunitz, der das französische Theater für »das beste der Welt« hielt, veranstaltete Guiseppe d'Afflisio ausgezeichnete Vorstellungen mit Pari-

ser Truppen, aber schließlich war seine Schuldenlast so angewachsen, daß er aufgeben mußte. Graf Koharry, sein Nachfolger, hatte ebenso wenig Glück. 1772 wurde die letzte Aufführung in französischer Sprache gegeben: Maria Theresia, Joseph II., Adel und Publikum interessierten sich mehr für den neuen Aufschwung der deutschen Sprache.

Lessing wurde in Wien begeistert aufgenommen, *Minna von Barnhelm*, die er dort aufführen ließ, war ein voller Erfolg. Kaunitz und die große Gesellschaft feierten ihn, Maria Theresia empfing ihn sehr freundlich in der Hofburg. Sie hätte ihn gern mit dem Neuaufbau des Wiener Theaters betraut, aber Lessing wich aus und ging als Bibliothekar nach Wolfenbüttel. Noch stand er unter dem Zauber Friedrichs II., aber es kam der Tag, an dem er schrieb: »Preußen ist das am meisten versklavte Land Europas.«

Maria Theresia wollte nicht nur das Theater reformieren (schon 1752 hatte sie eine Reihe von Dekreten darüber herausgebracht), sondern auch die Schauspieler. Sie verachtete »die schlechte Sippschaft«. »Sie sind und bleiben eine Bagage! – Besuchen Sie keine dieser Frauen und Mädchen! Gehen Sie nicht in deren Wohnungen! ... Ihre Namen sind zu sehr geachtet, als daß sie mit dem Übelsten in der Monarchie zusammen genannt werden dürften!« schärfte sie Kaunitz und Starhemberg wiederholt ein. Sie bedauerte, daß Angehörige der Aristokratie Paten von Komödiantenkindern geworden waren. Als Fürst Kaunitz Madame Sacco aus Prag bei sich empfing, war alles verblüfft, obwohl ganz Wien in die Vorstellungen der großen Schauspielerin strömte. Ihre Kunst, Eleganz, Haltung und Schönheit triumphierten schließlich über die gesellschaftlichen Vorurteile.

Das Theater an der Burg und das Kärntnertortheater konnten sich nur mühsam halten, weil freitags, sonntags und an allen Feiertagen keine Schauspiele gestattet waren, die »der Staat als Lappalien ansieht«, wie Joseph II. mit Bitterkeit an seine Mutter schrieb.

Das achtzehnte Jahrhundert brachte mit einer Fülle philosophischer und dichterischer Werke einen Aufschwung der deutschen Kultur, – der unter anderem durch die Namen Lessing, Klopstock, Herder, Wieland, Goethe, Schiller, Hölderlin, Novalis, Schlegel gekennzeich-

net ist. Es war die Zeit des Sturm und Drang, der deutschen Klassik, der beginnenden Romantik. Kant veröffentlichte sein Meisterwerk: *Von der Form und den Prinzipien der sinnlichen und intelligibeln Welt,* Herder ließ seine *Ideen zur Philosophie der Geschichte der Menschheit* erscheinen.
In Wien las man Klopstock, Gellert, Hagedorn, Ewald von Kleist und vor allem Wieland, der, nach Goethe, »seinen politischen Geist dem österreichischen Einfluß verdankt«. Professor von Sonnenfels, der Recht und Ökonomie lehrte, war der große Anreger von Dichtung und Kultur. Maria Theresia selbst las fast nur religiöse Traktate, empfing aber 1749 den Dichter Gottsched sehr aufmerksam. Als Narr oder Atheist verschrien, konnte er jedoch in Wien nicht die von ihm gepriesene *Deutsche Gesellschaft* gründen. Lessing schrieb: »Ich sage der deutschen Literatur in Wien größeren Erfolg als der französischen in Berlin voraus ... Wien sollte für Deutschland werden, was Paris für Frankreich ist; das wäre wunderbar!«

Die österreichische Malerei stand noch unter dem Einfluß von Tiepolo. Anton Franz Maulpertsch (1724–1796) malte beachtenswerte Fresken und Altarbilder, von denen sich heute eine Anzahl im Wiener Barockmuseum befindet. Als der Genfer Jean Etienne Liotard bei einem Aufenthalt in Wien bat, die Kaiserin malen zu dürfen, antwortete sie: »Ja, wenn ich reite, wenn ich esse oder wenn ich schreibe –«, denn sie nahm sich nicht die Zeit, für ein Bildnis zu sitzen, und interessierte sich außerdem wenig für Malerei, obwohl sie als junges Mädchen selbst mit Pinsel und Farbe hantiert hatte. 1776 wurde in Wien eine Schule für Zeichnen und Radieren unter Leitung von Jakob Schmutzer eröffnet, der sein Studium in Paris vollendet hatte.
Große Architekten waren in der theresianischen Zeit in Wien tätig: Hildebrandt, Gabrielli, de Roveredo, Montinelli und allen voran Fischer von Erlach, von dem die Pläne für die Schlösser Schönbrunn, Hetzendorf, Laxenburg, Brenner, für die böhmische Hofkanzlei und die Karlskirche stammen. Brion sieht in ihm mit Recht »den großen Erbauer des modernen Wien«.
Nach dem Siebenjährigen Krieg nahm sich Maria Theresia gründlich ihrer Hauptstadt an. Sie ließ einen Straßenzug anlegen, der rings

um die Stadt führte, lichtete das Weichbild der Stadt, vereinheitlichte die Fassaden, verschönerte Prater und Schloßgarten und öffnete sie dem Publikum. Schönbrunn wurde in jahrelanger Arbeit umgestaltet. Am 12. Juli 1775 schrieb sie an Kaunitz: »Ich weiß, daß Sie sich viel Mühe machen, und Sie dürfen sicher sein, daß ich es zu schätzen weiß. Der schöne Garten ist Ihr Werk allein und mir desto teurer.« Im selben Jahr wurde auch die Gloriette vollendet, die den Hügel krönt. Das große Becken mit der berühmten Neptunsgruppe baute man 1780, in Maria Theresias Todesjahr, ein.
Für Laxenburg interessierte sich die Kaiserin weniger, besuchte aber gern Eugen von Savoyens Schloßhof, das im Sommer von Mimi und ihrem Mann Albert von Sachsen bewohnt wurde; die Residenz des jungen Paares war sonst Preßburg.

Am 12. Januar 1765 verzichtet Joseph II. zugunsten seines Bruders Leopold auf seine Rechte auf Toskana. Der achtzehnjährige Leopold heiratet am 5. August Maria Luise, die Tochter Karls III. von Spanien. Der Kaiser und der Bräutigam sind der Braut bis Bozen entgegengefahren, am 2. August hat das junge Paar feierlichen Einzug in Innsbruck gehalten, wo die königliche Familie, Hof und Gäste sie erwarten. Viele Feste und Zerstreuungen sind vorbereitet: Oper, Schauspiel, Ballett, Feuerwerk, Scheibenschießen mit wertvollen Preisen. Aber in furchtbarem Crescendo folgen einander drei Unglücksfälle: Am 5. August vollzieht Prinz Klemens von Sachsen, Bischof von Freising und Regensburg, in der Stephanskirche die Trauung – wenige Stunden danach wird Leopold von einem heftigen Fieber ergriffen, das tagelang anhält. Dann kommt die Nachricht, daß Philipp von Parma, Vater der verstorbenen Isabella, an den Blattern gestorben ist. Schließlich trifft ein drittes Unglück Maria Theresia mitten ins Herz und beendet endgültig die bereits zweimal unterbrochenen Hochzeitsfeierlichkeiten: In der Nacht vom 17. auf den 18. August stirbt plötzlich Franz I.
Der Kaiser hat an einem großen Dejeuner im Schloß teilgenommen und abends einer italienischen Schauspielertruppe applaudiert, sich aber noch vor Schluß der Vorstellung zurückgezogen. Joseph folgt ihm. Während sie zu den königlichen Gemächern hinaufsteigen, wird der Kaiser von einem Schwindel befallen. »Es ist nichts weiter,

nur mein gewohnter Schwindel«, sagt er zu seinem Sohn. Er tut noch ein paar Schritte, greift nach einem Türrahmen und sinkt zusammen. Man legt ihn im benachbarten Vorzimmer auf das Bett eines Dieners. Ein Arzt eilt herzu, öffnet eine Ader – aber es ist zu spät: Der Kaiser ist tot. Unauffällig ist er davongegangen, ohne Geräusch und Kampf, wie er gelebt hat.

Dr. van Swieten berichtet Cobenzl: »Der Römische König mußte nicht nur seinen Vater in seinen Armen sterben sehen, sondern auch die Kaiserin abwehren, die den bereits leblosen Kaiser sehen wollte. Man hinderte sie daran, und der König bewies bei dieser Gelegenheit eine Entschiedenheit, stark wie der Schmerz, der ihn ergriffen haben muß. Die Kaiserin erlitt in dieser für sie so schrecklichen Nacht zwei Ohnmachtsanfälle. Am Morgen wurde sie zur Ader gelassen und brach dann sofort nach Kloster Hall bei Innsbruck auf, von wo sie sich nach Wien einschiffte... Die Leiche des Kaisers soll drei Tage öffentlich aufgebahrt und am 31. bestattet werden... Die Trauerzeit ist auf ein Jahr und sechs Wochen festgesetzt. Während dieser Zeit werden keine Schauspiele gegeben werden, und man wird die französischen, italienischen und deutschen Akteure heimsenden...

Groß und klein beweint den Tod eines Fürsten, der vor allem für seine außerordentliche Güte bekannt war.«

Das Vorzimmer, in dem der Kaiser seinen letzten Atemzug getan hat, wird zum Trauerzimmer umgewandelt. Und das Hochzeitsgefolge, nun ein Trauergeleit, begibt sich auf den Heimweg nach Wien.

Franz I., noch nicht siebenundfünfzig Jahre alt, hatte zwanzig Jahre lang die Kaiserkrone getragen. Bis zur Unbesonnenheit mutig hatte er 1752 sein Leben gewagt, um armes Volk bei einer großen Feuersbrunst in Wien zu retten, später noch einmal bei einer schrecklichen Überschwemmungskatastrophe in der Leopoldstadt. Ein einziger Ehrgeiz hatte ihn beherrscht: sein geliebtes Lothringen zurückzugewinnen, das er seiner Liebe zu Maria Theresia geopfert hatte. Der Verzicht auf diese Hoffnung hatte ihn melancholisch gemacht, und auch der Kaisertitel tröstete nicht darüber hinweg. Er war intelligent und mit außergewöhnlich gutem Gedächtnis ausgestattet, nicht gerade gebildet, aber ein glänzender Geschäftsmann. Mit Hilfe einiger

Sekretäre hatte er sein bedeutendes Privatvermögen geschickt verwaltet und war – wenn es nicht ums Spiel ging – so sparsam, wie Maria Theresia großzügig. Er war einfach, heiter, großzügig gegen die Armen, bescheiden, ein Feind jedes Zwanges. »Nichts konnte seinem ganzen Wesen so wenig entsprechen wie die Etikette der Habsburger«, schrieb Sir Charles Hansbury Williams. Maria Theresia scheint zuweilen bei aller Liebe zu ihrem Gemahl unter seiner Inaktivität gelitten zu haben, denn sie sagte eines Tages zu ihrer Vorleserin Greines: »Lassen Sie sich raten: heiraten Sie keinen Mann, der nichts zu tun hat!«

Der Fürst liebte es, durch Wiens Gassen zu streifen, mit einem Vertrauten oder mit Prinzessin Charlotte, der einzig überlebenden seiner Schwestern; sie lebte zwar seit 1754 in Brüssel, kam aber oft zu Besuch nach Wien. Der Kaiser hing an seinen Freunden und Mitarbeitern, an den treuen Lothringern, die ihm nach Wien gefolgt waren: seinem ehemaligen Erzieher Freiherrn von Pfütschner, dem Baron Toussaint und Oberst Rosières. Er befaßte sich mit Alchimie, Physik, Mineralogie, mit Medaillen, Freimaurertum. Er ließ Blumen aus Holland kommen und beschrieb begeistert in seinem Kauderwelsch die Schönheit seiner Gärten. Er hat die prachtvollen kaiserlichen naturwissenschaftlichen Kabinette gegründet, hat die reiche Edelsteinsammlung des Chevaliers de Baillou erworben. Einige Monate lang interessierte er sich für die Sängerin Astria, aber es war nur ein flüchtiger Flirt. Die Liaison mit der schönen Fürstin Wilhelmine Auersperg dagegen machte Maria Theresia manchen Kummer. Sie kannte den Spottvers, der zu jener Zeit umging:

> Frau Resl, gib acht auf den Franzl!
> Er geht zu der Kathl am Schanzl!

Trotz der dauerhaften Liaison mit der Fürstin Auersperg machte der Kaiser auch anderen hübschen Damen den Hof. Der Fürst von Ligne berichtet: » ... Unser guter Herrscher Franz I. liebte zwanglose Feste, Frauen und junge Leute ... Zu der Zeit, als ich die Gunst der hübschesten Frau der Welt und der größten Dame von Wien mit dem damaligen Kaiser teilte, kam die Kaiserin gelegentlich ins Theater, und dann wagte der Kaiser nicht, seine Loge zu verlassen. Als er eines Abends aber meinte, sie sei hinreichend abgelenkt, schlüpfte er in die Loge, die ich in jenen Tagen aufzusuchen pflegte. Seine

Freundin und ich waren ein wenig verwirrt durch sein Auftauchen. Er fragte mich, wie das Stück eigentlich hieß. Es war *Crispin als Nebenbuhler seines Herrn.* Ich zögerte, ihm das zu sagen. Schließlich nannte ich ihm den Titel, halb verlegen, mit unterdrücktem Lachen, und rettete mich so schnell wie möglich nach draußen, der charmanten Frau die Sorge überlassend, wie sie eine natürliche Erklärung für unsere Verwirrung und mein plötzliches Verschwinden finden könnte.«

Franz I. war also ein beinahe treuer Ehemann. Er war außerdem ein guter Vater und vollkommener Prinzgemahl. Mit Unrecht bezeichnete ihn Joseph II. später einmal als einen »von Schmeichlern umgebenen Müßiggänger«. In Wahrheit empfing der Kaiser in dem kleinen Palais, das er in der Wallnerstraße erworben hatte, Männer der Wissenschaft, die ihm Ideen und Erfahrungen mitteilten.

Die Kaiserin, die ja sehr eifrig dahin gewirkt hatte, daß ihr Gemahl als Mitregent, vor allem in Ungarn, anerkannt wurde, war von solcher Vitalität, Unabhängigkeit, hatte eine so hohe Auffassung ihrer Pflichten, daß für Franz wenig zu tun blieb. Indessen überließ sie ihm bei Beendigung des Siebenjährigen Krieges die Oberdirektion der Staatsfinanzen, und er erledigte sich dieser Aufgabe so glänzend, daß der Kurs der österreichischen Währung anstieg. Von Maria Theresias geistiger Überlegenheit überzeugt und sorgsam auf die Rechte seiner Gemahlin bedacht, brachte Franz I. immer den Takt und die Vorsicht auf, sie unbehindert herrschen zu lassen. Sie war es, die, in ständiger Zusammenarbeit mit Kaunitz, entschied und anordnete. Aber Franz I. war eifersüchtig auf das Vertrauen, das die Kaiserin dem Kanzler schenkte, und gereizt durch die Gunstbeweise, mit der sie ihn verwöhnte. Ohnehin gingen die Meinungen der beiden Männer in wesentlichen Fragen auseinander, vor allem über die Umgruppierung der Bündnisse, die Franz alle Hoffnung nahm, sein geliebtes Lothringen Frankreich wieder abzugewinnen. Am 11. September 1761 fragte er den Kanzler am Schluß einer lebhaften Konferenzsitzung in verletzendem Ton, was er mit gewissen Summen angefangen habe. Der Minister beherrschte sich und gab keine Antwort. Die Kaiserin verließ die Sitzung, ohne ein Wort zu sagen, doch der Kaiser, der sofort das Kränkende und Ungerechte seiner Frage einsah, schickte seiner Gemahlin das folgende Billett: »Ma vivasite fig mir Regt an et je vous dret ne lavoyre pas fay pour bocoup.« Orthographisch richtig müßte das Sprachgemengsel lauten: Ma vivacité ficht mich recht an et je voudrais beaucoup ne pas l'avoir fait: Mein Temperament ficht mich recht an, und ich gäbe viel darum, es nicht getan zu haben.

Er schrieb außerdem an den Kanzler, zog seine Frage zurück und sprach ihm seine große Achtung aus. Die Kaiserin ihrerseits sandte Kaunitz einen langen Brief, in dem es heißt: »Ich habe sehr gelitten zwischen einem lieben Gemahl, der nur durch sein Temperament gefehlt hat, und einem Freund, für den ich so hohe Achtung hege und dessen vollen Wert ich zu schätzen weiß. Ich war nicht imstande, auch nur ein Wort zu sagen, so sehr hat es mich bekümmert.« Nach dieser doppelten Satisfaktion geruhte der so hoch geehrte Freund, an der Spitze der Kanzlei zu verbleiben.

1741 bat die von Sorgen geplagte Maria Theresia einen ihrer Vertrauten, den Leiter der böhmischen Kanzlei Graf Kinsky: »Laßt auf keinen Fall meinen Alten etwas merken!« Der Alte war dreiunddreißig Jahre alt... *Mein Alter* steht auch in einem Brief an ihre Schwester, in dem sie sich beschuldigt, »durch meine Bosheit dem Alten ein Fieber verursacht« zu haben. Damals ging es darum, daß Franz unbedingt an der Spitze der österreichischen Truppen in den Krieg ziehen, Maria Theresia es aber verhindern wollte – sicherlich aus Liebe, vielleicht aber auch ein wenig aus Angst vor neuen Niederlagen... Solche Konflikte waren übrigens selten.

Der Alte... wenn sie es sagte, klang es nur liebevoll. Im übrigen war er ihr *Bester*, ihr *adorabler Gatte*. Sie betete ihren Mann an, der wiederum sie aus ganzem Herzen liebte. Sie verbarg ihm ihre Sorgen, versuchte, in seiner Gegenwart nur heiter und voller Leben zu sein. Nach Unterzeichnung des Wiener Friedens schrieb sie ihm am 24. August 1742:

»Ich umarme Sie, ich sende und erflehe Ihnen den himmlischen Segen und bete für Sie. Er vermag alles: Ich bin voller Mut, er wird uns nicht verlassen. Er hat uns so deutlich geholfen. Ich bin ganz zuversichtlich, ich bitte Sie, sich nicht weiter entmutigen zu lassen: Bis zur Stunde ist alles gut gegangen, adieu!

Einmal allezeit

Therese.«

Der Kaiser und seine Gemahlin führten eine »bürgerliche Ehe«, wie sie damals völlig ungewöhnlich war (Ludwig XVI. bildete eine Ausnahme). Neunundzwanzig Jahre lang war die Kaiserin in ihrem gemeinsamen Leben vollkommen glücklich.

Der Tod Franz' I. bedeutete also für sie eine Katastrophe. Außer in ihrem christlichen Glauben hatte sie in der Liebe ihres Mannes ihre eigentliche Stütze gefunden, die Quelle ihrer Tatkraft, ihr Glück, den größten Reichtum ihrer Seele. Die unerwartete Trennung zerschmetterte sie, nahm ihr alle Freude an Leben und Arbeit – und gab ihr als Mitregenten einen ehrgeizigen Sohn, der in vielen Fragen grundsätzlich anders dachte als sie. Sie war untröstlich, machte sich Vorwürfe, ließ ihr herrliches Haar abschneiden, legte den Schmuck ab, verteilte ihre Toiletten. Sie gab die Gemächer der Hofburg auf, in denen sie mit ihrem geliebten Mann gelebt hatte, und bezog in das dritte Stockwerk, dessen Wände mit schwarzem Samt bespannt worden waren. Ihre Trauerfrisur gab sie nicht mehr auf, und sie ordnete an, daß die Damen künftig bei Hofe schwarze Toiletten zu tragen hätten. In alle Provinzen sandte sie Medaillen des Verstorbenen. Schminke wurde den Damen verboten, was die Fürstin Wilhelmine Auersperg, die nicht ganz so untröstlich war, zu dem Ausspruch veranlaßte: »Ist es denn möglich, daß man nun nicht mehr Herr seines Gesichts ist? Schließlich habe ich es von Gott und nicht vom Staat!« In Innsbruck gründete Maria Theresia ein Stift vornehmer Damen, deren Aufgabe es war, in einer Kapelle für das Seelenheil des Kaisers zu beten. In jedem Trimester erhielt das Stift von ihr 10 000 Gulden zu seiner Unterhaltung.
Bald nach dem Hinscheiden des Kaisers starben Feldmarschall Daun, Graf Haugwitz und Graf Thurn. Maria Theresia schrieb an die Gräfin Edling: »Ich habe den liebenswürdigsten aller Männer verloren ... Er war der ganze Trost meines harten Daseins; jetzt ist für mich nichts mehr da ... Möge mich Gott erleuchten und stärken, wenn ich denn noch eine Zeitlang auf dieser Erde umherirren soll!« Ihre Uhr war am 18. August 1765 stehengeblieben. Sie notierte in ihrem Gebetbuch, daß der Kaiser 680 Monate, 2958 Wochen, 20 778 Tage oder 496 992 Stunden gelebt habe. Und ihre glückliche Gemeinsamkeit habe gedauert: »29 Jahre, 6 Monate, 6 Täge, macht

also Jahr 29, Monat 335, Wochen 1540, Täge 10781, Stunden 358744.«

Den 12. Februar 1766, ihren dreißigsten Hochzeitstag, verbrachte sie in ihrem Arbeitszimmer, umgeben von den Porträts ihres »lieben und großen Herrn«. Sie betete lange und schrieb dann an ihre Freundin Gräfin Enzenberg:

»... Alle Stunden habe ich mich mit meinem vergangenen Glück beschäftigt, nicht ohne bittere Vorwürfe, daß ich es nicht genug genützt habe, als ich es noch besaß; der Zeitraum von 30 Jahren, der sich heute schließt, scheint mir wie 10 Jahre, und die 5 Monate, seit das Unglück geschah, sind wie 20 Jahre. Um diesen Tag zur Feier zu machen, habe ich mir in meine Garderobe mein Teil bringen lassen, das mir noch geblieben ist und das ich mit Ungeduld erwarte: meine Bahre und das Gewand, in dem ich mich mit dem einzigen Gut vereinigen werde, das mein Herz in dieser Welt gekannt hat... Denken Sie an die Leere, in der es sich befindet!«

Trotzdem stürzte sie sich Hals über Kopf in die Arbeit, »um mich zu betäuben, um mir keine Zeit zu lassen, meinen Zustand zu bedenken und zu fühlen«.

Franz I. hinterließ ein bedeutendes, auf 22 Millionen Gulden geschätztes Vermögen in Domänen, Gewerbeanlagen, Münzen, Wertpapieren, Juwelen und Kunstwerken. Er hatte den beiden Töchtern der verstorbenen Gräfin Fuchs beträchtliche Legate ausgesetzt, ferner seinen Dienern, den »verschämten Armen«, den Invaliden seines Regiments. Artikel 7 seines Testaments setzte ausdrücklich fest: »Ich setze zu meinem Universalerben denjenigen meiner Söhne ein, der bei meinem Hintritt der älteste sein wird.« Damit erbte also Joseph das gesamte Vermögen mit Ausnahme der Edelsteine, die der Kaiserin gehören, aber nach ihrem Tode an den Staat fallen sollten. Das Testament schloß mit den Worten: »*Und dem Schöpfer gebe ich die Seele zurück, die er mir anvertraut und durch die er mich mein Leben lang mit Gnaden überhäuft hat.*«

Im Oktober 1765 überschrieb Joseph dem Staat das Vermögen, das er von seinem Vater geerbt hatte. Er bat seinen Bruder Leopold, ihm unverzüglich 2 Millionen zu senden, die in der Bank von Toskana deponiert waren (»denn der Staat braucht sie«). Ohne zu bestreiten, daß die Summe dem verstorbenen Kaiser gehört habe, bat Leopold den Bruder, sie gegen Verzinsung dort zu lassen, weil der Abzug einer solchen Summe sehr ärgerliche Folgen haben würde. Joseph antwortete brutal: »Ich brauche das Geld, und ich habe ein Recht darauf. Außerdem habe ich mich entschlossen, sofort jemanden hinzuschicken, der es *in natura* holt. Das ist ein unwiderruflicher Entschluß...« Leopold machte neue Vorschläge, die Joseph heftig zurückwies: »Du verdientest ernsthafte Vorwürfe als jüngerer Bruder, der dem älteren nicht gehorcht!« Nun griff die Kaiserin ein. Sie tadelte Josephs Benehmen, »es erinnert an einen unmündigen Herrscher, der von den ewigen Schmeicheleien, mit denen er umnebelt wird, benommen ist und der beim geringsten Widerstand den kühlen Kopf verliert. Welch ein Hochmut! Was für ein ungerechtfertigter Stolz, sich auf das Recht der Älteren zu berufen! ... Ich könnte darüber lachen! Wie viele Male bist Du nicht jünger als Leopold gewesen?« An Graf Thurn, Attaché am Hof von Toskana, schrieb sie:

»Die Briefe (von Joseph) sind von Selbstüberhebung und Wut diktiert. Vor etwa zehn Monaten noch habe ich das unbeherrschte Wesen meines Sohnes seinem schlechten Gesundheitszustand zugeschrieben; aber heute fürchte ich und denke mit Zittern daran, daß sein Auftreten der Ausdruck eines Charakters sein könnte, der sich mehr und mehr ausprägt und der zu einem schrecklichen Unglück führen würde, das uns alle genau wie ihn selbst treffen könnte.«

Die zwei Millionen Gulden wurden zwar nach Wien gesandt, aber Leopold vergaß seinem Bruder nicht die Art, in der er ihn behandelt hatte. Joseph aber fuhr fort, ihn als seinen »einzigen Freund« anzureden, ihm seine Geständnisse anzuvertrauen und ihm vorzuwerfen, daß er ihm nicht stärkere Liebe entgegenbrächte.

Maria Theresia sprach nach dem Tod ihres geliebten Gemahls manchmal davon, zu Josephs Gunsten abzudanken und sich in ein Kloster zurückzuziehen. Kaunitz bekämpfte diesen für Österreich unheilvollen Gedanken energisch, riet aber, Joseph zum »Mitregenten« zu ernennen und ihm die militärischen und finanziellen Fragen zu überlassen. Maria Theresia griff den Gedanken auf und antwortete Kaunitz: »Verlassen Sie meinen Sohn nicht! Ich sehe, daß alle Welt ihm schmeichelt, aber ich sehe auch, daß er immer sehr bereit ist, sich mit Ihnen zu besprechen. Allerdings hat er es sich zur Gewohnheit gemacht und liebt es, daß man den ersten Schritt tut und ihn aufsucht.«

Dank seiner Studien und zahlreichen Missionen außerhalb Österreichs kannte Kaunitz Europa, seine Höfe und die Politik des Auslands gründlich. Seit seiner Rückkehr nach Wien hatte er sich mit den Problemen der Innenpolitik befaßt. Von bemerkenswerter Intelligenz, großem Arbeitsvermögen, unabhängig und selbstsicher entwickelte er seine Ideen in langen mündlichen oder schriftlichen Berichten. Er war absolut unbestechlich und stellte das allgemeine Interesse höher als das eigene: Als die Kaiserin 1760 den Staatsrat konstituierte, hatte er nicht gezögert, Daun und Haugwitz dafür vorzuschlagen, obwohl sie seine persönlichen Gegner waren. Wenn ihn auch seine Neigungen auf Paris verwiesen, gehörte sein Herz doch Österreich. Vorsichtig, geschickt und selbstbeherrscht führte er das Land aus den schwierigsten Situationen heraus; er beging in seiner langen Laufbahn nur einen einzigen schweren Fehler: als er später Joseph II. in der Affaire Bayern unterstützte.

Der Kanzler verstand sich nicht mit Sir Robert Keith, dem Botschafter Englands, der nach London schrieb: »... Unsere einzige Hoffnung ist, daß dieser für seinen Stolz und seine Unverschämtheit bekannte Mann der Welt endgültig den Rücken kehrt... Er besitzt beachtliche Intelligenz und in hohem Grad die Fähigkeit, sich klar und beredt auszudrücken. Unglücklicherweise vereinigt er jedoch mit seinen großen Qualitäten auch Überheblichkeit und viel Trägheit...«

Der brillante Plauderer Kaunitz wußte Frauen zu schätzen – er war seit 1749 verwitwet – und pflegte Umgang mit Musikern und Gelehrten. Er las viel, gründete ein »literarisches Büro« und richtete eine Bibliothek in seinem Ministerium ein. Doch seine unleugbaren Fähigkeiten mischten sich mit Wunderlichkeiten, die den Spott seiner zahlreichen Gegner herausforderten. Er führte zum Beispiel eine kleine Quaste mit sich, die er ab und zu – auch bei Audienzen – hervorzog, um die Diamanten an seinem Anzug blank zu reiben. Um seine Runzeln zu verbergen, hatte er sich eine ungewöhnliche Perücke ausgedacht, die von Locken raschelte. »Das Pudern dieses bemerkenswerten Hauptschmucks«, berichtete Villermont, »bildete eine sehr wichtige Tätigkeit in seinem Tagesablauf. In einem dafür bestimmten Saal zerstäubte der Kammerdiener zunächst eine gewisse Menge von Puder, damit er die Luft erfüllte; dann erschienen sechs mit Schnupftüchern bewehrte Lakaien, die sich zu dritt einander gegenüber aufstellten. Nach diesen Vorbereitungen trat Kaunitz selbst in seiner Perücke auf, die in lauter Liebesschaukeln gelegt war. Er ging ernsthaft zwischen den Dienern entlang, die nach einem festgelegten Rhythmus mit den Schnupftüchern zu wedeln hatten und so dafür sorgten, daß sich der Puder gleichmäßiger über die Locken legte...«

Seine Wäsche ließ Kaunitz in Paris waschen, was ihn 6000 Gulden jährlich kostete. Sogar in vorgeschrittenem Alter widmete er einen guten Teil seiner Zeit der Toilette, legte äußersten Wert auf Stoff, Farbe und Schnitt seiner Kleidung. Er lebte auf großem Fuß und hielt offene Tafel mit achtzehn Gedecken, aß selbst aber nur kleine, speziell zubereitete Gerichte, feines Gebäck und Dessert. Selbst wenn er Gäste hatte, pflegte er sich um elf Uhr zurückzuziehen, mochten auch der Kaiser und die Erzherzöge zugegen sein. Eine Einladung nahm er nur an, wenn sein Koch an Ort und Stelle ein leichtes Gericht für ihn kochen und wenn er seinen eigenen Wein mitbringen konnte. Außerdem hatte er die Gepflogenheit, im fremden Haus nach der Mahlzeit »sich den Mund zu reinigen«. Eine Viertelstunde lang putzte Kaunitz sein Gebiß, bewaffnet mit mehreren Spiegeln und Spezialwerkzeugen; und damit es nicht unbemerkt blieb, ließ er dabei deutliche Geräusche hören... Als er einmal beim Botschafter Frankreichs war und sich dieser widerlichen Tätigkeit hingeben wollte, stand Baron de Breteuil brüsk auf und sagte zu den übrigen Gästen: »Erheben wir uns, seine Exzellenz Fürst Kaunitz möchte allein sein!« Der Kanzler ließ sich nichts anmerken, vollzog die Reinigung, spülte und putzte die Zähne. Aber die Lektion trug noch ihre Früchte: er speiste nie mehr außer Haus.

Der Kanzler besaß ein reiches Gestüt aller Rassen. Nach dem Diner bestieg er nacheinander drei Pferde, jedes für eine im voraus festgesetzte Anzahl von Minuten. Da er sich (übrigens zu Unrecht) für den besten Reiter Österreichs hielt, liebte er es, seine Pferde vor Zuschauern tänzeln zu lassen.

Kaunitz hatte eine solche Angst vor Krankheit und Tod, daß er verboten hatte, in seiner Gegenwart davon zu sprechen. Wenn eine bedeutende Persönlichkeit diese Welt verlassen hat, so meldet man es Seiner Exzellenz mit Wendungen wie: »Herr Soundso ist nicht mehr daheim!« Als sein Kanzleichef das Zeitliche segnete, erfand man die bemerkenswerte Formel: »Der Herr Hofrat Binder hat seine Feder aus der Hand gelegt!« Man hütete sich, ihm den Tod Friedrichs II. zu melden, statt dessen informierte man ihn von der Thronbesteigung Friedrich Wilhelms II. Als Joseph II. seine Reformatorenseele aushauchte, hielt ein Sekretär Kaunitz einen Bogen Papier zur Unterschrift hin und bemerkte lakonisch dazu: »Seine Majestät wird niemals mehr unterzeichnen!«

Als die Kaiserin im Jahre 1767 mit knapper Not dem Tod durch die Blattern entging, ließ der Kanzler diese handschriftliche Anweisung unter seinem Personal zirkulieren:

»Vertrauliche Mitteilung an alle, die mir einige Freundschaft entgegenbringen: Während der schrecklichen Krankheit, welche die kostbaren Tage unserer erhabenen Kaiserin bedrohte, bin ich dank meiner persönlichen Verbundenheit mit dieser großen Fürstin so furchtbar durch die Vorstellung dieser Krankheit getroffen worden, daß ich ihren bloßen Namen nicht mehr hören kann, ohne zusammenzuzucken, und zwar so heftig, daß ich auf der Stelle von Atemnot und einem furchtbaren Zittern befallen werde und unbeschreiblich leide. Ich bitte Sie also, folgende Vorschläge zu beachten:

1. Niemals in meiner Gegenwart von der fraglichen Krankheit zu sprechen, noch von irgend etwas, das sich auch nur im entferntesten auf sie bezieht,
   und folglich auch
2. wenn Sie mir irgend etwas Gedrucktes oder Handgeschriebenes vorlesen, mit größter Sorgfalt darauf zu achten, Sätze zu überspringen, die sich mit diesem Thema befassen oder sich irgendwie darauf beziehen lassen. Sie würden mir einen sehr großen Dienst erweisen, wenn Sie dieses beachteten, und ich wäre Ihnen sehr zu Dank verpflichtet...

Fürst Kaunitz-Rietberg.«

Fürst von Ligne berichtet, daß Kaunitz gegen Ende seiner Laufbahn zu einem Russen gesagt haben soll: »Ich rate Ihnen, mein Herr, mein Porträt zu kaufen, weil man sich in Ihrem Land glücklich schätzen wird, das Gesicht eines der berühmtesten Männer zu kennen, des besten Reiters, des besten Ministers, den die Monarchie seit fünfzig Jahren gehabt hat, eines Mannes, der alles weiß und sich auf alles versteht!«

Die Kaiserin verzieh Kaunitz alles, sogar seinen Skeptizismus, die Bewunderung für Voltaire, die Liebschaften, denn sie schätzte das Gespräch und die Zusammenarbeit mit diesem Meister des europäischen Gleichgewichts. 1750 schrieb sie, als sie einen Bericht gelesen hatte, der sich mit dem Barrierenvertrag befaßte: »Ich habe die Arbeit von Kaunitz gelesen und damit einen vollen Tag verbracht, obwohl ich den ganzen Tag Fieber und Kopfschmerzen hatte, und ich möchte behaupten, daß ich mich dank der Befriedigung schließlich gesund fühlte, die für mich darin liegt, einen solchen Mann als Stütze meines Ministeriums zu haben. Je mehr ich ihn schätze, um so mehr zittere ich um ihn und seine Gesundheit.«
Nach dem Tode des Kaisers schrieb sie Kaunitz einen langen Brief, in dem sie ihm ihre Dankbarkeit und ihr Vertrauen aussprach. Sie schloß mit den Worten: »Ich zähle auf Sie und werde nichts ohne Ihren Rat unternehmen.« Oft ging sie in ihren Schreiben an ihn von einer Staatsangelegenheit auf eine häusliche über: »In kleinen wie in großen Angelegenheiten habe ich erst dann Ruhe, wenn ich Ihre Zustimmung finde.« Sie unterschrieb: »Ihre alte Freundin« und drückte ihre Dankbarkeit nicht nur in Briefen und Fußnoten unter offiziellen Schriftstücken aus, sondern auch durch Auszeichnungen, Geschenke und die rasche Beförderung seiner drei Söhne: Einer wurde mit einunddreißig Jahren Generalmajor, der andere mit fünfunddreißig Botschafter, der dritte erhielt das Goldene Vlies. Als Mimi Albert von Sachsen heiratete, verlieh sie Kaunitz die Großkreuze des Theresien- und des Stephansordens in Gold mit Diamanten, die einen Wert von 20 000 Gulden hatten: »Als Zeichen meiner Dankbarkeit, die Ihnen seit langem voll gehört und die erst mit meinem Leben enden wird.«
Im Juni 1766 wurde dieses vollkommene Einverständnis allerdings durch einen Vorfall getrübt: Die temperamentvolle Maria Theresia litt gelegentlich unter der Weitschweifigkeit ihres Kanzlers und dach-

te daran, ihm Starhemberg als Vizekanzler an die Seite zu stellen oder dem Botschafter als Staats- und Konferenzminister die Nachfolge des verstorbenen Haugwitz zu übergeben. Unversehens reichte Kaunitz, der mit der Rückberufung Starhembergs aus Paris einverstanden gewesen war, am 4. Juni 1766 seine Demission von allen Ämtern ein als Kanzler, Staatsminister, Präsident der Departements Niederlande und Italien. In seinem Schreiben dankte er der Kaiserin für ihr Vertrauen und stellte in einer Art selbstverfaßten Nachrufs dar, wie glücklich er gewesen sei, »ihr in fünfundzwanzig Jahren große und bedeutende Dienste geleistet zu haben«. Er verbreitete sich rühmend über sein harmonisches Verhältnis zu den Mitarbeitern und schlug vor, Starhemberg zu seinem Nachfolger zu ernennen, »der mich nicht nur ersetzen, sondern, wie ich von ganzem Herzen hoffe und wünsche, auch weit übertreffen wird«. Das Schreiben schloß mit der Versicherung, daß ihm die Entscheidung sehr schwer gefallen sei, und mit einer Lobrede auf die Kaiserin. Es sei seine Pflicht, die Entlassung zu erbitten, obwohl sein Vermögen bescheiden und seine häuslichen Angelegenheiten in traurigem Zustand seien ... Er werde eben die Ausgaben einschränken.
Drei Tage später erhielt Kaunitz die Antwort der Kaiserin:
»Sie haben mir seit vierundzwanzig Stunden das Leben schwer gemacht! Mein Herz fühlte sich zu sehr gepeinigt, ich wollte nicht meiner ersten Eingebung folgen, sondern habe mir Zeit gelassen, damit die Vernunft zurückkehrte und mir zur Seite stände. Nach reiflicher Überlegung schicke ich Ihnen hiermit Ihr Schreiben in meiner Eigenschaft als Souveränin zurück und will niemals wieder etwas davon hören ...«
Kaunitz blieb Chef des Ministeriums, Starhemberg und Pergen arbeiteten unter seiner Leitung. Vierzehn Jahre später, acht Tage vor ihrem Tode, schrieb Maria Theresia: »Der Name Kaunitz bedeutet mir überall Ehre und Glück.« Sie hatte ihn zum Fürsten erhoben und ihm 100 000 Gulden gegeben.

Im achtzehnten Jahrhundert forderten die Pocken mehr Opfer als die Kriege. Die Behandlung durch Gerhard van Swieten, Hofarzt und Leiter der Wiener medizinischen Fakultät, war wirkungslos. Sie bestand darin, daß der Kranke in ein dunkles Zimmer gesperrt, in

rote Tücher eingewickelt und mehreren Aderlässen ausgesetzt wurde.
Wie alle Zeitgenossen fürchtete auch Maria Theresia die Seuche. 1711 war ihr Onkel Joseph I., fünfzig Jahre später ihr siebtes Kind, der sechzehnjährige Karl Joseph, daran gestorben. Der Leidensweg der Habsburg-Lothringer – der venezianische Gesandte Renier sprach von »der Ilias des Hauses Österreich« – hatte aber erst begonnen. 1762 starb die zwölfjährige Johanna, Maria Theresias elftes Kind, die Ferdinand, dem Sohn Karls III. von Spanien, versprochen war. An ihre Stelle sollte im Jahr darauf nach den Absichten der Höfe von Wien und Madrid ihre dreizehnjährige Schwester Josepha treten. Die Kaiserin beauftragte Gräfin Maria Walburga von Lerchenfeld, ihren Zögling darauf vorzubereiten, »in vier Jahren einen Thron (den von Neapel) zu besteigen... und ihren Gatten glücklich zu machen, der bis heute kein Maß kennt und von Schmeichlern umgeben ist«. Im Januar 1767 wiederholte der König von Spanien den Heiratsantrag für Ferdinand, der sich seiner Volljährigkeit näherte. Maria Theresia antwortete zustimmend und ordnete die Vorbereitung glänzender Festlichkeiten an.
Kurz vorher war die mit Albert von Sachsen vermählte Mimi unter so schweren Umständen von einer Tochter entbunden worden, daß man um ihr Leben fürchtete. Die Kaiserin machte sich große Sorgen. Alles schien wieder gut zu werden, als das Kind am 17. Mai plötzlich starb. Kaum war es beerdigt, als sich Josepha, die zweite Frau Josephs II., krank fühlte. Nach einigen Tagen verordnete van Swieten einen Aderlaß. Als Josepha die Arme hob, erkannte Maria Theresia voller Schrecken die unheilvollen Zeichen der Krankheit, bemeisterte aber ihre Erschütterung und umarmte ihre Schwiegertochter mutig, ehe sie sie für immer verließ.
Während kurz darauf Mimi einen ernstlichen Rückfall durchmachte, litt Maria Theresia an heftigen Schmerzen in Kopf und Kreuz. Van Swieten führte gleich zwei Aderlässe durch, die indessen die Blattern nicht am Ausbruch hinderten. Am 28. Mai morgens starb Josepha. Mimis Zustand besserte sich, Maria Theresias wurde schlimmer. Ihre Hände und Füße waren mit Pocken übersät, das Gesicht so geschwollen, daß sie kaum noch sehen konnte. Am 1. Juni reichte man ihr die Sterbesakramente. Ganz Wien zitterte um sie, eine gro-

ße Menschenmenge wartete schweigend vor dem Schloß auf neue Nachrichten, die Kirchen quollen über von Gläubigen. Botschafter Renier berichtete nach Venedig: »Wenn man die ganze Stadt im Gebet erlebt, die Leute weinen sieht, wird man sich über die tiefe Liebe der Untertanen zu ihrer Herrscherin klar.« Einen guten Augenblick des 5. Juni nutzte die Kaiserin, um einen Brief an Mimi zu diktieren, in dem sie ihr von der Krankheit berichtete; bis dahin hatte sie angeordnet, daß man sie Mimi verheimlichte. Allmählich siegte die kräftige Natur über die »Schwester des Todes«, wie man die Seuche nannte. Joseph II., der die Pocken bereits überstanden hatte und sich deshalb kaum in Gefahr brachte, hatte Tage und Nächte neben seiner Mutter verbracht. An Kaunitz schrieb er: »Der Nachmittag des ersten Juni ist der schlimmste meines Lebens gewesen.« Am 17. brach die Krankheit bei Albert von Sachsen aus, und Maria Theresia, die ihren Schwiegersohn wie ein eigenes Kind liebte, mußte auch diesen Schock überwinden. Aber der Palatin erholte sich, und auch die Kaiserin konnte endlich zu ihrer Rekonvaleszenz nach Laxenburg aufbrechen. Als sie am 22. Juli wieder im Stephansdom erschien, wurde sie mit Jubel empfangen.

Fröhlich macht man sich nun in Wien an die Vorbereitungen zur Hochzeit Josephas mit Ferdinand von Neapel; aus Frankreich läßt man zum Mißvergnügen der österreichischen Fabrikanten und Händler herrliche Seidenstoffe kommen. Am 8. September erscheint als außerordentlicher Botschafter Neapels der Herzog von Santa Elisabetta, der offiziell um die Hand der Erzherzogin anhält. Monatelang wechseln Feste und Bälle mit Schauspiel und Illuminationen ab; vor dem Schloß hört man Rufe: »Es lebe die Erzherzogin Josepha!«

Aber am 4. Oktober beginnt der grausame Reigen von neuem: die künftige Königin von Neapel erkrankt: Frösteln, heftiges Fieber, Angstzustände, Kopfschmerzen, Übelkeit: die Pocken. Das schöne Gesicht der jungen Prinzessin bedeckt sich mit Pusteln, wie ein Insektenschwarm lassen sie sich auf Leib und Glieder nieder. Wieder einmal schließen in diesem verhängnisvollen Jahre 1767 Paläste und Theater überstürzt ihre Pforten, verschwinden Fahnen, Lampions und Blumen. Am 10. Oktober wird die Erzherzogin mit den Sterbesakramenten versehen, am Tage darauf deliriert sie; vom 12. auf den 13. scheint sich eine Besserung abzuzeichnen, am 15. stirbt sie.

Ferdinand von Neapel denkt sich für die Trauerfeier etwas aus, das eher an eine Maskerade erinnert. Tschuppik berichtet darüber: »Einer seiner Freunde wird als junges Mädchen verkleidet, gepudert, geschminkt, erhält eine Perücke und wird auf eine Bahre gelegt. Der König tritt heran und klebt ihm Schönheitspflästerchen aus schwarzer Seide auf Hände und Gesicht, um so die Verheerungen durch die Pocken anzudeuten. Dann wird die Bahre mit der ›Toten‹ in feierlicher Prozession durch die Gänge des Schlosses von Portici getragen.«

Bei der Rückkehr von der Trauerfeier für ihre Schwester fühlt sich die vierundzwanzigjährige Elisabeth krank. Am 22. Oktober stellt sich heraus, daß es sich um Pocken handelt – und zwar so schlimm, daß man die Erzherzogin schon für verloren hält. Aber Elisabeth erholt sich. Doch die Pocken haben ihr für immer alle Schönheit geraubt, sie ist völlig entstellt.

Im Jahre 1768 hoffte Maria Theresia, daß Ludwig XV. – Witwer nach dem Tode Maria Lesczinskas und befreit von der Pompadour – Elisabeth trotz dem Altersunterschied heiraten würde. Der König erklärte seinen Töchtern und Choiseul, er sei nicht abgeneigt, »vorausgesetzt, daß sich das Gesicht der Erzherzogin in einem Zustand befindet, der mir nicht mißfällt«. Aber schon stellt er dem Hof seine neue Mätresse vor: Jeanne Bécu, Gräfin du Barry. Maria Theresias Entrüstung über diese Neuigkeit, vor allem aber Elisabeths entstelltes Gesicht, machen den Eheplänen ein Ende.

Nach dem Wort von Renier hat es »die sehr kräftige Konstitution Elisabeths ermöglicht, in dem schrecklichen Krieg, den die Krankheit und die Ärzte entfesselt hatten, Sieger zu bleiben«. Maria Theresia schrieb im November 1767 an »ihre liebe Enzenberger«:

»Heute haben wir das Tedeum für Elisabeth gehalten. Ich habe es nur unter Tränen sprechen können und das De Profundis angefügt. Ich fürchte immer, daß meine Söhne auch noch folgen könnten und gestehe, daß ich nicht mehr die Kraft besitze, einen solchen Schlag zu verwinden... Im übrigen geht es mir gut, ich bin nur erschöpft und von der Welt mehr angewidert als je!«

Die Verheerungen durch die Epidemie von 1767 und die Unwirksamkeit der ärztlichen Maßnahmen riefen einen Aufstand hervor, dem beinahe van Swieten zum Opfer gefallen wäre. Im Jahr darauf sandte der König von England auf Wunsch Maria Theresias den holländischen Arzt Johannes Indenhouss nach Wien, der die Erzherzöge Ferdinand und Maximilian, vierzehn und zwölf Jahre alt, vorbeugend impfte. Die »Ilias des Hauses Österreich« war beendet.

Neuntes Kapitel

DIE GROSSE EHESTIFTERIN

Maria Theresia und Marie Antoinette

1768 leben von den sechzehn Kindern des Kaiserpaares nur noch zehn. Der Sohn Karl Joseph und fünf Töchter starben. Maria Theresia hat außerdem zwei Schwiegertöchter verloren: Isabella von Parma und Josepha von Bayern. Und sie hat vor drei Jahren den größten Verlust erlitten: Franz I., ihr geliebter Mann, starb. Ältestes der noch lebenden zehn Kinder – darunter vier Söhne – ist Joseph, verwitwet; Leopold ist verheiratet, Mimi die Gattin Alberts von Sachsen-Teschen. Eine der beiden Töchter, die durch die Pocken entstellt wurden, ist die dreißigjährige Marianne, Äbtissin in Prag, die andere die fünfundzwanzigjährige Elisabeth, Äbtissin in Innsbruck. Zu verheiraten sind also noch: der vierzehnjährige Ferdinand und sein zwei Jahre jüngerer Bruder Maximilian, die zweiundzwanzigjährige Maria Amalie, die sechzehnjährige Caroline und die dreizehnjährige Marie Antoinette. Außerdem muß Joseph wieder heiraten. Welche Mühe steht der größten Ehestifterin des Jahrhunderts bevor! Mit den beiden Söhnen und Marie Antoinette mag es Zeit haben, aber nicht mit Amalie und Caroline.

An ihr, Maria Theresia, ist es jetzt, Österreich und das Haus Habsburg durch fruchtbare Ehen zu festigen. Sie hat nicht das berühmte Distichon vergessen:

Bella gerant alii, tu, felix Austria, nube, nam quae Mars aliis, dat tibi regna Venus.

Mögen andere Krieg führen, du, glückliches Österreich heirate, denn was den anderen Mars, mehrt dir die Herrschaft der Venus.

In den Adern der Kaiserin fließt das Blut aus sechzehn Monarchen-Generationen. Die Staatsräson spielt also für sie wie für die ande-

ren Souveräne der Zeit eine vordringliche Rolle bei königlichen Heiratsplänen. Verlobungen werden zuweilen schon geschlossen, wenn die Betroffenen noch in der Wiege liegen, ja sogar schon vor ihrer Geburt. Nur eine Tochter Maria Theresias hat eine Liebesheirat geschlossen: Maria Christine, nach mehreren Mißgeschicken. Sie hatte Ludwig von Württemberg geliebt, aber die voltaireschen Ideen und die Sitten des Prinzen mißfielen dem Kaiserpaar, das seine Abreise aus Wien beschleunigte. Der abgewiesene Freier schloß bald darauf eine Mesalliance und starb dann plötzlich. Danach bemühte sich Albert von Sachsen, der unter den österreichischen Farben kämpfte, um Mimi; doch der Kaiser plante eine Ehe mit dem Prinzen von Chablais, dem jüngeren Sohn König Emanuels III. von Sardinien. Der plötzliche Tod des Kaisers hat dann für Mimi den Weg in die Ehe mit Albert freigemacht, den sie sehr liebte. Maria Theresia weiß die Qualitäten des Prinzen zu schätzen und hat ihn zum Feldmarschall und im Januar 1766 zum Palatin von Ungarn ernannt.
Beim Tode des geliebten Gatten hat Maria Theresia einen »Notgroschen« festgelegt, der »einen Bestand von 8 Millionen Gulden für die Etablierung der Familie« aufweist, wie Joseph an Leopold schreibt. Sie entnimmt diesem Fond 4 Millionen für die Heirat von Mimi und 2 für die entstellte Marianne, als sich die Unglückliche in Prag einrichtet. So bleiben also für die beiden anderen Kinder, die jetzt unbedingt unterzubringen sind, nur noch 2 Millionen! Diese Aufgabe, die neben den Regierungsgeschäften erledigt werden muß, gibt der Kaiserin Mut und Tatkraft zurück.

Im August 1765 hatte Leopold, Großherzog von Toskana, im Alter von zwanzig Jahren die Tochter des spanischen Königs Karl III. Marie Luise geheiratet. In ihren ersten Briefen an Graf Thurn, den Minister des Großherzogs, warf die Kaiserin ihrem Sohn Anmaßung, Heftigkeit, Verschwendungssucht vor. »Ich fürchte«, heißt es da, »daß der Charakter meines Sohnes weder so gut noch so sanft ist, wie ich glaubte, sondern daß er etwas Hartes und Strenges hat. Geben Sie gut acht!« Dieser mütterliche Argwohn war aber überflüssig, denn Leopold bewies außerordentliche Qualitäten und gewann sich die Achtung und die Zuneigung seiner Untertanen. Er lebte sehr glücklich in seiner Familie. Am 12. Februar 1768 wurde die Großherzogin von einem Sohn entbunden, dem man den Namen Franz gab – der erste Enkel der Kaiserin. Als Maria Theresia abends um sieben Uhr die Nachricht erhielt, war sie allein in ihren Gemächern. Sie eilte ins Theater der Hofburg, wo sich ihre Familie befand, stürzte in ihre Loge und rief ihren Kindern zu: »Der Poldl hat an Buam!« »Grandissimo fu il giubilo universale«, berichtete Renier nach Venedig – »gewaltig war der allgemeine Jubel.« Philipp von Cobenzl überliefert die reizende Szene:

» . . . Am letzten Tag im Karneval war ich im Hoftheater. Ein Schrei aus der kaiserlichen Loge zog alle Blicke dorthin. Es waren die Erzherzoginnen, die aufgeschrien hatten, als sie Maria Theresia sahen, die seit dem Tode Franz' I. niemals mehr im Theater erschienen war. Die Kaiserin umarmte ihre Kinder. Das Publikum jubelte, ohne freilich den Grund für ihr Erscheinen zu ahnen, als Maria Theresia an den Logenrand trat und so laut sie konnte rief: ›Der Poldl hat an Buam!‹ Auf diese Weise erfuhr man also, daß die Großherzogin von Toskana in Florenz glücklich von einem Prinzen entbunden worden war. Die Kaiserin blieb bis zum Schluß der Vorstellung und empfing viel Beifall, als sie aufbrach.«

Es war unwichtig an diesem Abend, was auf der Bühne gegeben wurde, denn es wurde ein Familienfest: Die Kaiserin – nein, die Großmutter – gibt ihrer Freude über die Geburt eines Enkels Ausdruck, der die Thronfolge für die Dynastie sichert, denn Joseph, der Witwer, hat ja nur eine Tochter. Lächelnd, strahlend steht sie da und teilt ihrem Volk, ihren Kindern das Ereignis mit.

Die Beziehungen Österreichs zu Sardinien, Neapel und Parma waren ausgezeichnet, aber nicht so eng wie das Verhältnis zwischen Maria Theresia und Karl III. von Spanien. Familienbande hatten die Kaiserin und den König miteinander verknüpft. Erzherzog Leopold, Herzog von Toskana, hatte 1765 die Tochter des spanischen Königs geheiratet; die Erzherzogin Caroline wurde 1769 Gemahlin von Ferdinand I. von Neapel, einem Sohn des Königs; Joseph hatte in erster Ehe Isabella von Parma, eine Nichte des Königs, geheiratet, und die Erzherzogin Amalie wurde 1769 die Frau Ferdinands von Parma, der ein Neffe des Königs war. Das gute Einvernehmen strahlte auch auf die französisch-österreichische Allianz aus. So darf man

sich also nicht wundern, daß Karl III. bereits zwei Wochen nach dem Tode der Erzherzogin Josepha in einem Brief an die Kaiserin schrieb:
»... Ich habe so sehr das Verlangen, mein Haus mit dem Eurer Majestät zu verbinden, mein Herz ist ihm so aufrichtig zugewandt, und meine Freundschaft und mein Vertrauen sind so groß, daß ich ohne abzuwägen und einen Augenblick zu verlieren, Eure Majestät bitte, meinem Sohn in Neapel die Hand einer anderen Ihrer Töchter zu gewähren. Wir werden uns vorstellen, daß nur die Namen ausgewechselt worden sind, und die Vorsehung wird unsere Absichten segnen...«
Maria Theresia antwortete Karl III. am 18. November 1767:
»... Da ich sicherlich nicht weniger als Eure Majestät das Verlangen empfinde, mein Haus mit dem Ihren zu verbinden, gebe ich Ihnen mit großer Freude eine der mir verbliebenen Töchter, um den Verlust auszugleichen, den wir beweinen. Ich habe zur Zeit zwei, die in Frage kämen: Die eine ist die Erzherzogin Amalie, die über ein angenehmes Gesicht verfügt wie auch über eine solche Gesundheit, daß man auf eine zahlreiche Nachkommenschaft hoffen dürfte; die andere ist die Erzherzogin Charlotte (Caroline), die auch von guter Gesundheit ist und außerdem ein Jahr und sieben Monate jünger als der König von Neapel. Ich lasse Eurer Majestät die Freiheit der Wahl...«
Am 11. Dezember antwortete der König von Spanien, daß er sich für Caroline entschieden habe, in Anbetracht ihres Alters und des ausgesprochenen Wunsches von Ferdinand. Sicherlich machte Maria Theresia sich keine Illusionen über den König von Neapel, der dumm, schwach und gefühllos war. Sie sah in Caroline »ein Opfer der Politik«, aber die Interessen Österreichs und der Dynastie triumphierten wieder einmal: Das Herz der Mutter mußte den Pflichten der Herrscherin nachgeben.
Wie ihre Schwestern war auch Caroline von der Mutter genau beobachtet worden, die mit Lob sehr sparsam, aber verschwenderisch mit Tadel umging. Am 19. August 1767 hatte sie ihr ein Billetdoux gesandt, in dem es hieß:
»... Ich will dich nicht wie ein Kind behandeln. Aber ich habe zu meiner großen Überraschung vernommen, daß du deine Gebete ohne Respekt, Aufmerksamkeit und Andacht sprichst. Es führt zu nichts,

dir Vorwürfe zu machen, denn sie veranlassen dich nur zu ungezogenen Antworten und schlechter Laune. In diesem Punkt aber nehme ich nicht die kleinste Entschuldigung an ... Wenn du die Ratschläge befolgst, die mir aus dem Herzen kommen – und ich bin nur bestrebt, das Glück meiner geliebten Kinder so zu sichern, wie es auf dieser Erde möglich ist –, wirst du dich davon überzeugen, daß der einzige Pfad, der zum Glück führt, der Weg der Tugend ist ...«

Am 7. April 1768 wird in Wien die Trauung der Erzherzogin Caroline mit König Ferdinand von Neapel – vertreten durch den siebzehnjährigen Erzherzog Ferdinand – in der Augustinerkirche vollzogen. Unmittelbar nach der Zeremonie legt Caroline Reisekleidung an, wie sie auch ihre Damen tragen: Eine Robe aus blauem Stoff mit Besatz aus Gold. Dann macht sie sich in Begleitung ihres Bruders Leopold auf den Weg nach Neapel über Innsbruck, wo sie im Sterbezimmer ihres Vaters eine Weile stillen Gedenkens verbringt. Sie weint unterwegs, bis sie keine Tränen mehr hat. Um sich zu zerstreuen, liest sie zuweilen in den umfangreichen Instruktionen, die ihr die Kaiserin übergeben hat und in denen es unter anderem heißt:

»... Ich kenne nur zu gut die Bürde der Geschäfte und die Gefahren, die dich bedrohen, wenn du dich in sie hineinziehen läßt. Selbst wenn der König von Neapel dich an seiner Regierung beteiligt, darfst du es nach außen hin niemals merken lassen. Es gibt in jedem Land Unzufriedene, und in Neapel sollen es unter Adel und Geistlichkeit besonders viele sein. Hör dir die Leute an, wenn der König es dir erlaubt, aber hüte dich davor, dich allzu sehr von ihnen beeinflussen zu lassen. Gestatte nicht, daß man dich lobt oder dir – vielleicht sogar auf Kosten deines Mannes – schmeichelt.«

Maria Theresia empfiehlt ihrer Tochter weiter, eine tugendhafte, liebende und treue Gattin und eine gute Katholikin zu sein und fährt fort:

»Da der liebe Gott Sie zum Regieren bestimmt hat, müssen Sie ein Beispiel geben, vor allem in dieser entarteten Zeit, in der unsere heilige Religion so wenig ausgeübt und geliebt wird ... Sie sollen nie vergessen, daß Sie eine geborene Deutsche sind und müssen versuchen, die beiden Eigenschaften zu beweisen, die unsere Nation auszeichnen: Güte und Aufrichtigkeit. Zeigen Sie sich am Hof im-

mer als Deutsche durch Ihre Aufrichtigkeit und wirken Sie als Neapolitanerin in allen unwichtigen Dingen, niemals aber übernehmen Sie etwas Schlechtes...
Ergründen Sie in allem immer die Wahrheit; man muß wissen, daß Sie die Wahrheit um jeden Preis erfahren wollen und daß Schurken und falsche Zeugen bei Ihnen kein Gehör finden. Dadurch vertreiben Sie solche Leute aus der Nähe des Throns, der sonst immer von ihnen umgeben ist.«
Sie soll auch Vertrauen zu Karl III., ihrem zukünftigen Schwiegervater, haben, denn »er ist der beste Vater, der beste Freund, der anständigste Mensch und treu in seiner Freundschaft«.
Leopold berichtet der Mutter am 10. Mai 1768 von der Reise:
»Meine Schwester ist so aufgeregt, daß sie manchmal kaum weiß, was sie sagt. Sie ist schrecklich lebhaft und impulsiv, aber man kann hoffen, daß ihr das bald vergehen wird. Ihr Benehmen in der Öffentlichkeit ist gut, abgesehen von einigen Kindereien. Sie ist eben noch sehr jung und ist, wenn ich wagen darf, das zu sagen, nicht als künftige Königin von Neapel erzogen worden.«
Caroline sehnt sich sehr nach Marie Antoinette, die sie besonders liebt. Sie schreibt an Gräfin Lerchenfeld aus Innsbruck:
»Schreiben Sie mir alle kleinen Dinge über meine Schwester Antonia, was sie sagt, was sie macht und auch, was sie denkt. Ich bitte Sie und flehe Sie an, lieben Sie Antonia sehr... Alles Freundliche, das Sie ihr erweisen, tun Sie mir zuliebe. Glauben Sie mir, Sie wirken auf einem Gebiet, auf dem Sie viel Ehre erlangen können und den guten Ruf, den Sie bereits besitzen, weiter wachsen und gedeihen sehen werden.«
Die sechzehnjährige Königin glaubt vor Kummer zu sterben, als ihr österreichisches Gefolge sie der Sitte gemäß in der kleinen Grenzstadt Terracina am 12. Mai verläßt. In Portella empfängt der König seine Gemahlin. Der Kontrast zwischen diesem bezaubernden jungen Mädchen und dem Bräutigam ist so schmerzlich, daß Leopold an Joseph schreibt:
»Ich möchte für ein Königreich nicht noch einmal eine solche Szene erleben!« Und Caroline erzählt ihrer Mutter:
»Sein Gesicht ist sehr häßlich, aber man gewöhnt sich daran. Der Charakter ist übrigens besser, als man gesagt hat... Was mich am

meisten ungeduldig macht, ist die Tatsache, daß er sich für schön und adrett hält und doch weder das eine noch das andere ist. Ich muß sagen und gestehen, daß ich ihn nur aus Pflicht liebe. Aber ich tue alles auf der Welt, damit er glaubt, daß ich hingerissen von ihm sei. Ich benehme mich mit viel Milde und Geduld. Er sagt, daß er mich sehr liebt, tut aber nichts von dem, was ich möchte ...«

In zwei Briefen an Gräfin Lerchenfeld beichtet Königin Caroline ihre Verzweiflung:

»... Man erduldet ein wahres Martyrium, um so schlimmer, als man nach außen glücklich scheinen muß. Ich weiß inzwischen, was es bedeutet und bedaure aufrichtig, daß Antonia es noch vor sich hat. Doch ich will nicht verhehlen, daß ich lieber sterben möchte, als das noch einmal durchzumachen, was ich erleiden mußte ... Hätte mir nicht die Religion gesagt: Denke an Gott!, so hätte ich mich getötet, denn acht Tage lang so zu leben, kommt mir wie die Hölle vor, und ich habe so sehnlich gewünscht, daß ich sterben dürfte ... Sollte sich Marie Antoinette jemals in einer solchen Lage befinden, würde ich viele Tränen vergießen ...«

Im April 1769 verbringt Joseph einige Tage bei seiner Schwester, deren körperliche und sittliche Entwicklung er lebhaft lobt. »Sie hat«, berichtet er, »eine hübsche, sehr gut geformte Brust, die der König liebt und die er anderen zu zeigen liebt, wogegen sich die Königin sehr wehrt!« Allmählich gewöhnt sich Caroline an diesen sonderbaren Ehemann und sehnt sich nicht mehr danach, »im allerärmsten Viertel von Wien zu leben«.

Im Juni 1769 ist die Reihe, Familie und Land zu verlassen, an der dreiundzwanzigjährigen Erzherzogin Amalie. Sie liebt den einundzwanzigjährigen Prinzen Karl von Zweibrücken, aber Kaunitz hat es für »politischer« gehalten, ihr den Infanten Ferdinand von Parma aufzuzwingen. Ferdinand ist der Sohn Philipps I., Herzogs von Parma, und der Elisabeth, Tochter des französischen Königs Ludwig XV. Außerdem ist er Neffe des spanischen Königs Karl III. und Vetter von Ferdinand, dem König von Neapel und Beiden Sizilien. Er ist achtzehn Jahre alt, ungeschliffen und bigott, ein ganz netter Junge; er schläft jede Nacht in einem anderen Bett, interessiert sich überhaupt nicht für sein Herzogtum und zieht es vor, mit der einen Hand

die Glocken zu läuten und mit der anderen Maronen zu rösten. Das ist das beklagenswerte Ergebnis der Erziehung durch drei »Weise«: Keralio, Condillac und Abbé Millot. Um zu den Kosten des Haushalts beizutragen, möchte die Kaiserin ihrer Tochter eine Pension aussetzen, aber Joseph widersetzt sich: Der Staatsschatz von Österreich hat nicht für die Kosten fremder Höfe aufzukommen, und sei es der seiner Schwester. Ludwig XV. und der König von Spanien zeigen sich großzügiger.
Am 27. Juni wird die Hochzeit in Wien gefeiert; den Herzog von Parma vertritt Erzherzog Ferdinand. Am 1. Juli macht sich Amalie auf den Weg nach Parma; auch sie trägt ähnliche Unterweisungen der Kaiserin mit sich, wie sie für Caroline verfaßt wurden: »Hüte dich, hochmütig und kühl zu sein! Vermeide durch deine Haltung, daß auch nur der Eindruck entstehen könnte... Wiederhole dir in jedem Augenblick, *daß du dich nicht in die Staatsangelegenheiten mischen darfst* und auch nichts davon hören willst. Man soll sich an deinen Gatten wenden!« Vox clamantis in deserto: Vom Augenblick ihrer Ankunft an macht Amalie heftig Politik, versteht es, in Kirche und Staat die erste Rolle zu spielen, streitet sich mit den Ministern, mokiert sich über die Etikette, wirft spanisches und französisches Geld zum Fenster hinaus, öffnet ihren Palast jedem Besucher, behandelt ihren Mann wie ein Kind, gibt Erlässe aus, die mit der Formel beginnen: »Wir, der König und meine Frau, ordnen an...«
Maria Theresia, die durch ihre Leute und durch den Madrider Hof sofort informiert wird, schickt ihren Kammerherrn Freiherrn Philipp Franz von Knebel als Gesandten nach Parma. Und schon am 15. August, noch keinen Monat nach Ankunft der Erzherzogin in Parma, beauftragt die durch seine Berichte alarmierte Kaiserin ihn mit einer dringenden Demarche bei der Herzogin, während der König von Spanien Ferdinand einen strengen Verweis erteilt. Ganz unerwartet nimmt Knebel aber Amalies Partei und lobt die Entlassung des Ersten Ministers Dutillot, dessen Nachfolger die Herzogin – wegen der Unfähigkeit des Infanten – bestimmen möchte. Die Kaiserin verlangt am 19. Oktober, Knebel solle Amalie davon überzeugen, daß sie sich nicht in die Staatsangelegenheiten mischen dürfe. Außerdem beauftragt sie den Grafen Rosenberg, auf seiner Reise nach Florenz über Parma zu reisen und dort eine gründliche Untersuchung

anzustellen. Ludwig XV. sendet den erprobten Diplomaten Marquis de Chauvelin mit unumschränkten Vollmachten nach Parma. Knebel hat zunächst einigen Erfolg: Sieben Personen am Hof, die gegen den Ersten Minister intrigiert haben, werden verabschiedet, die Etikette wiederhergestellt. Aber es bleibt bei einer kurzen Windstille, und enttäuscht bittet Knebel im September 1770 um seine Rückberufung.

Die Kaiserin läßt den Posten offen, schickt aber Graf Paul Firmian, den Generalgouverneur der Lombardei, mit Geschenken zur Herzogin von Parma, die am 22. November eine Tochter geboren hat. Firmian wird liebenswürdig von Amalie aufgenommen und glaubt, daß sie nun zur Ruhe gekommen sei, ihren Mann liebt, ihr Kind vergöttert und offensichtlich mit dem Ersten Minister ausgesöhnt ist, den allerdings der Herzog aus vollem Herzen haßt. Einig ist sich das herzogliche Paar in der Abneigung gegen die Oberhofmeisterin Anna Malaspina.

Im März 1771 erhält Graf Wiczek, der österreichische Geschäftsträger in Neapel, Order von der Kaiserin, auf der Rückreise nach Wien in Parma Station zu machen. Die Situation hat sich dort nicht gebessert, berichtet er, während der Gesandte Graf Boisgelin in Paris die Herzogin verteidigt. Im Herbst ersetzt der König von Spanien Dutillot durch den Diplomaten Joseph August Llano, der von der Herzogin mit scharfen Billetts bedacht wird:

»Monsieur Llano! Gleich bei der ersten Audienz habe ich Sie erkannt... Ich will mich in keine Staatsangelegenheit mischen, aber ich will bei mir in meinem Hause befehlen... Ich bin Deutsche, ich weiß, was ich mir schuldig bin, vergessen Sie das nie! Ich habe die Möglichkeit, mich so zu verhalten, daß man mich fürchtet oder liebt. Gehorchen Sie! Amalie.«

Obwohl die Erzherzogin bereits am nächsten Morgen Llano ihre Entschuldigung ausspricht, verschlimmert sich die Lage so sehr, daß die Kaiserin auf Verlangen der Könige von Frankreich und Spanien Rosenberg entsendet, damit er Ordnung in das Durcheinander bringt. Sie gibt ihm bis ins kleinste ausgearbeitete schriftliche Instruktionen mit, in denen sie die Aufführung ihrer Tochter streng verurteilt und genau vorschreibt, welche Vorstellungen Rosenberg Amalie zu machen hat. Der Gesandte kommt am 15. April 1772 in Parma an und bleibt drei Wochen dort. Er stößt anfangs bei Amalie auf völlige Ablehnung; sie weist alle Vorwürfe zurück. Am Ende seiner Argumente angelangt, übermittelt er der Hartnäckigen eine Erklärung der Kaiserin: Maria Theresia bricht ihre Korrespondenz ab. Erschüttert schreibt Amalie ihrer Mutter am 22. April 1772:

»... Ich werfe mich Eurer Majestät zu Füßen und bitte Sie, mir meine Fehler zu vergeben und mich so aufzunehmen wie der gute Vater im Evangelium den verlorenen Sohn. Auch ich war ja auf einem falschen Weg. Eure Majestät hat den Vorhang von meinen Augen weggerissen, ich sehe ganz klar, daß ich meinem Verderben entgegenging. Ich komme, um mich in die Arme einer Mutter zu werfen, die so gut und so mitfühlend ist; ich schreibe Ihnen, liebe, unvergleichliche Mutter, auf den Knien, um zu zeigen, wie gedemütigt und zerknirscht ich von meinen Fehlern bin. Ich kann mich nicht über den Kummer beruhigen, den ich Eurer Majestät verursacht habe, und es gibt keinen anderen Trost für mich, als daß ich doch mehr aus Unwissenheit und Dummheit gefehlt habe als durch Schlechtigkeit. Ich habe meine Kühnheit bis zum äußersten getrieben... Ganz bestimmt, niemals im Leben werde ich wieder so etwas tun.«

Rosenberg hält die Partie für gewonnen. Damit die Anordnungen der Kaiserin genau befolgt werden, erscheint er zwei Tage später, um die fünf Punkte zu präzisieren, bei denen Maria Theresia ein förmliches Versprechen verlangt. Aber schon läßt sich die Herzogin von ihrem Temperament hinreißen und ruft rebellisch aus, daß sie sich niemals unterwerfen werde, »weder heute noch irgendwann!« Die Kaiserin stellt daraufhin den Briefwechsel mit ihrer Tochter ein und fordert ihre Kinder auf, Amalies Schreiben nicht zu beantworten, sondern sie ungeöffnet zurückgehen zu lassen. Im Dezember schreibt die Herzogin an ihre Mutter, ihren Bruder Joseph, ihre Schwester Mimi, um sie zu informieren, daß sie ein zweites Kind erwartet. Die Briefe werden ungeöffnet und mit der Bemerkung zurückgesandt, daß man sie erst nach Wiederaufnahme der Beziehungen zwischen dem Herzog und den bourbonischen Höfen annehmen könne. Trotzdem bemüht sich Maria Theresia darum, zu verhindern, daß der König von Spanien Truppen nach Parma schickt, – die ja doch die Verschwendung und die Extravaganzen des herzoglichen Paares nicht verhindern könnten. Der König folgt ihrem Rat.

Am 5. Juli 1773 schenkt Amalie einem Sohn das Leben. Maria Theresia schreibt an den Rand des Berichts von Kaunitz: »Wie gewöhnlich haben diejenigen, die es am wenigsten verdienen, das meiste Glück. So ist die Welt!... Das Herz einer Mutter läßt sich trotz allen Kränkungen nicht verleugnen. Ich hoffe, daß es ein Kind des Friedens wird und daß meine liebe Königin von Neapel auch eines bekommt.« Sie schreibt dem Herzog von Parma einen Glückwunschbrief und ihrer Tochter eine kurze Botschaft. Im Oktober ruft Ferdinand Llano zurück; die Höfe von Versailles und Madrid nehmen die Korrespondenz mit Parma und ihre Subsidienleistungen wieder auf – aber die Kaiserin verweigert ihrer Tochter die Erlaubnis, nach Wien zu kommen.

Im Mai 1774 erhält der Gesandte Graf Franz Colloredo, der auf seinen Posten in Florenz zurückreist, von der Kaiserin den Auftrag, der Herzogin von Parma einen Brief und ein kleines Geschenk zu überreichen. Amalie empfängt ihn, beklagt sich bitter über ihren Gemahl, erklärt, daß sie über ihr zurückgezogenes Leben sehr glücklich sei, fragt kaum nach Mutter, Brüdern und Schwestern, verabschiedet den Diplomaten und verweigert ihm am Tage darauf eine zweite Audienz. Als Maria Theresia Colloredos Bericht liest, bricht sie in Schluchzen aus. Von nun an beschränken sich die Beziehungen auf kurze Botschaften.

Die Kaiserin wollte Joseph wiederverheiraten. Er war jetzt achtundzwanzig Jahre alt und zum zweitenmal verwitwet. Sie hoffte, daß er sich während einer Rundreise durch Italien für eine der Prinzessinnen aus Modena oder Turin interessiert zeigen würde. Andererseits machte Choiseul Mercy d'Argenteau einige Avancen, indem er eine Verbindung mit Madame de France, Ludwigs XV. Enkelin, vorschlug. Doch Joseph schrieb am 16. Mai 1769 seiner Mutter: »Meine Entscheidung ist gefallen. Bedenken Sie, meine teure Mutter, meinen Charakter und meine Situation! Ziehen Sie das eheliche Leben in Betracht, wägen Sie ab zwischen dessen Vor- und Nachteilen, denken Sie an die Wahrscheinlichkeit von Glück oder Unglück, und verdammen Sie mich, wenn Sie es fertigbringen, als Souveränin, nicht aber als Mutter! Sie möchten sich in hundert Trieben wiedergeboren sehen, ich aber, ich möchte allein sein... Die Stimme der Vernunft wird Ihnen sagen, daß es richtig ist, was ich will, richtig vor Gott, richtig für den Staat, für mich selbst, für Sie und die ganze Welt...« »Und richtig für das neue Opfer, das Sie mir bestimmt haben« – hätte dieser enttäuschendste aller Ehemänner hinzufügen können.

»Ich möchte allein sein« – nun, es handelte sich tatsächlich um eine ziemlich relative Einsamkeit; denn wenn er auch nicht tanzte, spielte, jagte, so hinderten ihn doch seine Menschenverachtung, seine Hämorrhoiden, seine Pedanterie und seine erschöpfende Arbeit nicht daran, sich kurzen amourösen Verhältnissen mit kleinen Schauspielerinnen und bereitwilligen Kammerzofen hinzugeben, sich täglich und pünktlich eine halbe Stunde der Tochter eines Gärtners zu widmen und sich von einer großen Dame bezaubern zu lassen, der Fürstin Leonore Liechtenstein geborenen Herzogin von Öttingen, die zärtlich »die Herzogin Lori« oder »Charlin« genannt wurde. Es traf sich schlecht: Die schöne Lori hatte gerade eine Liaison mit dem General O'Donnell hinter sich und schwur, ihrem Gatten künftig ewig treu zu bleiben. Kühl beantwortete sie Josephs gestammelte Erklärungen und zog sich, um diesem kaum begonnenen Roman ein Ende zu machen, auf ihr herrliches Schloß in Böhmen zurück.

Zweimal hatte Joseph geliebt, aber weder Isabella von Parma noch Leonore von Liechtenstein hatten seine Gefühle erwidert. Eine einzige Frau liebte ihn: Josepha von Bayern, an die er niemals einen Gedanken, nie eine Aufmerksamkeit verschwendet hatte. Mit zweiunddreißig Jahren verzichtete Joseph endgültig auf die Liebe und widmete sich – leider – vollständig dem Staat.

Im Januar 1770 erkrankte die siebenjährige Therese, Isabellas Tochter. Man ließ sie zweimal zur Ader. Tag und Nacht wachte der Kaiser bei der Kleinen, die nur von ihm Speisen und Medizin annahm. Am 23. schloß sie für immer die Augen und ließ ihren Vater verzweifelt zurück. Er schrieb ihrer Erzieherin, der Marquise Herzelle: »In jedem Augenblick denke und sage ich: Herrgott, gib sie mir wieder! Ich höre ihre Stimme, ich sehe sie vor mir...« Sorgsam bewahrte er Thereses Wollkleidchen auf, neben der letzten Toilette, die Isabella von Parma getragen hatte. Maria Theresias Kummer war nicht geringer als der ihres Sohnes. Sie schrieb an die Gräfin Enzenberg:

»Ich habe nicht die Kraft, noch mehr solcher Schläge zu ertragen. Ich habe genug von der Welt!«

Am 15. Oktober 1771 heiratete der siebzehnjährige Erzherzog Ferdinand, der spätere Gouverneur der Lombardei, in Mailand Maria Beatrice von Este, die Tochter Herzog Herkules' III. von Modena. Maria Theresia gab ihm zwei Millionen Gulden zu freier Verfügung und fügte ein jährliches Einkommen in gleicher Höhe hinzu, das so lange gezahlt werden sollte, bis Ferdinand das ganze Vermögen der Herzöge von Modena in Besitz genommen hätte. Die immer großzügige Kaiserin schenkte bei dieser Gelegenheit fünfhundert armen jungen Mädchen je 150 Gulden. Die Hochzeitsmusik hatte sie bei dem fünfzehnjährigen Mozart bestellt, der in zwölf Tagen eine Partitur von 480 Seiten nach dem Libretto *Ascanio in Alba* von Guiseppe Parini komponierte. Das allegorische Werk verherrlichte zugleich die olympischen Götter und die Habsburger: Venus (Maria Theresia) bringt Askanius (Ferdinand) die tugendhafte Nymphe Sylvia (Maria Beatrice) aus dem Geschlecht des Herkules (Herkules III. von Modena) ... Die Oper, die Mozart in Mailand selbst dirigierte und die durch ein Ballett bereichert wurde, hatte großen Erfolg, und der Erzherzog war so angetan, daß er die Erlaubnis seiner Mutter erbat, Mozart zu engagieren. Die Kaiserin antwortete ihm:
»Du bittest mich, den jungen Salzburger in deine Dienste nehmen zu dürfen. Ich meinerseits wüßte nicht, warum. Du brauchst keinen Komponisten oder sonst unnütze Leute. Wenn es dir allerdings Spaß macht, möchte ich dich nicht daran hindern. Ich sage dir nur eines: Belaste dich nicht mit überflüssigen Leuten und gib ihnen weder Titel noch Ämter, denen sie doch nur Unehre machen, wenn sie als Bettler durch die Welt ziehen. Übrigens hat er eine zahlreiche Familie!«
Damit beging Maria Theresia einen Fehler. Doch recht hatte sie mit dem, was sie Ferdinand vor der Geburt des ersten Kindes schrieb:
»Täglicher Theaterbesuch und nächtliche Vergnügungen sind zuviel bei Beginn einer Schwangerschaft, denn die kleinen Wesen sind noch kein bißchen gesichert ... Sogar die langen Spaziergänge bekommen zu Anfang nicht ... Und weil du die Gnade erfahren sollst, Vater eines lebendigen kleinen Geschöpfes zu sein, vergiß nicht, daß eine Fehlgeburt nach fünf Monaten für die Mutter tödlich ist! ...

Ein Schemel mit zwei Stufen ist unumgänglich zum Aussteigen aus dem Wagen, wie du es bei mir gesehen hast... Ich sage dir das alles im Hinblick auf deine ehrenvolle Eigenschaft als Papa und Stammvater.«

Die Kaiserin hatte auf eine große militärische Laufbahn für Ferdinand gehofft und ihm als Beispiele Prinz Eugen, Ludwig von Baden und den General Montecuccoli vorgehalten; nach Geburt und Erziehung könne er es sogar noch weiterbringen, er brauche nur zu wollen! Aber genau das wollte Ferdinand nicht! Staatsminister Rosenberg, Graf Colloredo, Großherzog Leopold, die den Erzherzog zwischen 1772 und 1778 besuchten, erzählten, daß er ein netter junger Mann sei, aufrichtig, höflich, bescheiden, aber gleichgültig und ohne Ehrgeiz und »voller Horror vor den Büchern«. Seine wesentliche Tätigkeit bestand im Unterschreiben der Papiere, die ihm Minister Firmian vorlegte. Das Paar war allgemein beliebt, die Fürstin besaß große Qualitäten.

Während des Feldzugs von 1778, in dem er sich keineswegs hervorgetan hatte, erkrankte Ferdinand und wurde Monate lang in Wien gesundgepflegt. Bei dieser Gelegenheit nahm seine Passivität der Kaiserin jede Illusion hinsichtlich seiner militärischen Zukunft.

Und nun galt es, die Hochzeit der bezaubernden Marie Antoinette – in der Familie Antonia genannt – mit Ludwig August, dem französischen Thronfolger, vorzubereiten. Der Dauphin ist Enkel Ludwigs XV., Sohn des verstorbenen Herzogs von Berry und der Prinzessin Maria Josephina, einer Tochter des Kurfürsten von Sachsen und Königs von Polen. 1769 ist die Braut vierzehn, der künftige Ehemann fünfzehn Jahre alt. Die Verbindung, die die Aussöhnung zwischen den Habsburgern und den Bourbonen bekräftigen soll, ist das Werk der Kaiserin und des Ministers Choiseul. Bei der Abschiedsaudienz Starhembergs ist bereits von diesem Heiratsprojekt die Rede gewesen, wobei Choiseul allerdings einen Vorbehalt für den Fall machte, daß »die Figur oder das Gesicht der Erzherzogin entstellt würde«. Ludwig XV. unterbrach seinen Minister mit den Worten: »Die Kaiserin wird dafür sorgen, daß so etwas nicht geschieht! Alle Erzherzoginnen sind schön, gut gewachsen und sehr gut erzogen, und *die unsere* wird es sicherlich auch sein.« Der König beendete die Audienz

mit der Mahnung an Starhemberg: »Geben Sie gut acht auf meine Tochter! Ich lege sie Ihnen ans Herz.«
Bis dahin hat Antonia unter den wohlwollenden Blicken der Gräfin Judith Brandes ein friedliches Leben geführt und dasselbe Tagesprogramm wie ihre Schwestern absolviert, mit langen Gebeten, häufigen Gottesdiensten, strenger Beachtung der Fastenvorschriften und etwas oberflächlichem Unterricht. Jetzt verlangt Choiseul, daß die künftige Dauphine gut Französisch schreibt und spricht, denn Ludwig XV. hält auf Reinheit der Sprache. Nun, in der Hofburg kauderwelscht man Französisch, Deutsch, Italienisch, Spanisch – was bedeutet, daß man keine Sprache wirklich beherrscht.
Frau von Brandes, eine mittelmäßige Erzieherin, wird durch die ausgezeichnete Gräfin Lerchenfeld ersetzt; Messmer, der Direktor der Wiener Schulen, gibt Antonia Unterricht im schriftlichen Ausdruck, Gluck in Musik, Metastasio unterrichtet sie im Italienischen, Aufrèsne in der Kunst des Vortrags. Maria Theresia beauftragt ihren Botschafter in Paris, einen gebildeten Priester ausfindig zu machen, der Beichtvater der Erzherzogin und ihr Lehrer im Französischen werden soll. Im Oktober schickt Mercy d'Argenteau den Abbé de Vermont nach Wien, »Doktor der Sorbonne, ehemaligen Großvikar des Erzbischofs von Toulouse und Bibliothekar des Kollegs der Vier Nationen, kenntnisreich, einfach und bescheiden«. Der französische Spezialist Laveran verbessert die Zähne der Braut, und Maître Noverre verleiht ihr einen elfenhaften Gang. Man läßt Schneider und Friseure aus Paris kommen – sie wird mit allem überhäuft. Bald aber stellt der sympathische Abbé Vermont fest, daß sein Zögling »bis zum Alter von zwölf Jahren überhaupt nicht an geistige Anstrengung gewöhnt worden ist ... Sie gibt sich etwas träge und leichtfertig ... Ihr Französisch ist keineswegs tadellos«. Er fügt aber auch hinzu: »Ich bin übrigens sicher, daß unser Hof entzückt sein wird von der künftigen Thronfolgerin; sie verbindet mit einer reizenden Gestalt ein ungewöhnlich anziehendes Wesen und wird, wenn sie noch etwas wächst, worauf man ja hoffen darf, über alle wünschenswerten Vorteile verfügen.« Er täuscht sich nicht: Im Frühjahr 1770, zu dem Zeitpunkt also, der für die Hochzeit festgesetzt wurde, ist Marie Antoinette hinreißend.
Bourbonen und Habsburger wetteifern, diese symbolische Heirat –

in Wahrheit heißt das Paar Frankreich und Österreich – mit ungewöhnlicher Pracht zu feiern. Maria Theresia gibt 400 000 Livres für die Aussteuer, und Ludwig XV. wählt großartige Geschenke aus. Die österreichische Botschaft in Paris bekommt einen Anbau, in Versailles richtet man einen Theatersaal für die Hochzeit her. Am 14. April 1770 hält Marquis de Durfort mit 48 sechsspännigen Karossen und einem Gefolge von 117 Personen seinen feierlichen Einzug in Wien. Am 16. bittet er offiziell um die Hand Marie Antoinettes und überreicht der Erzherzogin einen Brief und eine Miniatur des Dauphins. Im Verlauf der üppigen Festlichkeiten versammelt ein Souper von 1500 Gedecken die Elite der Monarchie. Damit auch Ratsherren, Professoren, Beamte und sogar untergeordnete Angestellte samt ihren Familien an der Freude teilhaben können, lädt die Kaiserin 6000 Gäste zum Maskenball im Belvedere ein. Am 19. wird die Prokurationsehe in der Wiener Augustinerkirche geschlossen, wobei Erzherzog Ferdinand den Platz des Dauphins einnimmt. Am Morgen des 21. nimmt die Erzherzogin Abschied von ihrer Mutter. Maria Theresia gibt ihr die letzten Ratschläge: »Adieu, meine liebe Tochter! Eine große Entfernung wird uns trennen. Seien Sie gerecht, menschlich, durchdrungen von den Pflichten Ihrer Stellung ... Sie haben die Gabe, zu gefallen, nutzen Sie sie zum Glück Ihres Gemahls. Erweisen Sie den Franzosen so viel Gutes, daß sie sagen könnten, ich hätte ihnen einen Engel geschickt ...«
Die Kaiserin kann nicht fortfahren, Schluchzen erstickt ihre Stimme, und die Erzherzogin muß gestützt werden, als sie in den Wagen steigt. Verwandte, Hofleute, Diener, Adel und Leute aus dem Volk – alles weint. Maria Theresia und Marie Antoinette sollten sich niemals wiedersehen.

Alleingeblieben, schreibt die Kaiserin an ihren Schwiegersohn: »Ihre Gemahlin, mein lieber Dauphin, hat sich soeben von mir getrennt; wie sie mein Entzücken bildete, wird sie hoffentlich Ihr Glück ausmachen; ich habe sie dazu erzogen, weil ich seit langem voraussah, daß sie eines Tages Ihr Geschick teilen werde. Ich habe sie gelehrt, die Pflichten gegen Sie zu lieben, habe sie zu zärtlicher Zuneigung und zu der Aufmerksamkeit angeleitet, sich das auszudenken und in die Tat umzusetzen, was Ihnen gefallen könnte; ich habe sie mit viel

Sorgfalt aufrichtige Hingabe an den Herrn der Könige gelehrt, denn ich bin aufrichtig davon überzeugt, daß man schlecht für das Wohl des uns anvertrauten Volkes sorgt, wenn man vor Dem fehlt, der die Zepter zerbricht und die Könige stürzt, wie es Ihm gefällt. Lieben Sie denn Ihre Pflichten gegen Gott, mein lieber Dauphin, ich bitte Sie darum, meiner Tochter habe ich es auch empfohlen. Lieben Sie das Wohl der Menschen, über die Sie herrschen, lieben Sie Ihren Großvater, den König, flößen Sie meiner Tochter diese Liebe immer aufs neue ein. Seien Sie gut wie er! Schenken Sie den Unglücklichen Gehör! Es ist unmöglich, daß sich bei solcher Haltung nicht auch das Glück einstellen sollte. Ich bin sicher, daß meine Tochter Sie lieben wird, denn ich kenne sie. Aber je mehr ich mich für ihre Liebe und Aufmerksamkeit verbürge, um so mehr bitte ich Sie, ihr zärtliche Anhänglichkeit zu widmen. Adieu, mein lieber Dauphin, seien Sie glücklich – machen Sie sie glücklich! ... Ich bin in Tränen gebadet.

Ihre zärtliche Mutter
Maria Theresia.«

Die Kaiserin hat ihrer Tochter eine *Vorschrift, die alle Monate gelesen werden soll,* mitgegeben, ferner eine *Besondere Instruktion* und schließlich die Abschrift der *Unterweisung,* die der verstorbene Franz I. am 14. September 1752 für seine Kinder verfaßt hat. Darin heißt es:

»Die Kreise, mit denen man verkehrt, sind eine heikle Angelegenheit; sie ziehen uns manchmal wider Willen in Dinge, in die wir ohne sie nicht geraten würden ... Freundschaft gehört zu den schönen Dingen des Lebens; man muß nur darauf achten, wem man Freundschaft erweist, und man sollte nicht zu verschwenderisch damit umgehen.«

Marie Antoinette hat kaum die Zeit, die kostbaren Ratschläge zu lesen: Jubelrufe rufen sie vor den Vorhang der Karosse, und tapfer, die Tränen zurückdrängend, antwortet sie mit der Anmut, die ihr schon jetzt eigen ist.

Die Zeremonie der Übergabe entfaltet sich in einem verschwenderischen Holzpavillon von fünf Räumen, der extra für diesen Anlaß auf einer Rheininsel zwischen Kehl und Straßburg errichtet worden ist. Marie Antoinette nimmt Abschied von ihrem Gefolge; man zieht sie aus und kleidet sie in französische Gewänder: Die Dauphine von

Frankreich tritt an die Stelle der Erzherzogin von Österreich. Als der Bürgermeister in Straßburg seine Ansprache beginnt, unterbricht ihn Marie Antoinette freundlich: »Sprechen Sie nicht deutsch, mein Herr. Von heute an verstehe ich nur noch französisch!«
Der Hochzeitszug bewegt sich über Nancy, Châlons, Reims und Soissons nach Compiègne, durch Spaliere von Soldaten, durch die Begeisterung von Bürgern und Bauern. Man läßt Vorstellungen über sich ergehen, rednerisches Feuerwerk sowie Feuerwerk am Himmel. Langsam wird Lothringen in seiner ganzen Länge durchfahren, denn Marie Antoinette ist ja die Tochter des letzten Herzogs, und Ludwig XV. hofft, sich auf diese Weise den Lothringern angenehm zu machen, die sich bisher noch gegen Frankreich sträuben. Der gleiche Jubel, der fünfundvierzig Jahre zuvor Maria Lesczinska empfing, als sie zur Hochzeit mit Ludwig XV. angereist kam, begrüßt jetzt auch Maria Theresias Tochter. Die Landschaft hat sich nicht verändert; die Felder leuchten in den gleichen Farben, doch die Wege sind verbreitert, die Jungen von damals sind alt geworden, und die Alten aus jener Epoche ruhen auf dem Friedhof.
Arme Prinzessinnen! Die Könige und die Parlamente verfügen über euch, um irgendein Bündnis zu weihen, einen Vertrag zu festigen, einen Krieg zu vermeiden, einen Despoten zu besänftigen oder einen Ländertausch zu bestätigen. Es spielt keine Rolle, ob der Bräutigam häßlich, alt, brutal oder lasterhaft ist; wenig wiegt es, wenn euer Herz für einen anderen Mann entflammt ist und eure Seele sich mit einer anderen vereint hat. Wichtig ist nur die Staatsräson.
Am 14. Mai – es ist der Todestag Heinrichs IV. und Ludwigs XIII. – empfängt Ludwig XV. 1770 in Gegenwart des ganzen Hofstaats Marie Antoinette im Wald von Compiègne, auf der Brücke von Berne. Dort hat dann 1810 Napoleon I. eine andere österreichische Erzherzogin, Marie Luise, die Großenkelin Maria Theresias, empfangen, und er wartete nicht eine Nacht, um sie zu seiner Frau zu machen...
Beim ersten Blick schon ist Ludwig XV. von der jungen Prinzessin eingenommen. Welche Eleganz im Gang dieser schlanken, zierlichen Jungfrau, welcher Teint und welche Anmut! Er hilft ihr eilig auf, als sie zu seinen Füßen niedersinkt, und umarmt sie zärtlich. Dieser Frauenkenner ahnt, daß sie zum schönsten Schmuck seines Hofes

werden wird. Er stellt sie dem Dauphin Ludwig August Herzog von Berry vor, der fünfzehn Jahre und neun Monate alt ist, danach den Prinzessinnen. Der Ehemann durch Prokuration, der ziemlich verwirrt von seiner Rolle zu sein scheint, gibt seiner Frau einen verstohlenen Kuß – genauer: »er grüßt sie mit der Wange«.

Man steigt in den Wagen, Marie Antoinette sitzt neben dem König, den Dauphin und Madame de Noailles sich gegenüber. Zweifellos richtet die Prinzessin, die der König mit Aufmerksamkeit überhäuft, nun heimlich enttäuschte Blicke auf den Jüngling, den die allmächtige Maria Theresia ihr zum Gemahl erkoren hat. Das also ist der Dauphin von Frankreich, dieser linkische pausbäckige Junge mit den unregelmäßigen Zähnen, dem Blick der Kurzsichtigen, »der den Eindruck macht, als sei er in den Wäldern geboren und erzogen worden«, wie ein neapolitanischer Gesandter meint. Dieser schweigsame Knabe, der so mürrisch aussieht und so schüchtern wirkt, ist also der Enkel Ludwigs XV., des majestätischen Königs mit den großartigen Manieren, der einst der schönste Mann Frankreichs war? Das ist der erträumte Märchenprinz? Die Maler haben seine Züge verfeinert, die Figur gestreckt und alle jene unbekümmerten Fehler gemacht, die Nattier anwandte, als er die Prinzessinnen von Frankreich malte.

Das geübte Auge des sechzigjährigen Ludwigs XV. schätzt die Enkelin ab, die ihm der Himmel oder vielmehr die Kabinette zugeführt haben: Eine Fülle leichten aschblonden Haars umrahmt das ovale Gesicht, der Teint ist rosig, die Stirn gewölbt, der Mund klein mit etwas kräftiger Unterlippe, wie es sich für die Tochter Maria Theresias gehört; die Nase leicht gebogen. Grünblaue Augen blicken lebhaft unter dichten Wimpern hervor. Der König bemerkt die makellosen Gelenke, den angenehmen Klang der Stimme – wahrhaftig, der Botschafter Durfort hat mit Recht von einem »Leckerbissen« gesprochen! Marie Antoinette ist ganz Anmut, der Dauphin nur Schwerfälligkeit. Im Wald von Compiègne hat Venus Vulkan getroffen, den man ihr als Gemahl und Liebhaber zugeteilt hat.

Ob der König sie hindern will, allzuoft auf ihren künftigen Gefährten zu blicken und über ihr Geschick zu grübeln – oder hat er nur selber soviel Gefallen an ihr gefunden? Was immer der Grund sein mag, er wird lebhaft, heiter, so wie er im vertrauten Kreis sein kann.

Er ist es, der den Eindruck eines Verliebten erweckt, nicht der Gemahl, der sich in eine Ecke drückt und zu bedauern scheint, daß diese Ehe eine Jagdpartie verhindert hat. Der Wagen rollt, der König lacht, die Erzherzogin lächelt, der Thronfolger schweigt. Der Dauphin bewahrt sein ungeselliges Schweigen und antwortet mit verwirrter Stimme, wenn ihn sein Großvater anspricht. Der Wagen bringt den sinnenfrohen König, die entzückende Erzherzogin und den versteinerten Ehemann zum Schloß von Compiègne ...
Am Abend desselben Tages schreibt der Botschafter Mercy an Kaunitz: »Im ersten Augenblick haben Haltung und Äußerungen von Madame la Dauphine meine Hoffnungen übertroffen und ihr allgemeinen Beifall eingetragen. Ich fürchte für sie nichts als den Widerwillen, den ihr die außerordentliche Unbeholfenheit von Monsieur le Dauphin erregen könnte, sowie die Fallstricke, die Intriganten der Prinzessin legen werden. Da sie mir aber Güte und Vertrauen entgegenbringt, werde ich wenigstens versuchen können, ihr zu helfen.«
In einem Brief der Kaiserin an ihn heißt es: »Ich fürchte die Jugend meiner Tochter, ihr Gefallen an Schmeicheleien, ihre Gleichgültigkeit, ihre Abneigung gegen jede ernsthafte Beschäftigung.«
Am 16. Mai 1770 wird der Dauphin mit Marie Antoinette vermählt. Das Volk feiert mit, ißt und tanzt und trinkt auf die Gesundheit der Neuvermählten und ihrer Nachkommenschaft. Frankreichs Glocken läuten, und fern antworten die Glocken Österreichs.
In Versailles führt der Thronfolger – unbeholfen in seinem goldgewirkten, diamantenbesetzten Gewand des Ordens vom Heiligen Geist – die erlesenste aller Bräute zum Altar. Sie trägt eine Robe aus weißem Brokat mit großem Reifrock. Abends, nach Spiel und Souper, geleiten der König, die Angehörigen seiner Familie, die hohen Würdenträger das Ehepaar in das Schlafgemach. Der Erzbischof von Reims segnet das Bett, Ludwig XV. hält dem Dauphin, der sich zu langweilen scheint, das Hemd hin, während die Dauphine das ihre von der jungen Herzogin von Chartres präsentiert bekommt. Dann ziehen sich alle diskret zurück ... Der Thronfolger, der nach seiner Gewohnheit reichlich gegessen hat, schläft sofort ein; er kümmert sich nicht um das junge Mädchen, das nun seine Frau ist. *Nichts!* notiert er am nächsten Tag in seinem Tagebuch. Und es

stimmt: Nichts anderes hat sich in dieser Hochzeitsnacht ereignet, als daß der Dauphin gut geschlafen hat.

Acht Tage lang folgt in Versailles ein Fest dem anderen, in all dem Luxus und Glanz, der Ludwigs XV. würdig ist. Von feenhaften Illuminationen fährt man zu Bällen und Theatervorstellungen, bei denen unter anderem *Castor und Pollux* von Rameau und Voltaires *Semiramis* gegeben werden, sowie Racines *Athalie*, das der Dauphin auswendig kennt. Die österreichische und die spanische Botschaft geben große Empfänge, und schließlich findet auf dem Platz Louis Quinze das große Volksfest statt, mit Musik, aus Fontänen sprudelndem Wein und freigebig verteiltem Brot und Fleisch. Am 30. Mai knallen die Raketen, und in den Himmel zeichnet sich Hymens Tempel mit den verschlungenen Initialen des Dauphins und der Dauphine. Plötzlich mischt sich Geschrei und Geheul in den Jubel: Die Organisation des Festes ist so mangelhaft, die Garden sind so untüchtig, daß sich »die Menge gegen die Menge wirft«; von Panik ergriffene Zuschauer drücken sich gegenseitig tot oder stürzen in die Gräben, die den Platz umgeben. 132 Leichen und Hunderte von Verletzten werden geborgen. Man setzt die Toten auf dem Friedhof der Madeleine-Kirche bei. Wer aber vermöchte sich vorzustellen, daß dreiundzwanzig Jahre später die Leichen der beiden Neuvermählten hier hingeworfen werden!

Ludwig XV. hat sich in dem Ehekontrakt, der am 4. April 1770 unterzeichnet worden ist, sehr großzügig erwiesen: Marie Antoinette erhält auf ihren Namen 200000 Florin und Juwelen im gleichen Wert, dazu als Apanage eine jährliche Summe von 20000 Ecus. Die Festlichkeiten haben neun Millionen verschlungen, obwohl die Staatskasse leer ist. Als der König seinen Finanzminister fragt: »Wie finden Sie meine Feste in Versailles?« antwortet der Minister schlagfertig: »Sire, ich finde sie unbezahlbar!«

Eine fünfzehnjährige Kronprinzessin, strahlend, leichtherzig, hat sich im Schloß von Versailles niedergelassen, am verschwenderischsten Hof Europas. Bälle wechseln mit großen Empfängen, Diners folgen auf die Theaterabende, Tausende von Dienern werden im Schloß beschäftigt, und 2000 Pferde stampfen in den Ställen. Hier herrscht als Souveränin die Etikette, und hier schwelt die alles vermögende Kabale. Wird die junge Prinzessin, die in Österreich so gern durch den Wald und die königlichen Gärten gelaufen ist, auf die Klarheit des Frühlings verzichten können? Wird sie sich den Spielregeln dieses Hofes, an dem sie bald die erste Rolle zu spielen hat, beugen? Kann sie die Intrigen entschärfen, jedem Statisten dieser Komödie das Lächeln schenken, das ihm zukommt? Wird sie nicht später, zu spät, wenn Haß sie umbrandet, sagen: »Warum sind sie so böse? Was habe ich ihnen getan?«

Das eheliche Leben geht seinen Gang, und die Erzherzogin bleibt Jungfrau. Ludwig XV. schreibt am 25. Juni 1770 an seinen Enkel Ferdinand von Parma: »Die Dauphine ist charmant, aber sehr kindlich; ihr ganzes Haus ist in sie vernarrt... Ich bin auch mit dem Dauphin sehr zufrieden... Es gibt nur eines, das ihm fehlt, das sich aber einstellen wird, wie ich hoffe.« Und am 20. August: »Ihr Vetter (der Thronfolger) hat sich gut erholt (von einer leichten Erkrankung)... Mit dem übrigen geht es nicht so glatt, aber ich spreche nicht mehr darüber, und vielleicht kommt es, wenn man am wenigsten daran denkt. Die Frau (Marie Antoinette) ist reichlich jung und noch ein Kind. Es eilt ja auch nicht...« Mercy berichtet Maria Theresia: »Monsieur le Dauphin zeigt nicht das allerkleinste Gefallen an seiner Frau.« Und Abbé Vermont, der Vorleser der Dauphine, berichtet:
»Als ich heute morgen bei ihr war, trat Monsieur le Dauphin ein. Ich trat ein wenig beiseite. Monsieur le Dauphin fragte seine Frau: ›Haben Sie geschlafen?‹ – ›Ja!‹ Danach ging er wieder hinaus. Madame la Dauphine spielte mit ihrem kleinen Hund. Der ist für den Augenblick als Zerstreuung nützlich, aber bald überläßt man sich wieder dem Träumen. Es zerreißt mir das Herz.«
Sieben Jahre lang wartet die Dauphine darauf, daß ihr Ehemann endlich ihr Gatte wird. Sieben Jahre vergeblicher Versuche einer Vereinigung, bis ein chirurgischer Eingriff, den der Dauphin bis dahin immer abgelehnt hat, endlich die beiden befreit. Für die junge Frau bedeutet es sieben Jahre der Demütigung und nervlichen Belastung.

Zu Beginn jeden Monats bricht ein Kurier in der Hofburg auf, macht in Brüssel Station, kommt etwa am 10. nach Paris und ist am 25. zurück in Wien. Er bringt aus Versailles Briefe von Marie Antoinette, offizielle Rapporte und »höchst geheime« Berichte des Botschafters Mercy d'Argenteau an die Kaiserin; diese Schreiben tragen die Aufschrift *Tibi soli* (nur für dich). Obwohl Maria Theresia die Tochter bittet, ihre Briefe zu vernichten, hebt Marie Antoinette sie auf – so sorgsam, daß wir heute 74 dieser mütterlichen Zeugnisse besitzen.

Für die Kaiserin ist Marie Antoinette niemals die Dauphine und später die Königin von Frankreich geworden – sie bleibt ihre »liebe kleine Frau«, »ihre liebe Kleine«, mit einem Wort: ihr Kind. Sie gibt sich nicht damit zufrieden, sie ständig zu beraten, sie macht ihr auch heftige Vorwürfe und geht dabei manchmal zu weit, wird verletzend und ungerecht. Marie Antoinette setzt sich kräftig zur Wehr, bewahrt ein gereiztes Schweigen oder antwortet ausweichend.

Trotz dem protokollarischen Ton der Briefe mit ihren sehr förmlichen Anreden strömen sie Herzlichkeit und Liebe aus. Die beiden Frauen freuen sich über Haarsträhnen, die sie in Schmuckstücke fassen lassen, und lange betrachten sie das Porträt der anderen. »O Gott! Ich wollte wohl mein Blut dafür hergeben, Sie glücklich zu machen, damit Sie alles Glück und alle Ruhe genießen können, die Sie verdienen!« schreibt die Königin. Und ein andermal: »Gott! Wenn ich doch zu Ihnen fliegen könnte! Ich würde Sie sehen, Sie ansehen, ich könnte Ihre Leiden teilen, meine Tränen mit den Ihren mischen!« Der Briefwechsel bezieht sich auf die Haltung des Gemahls, auf Freundschaften, Ausgaben, Lektüre, auf Unvorsichtigkeiten der jungen Marie Antoinette, auf die allgemeine Lage und politische Ereignisse. Gelegentlich schreibt der Dauphin unter die Briefe seiner Frau ein paar rührende Sätze an seine »liebe Maman«, wie er Maria Theresia nennt.

In Gedanken an die unvollständige Erziehung, die sie Marie Antoinette gegeben hat, und beunruhigt durch Berichte des Botschafters, quält die Kaiserin ihre Tochter. Sie schreibt am 8. Mai 1771:

»Sorgen, daß man geliebt wird: das ist die einzige Hilfe und Befriedigung unseres Standes. Sie haben es vollkommen dazu gebracht. Nun verlieren Sie es nicht wieder, indem Sie das vernachlässigen, was Ihnen dazu verholfen hat. Es ist nicht Ihre Schönheit, die tatsächlich nicht so groß ist, es sind auch nicht Ihre Talente oder Ihr Wissen (Sie wissen ja, daß es mit dem allen nicht weit her ist), es kommt nur an auf Herzensgüte, Aufrichtigkeit, mit Umsicht verteilte Aufmerksamkeiten. Man erzählt, daß Sie es vernachlässigen, sich mit den Großen zu unterhalten und sie auszuzeichnen. Daß Sie sich bei der Tafel und beim Spiel nur mit den jungen Damen unterhalten, ihnen ins Ohr flüstern und mit ihnen lachen... Lassen Sie sich nur nicht hinreißen, Geschmack am Lächerlichmachen anderer Leute zu finden; Sie neigen ein wenig dazu. Wenn man diese Schwäche bemerkt, wird man sie nur zu sehr ausnutzen, und Sie verlieren die Achtung und das Vertrauen der Öffentlichkeit, die so notwendig und so angenehm sind und die Sie in so hohem Maße besitzen... Glauben Sie nicht, daß Mercy mir das geschrieben hat...«

Und am 30. September desselben Jahres: »Ich verlange ja nicht, daß Sie die Gesellschaft der Prinzessinnen, die Sie so gern aufsuchen, völlig aufgeben. Da sei Gott vor! Aber ich wünsche, daß Sie sich Rat eher von Mercy als von ihnen holen, die Sie zu oft sehen, mit denen Sie von allem sprechen... Wenn Sie sich ihnen ganz anvertrauen, sehe ich großes Unglück für Sie voraus; nichts als Klatsch und kleine Intrigen, die Ihre Tage elend machen würden...«

In einem Brief vom 31. Oktober 1771 heißt es:

»*Ich sehe, wie Sie mit einer gewissen Sicherheit und Lässigkeit und mit großen Schritten Ihrem Untergang entgegengehen* oder mindestens sich verirren. Welche Leiden und welche Mühen würde es Sie kosten, zurückzukehren!«

Und am 31. Januar 1773:

»... Ich war entzückt, daß Sie 1000 Ecus für das Hospital gestiftet haben. Meine liebe Kleine! Wir müssen solche Beispiele geben, das ist ein sehr wesentlicher und empfindlicher Punkt unseres Standes. Je öfter Sie eine wohltätige Tat, einen Akt der Nächstenliebe begehen können, um so besser ist es...

Es ist nicht zuviel, wenn ich verlange, daß Sie vier oder fünf Mal im Jahr ohne jede Ziererei das Wort an die Favoritin richten (die Dubarry)... Ich behaupte sogar: Ihr Benehmen dem König gegenüber wird viel unbefangener, viel leichter, wenn Sie sich in diesem Punkt keinen Vorwurf zu machen brauchen, denn nach der allgemeinen Meinung bezeugt Ihnen der König viel mehr Zärtlichkeit, als Sie ihm erweisen...«

Die Einmischungen Maria Theresias sind entweder durch gewisse unbedachte Handlungen und den Mangel an ernsthafter Beschäftigung ihrer Tochter veranlaßt, oder aus politischen Gründen, aus der Sorge, daß das neuerstandene Bündnis mit Frankreich erschüttert werden und sie selbst sich alleingelassen und dem »Ungeheuer von Berlin« ausgeliefert sehen könnte. Unter Mißachtung ihres eigenen Rats an Marie Antoinette, sich auf keinen Fall in die Staatsangelegenheiten zu mischen, zögert die Kaiserin nicht, sich jedesmal, wenn das Interesse Österreichs im Spiel ist, an die Dauphine zu wenden. 1772 bei der ersten Teilung Polens fürchtet sie, daß Frankreich gegen diesen räuberischen Akt protestieren könnte. Sie schreibt an Mercy:

»Um solche Übel sowie unangenehme Folgen für die Monarchie und die Familie zu vermeiden, muß man alles tun, und einzig meine Tochter kann, von Ihnen beraten und weil sie sich am Hof auskennt, ihrer Familie und ihrem Vaterland diesen Dienst leisten. Vor allem ist es wichtig, daß sie sich mit häufigen Besuchen und mit Zärtlichkeiten das Wohlwollen des Königs erhält, daß sie versucht, seine Gedanken zu erraten, daß sie ihn mit nichts ärgert, daß sie die Favoritin gut behandelt. Ich verlange keine Erniedrigung, noch weniger Intimitäten, aber Aufmerksamkeit, die sie ihrem Großvater und Herrn schuldet wie dem Nutzen, der daraus für uns und unsere beiden Höfe entstehen kann. Vielleicht hängt das Bündnis davon ab...«

Mercy beeilt sich, den Brief der Dauphine vorzulesen, die am 17. Juli 1773 ihrer Mutter antwortet:

»... Ich tu mein Bestes, damit das Bündnis und das gute Einvernehmen erhalten bleiben. Was würde aus mir, wenn es zu einem Bruch zwischen unseren beiden Familien käme? Ich hoffe, daß der liebe Gott mich vor solchem Unglück bewahrt und mir eingibt, was ich tun muß; darum bete ich aus ganzem Herzen.«

Joseph hatte seiner Schwester geschrieben: »Mit welchem Recht mischen Sie sich in die Regierungsgeschäfte der französischen Monarchie? Welche Studien haben Sie getrieben? Welche Kenntnisse haben Sie sich erworben?« Und Maria Theresia verlangt, daß ihre Tochter beim Dauphin interveniert! Sie vergißt zuweilen, daß ihre Tochter die Dauphine von Frankreich ist, wenn sie zum Beispiel ihren Botschafter beauftragt, Marie Antoinette »zu einem der Situation der Dinge und meinen Interessen besser entsprechenden Standpunkt« zu führen. So zwischen widersprechenden Pflichten zerrieben, wird Marie Antoinette sich bald aus Wien vorwerfen lassen müssen, daß sie Österreich verrät, und in Paris, daß sie sich gegen Frankreich verschworen hat.

Am 18. Mai 1774 schreibt ihr die Kaiserin:

»... Das Interesse unserer beiden Staaten verlangt, daß wir uns mit unseren Interessen ebenso eng verbinden wie innerhalb der Familien. Ihr Ruhm, Ihr Gedeihen liegt mir ebenso am Herzen wie das unsere. Jene unglückseligen Zeiten der Eifersucht gibt es zwischen unseren Staaten und Interessen nicht mehr; aber unsere heilige Religion und das Wohl unserer Länder fordern, daß wir mit dem Herzen und im eigenen Interesse eng verbunden bleiben und daß die Welt von der Dauer dieses Bandes überzeugt ist.«

Die übertriebenen Geschenke Ludwigs XVI. für seine Frau beunruhigen Maria Theresia, die der Königin vorhält:

»... Es ist besser, für gerecht und sparsam zu gelten... Veranlassen Sie den König nicht zu extravaganten Ausgaben! Daß nur nicht dieses reizende erste Geschenk (Trianon) zu großen Ausgaben und erst recht nicht zu Verschwendung verführt!«

Durch Mercy immer genau unterrichtet, läßt die Kaiserin nicht nach, Marie Antoinette zu schulmeistern. Am 5. März 1775 schreibt sie:

»Gott sei Dank, endlich hört dieser ewige Karneval auf!... Seit zwei Monaten ist jede Lektüre, jede andere Beschäftigung unterbrochen... Ich kann mich nicht enthalten, einen Punkt zu erwähnen, über den ich wiederholt in den Gazetten lese: es handelt sich um Ihre Frisur. Man sagt, von der Haarwurzel an 26 Zoll hoch? Eine junge Königin voller Anmut hat es nicht nötig, alle Torheiten mitzumachen; im Gegenteil, eine einfachere Frisur macht eine vorteilhaftere Erscheinung und ist dem Rang einer Königin angemessener...«

An ihren Botschafter in Paris schreibt sie am 31. Juli 1775:

»*Meine Tochter unterläßt es nicht, ihr Verderben zu beschleunigen...* Welcher Stil! Welche Art zu sprechen! Es bestätigt nur meine Sorgen: *Sie geht ihrem Verderben mit großen Schritten entgegen und wird glücklich zu schätzen sein, wenn sie in ihrem Untergang die Tugenden bewahrt, die ihrem Rang zukommen!*«

Ein Brief vom 2. Juni mit lebhaften Vorwürfen an Marie Antoinette schließt mit den Worten:

»... Verzeihen Sie mir diese Predigt! Aber ich muß Ihnen gestehen, dieses getrennte Bett, diese Ausflüge mit dem Grafen von Artois haben mir um so mehr Kummer gemacht, als ich die Konsequenzen voraussehe und Ihnen gar nicht lebhaft genug erklären kann, *daß Sie sich vorm Abgrund retten müssen oder hineinstürzen werden!*«

Der Briefwechsel bezieht sich besonders häufig auf die körperliche Enthaltsamkeit des Dauphins. Marie Antoinette spricht in rückhaltloser Offenheit mit ihrer Mutter über die fehlenden ehelichen Beziehungen und ihre Enttäuschung, und die Kaiserin, die sich sehr beunruhigt, weil es in Versailles immer noch keinen Erben gibt, schreibt am 3. Januar 1774 an Mercy:

»Die Kälte des Dauphins, eines jungen Mannes von zwanzig Jahren, gegen eine so hübsche Frau ist mir unverständlich. Trotz allen Versicherungen der Fähigkeit wächst mein Argwohn hinsichtlich der körperlichen Verfassung des Prinzen, und ich zähle fast nur noch auf das Eingreifen des Kaisers, der bei seiner Ankunft in Versailles vielleicht einen Weg finden wird, diesen gleichgültigen Gatten zu veranlassen, daß er seiner Pflicht besser nachkommt.«

In einem Brief vom 31. März an den Botschafter heißt es:

»... Sie dürfen mir glauben, daß dies einer der wichtigsten Punkte ist, die geklärt werden müssen, wenn man auf Thronfolge rechnen will oder nicht, und Sie werden versuchen, diesen Punkt mit dem Kaiser ins reine zu bringen.«

Doch die vorgesehene Reise des Kaisers nach Paris wurde abgeblasen, um die Beziehungen Österreichs zu Preußen nicht zu belasten. Noch im selben Jahr 1774 folgte Ludwig XVI. seinem Großvater auf den Thron.

Die Kaiserin erhielt in diesem Jahre einen sonderbaren Besuch.

Am 20. August meldet sich ein Franzose, der sich »de Ronac« nennt, in Wien bei dem Freiherrn Cornelius von Neny, Maria Theresias Kabinettssekretär. Er bittet dringend um eine Sonderaudienz bei Ihrer Majestät in einer Angelegenheit »von höchster Wichtigkeit«. Er behauptet, einen Brief des Königs von Frankreich zu bringen;

Ihre Majestät die Kaiserin könne ihn an einen Mann ihres Vertrauens verweisen, vorausgesetzt, daß sie es selbst auf einem Billett anordne... Nach einer ersten Ablehnung erklärt sich Neny dann doch bereit, die Kaiserin zu informieren, die Seilern bittet, den seltsamen Boten zu empfangen. Der Graf läßt ihn kommen. Herr de Ronac behauptet, er sei von Ludwig XVI. in einer geheimen Mission nach England gesandt worden; um sie zu erfüllen, sei er über Nürnberg gereist, wo er in die Hände von Räubern fiel; er habe der Kaiserin eine sehr vertrauliche Mitteilung über Ihre Majestät Marie Antoinette zu machen. Dann händigt er Seilern ein von Ludwig XVI. geschriebenes Billett aus und erklärt, daß sein wahrer Name Beaumarchais sei, »Ronac« nur ein für diese Mission gewähltes Pseudonym. Schließlich empfängt ihn Maria Theresia in Gegenwart von Seilern.

Vor Ihrer Majestät erklärt Beaumarchais, er habe in Paris mit Sicherheit erfahren, daß man in London ein haßerfülltes Pamphlet gegen Marie Antoinette drucken wollte; durch Vermittlung des Polizeiministers Sartine habe Ludwig XVI. ihn dann nach England geschickt, wo er um jeden Preis die Veröffentlichung des Pamphlets verhindern sollte. Er habe sich dieser heiklen Aufgabe bereits gut entledigt gehabt, als man ihn informierte, daß ein Exemplar nicht mit den übrigen zusammen verbrannt, sondern nach Nürnberg geschickt worden sei, wo es für eine neue Auflage benutzt werden sollte. Ohne Zögern habe er den Boten mit der Broschüre mutig verfolgt und ihn bei Nürnberg auch eingeholt. Nachdem er sich des kostbaren Papiers mit Gewalt bemächtigt, sei er von Unbekannten überfallen, gefährlich verletzt und nur durch ein Wunder gerettet worden: die Dose mit der Order des Königs habe ihn vor einem Dolchstoß bewahrt. Er sei in aller Eile nach Wien gereist, um der Kaiserin das Pamphlet zu übergeben, und er böte sich an, es zu korrigieren, falls man es zu publizieren wünsche...

Beaumarchais liest die Broschüre der Kaiserin vor; sie verbreitet sich ausführlich über Personen und Zustände am Hofe und beweist, daß der Verfasser sein Thema gründlich kennt. Die Kaiserin antwortet, daß die Angelegenheit eingehend untersucht und daß eine zweite Vorlesung angesetzt werden müsse. Sie wünscht, für einige Tage über das Pamphlet zu verfügen, womit sich Beaumarchais einverstanden erklärt. Bei der Verabschiedung rät die Kaiserin, er möge sich vernünftig pflegen, denn das Abracadabra des Berichts, den sie gehört hat, machen ihr den Eindruck, daß der Kopf des Mannes wohl gelitten haben muß.

Nach gründlichem Studium der Angelegenheit hält Kaunitz den Besucher für »verächtlich, ungetreu und zu bestrafen«, und zwar aus zwei Gründen: wäre er wirklich vom französischen König durch Sartine nach England geschickt, hätte niemand davon wissen dürfen; und schließlich habe Beaumarchais ja ohne Wissen und sehr wahrscheinlich gegen den Willen des Königs die ganze Angelegenheit in Wien offenbart... Noch verdächtiger sei sein Vorschlag, das fragliche Pamphlet neu zu drucken, was immerhin eine Verfälschung bedeute. Schließlich habe er sich selbst angeboten, die Änderungen vorzunehmen, und wenn man auf seinen Vorschlag einginge, würde man damit Ludwig XVI. täuschen, der ihn nach England geschickt habe, damit die Broschüre vernichtet würde.

Am Abend des 22. August erscheint ein Beamter mit zwei Offizieren und acht Grenadieren in der Wohnung des Fremden, um ihn zu verhaften. In seiner Gegenwart werden seine Papiere und die Golddose mit der Order des Königs verpackt und mit seinem eigenen Siegel versiegelt; seine Kassette beschlagnahmt man. Am Tage darauf kommt bereits offizielle Mitteilung aus Nürnberg, daß von einem Überfall, dessen Opfer der Franzose geworden sein will, nichts bekannt sei: er ist pure Erfindung. Kaunitz ergreift trotzdem keine neuen Maßnahmen; auf eine Bittschrift von Beaumarchais hin schickt er ihm einen Kommissar, der mit ihm die Papiere durchgeht und ihm das aushändigt, was zu seiner Rechtfertigung dienen könnte. Auf Vorschlag des Grafen von Seilern wählt man Professor Joseph von Sonnenfels dafür aus.

Die Erklärungen, die Sonnenfels von dem Fremden erhält, bestätigen Kaunitz' schlechte Meinung. Der Kanzler sendet darauf einen Eilkurier zu Mercy mit einem ausführlichen Bericht. Er verhehlt darin nicht seine Überzeugung, daß Beaumarchais selbst der Verfasser der Schmähschrift sei, derentwillen er nach London geschickt zu sein vorgibt. Mercy wird gebeten, Ludwig XVI. oder Minister Sartine einen eingehenden Bericht der Affäre zu geben und dabei zu unterstreichen, daß man die Person einzig im Interesse des Königs fest-

gehalten habe, weil sich im Verlauf der Untersuchung so viele Widersprüche ergeben hätten. Je nach dem Wunsch des Königs werde man Beaumarchais freilassen und mit einer Eskorte nach Frankreich schicken oder die Nachforschungen in Wien fortsetzen. Der Kurier bringt Mercy ebenfalls einen vom selben Tag, dem 28. August 1774, datierten Brief Maria Theresias:
»Ich verberge es Ihnen nicht – niemals habe ich geglaubt, daß der seit langem tief verwurzelte Haß gegen die Österreicher, gegen meine Person und die arme unschuldige Königin so unbesiegbar sein würde. Daher stammen alle die in solcher Menge verbreiteten Verleumdungen! Das ist also die Freundschaft, die man meiner Tochter entgegenbringt!... Ich sehe voraus, daß uns diese Affäre noch mehr Ärger bereiten wird; vielleicht ist es angenehmer, es hier beim Zweifel zu belassen, statt die Dinge bis ins Kleinste aufzuklären. Der Unglücksname dieses Schurken hat die Neugier und Aufmerksamkeit von Fürst Kaunitz auf sich gelenkt, der glaubt, daß es sich um denselben Mann handelt, der einen berühmten Prozeß gegen einen gewissen Goezmann geführt hat.« (Beaumarchais war 1773 zu Unrecht verurteilt worden und hatte darauf den Rat Goezmann öffentlich der Bestechlichkeit beschuldigt. Er wurde verwarnt, seine Schriften öffentlich verbrannt. Im *Barbier von Sevilla*, 1775, und in *Figaros Hochzeit*, 1784, ließ er dann seinen Keckheiten freien Lauf.)
»Im vergangenen Winter hat man hier viel davon mit Vergnügen gelesen, aber ich habe nichts davon gesehen, weil mich diese Dinge nicht amüsieren, sondern nur betrüben.«
Am 17. September bringt ein Kurier Mercys Bericht über seine Unterredung mit Sartine, der sein Mißtrauen gegen seinen Protégé nicht verborgen hat, aber fürchtet, daß eine Klage gegen Beaumarchais auch ihn selbst belasten würde; aus diesem Grunde hat er sich für den Verhafteten eingesetzt. Ein paar Tage später richtet Sartine im Namen des Königs an Mercy die Bitte, sich in Wien für die sofortige Entlassung des Franzosen zu verwenden; die in seinem Besitz gefundenen Papiere und Dokumente sollen auf einem sicheren Weg nach Paris befördert werden. Ludwig XVI. spricht der Kaiserin seine lebhafte Dankbarkeit aus, weil sie ihn vor dem Treubruch eines Mannes bewahrt hat, der unter so offensichtlich verdächtigen Umständen zu ihr vorgedrungen ist. Beaumarchais wird sofort in

Freiheit gesetzt und erhält ein Geschenk von 1000 Dukaten. Er verläßt Wien noch am selben Tag. Maria Theresia dachte nur mit Abscheu an ihn zurück und vermutete später, daß er auch mit den beleidigenden Broschüren zu tun hatte, die in Frankreich gegen Marie Antoinette erschienen.

Zu Beginn des Jahres 1775 reist der neunzehnjährige Erzherzog Maximilian unter dem Namen eines Grafen Burgau nach Paris, geleitet von Graf Rosenberg. Marie Antoinettes unerfahrener Bruder leistet sich einige Schnitzer zum Entzücken dieses unbarmherzigsten aller Höfe, der ihn bald den »Erzdummkopf« nennt. Da er inkognito reist, weigern sich die Prinzen von Geblüt, ihm als erste einen Besuch zu machen, und erscheinen auch nicht in Versailles. Die Öffentlichkeit nimmt in dieser Etikettefrage ihre Partei, und allenthalben hört man in Paris:

Kleine Königin von zwanzig Jahren,
die Sie unhöflich gegen die Leute waren,
Sie werden nach Hause zurückgeschickt!

Dann ist die Reihe an Joseph II., der sechsunddreißig Jahre zählt, seine Schwester zu besuchen, die sich ihrem zweiundzwanzigsten Geburtstag nähert. Er verläßt Wien am 1. April 1777 und reist – unter dem Namen Graf Falkenstein und nur von den Grafen Joseph Colloredo und Philipp Cobenzl begleitet – über München, Stuttgart, Straßburg, Nancy und Metz. Am 18. erreicht er Paris und steigt im Petit Luxembourg vor der Residenz des Botschafters Mercy d'Argenteau aus einem einfachen Fiaker. Bei Mercy will er wohnen. Am 19. läßt er sich in Versailles melden – »in einem flohfarbenen Anzug mit eisernen Knöpfen, kleinen Stiefeln und einer Frisur mit nur einer einzigen Locke«. Die Königin empfängt ihn bewegt und unruhig. Oft genug hat sie an ihrem Hof den Geist ihres Bruders gerühmt, seine militärischen Fähigkeiten, seine außerordentliche Einfachheit, seine Liebe zur Arbeit, aber sie kennt und fürchtet auch seine bissigen Ausfälle... Man umarmt sich zärtlich. Marie Antoinette bittet ihren Bruder, bei ihr zu wohnen, aber er lehnt ab. »Sicherlich gibt es Platz für mich in diesem Schloß, das so viele Tagediebe beherbergt, aber ich ziehe mein Quartier vor«, erklärt er.
Schon am nächsten Morgen unterhält er sich lange mit seiner Schwe-

ster, bald liebevoll auf sie eingehend, bald streng wie ein Inquisitor oder auch wie ein Grobian. Er plaudert mit Ludwig XVI., Vergennes, Maurepas und den anderen Ministern. Mercy berichtet ihm von den Extravaganzen der Königin, ihrer Freude an Diamanten, ihren Schulden, ihrem ausschweifenden Luxus. Joseph spielt eine Partie Pharao im Hause der Madame de Guéménée, entrüstet sich über die verdächtige Spielweise und die leichtfertige Atmosphäre des Hauses, das er als »wahre Spelunke« bezeichnet. Er spricht ein fast korrektes, durch einige unbekannte Wörter eigener Prägung angereichertes Französisch; erhebt sich früh, geht spät schlafen, ist unermüdlich, interessiert sich für alles, wie es Peter der Große sechzig Jahre zuvor gehalten hat. Er besucht die Oper und die Theater, besichtigt ein großes Altersheim, Manufakturen, die Menagerie, den Botanischen Garten; er sieht sich das Exerzieren des Schweizer Regiments an, nimmt an einer Sitzung der Akademie teil und an einer Mahlzeit bei den Taubstummen. Er bespricht sich mit Madame Necker, mit Turgot und der Dubarry: er steckt seine lange Nase in alles.
Er schreckt auch nicht vor Taktlosigkeiten zurück: in Gegenwart des Königs, der kein Wort herausbringt, spottet er über die Etikette und die Gebräuche am Hof von Frankreich und gibt Ludwig XVI. sogar, wenn sie nicht allein sind, Ratschläge über das, was er tun und was er sich ansehen sollte. Er versteigt sich zu unpassenden Scherzen über gewisse Damen des Hofstaats und sagt zu dem Komödianten Clairval über Marie Antoinette: »Sie ist sehr leichtsinnig, Ihre junge Königin! Glücklicherweise mißfällt euch das nicht so sehr, euch Franzosen!« Eine volle Stunde lang entwickelt er »ungestüm und ohne jede Hemmung« vor Campan, dem Sekretär und Bibliothekar des Königs, eine Darstellung der Fehler der französischen Regierung und der notwendig gewordenen Reformen. Er erzählt pikante Histörchen über die italienischen Fürsten, die ihn vor kurzem erst empfangen haben. Und gegen allen Brauch macht er beim Abschied denjenigen, die sich um ihn gekümmert haben, nicht einmal ein Geschenk. Da war Peter der Große freilich großzügiger!
Der Besuch ist mehr als nur ein Akt der Höflichkeit und brüderlichen Zuneigung. Joseph verfolgt zwei Ziele, ein intimes und ein politisches: Er will Ludwig XVI. von der Notwendigkeit überzeugen, sich einer kleinen befreienden Operation zu unterziehen, die es

ihm ermöglichen soll, dem Thron einen Erben zu geben; ferner erhofft er sich Frankreichs Zustimmung zur Annexion Bayerns. Nach mehreren Gesprächen unter vier Augen verspricht der König, den kleinen chirurgischen Eingriff vornehmen zu lassen, und Marie Antoinette drückt in einem Brief vom 30. August 1777 ihrer Mutter unverhohlen ihre Freude aus: »Ich erfahre das wichtigste Glück meines Lebens: seit acht Tagen ist meine Ehe vollzogen!«

»Diese Operation war der einzige Erfolg der unverschämten und taktlosen Tour Josephs II.«, schrieb später der Historiker Belloc. Dagegen hat der Kaiser nicht das geringste Versprechen seines Schwagers hinsichtlich des begehrten Bayerns erhalten. Ludwig XVI. hat Josephs lange Ausführungen und sein Angebot auf einen Teil der Niederlande angehört, ohne irgendeine Verpflichtung zu übernehmen oder ihn zu ermutigen.

Wenn es der Kaiser auch manchmal an Takt fehlen ließ, so hat er Marie Antoinette doch scharfsinnig durchschaut. Nach beendetem Besuch berichtet er Leopold:

»Sie ist eine liebenswerte, anständige Frau, ein wenig zu jung, wenig nachdenklich, aber im Grunde ihres Wesens liegen Anständigkeit und Tugend, die für ihr Alter wirklich anerkennenswert sind. Dazu haben mich ihr Geist und ihr gerechtes Urteil oft erstaunt. Ihre erste Regung ist immer richtig; wenn sie sich ihr überließe, ein wenig mehr nachdenken und etwas weniger auf die Ohrenbläser hören würde, von denen es Legionen der verschiedensten Arten gibt, wäre sie vollkommen.«

In den langen *Anweisungen*, die er ihr in der Abschiedsstunde aushändigt, sagt er ihr:

»Ich zittere wirklich um das Glück Ihres Lebens, denn so kann es auf die Dauer nicht weitergehen, und der Umschwung (la révolution) wird grausam sein, wenn Sie ihn nicht vorbereiten ...«

Josephs gewollte Schlichtheit, sein Arbeitseifer, seine harten und sofort kolportierten Aussprüche, seine zahllosen Besichtigungen haben das Volk bezaubert, seine vielfältigen Kenntnisse einer Elite gefallen. Der Hof dagegen, der ihn eher sonderbar als bewundernswert findet, reagiert mit Kälte auf seine Kritik und seine bizarren, oft verletzenden Manieren. Er hat sich, wie Michelet feststellt, »in allem barock, unharmonisch, aus dem Rahmen fallend« benommen.

Am 31. Mai 1777 verläßt Joseph II. Paris und erreicht in der zweiten Julihälfte über Brest, Rochefort, Toulouse, Marseille, Toulon, Lyon und Genf das schweizerische Freiburg. Hier findet er einen Brief Maria Theresias vom 5. Juli vor, der auf ein Schreiben Josephs aus Paris antwortet; der Kaiser hatte sich darin energisch gegen den religiösen Fanatismus und für völlige Freiheit der Religion ausgesprochen. Die Kaiserin antwortete:

»Dieser Brief wird dich in der Schweiz erreichen. Diese Leute (die Schweizer) wissen den Wert deiner Person und deiner Anwesenheit nicht zu schätzen. Das Land bietet allen Wüstlingen Asyl und beherbergt sogar ein paar unserer Frauen, die du, wie ich hoffe, nicht sehen wirst. Sie könnten frech genug sein, es zu verlangen.

Ich muß dir zu meinem großen Kummer gestehen, daß nichts die Religion nachhaltiger schädigen würde, als wenn du auf der Toleranz beharrst, die du für ein Prinzip hältst, von dem du niemals abgehen willst. Ich hoffe aber, daß Gott dieses Unglück verhindert, das schlimmste, das die Monarchie überhaupt treffen könnte. Ich erflehe es in meinen Gebeten, und andere Menschen, die mehr Verdienst haben als ich, werden auch darum beten... Wozu hilft es dir, die wahre Religion zu besitzen, wenn du sie so wenig zu schätzen und zu lieben weißt, wenn dir so wenig daran liegt, sie zu erhalten und zu fördern? Diese Gleichgültigkeit den Protestanten gegenüber verstehe ich nicht, ich wünschte im Gegenteil, daß man es wie sie selbst machte, denn kein Land duldet bei sich eine solche Gleichgültigkeit. Du wirst es in dieser üblen Schweiz schon sehen. Der rechte Glauben und unveränderliche Vorschriften sind notwendig. Wo willst du sie denn finden und bewahren?«

Der Kaiser bleibt fünf Tage in Freiburg, um das Land und seine Institutionen kennenzulernen. Er schreibt seiner Mutter:

»Wenn man diese Gebiete aus der Nähe betrachtet, ist es ganz sicher, daß sich nicht viel herausholen läßt, und trotzdem scheint die Vernunft zu fordern, daß man es versucht und dabei die Untertanen so glücklich wie nur möglich macht. Aber mit dem gegenwärtigen System verfehlt man beide Zwecke, denn eine kostspielige, zahlreiche und schlecht zusammengesetzte Regierung vertut die Einkünfte und verärgert die Einwohner.

Die zwanzig Räte mit ihren untergeordneten Beamten verschlingen 140 000 Florin in einem Land, das noch nicht einmal 300 000 aufbringt, und da doch jeder etwas zu tun haben muß, stellen sie peinlich genaue Untersuchungen an, forschen nach, schmieren sich allerlei zusammen und erschöpfen die Geduld ihrer Untertanen. Ein Präsident, der sie nicht am Zügel halten kann, der die Ausgaben nicht abwägt und, um sie bestreiten zu können, zu zweifelhaften Methoden greift, ruft böses Blut hervor.«
Der anmaßende Kritiker wendet sich nach Konstanz. In seinen Briefen an Maria Theresia drückt sich der Wunsch aus, diese Gebiete zu gewinnen: »Ich wage Eurer Majestät vorzuschlagen, die Kanzlei damit zu beauftragen, alle möglichen Untersuchungen anzustellen, um unsere Rechtsansprüche auf den Kanton Thurgau festzustellen...«
Die Schweiz, die sich über des Kaisers offensichtlichen Appetit auf helvetische Territorien beunruhigt, hat bereits ihren dauernden Friedensvertrag mit Frankreich erneuert. Aber inzwischen ist es Bayern, auf das Joseph seinen begehrlichen Blick richtet.

Zehntes Kapitel

MARIA THERESIAS REFORMEN

1. *Zentrale Macht*

Seit ihrer Thronbesteigung nimmt Maria Theresia lebhaften Anteil an der Regierung und der Verwaltung ihrer Länder. Gleich zu Beginn stellt sie fest, daß der Dualismus zwischen dem Monarchen, der Zentralgewalt, und seinen Ländern Bewegung und Fortschritt verhindert; die politische Organisation ist umständlich und mangelhaft, die Armee schlecht geführt und schlecht ausgerüstet, die Verwaltung schwerfällig und teuer, die Steuern sind nicht richtig verteilt, Adel und Geistlichkeit ungerecht bevorzugt, das Volk ist elend. Prälaten, Grundherren, einige Städte haben die exekutive Gewalt an sich gebracht, die Justiz hängt von den Städten und der Aristokratie ab. Die Straßen sind in schlechtem Zustand, die Miliz taugt nichts. Das alles spürt Maria Theresia Tag für Tag. Sie schreibt:
»Jedes Land der Monarchie will allein über seine Steuern verfügen, als wären die anderen Länder fremde Staaten und hingen nicht vom selben Souverän ab. Die Trennung und die Feindseligkeiten gehen so weit, daß jeder nur an sich selbst denkt, statt sich um das Ganze der Nation zu sorgen. Der Herrscher selbst wird wie ein Fremder angesehen, der kaum zählt. Auf diese Weise setzt sich das ganze Land oft dem Verderben aus.«

Die Königin bemerkte, daß die Verteidigung der Länderrechte oft nur den großen Familien als Vorwand diente, sich ihre eigenen Privilegien zu sichern, auch wo es auf Kosten der Monarchie ging. Wenn sie Menschen, Geld oder Ausrüstung brauchte, um das gemeinsame Vaterland zu verteidigen, mußte sie es erbetteln, was Monate in Anspruch nehmen konnte. Da sie die Ursachen durchaus erkannte, entschloß sie sich, die Rechte und Privilegien ihrer so unterschiedlichen, durch vielfältige Institutionen gelenkten Länder zu beschneiden, eine starke Zentralmacht nach preußischem Muster zu schaffen, damit, wie sie sagte, »meine Befehle überall ausgeführt werden und die Mißbräuche aufhören«.

Maria Theresias zentralisierende Politik verstärkte sich mit den Jahren. Sie entstand nicht aus Grundsätzen, die sie durch theoretische Überlegungen gewonnen oder die man ihr vor ihrer Thronbesteigung eingeprägt hatte, sondern war die logische Antwort auf den übertriebenen Föderalismus der Länder und die Ungleichheit der Bürger. Ihr Großvater Leopold I. hatte bereits den Plan gehabt, seine Staaten zu vereinen, war aber auf solchen Widerstand und so viele Intrigen gestoßen, daß er an sein Cembalo und zu seinen Kompositionen zurückgekehrt war. Die hartnäckigere Maria Theresia entwickelte die Autorität des Fürsten und bemühte sich, »dem Bürgertum die Rolle zu verschaffen, die ihm so lange vorenthalten worden war«, wie Léger schrieb.

Obwohl der Menschen und Geld verschlingende Krieg seine unmittelbaren Forderungen stellte und die bereits angelaufenen Reformen verzögerte oder unterbrach, fuhr die Kaiserin dennoch mit Takt und Ausdauer in ihren Bemühungen fort. Im Laufe ihrer vierzigjährigen Regierung gab es eine Fülle wesentlicher Reformen und Neuerungen auf den verschiedensten Gebieten.

Nach dem Tode des Grafen Sinzendorff rief Maria Theresia 1742 die *Geheime Haus-, Hof- und Staatskanzlei* ins Leben, in deren Aufgabenbereich auch die Außenpolitik und das Herrscherhaus gehörten. Seit dem Dresdner Frieden 1748 begannen dann die bedeutendsten Neuerungen mit Unterstützung von Graf Friedrich Wilhelm von Haugwitz, der bereits viele Proben seines Könnens abgelegt hatte. So waren ihm die fiskalische Reform Schlesiens zu verdanken, die ökonomischen Verbesserungen in Kärnten und Krain, die Einrichtung eines Appellationshofes für die Rechtsprechung und einer neuen Behörde für Finanzen, Handel und Verwaltung in Klagenfurt und Laibach. Die Kaiserin, die sich immer großzügig gegen treue Mitarbeiter zeigte, sagte später über ihn: »Er wurde mir von der Vorsehung zum Heil meiner Länder geschickt. Ich brauchte einen

solchen Mann, um mit den Schwierigkeiten fertigzuwerden.« Der Witwe des Reformators schrieb sie: »Er führte die Regierung aus dem Durcheinander zur Ordnung.«
Haugwitz, Kaunitz, Chotek und Lacy gehören zu den wichtigsten Männern, die Maria Theresias Reformen durchführten. Der Widerstand von Adel und Geistlichkeit, die alten Traditionen standen den Neuerungen mehr im Wege als die Gesetze. Bis dahin war die Verwaltung auf der obersten Ebene zwischen den Kanzleien für Österreich, Böhmen, Ungarn und Transsylvanien aufgeteilt, aber am 14. Mai 1749 verkündete das Journal *Diarium* die Verfassungs-Reform für Österreich und Böhmen – nicht für Ungarn, denn Maria Theresia hatte sich ja verpflichtet, die Verfassung und die Privilegien der Ungarn zu respektieren. Die wesentlichsten neuen Bestimmungen: Rechtsprechung und Verwaltung wurden in den obersten und mittleren Behörden getrennt; die Hofkanzleien von Böhmen und Österreich, die bisher oft genug gegeneinander gearbeitet hatten, wurden vereint, aber Gerichts- und Finanzwesen aus ihnen herausgenommen. Die Länder Österreich und Böhmen verfügten also von nun an über zwei zentrale Organe:

1. *Die Oberste Justizstelle,* die aus einem Kanzler, einem Vizekanzler und 15 Räten bestand,
2. das *Direktorium* (Directorium in publicis et cameralibus), als oberste Verwaltungsinstanz.

Auswärtige Angelegenheiten und rein militärische Dinge lagen von da an in Händen der *Staatskanzlei* und des Hofkriegsrats. Das Direktorium, dem Haugwitz präsidierte, war außerdem Innenministerium und teilweise auch Finanzministerium.
Die *Ministerialbancodeputation* befaßte sich mit der Staatsschuld und der Bank von Wien, das *Direktorium pro commercial* mit Handelsfragen. *Kreisämter* mit vielfältigen Aufgaben erleichterten den Kontakt zwischen den zentralen Behörden und dem Volk und entwanden den Ländern nach und nach immer mehr ihrer Prärogative.
1760 konstituierte Maria Theresia den Staatsrat, dem Franz I. in seiner Eigenschaft als Mitregent angehörte und an dessen Sitzungen auch Joseph teilnahm. Er war kein »Ministerrat«, der sich aus den Chefs der Ministerien zusammensetzte, sondern ein nur beratendes Organ, eigentlich eine Art politischen Diskussionszirkels.

Der Staatsrat legte seine Vorschläge der Herrscherin unmittelbar vor. Seine neun Mitglieder waren Fachleute, erfahrene Männer, die, mit Ausnahme des Kanzlers, keinen anderen zivilen Posten innehatten. Die Kaiserin wählte sie in der Regel aus dem Hochadel. Kaunitz, der die Institution eines solchen Rats empfohlen hatte, schloß seine Ausführungen mit den Wendungen: »Ich bin überzeugt, es ist das einzige Mittel, mit dessen Hilfe es Eurer Majestät gelingen kann, einen Grad von Vollkommenheit zu erreichen, wie ihn kein anderer europäischer Staat kennt.« Maria Theresia antwortete ihm: »Mit Hilfe des Staatsrats und desjenigen, der ihn mir entworfen hat, schmeichle ich mir, dem Ruin des Staates entgegenwirken zu können.«
Maria Theresias Reformen stießen in Böhmen und bei vielen Beamten auf Widerstand. Der Gesandte Diédo berichtete nach Venedig: »Die führenden Minister verdammen den Fortschritt, aber die Herrscherin hat den festen Willen, ihn durchzusetzen.« Den Deputierten aus Mähren, die ihr Beistand geleistet hatten, sprach Maria Theresia ihre Dankbarkeit aus: »Sie sind die ersten, die meinen Ansichten zugestimmt haben. Ich erkenne mit ganz besonderer Freude, daß Ihre Stände geneigt sind, mich zu unterstützen. Das ist der Beweis dafür, daß man mich liebt...«

2. *Landwirtschaft und Bauerntum*

In Ungarn gab es noch Leibeigenschaft, in den anderen Ländern waren die Bauern in hohem Maße abhängig von den Grundherren, ohne deren Erlaubnis sie den Besitz weder verlassen noch heiraten konnten. Ihre Lage war in Österreich schlecht, in Ungarn, Galizien und Sudetenland bejammernswert.
1742 war sich Maria Theresia nicht schlüssig, welche Maßnahmen sie treffen sollte. Sie schrieb: »Die Leibeigenschaft gänzlich abzuschaffen, wäre niemals nützlich; in allen Ländern besteht ein Unterschied zwischen Grundherren und Untertanen. Dem Bauern seine ganze Schuld zu erlassen, würde ihn zu frei und den Grundherrn unzufrieden machen – es würde nur bedeuten, die Ungerechtigkeit vom einen auf den anderen zu schieben.« Damals hielt sie es für

richtig, in erster Linie Adel und Grundbesitz zu protegieren, aber von den Kreisämtern und den Priestern verlangte sie Berichte über die wahre Situation der Bauernschaft.
Als sie die Berichte gelesen hatte, änderte sie ihre Absichten, und da auch Kaunitz der Meinung war, es sei notwendig, die Rechte des Adels zu beschneiden, die allzu großen Güter aufzuteilen, den Landerwerb zu erleichtern und die Frondienste zu vermindern, plante Maria Theresia sogar, die Leibeigenschaft völlig abzuschaffen. Davon aber rieten Joseph und Kaunitz ab, und so begnügte sie sich damit, die Frondienste auf zwei Tage in der Woche in Österreich und auf drei Tage wöchentlich in der Steiermark zu beschränken. In Ungarn setzte eine Bestimmung vom 13. August 1775 die Dienstleistungen gestaffelt nach Gütern und nach den Kategorien von Leibeigenen fest.

3. *Finanzwesen*

In Österreich zahlten Adel und Geistlichkeit keine Steuern, obwohl sie den größten Teil der Ländereien besaßen. Hierzu schrieb die Kaiserin: »Ich halte es nicht für nützlich, der Geistlichkeit, die bereits so bevorzugt ist und das Volk nicht an ihrem Reichtum teilhaben läßt, neue Zugeständnisse zu machen. Es gibt kein Kloster, das sich an die Grenzen seiner Rechte hielte, und viele von ihnen beherbergen unnütze Leute, die unentwegt versuchen, sich Güter des Landes anzueignen. Auch der Adel ist allzu gut behandelt und so mächtig geworden, daß man ihn mehr als den Herrscher fürchtet und respektiert. Unaufhörlich hat er versucht, sich auf Kosten der Krone und des Volkes zu bereichern. Brauche ich Gelder für die zur Landesverteidigung notwendige Armee, muß ich mich an die Repräsentanten der verschiedenen Königreiche wenden. Und dann beschuldigt man einen Herrscher, der nichts als der Sklave seines Adels ist, für die Kosten verantwortlich zu sein!«
Wie ihre Vorgänger hatte Maria Theresia sich beständig mit finanziellen Nöten herumzuschlagen. Das Defizit hatte verschiedene Ursachen: Die Armut einiger Landschaften, die fiskalischen Privilegien bestimmter Klassen, die Kriegskosten, die Notwendigkeit, auch in

Friedenszeiten angesichts der preußischen Absichten ein starkes Heer zu unterhalten.
Unter Karl VI. hatte das Hofpersonal über 40 000 Personen betragen, von denen allein 1500 Kammerherren waren. Obwohl Maria Theresia sehr großzügig war, beschnitt sie gleich bei ihrer Thronbesteigung die hohen Pensionen und die übertriebene Verschwendung.
1743 besteuerte sie die Vermögen, was praktisch auf eine progressive Einkommenssteuer hinauslief. Laien, Geistliche und Militärs mußten ein Zehntel ihres Durchschnitteinkommens abgeben.
1747 schlug Haugwitz vor, zehn Jahre lang jährlich aus dem ganzen Staatsgebiet 14 Millionen Gulden zu erheben statt der bisherigen 9 Millionen: die Summe von 14 Millionen entsprach den jährlichen Unterhaltungskosten für ein Heer von 108 000 Mann. Dafür sollten die Länder von allen Naturalleistungen für Soldaten und Pferde befreit sein. Die Kaiserin griff Haugwitz' Entwurf trotz dem Widerstand mehrerer Minister auf. Die Kontribution wurde auf die Länder verteilt, die sich ihrerseits durch neue, alle Klassen belastende Steuern schadlos hielten; allerdings überwachte die Zentralgewalt die fiskalische Praxis auch der Länder. Kirche und Adel protestierten, obwohl das neue System längst nicht so hart wie das preußische war. Der *Theresianische Kataster*, eine Neuberechnung zum fiskalischen Ausgleich, die auf dem Bodenwert beruhte, wurde von allen Seiten angegriffen, aber die Ständeversammlungen nahmen die von Haugwitz glänzend verteidigten königlichen Beschlüsse schließlich doch an.
Von nun an mußten die Stände ihre Budgets dem Wiener Rechnungshof vorlegen, Dank der Grundsteuern, die jetzt alle Grundeigentümer ohne Ausnahme betrafen, konnte ein beachtliches Straßennetz errichtet werden.
1751 richtete die Kaiserin, um dem Staatsschatz neue Quellen zu eröffnen, eine staatliche Lotterie ein, deren Lose bis in Kirchen und Klöster hinein vertrieben wurden. Sie erbrachte in zehn Jahren etwa 4 Millionen Gulden. Später wurde eine Steuer auf Renten und Einkünfte gelegt. 1754 nahm der Staat 30 Millionen ein, eine Summe, die bald überschritten wurde und schließlich das Doppelte erreichte. Dann aber ließ der Siebenjährige Krieg die Staatsschulden

von 118 auf 271 Millionen anschwellen. Die Bank von Wien gab daraufhin *Bancozettel* für 12 Millionen Gulden heraus – die ersten österreichischen Banknoten. In den beiden Schlesischen Kriegen kamen reichliche Subsidien von England, im Siebenjährigen Krieg von Frankreich. 1780 belief sich das Budget der Länder auf 54 Millionen Gulden. Der Wert des Theresientalers wurde auf ein Zehntel Kölnische Mark festgesetzt.

4. *Handel und Gewerbe*

Maria Theresias Maßnahmen hatten den Erfolg, daß sich Handel und Gewerbe trotz dem Krieg erfreulich entwickelten. Nach dem Verlust Schlesiens unternahm es das *Allgemeine Handelsdirektorium,* die Industrie vornehmlich in Böhmen und Mähren zu intensivieren, um Ungarn Absatz für seine Rohstoffe zu verschaffen. 1762 wurde der *Königliche Handelsrat* gegründet, der unmittelbar auf die Kaiserin zurückging. Obwohl Kaunitz sich bereits 1766 gegen das Einfuhrverbot fremder Waren ausgesprochen hatte, wurde es durch Joseph bestätigt.

Auf Vorschlag ihres Sohnes rief Maria Theresia die *Staatswirtschafts-Deputation* ins Leben, die sich mit allen wirtschaftlichen Problemen zu befassen hatte. Die Zollgebühren wurden erhöht, man verbot sogar die Einfuhr von Luxusstoffen und von Waren, die mit Gold oder Silber hergestellt worden waren. Um die Verteilung von Lebensmitteln, vor allem bei Teuerungen, zu erleichtern, wurden die Provinz-Zollämter aufgehoben; Cobenzl arbeitete einen einheitlichen Zolltarif aus, der 1775 verkündet wurde. Nach und nach legte die Zentralverwaltung die Hand auf den Getreidehandel, proklamierte aber für den Überschuß das Prinzip der Handelsfreiheit. Der Königliche Handelsrat wurde dann auf Verlangen von Joseph aufgehoben, seine Befugnisse gingen an die Kanzlei über.

Franz I. hatte in Böhmen lehnsherrliche Gebiete erworben, wo er Tuchfabriken gründete, Wäschereien und Warenlager anlegte. Seit 1763 konnten überall frei Fabriken gegründet werden; die Konkurrenz wirkte belebend auf Industrielle und Händler. Überall im Lande vermehrten sich die kleinen bürgerlichen Gewerbebetriebe.

Österreich führte vor allem Eisen und Stahl aus, Leinwand, Wachs, Glas und Holz.
Die Donau war ein guter Schiffahrtsweg. Maria Theresia vervielfachte die Verbindungen zu Lande und zu Wasser und gründete eine Schiffahrtsdirektion. Der Postdienst wurde verbessert, so daß man von Wien aus in die entferntesten Winkel des Reichs reisen konnte. Im September 1777 gründeten mehrere Kapitalisten eine Gesellschaft für Schiffahrt und Handel auf der Donau bis zur Türkei und über das Schwarze Meer nach Asien.
1778 wurde die *Asiatische Kompanie für Triest und Fiume* gegründet. An Atlantik und Mittelmeer richtete man 25 Konsulate ein, 7 in Italien, 13 in der europäischen und der asiatischen Türkei, je eines in Ragusa, Alessandria, Lissabon, Tripolis. Die in Wien 1754 gegründete *Orientalische Akademie* versorgte die Auslandsstellen mit fähigem Personal. Die *Ostindische Handelsgesellschaft*, die eine bedeutende Anleihe beim Staat aufgenommen hatte, machte einige Jahre nach dem Tode der Kaiserin Konkurs.

5. *Die Armee*

Als Maria Theresia die Herrschaft übernahm, hatte Österreich auf dem Papier 170 000 Soldaten, in Wahrheit aber weniger als 50 000, die zudem schlecht ausgerüstet und demoralisiert waren. Die Artillerie hatte keine Kanonen, der Kavallerie fehlte es an Pferden. Noch immer stützte sich der *Hofkriegsrat* teilweise auf Instruktionen von 1668, 1650 und sogar 1556! Nach Marschall Khevenhüllers Behauptung wurden außerdem militärische Angelegenheiten oft genug von inkompetenten Zivilisten entschieden. Maria Theresia schrieb dazu: »Wer würde glauben, daß es in meiner Armee kein Reglement gab? Es ist kein Wunder, daß ich die Armee in einem unbeschreiblichen Zustand vorgefunden habe.« Der Soldatenkönig hatte Friedrich II. ausgezeichnete Soldaten hinterlassen, Karl VI. vermachte seiner Tochter die Pragmatische Sanktion.
Schon im ersten Kriegsjahr begriff Maria Theresia, daß Friedrich II. Schlesien nicht hätte überfallen können, wenn Österreich über ein schlagkräftiges Heer verfügt hätte. Sie plante deshalb eine völlige

militärische Reorganisation, und Khevenhüller machte sich an die Arbeit, doch ihm fehlten bald die Kräfte. Kurz vor seinem Tode rief er General Graf Daun zu sich und übergab ihm seine Studien über die Reform mit den Worten: »Khevenhüller wird in Daun wieder erstehen!«

Maria Theresia zog aus dem Aachener Frieden die Schlüsse: »Unsere Aufmerksamkeit muß auf die deutschen und die an unser Staatsgebiet grenzenden Länder gerichtet sein... Wir werden im Lande selbst eine gute, ständig unter Waffen stehende Armee aufbauen, die zum Marschieren bereit ist.« Am 8. Februar 1748 trat eine Militärkommission der höchsten Offiziersränge unter dem Vorsitz des Prinzen Karl von Lothringen zusammen, um die Reform vorzubereiten. Eine neue Dienstordnung wurde eingeführt, die Verwaltung vereinfacht, die Aufstellung der Kader genau überwacht.

Man gründete Kadettenanstalten, die Königliche Maria-Theresia-Akademie, die Ingenieurakademie für Artillerie und Genietruppen. Feldmarschall Fürst Liechtenstein reorganisierte die Artillerie.

1762 wurde in allen österreichischen Ländern die Wehrpflicht eingeführt, außer in den Niederlanden, Ungarn, Tirol und Mailand. Zu Beginn des Siebenjährigen Krieges verfügte das österreichische Oberkommando über etwa 110 000 Mann, dazu kamen rund 24 000 Reservisten und 44 000 Soldaten aus den Niederlanden und Italien. Das Heer war sehr gut ausgerüstet, ernährt und besoldet. 1773 wurden die Länder in *Werbbezirke* eingeteilt. Die Kaiserin verfolgte auf den Karten mit leidenschaftlicher Anteilnahme jeden Feldzug, besichtigte Feldlager, Arsenale und Verpflegungslager und ließ gute Kasernen und Invalidenheime bauen.

Die ausdauernden Bemühungen der Kaiserin trugen Früchte. 1769 umfaßte das österreichische Heer 200 000 gut bewaffnete und geübte Soldaten. »Niemals hat das Haus Österreich über eine solche Streitmacht verfügt«, berichtete Botschafter Reniers. Mit Fürsorge, Güte und Tatkraft hatte Maria Theresia das Herz ihrer Armee gewonnen, die für die *Mutter der Feldlager* eine Medaille prägen ließ.

6. *Die Justiz*

Die uneinheitliche Rechtspraxis, die Vielfalt von Gesetzen und Vorschriften, dazu die Gerichtsbarkeit der Grundherren und deren Privileg, sich ausschließlich von ihren Standesgenossen aburteilen zu lassen – das alles machte das Gerichtswesen anarchisch. Karl VI., der die rechtlichen Verhältnisse vereinheitlichen wollte, starb, ehe die vorbereitenden Arbeiten abgeschlossen waren. Die Länder verteidigten ihre Unabhängigkeit. Trotzdem träumte Maria Theresia davon, überall dasselbe Recht und dieselbe Verfahrensordnung einzuführen. Kräftig unterstützt von Haugwitz, ersetzte sie die regionalen Gerichte durch königliche; der Oberste Gerichtshof saß in Wien. Seit 1753 arbeiteten Kommissionen von Juristen an einem Kodex für das bürgerliche Recht und die Verfahrensordnung in zivilen Prozessen, doch die Pläne wurden erst nach dem Tode der Kaiserin abgeschlossen.

Die Strafgesetze waren in der Monarchie überaus streng. Obgleich Maria Theresia im Herrscher einen »wohlwollenden Despoten« sehen wollte, hielt sie anfänglich an den grausamsten Strafen fest. Ein Strafgesetzbuch (*Constitutio criminalis Theresiana* – auch *Nemesis Theresiana* genannt) wurde am 1. Januar 1770 für Österreich und Böhmen erlassen. Es war immer noch auf die harten Regelungen Ferdinands III. ausgerichtet. Der Gesetzgeber behauptete, drei Ziele zu verfolgen: Den Schuldigen zu bessern, dem Staat eine Entschädigung zu verschaffen, im Volk ein Gefühl des Abscheus gegen das Verbrechen wachzuhalten. Todesurteile wurden auf zweierlei Weise vollstreckt: Der einfache Tod durch Enthaupten oder Erhängen und der »erschwerte« Tod. Der zu der schärferen Form verurteilte Unglückliche wurde bei lebendigem Leib verbrannt, lebend gevierteilt und gerädert, nachdem man ihn mit glühenden Zangen zerrissen oder zerstückelt hatte. Mindere Strafen bestanden in Stäupen mit Peitschen oder Brennesseln, in Verstümmelung, Brandmarkung mit glühendem Eisen.

Am 2. Januar 1776 schaffte die Kaiserin die Tortur ab und milderte auch die Hinrichtungsart. Im selben Jahr wurde der *Codex Theresianus* geschaffen, der die Gleichheit vor dem Gesetz proklamierte.

Der Kaiserin lag viel am Unterricht für das breite Volk, sie sah ihn als Aufgabe des Staats an. Bei ihrer Thronbesteigung bestand keine Schulpflicht; die wenigen Schulen in den Städten vermittelten einen sehr mäßigen Unterricht, um den sich der Staat kaum kümmerte. Die Kirche sah nicht immer wohlwollend auf die Ausbreitung der Kultur; mancher Priester predigte von der Kanzel herab: »Lesen ist eine gefährliche Sache!« Übrigens stand Kaunitz dieser Auffassung nicht so fern, denn seiner Meinung nach sollten Unterricht und Erziehung der sozialen Herkunft des Schülers entsprechen. Für Bauernsöhne genügte Lesen, Schreiben und Rechnen, im übrigen mußte man ihnen »Liebe zum Fürsten, Liebe zum Vaterland sowie Gehorsam, Treue und Demut« einpflanzen, wozu sich allenfalls noch ein paar Kenntnisse aus der Landwirtschaft gesellen durften. Bürgerkinder sollten außerdem ein wenig in Moral unterwiesen werden. Das Staatsinteresse fordere, daß gehobene Studien und hohe Ämter dem Adel vorbehalten blieben, versicherte der Kanzler.

1751 veranstaltete der Staat eine Umfrage über den Stand des Unterrichts, konnte aber des Krieges wegen nichts unternehmen. 1761 gründete Maria Theresia eine reich dotierte Anstalt für hundert Soldatenkinder und schließlich Handwerkerschulen. Das deutsche Schulwesen in Österreich umfaßte 1772 drei Unterrichtsstufen: Grundschulen, höhere Schulen oder Gymnasien und die Universität. Die Kaiserin wandte sich 1774 an den später so berühmt gewordenen Volksschulmann Johann Ignaz Felbiger von den Augustinern in Sagan; er sollte öffentliche Schulen einrichten, vornehmlich in Dörfern und kleinen Städten; hier sollte Lesen, Schreiben und Rechnen unterrichtet werden. Für den Hauptort eines Kreises war eine Hauptschule vorgesehen, wo zusätzlich Geometrie, Geschichte und Aufsatz gelehrt wurden, und die Provinzhauptstädte schließlich sollten mit einer Anstalt zur Lehrerausbildung ausgestattet werden.

In einem Memorandum vom Jahre 1765 schlug Joseph vor, den Besuch von Gymnasien und Universität nicht nur dem Adel vorzubehalten. Von einer Reise durch Böhmen berichtete er seiner Mutter: »Hier lebt das Volk in größter Unwissenheit; die Bürger werden durch zahlreiche Priester in abergläubischer Gottesfurcht gehalten.

Wie kann man solchen Leuten eine so edle staatliche Aufgabe wie die Unterrichtung der Bevölkerung anvertrauen?... Daran vor allem mangelt es in Eurer Majestät Erbländern, wie aber auch an wahren christlichen Tugenden.«

1780 verfügte Österreich über 500 neue Schulen; die Zahl der Lehrer hatte sich verdreifacht. Mayer-Kaindl versichert, daß kein anderer Staat damals das Volksschulwesen so sorgfältig ausgebaut hatte.

Nach dem Dreißigjährigen Krieg waren in Innsbruck, Brünn und Kremsmünster *Ritterakademien* ins Leben gerufen worden. Die Jesuiten gründeten das *Theresianische Kollegium* in Schloß Favorit (das die Kaiserin für die Erziehung adliger junger Mädchen zur Verfügung gestellt hatte) und das *Musaeum Mathematicum*, das erste technische Institut Österreichs. 1754 wurde die *Orientalische Akademie* zur Ausbildung künftiger Diplomaten eröffnet und 1767 die *Real-Handlungs-Akademie*.

Die Universität Wien war 1365 gegründet worden, ein Jahr nach der Krakauer und kurz vor den Universitäten von Erfurt, Heidelberg und Budapest. 1752 ordnete Maria Theresia den Bau von neuen Hörsälen und Wohnungen für Professoren an. Das neue Gebäude wurde vier Jahre später eingeweiht. Haugwitz nahm kniend die Schlüssel der Universität von Maria Theresia entgegen und gab sie an den Prokurator weiter, der sie Magnifizenz überreichte. Tausend Dukaten wurden unter 372 bedürftige Studenten verteilt.

Nach Auflösung des Jesuitenordens 1773 übernahm die Stadt die Verwaltung der Wiener Universität. 7000 Studenten studierten hier in den sechs Fakultäten: Recht, Politische Wissenschaften, Medizin, Naturwissenschaften, Theologie und Philosophie. Dem Arzt der Königin, Gerhard van Swieten, ist die erste Wiener Ärzteschule zu verdanken; sie baute sich auf der engen Zusammenarbeit zwischen Professoren und Studenten und einer von Generation zu Generation vorangetriebenen medizinischen Forschung auf.

Weniger wurde in Österreich für die Künste getan. Die 1725 von Karl VI. gegründete *Akademie der Künste* fand, zumindest bei Beginn ihrer Herrschaft, kaum Maria Theresias Interesse. »Das hat wohl zeit, ligt mir nicht so am herzen«. 1776/77 ließ Joseph die Königliche Bildergalerie aus dem Marstallgebäude ins Belvedere bringen; der Basler Christian von Mecheln unternahm die Aufstellung.

Nach Maximilian I. hatte man sich kaum um die allenthalben verstreuten Archive gekümmert, die man sogar gelegentlich verkaufte. Mehrmals waren sie auch in die Hände des preußischen oder bayerischen Feindes gefallen, so etwa in Prag. 1749 aber beauftragte Maria Theresia Theodor Anton von Rosenthal, die Dokumente, so weit sie sich auf die Monarchie bezogen, wieder zu sammeln, zunächst in Prag, später in Innsbruck und Graz. 1753 vertraute sie die Direktion der Archive Bartenstein an, dem mehrere Gehilfen und Angestellte zur Seite standen. Daraus entwickelte sich das berühmte *Haus-, Hof- und Staatsarchiv*, das auch heute noch dem Historiker wertvolle Dienste leistet.

Gegen 1780 galt Wien als einer der lebendigsten Mittelpunkte der deutschsprachigen Kultur, und ein Teil des Verdienstes daran gebührte Maria Theresia.

8. *Die Kirche. Die Jesuiten. Die Reformierten. Die Juden*

Seit Maximilian I. weigerten sich die österreichischen Herrscher, päpstliche Bullen zu veröffentlichen, die nicht ihre Zustimmung gefunden hatten. Unter Karl VI. befürworteten einflußreiche Theologen, die Macht der Kirche zu begrenzen, besonders die des Papsttums. Die Katholikin Maria Theresia, die in den dynastischen und religiösen Vorstellungen ihrer Vorfahren wurzelte, gab das Beispiel einer tiefen Frömmigkeit, die sie auch von ihren Kindern und ihrem Hof verlangte; doch zog sie einen scharfen Trennungsstrich zwischen Kirche und Staat und ließ es nicht zu, daß Seine Heiligkeit in die Vorrechte der Krone eingriff. Vielleicht war sie unbewußt auch schon vom aufkommenden Rationalismus beeinflußt. 1743 rief sie einer Versammlung von Geistlichen zu: »Gebt dem Kaiser, was des Kaisers ist!«, eine Forderung, die sie in mehreren Dekreten verdeutlichte. Sie beschlagnahmte den Zins, den der Bischof von Prag alljährlich nach Rom sandte, und gern wiederholte sie das Wort Karls des Großen: »Das Amt des Herrschers ist es, zu schützen und zu regieren; das Amt des Papstes ist es zu beten.«

In einem Memorandum, das sie zwischen 1750 und 1756 abfaßte, schrieb Maria Theresia:

»Durch tiefe Frömmigkeit bewegt, haben meine Vorfahren große Güter der Krone für die Unterhaltung der Religion und das Gedeihen der Geistlichkeit gegeben. Da sich nun heute die katholische Kirche im blühendsten Stand befindet und die Geistlichkeit hinreichend dotiert ist, wird diese Verpflichtung ein Ende haben, und ich hielte es nicht nur für wenig lobenswert, sondern sogar für ärgerlich, damit fortzufahren, weil die Kirche es einerseits nicht mehr braucht, andererseits mit dem, was sie bereits besitzt, nicht immer so verfährt, wie es sein sollte ...«

Die diplomatischen Beziehungen zwischen Wien und dem Vatikan waren eine Zeitlang unterbrochen, erneuerten sich dann aber wieder. 1746 wurde Erzbischof Serbellini zum Nuntius in Wien ernannt, und wenig später vertrat Kardinal Mario Mellini Österreich beim Vatikan.

Einen Eingriff in kirchliches Gebiet erlaubte sich Maria Theresia, als sie die Kreishauptleute beauftragte, »die Verwaltung der Einkünfte aus frommen Stiftungen und der kirchlichen Güter zu kontrollieren«. Außerdem griff sie, ohne sich um Rom zu kümmern, in die Jurisdiktion der kirchlichen Gerichtsbarkeit bei Eheschließungen ein und untersagte gewisse religiöse Zeremonien.

Maria Theresia wünschte vom Papst das Recht auf den Titel *Apostolische Königin von Ungarn* zu erhalten.

Marquis Clerici erhielt den Auftrag, mit dem Kardinal von Rodt, Bischof von Konstanz, das päpstliche Terrain zu sondieren. Er riet, die bevorstehende Wahl eines neuen Papstes abzuwarten. Klemens XIII., 1758 zum Nachfolger Benedikts XIV. gewählt, stimmte in einem Breve zu, und alle Länder der Monarchie wurden auf Maria Theresias Anordnung feierlich davon unterrichtet.

1763 gab der Bischof von Trier Justin Febronius ein Buch mit dem Titel *Staat, Kirche und die Macht des Papstes* heraus. Er entwickelte darin die These, daß Seine Heiligkeit, Erster der Bischöfe, einen Teil seiner Macht an den Staat und an die übrigen Bischöfe abzutreten habe. Die Schrift fand ein starkes Echo und wurde von Rom verboten. Obwohl Kaunitz die Gedankengänge teilte und Maria Theresia teilweise zustimmte, befahl sie, daß die Publikation »durchaus vernichtet« werden sollte; aber die von Gerhard van Swieten geleitete Zensurbehörde schloß beide Augen.

Die Kaiserin setzte ihre Reformen fort, die sich hauptsächlich auf die folgenden Punkte bezogen: Obligatorische Teilnahme eines Staatsbeamten an den Zusammenkünften der Bischöfe; Abschaffung der öffentlichen Buße und der schweren Bestrafungen in den Klöstern; Verbot für ausländische Obere, die Häuser der Orden in den österreichischen Ländern zu inspizieren; Verbot, früher als mit vierundzwanzig Jahren seinen Besitz einem Orden zu vermachen und ins Kloster einzutreten; Zensur der Exkommunikationen, der Mönchstestamente, der von Theologen geschriebenen Bücher; Verbot von Legaten für Messen oder für das Ewige Licht. Sie schaffte die Pilgerfahrten nach Rom, Aachen, Köln ab und verbot der Geistlichkeit, auf ungebührliche Art von den Staatsgesetzen zu sprechen.
1770 gab es in Österreich und Ungarn 2163 Klöster mit 45 000 Mönchen und Nonnen. Maria Theresia hob eine Reihe von Klöstern auf und beschränkte die kirchlichen Feiertage auf zwanzig. Dennoch war die Meinung des Botschafters Charles Hansbury Williams, daß »die Priester nicht die Freunde der Souveränin« seien, falsch.

Die Jesuiten

In der zweiten Hälfte des achtzehnten Jahrhunderts waren die Jesuiten Ziel heftiger Kritik und außergewöhnlicher Maßnahmen in Europa. Der Orden, von Paul III. durch die Bulle vom 27. September 1540 anerkannt, wurde 1759 nach einem Attentat auf Joseph I. in Portugal aufgehoben.
Am 6. April 1762 erließ der oberste Pariser Gerichtshof ein Urteil gegen die »sogenannte Gesellschaft Jesu«, deren Lehren er als »entartet und vernichtend für jeden religiösen Grundsatz« erklärte. Das Gericht ordnete die Aufhebung des Ordens und die Einziehung seines Besitzes an. 1767 wurden die Jesuiten dann aus Spanien, Neapel, Amerika und Malta vertrieben. Im Jahr darauf verlangt Ludwig XV. im Namen aller Bourbonen vom Papst die völlige Aufhebung der Gesellschaft Jesu.
Klemens XIII. stellte sich auf die Seite des Ordens und exkommunizierte Ludwigs XV. Enkel, den Infanten Philipp, Herzog von Parma, und mit ihm alle, die sich an den Edikten von Parma gegen die kirchliche Rechtsprechung und die Jesuiten beteiligt hatten. Maria Theresia, einst Zögling der Jesuiten, erkannte ihre Verdienste an

und bewahrte ihnen ihre Anhänglichkeit, ließ sie aber nicht als Beichtväter für Mitglieder des Hofes zu. Im Januar 1768 erklärte sie Pater Koffler: »Sie brauchen sich nicht alle diese Sorgen zu machen, mein lieber Vater! Solange ich lebe, haben Sie nichts zu befürchten!« Der spanische Botschafter in Wien Mahony berichtete, daß sich die Kaiserin weigerte, gegen Ordensangehörige vorzugehen, solange sie in ihren Ländern nichts Strafbares begangen hätten.

Als Marie Antoinette 1770 nach Frankreich aufbrach, legte ihre Mutter ihr ans Herz, »sich auf kein Gespräch über die Jesuiten einzulassen, weder für sie noch gegen sie«. Sie fügte hinzu: »Sagen Sie, daß ich sie schätze und traurig wäre, wenn ich sie verlieren müßte, daß ich aber, falls die Regierung in Rom die Aufhebung des Ordens beschließt, nichts dagegen unternehmen werde.« Sie beugte sich den dringenden Vorstellungen von Kaunitz, van Swieten und Joseph, der im selben Jahr an Choiseul geschrieben hatte: »Ich kenne alle Bemühungen der Jesuiten, Finsternis über der Erde zu verbreiten und Europa zu regieren und zu verderben von Kap Finisterre bis zur Nordsee.« Die Kaiserin gab nach, um weder ihre ausgezeichneten Beziehungen zu Ludwig XV. und dem König von Spanien noch das Glück ihrer in Versailles, Neapel und Parma verheirateten Töchter zu gefährden. Um die Rechte der Herrscher zu betonen, sprach sie sich gegen die Exkommunikation des Herzogs von Parma aus, lehnte es aber ab, sofort die Beziehungen zum Vatikan abzubrechen, obwohl französische und neapolitanische Truppen Avignon und Benevent besetzten.

Am 2. Februar 1769 starb Klemens XIII. Nach drei Monaten Intrigen und Winkelzügen des Konklaves folgte ihm Kardinal Lorenzo Ganganelli als Klemens XIV. Der schwache und versöhnliche Franziskaner nahm die Beziehungen zu Portugal wieder auf, obwohl dort einundachtzig Jesuiten im Gefängnis umgekommen waren. Er war schließlich sogar bereit, den Entwurf für eine Bulle gegen die Jesuiten zu verfassen. Am 21. Juli 1773 unterzeichnete er dann die Bulle *Dominus ac Redemptor Noster*, mit der die Aufhebung des Jesuitenordens verfügt wurde und zwar »für jede Provinz, jedes Königreich, jeden Staat«. Die Kaiserin schrieb an Ferdinand: »Ich bekenne, daß ich schmerzlich berührt bin, denn ich habe bei ihnen nie andere als erbauliche Dinge gesehen.« Aber sie dachte praktisch, und schließlich ging es um Besitz und um staatliche Interessen. So schrieb sie denn an den Kabinettssekretär Freiherrn von Neny: »Das Schicksal der Jesuiten ist besiegelt ... Ich bedaure sie sehr, aber es gibt keine Hilfe. Also muß man für unsere Heilige Religion und den Staat das Beste daraus machen.« Sie ernannte unverzüglich eine Kommission, die den ganzen Besitz, Archive und Papiere des Ordens einzog. Die 5600 Jesuiten in Österreich widersetzten sich nicht.

Die Reformierten

Obwohl ihre Mutter, die Prinzessin Elisabeth Christine von Braunschweig-Wolfenbüttel, vor ihrer Heirat Protestantin war und obgleich die Reformierten in manchen österreichischen Ländern zahlreich waren, behandelte Maria Theresia sie ausgesprochen hart. Vom hohen katholischen Klerus gedrängt, erklärte die königliche Kanzlei, daß Toleranz gegen die evangelische Lehre die bestehenden Institutionen erschüttern würde. Der Wiener Erzbischof Graf Johann Joseph Trautson erreichte bei der Kaiserin, daß im Gebiet der Erbländer allein der römisch-katholische Kultus zugelassen wurde. Maria Theresia sandte Missionare in die protestantischen Gebiete und richtete Vikariate in den Gebirgsgegenden ein. Damit die Reformierten nicht etwa fortzögen und die Reihen der preußischen Armee auffüllten, verbot sie ihnen, ihren Staat zu verlassen und ließ »Unbelehrbare« nach Ungarn bringen. 1752 gab sie drakonische Anordnungen heraus. Im Jahr darauf berichtete der Botschafter Englands aus Österreich, daß ein Protestant eine Katholikin nicht heiraten könne, ohne eine mehrjährige Gefängnisstrafe zu riskieren. Aus Böhmen und Mähren wanderten Tausende reformierter Familien in das preußische Schlesien ein. Doch trotz allem widersetzte sich die Kaiserin, wie es der habsburgischen Tradition entsprach, nach wie vor der Ausbreitung der »satanischen Seuche«. 1775 baten sechzig Gemeinden in Böhmen vergebens um die Erlaubnis, zur reformierten Kirche übertreten zu dürfen. Zwei Jahre später hieß es in Wien, daß 10 000 Einwohner Mährens vom Katholizismus zum Protestantismus übergetreten seien. Man schickte ihnen eine Kommission aus Laien und Priestern; den Einwohnern, die auf ihrer Konversion beharrten, wurden Strafen angedroht: Bergwerksarbeit, Militärdienst, Umsiedlung in andere Gebiete Österreichs. Joseph II., der sich gerade im schweizerischen Freiburg befand, schickte der Kaiserin sofort einen Protest gegen diese »ungerechte und gefährliche« Entscheidung. Die neuen Protestanten sandten einen Unterhändler zu Maria Theresia, den sie verhaften ließ. Am 13. Mai, dem Geburtstag der Kaiserin, versammelten sich 4000 Einwohner von Mähren auf einer Ebene an der ungarischen Grenze; sie beteten für die Herrscherin und veranstalteten einen protestantischen Gottesdienst. Der Pastor wurde am Ende der Feier von Soldaten verhaftet, aber wieder freigelassen, weil die Menge eine drohende Haltung einnahm. Joseph, der in Rußland weilte, konnte diesmal nicht eingreifen: Die Veranstalter der Feier wurden mit ihren Familien nach Ungarn deportiert; Maria Theresia ließ aber jedem 100 Gulden aushändigen, um ihm die Ansiedlung zu erleichtern.

Die Juden

Noch härter behandelte Maria Theresia die Juden. Im Dezember 1744 gab sie nach der Wiedereroberung Prags dem Großkanzler von Böhmen den Befehl, 30 000 Juden auszutreiben, die beschuldigt wurden, ihre Sympathie für den Kurfürsten von Bayern kundgetan zu haben. Bald darauf dehnte sie diese Maßnahme auf alle Juden in der Monarchie aus. Graf Kolowrat, dem eine Sonderkommission zur Seite stand, mußte kontrollieren, ob die 60 000 in Österreich lebenden Juden das Land verließen. Mehrere Mächte verwandten sich für die Prager Juden, erreichten aber nur, daß die Vertreibung bis zum März 1745 hinausgezögert wurde. Die Unglücklichen ließen sich in der Nähe Prags nieder und zogen jeden Morgen in die Stadt. Im Jahre darauf wiederholte Maria Theresia ihren Befehl. »Die plötzliche Unterdrückung der jüdischen Tätigkeit erschütterte das Land bis in die Tiefe«, berichtet Villermont. »Das Geld verschwand aus dem Umlauf, der Kredit fiel, und überall wurde gejammert.«

Dringende Vorstellungen des Adels und der Stände von Böhmen bewirkten, daß Maria Theresia die Dekrete für sechs Jahre aussetzte. Als Haugwitz den Auftrag erhielt, mit den Ständeversammlungen von Böhmen und Mähren neue Kontributionen auszuhandeln, stieß er auf so heftige Opposition, daß er schließlich erklärte, er könne nur etwas erreichen, wenn die Vertreibungsdekrete endgültig abgeschafft würden. In seinen Berichten an die Kaiserin hieß es, daß es bald an den notwendigsten Dingen fehlen würde, daß Prag von allgemeiner Not bedroht sei, daß »sich der Reichtum dorthin verlagert, wo die Juden leben«. Maria Theresia gab schließlich nach, um die Zustimmung der Ständeversammlung zu erlangen; die Juden Böhmens und Mährens sollten aber eine Summe von 300 000 Gulden zahlen. Sie kam auf die Frage nicht mehr zurück, aber ihre Abneigung schwand nie.

9. *Die Sitten*

Im Wien des achtzehnten Jahrhunderts brauchte man sich nicht zu langweilen. Im Jahre 1716 schrieb Lady Montagu über das Leben der Wiener Gesellschaft:
»Die Ehemänner sehen wohlgefällig auf den Liebhaber ihrer Frau und behandeln ihn als eine Art Stellvertreter, der ihnen den weniger angenehmen Teil der Sache abnimmt. Das bedeutet übrigens nicht, daß ihnen der persönliche Einsatz erspart bleibt, denn sie pflegen ihrerseits wiederum die Rolle des Stellvertreters bei mehreren anderen Damen zu spielen. Mit einem Wort: Die Mode will, daß jede Frau zwei Gatten hat, einen, dessen Namen sie trägt, einen zweiten, der die Pflichten des Ehestandes übernimmt. Die Sache ist so allgemein geduldet, daß es einer öffentlichen Kränkung gleichkommt, wenn eine Dame ohne jene beiden Herren eingeladen wird, die sie jeweilig einrahmen. Zuweilen halten solche doppelten Ehen zwanzig Jahre lang und bringen die Familie des Liebhabers an den Bettelstab...
Ein Liebhaber gehört zur Aussteuer einer Dame vom Stande. Der erste Akt des Kontrakts ist die Garantie einer Rente, die auch in Fällen von Untreue Eigentum der Frau bleibt... Ich kenne mehrere Personen der vornehmsten Gesellschaft, deren außereheliche Bezüge ebenso allgemein bekannt sind wie ihre sonstigen Einkünfte. Niemand findet etwas dabei; im Gegenteil, man zweifelt die Moral

der Damen an, die man verdächtigt, sich umsonst hinzugeben ... Wien verdiente wahrhaftig die Bezeichnung ›Vaterland des freien Ehebruchs‹«.

Ein späterer Gewährsmann, der Diplomat Wraxall, der sich öfter in Wien aufhielt, urteilt weniger streng:

»Die Damen der österreichischen Gesellschaft sind unglaublich abergläubisch, was sie nicht hindert, leichtfertig zu sein. Sie sündigen, beten, beichten und fangen wieder von vorn an und achten sorgfältig darauf, daß sie ja nicht die Messe versäumen ... Die Wienerinnen halten nichts davon, daß die Religion das Vergnügen beeinträchtigt, aber in ihren Unterhaltungen gehen sie nie so weit, daß sie ihr Geheimnis preisgäben, und nur ihrem Beichtvater öffnen sie das Herz ...«

Maria Theresia, deren privates Leben ohne Tadel war, verlangte, daß auch die Sitten an ihrem Hofe einwandfrei blieben. Bei einem Empfang zog sie eines Tages Quinquin von Esterházy, Franz' I. Freund, beiseite und warf ihm in heftigen Worten sein Verhältnis mit der verheirateten Gräfin Althaus vor. »Ich ertrage solche Polissonnerien nicht«, erklärte sie ihm auf Französisch, denn für sie kamen alle »Liederlichkeiten« aus Paris.

»Nehmen Sie nicht die französischen Leichtfertigkeiten an, bleiben Sie eine ernsthafte Deutsche, und seien Sie stolz darauf«, schrieb sie Marie Antoinette. Aber die Kaiserin war wahrhaftig nicht gerecht, denn die Sitten mancher deutscher Höfe zu jener Zeit waren um nichts besser als die anderer Länder.

Als von der Ernennung des Straßburger Bischofs Prinz von Rohan zum französischen Botschafter in Wien die Rede war, vertraute Maria Theresia Mercy an, daß sie die Wahl »dieses üblen Subjekts« bedauere; sie wolle ihr Agrément nur erteilen, um der Dauphine Ärger zu ersparen. Rohan legte sein Beglaubigungsschreiben am 19. Januar 1772 vor. Sechs Wochen später verglich die Kaiserin in einem Schreiben an Mercy den Prinzen mit einem »dicken Buch voller Derbheiten, die weder zu seinem geistlichen Stand noch zu seiner diplomatischen Situation passen ... Er versteht nichts von den Geschäften; er hat keine Begabung, er besteht nur aus Leichtfertigkeit, Dünkel und Unfähigkeit; man kann sich auf das, was er schreibt, nicht verlassen; seine große Suite setzt sich aus Männern ohne Verdienst und Moral zusammen...« Niemals hörte sie auf, dieses »üble Subjekt« zu verdammen, und es gefiel ihr keineswegs, daß Joseph II. und Kaunitz ihr Vergnügen am Umgang mit dem fröhlichen Lebemann fanden. »Er verdirbt den Wiener Adel, und sein Gefolge verdirbt die Leute aus dem Volk«, behauptete sie. Nach der Thronbesteigung Ludwigs XVI. wurde Rohan nach Paris zurückgerufen und tat sich später durch die berüchtigte Halsbandaffäre hervor...

Maria Theresia legte besonderes Gewicht auf die öffentliche Moral. In ihren Augen waren Liebhaber – wie auch immer die Umstände liegen mochten – nur »Elende«. 1753 setzte ein Erlaß Strafen für Prostitution und für unanständige Frauenkleidung fest; die allzu dekolletierten Corsagen sollten dezenter und die Kleider länger gemacht werden; die Geistlichen hatten aufreizend gekleidete Frauen aus der Kirche zu weisen. Im selben Jahr schuf die Kaiserin eine Sittenkommission, die gegen das Laster kämpfen sollte und dabei dann auch keineswegs zimperlich vorging: Scharen von Polizisten und Polizeispionen verfolgten die Sünder in ihre Klubs hinein, bei öffentlichen und privaten Zusammenkünften, machten Anzeigen, verhafteten. Die Königin griff persönlich ein. So schrieb sie 1771 an den Präsidenten der Kommission:

»Ich habe vernommen, daß ein gewisser Palm eine unbescholtene Tänzerin vom Deutschen Theater verführt und sie unter falschen Vorspiegelungen veranlaßt hat, mit ihm in wilder Ehe zu leben. Gehen Sie der Sache nach, stellen Sie die Tatsachen fest. Die Heuchelei des Palm ist ein *Verbrechen*, wie auch die Aufführung des Mädchens.«

1774 erfuhr Maria Theresia, daß eine junge Gräfin Esterházy, geborene Starhemberg, mit einem Grafen Schulenburg nach Zürich geflohen sei. Sie erreichte bei den schweizerischen Behörden, daß das Paar getrennt und die Gräfin nach Österreich zurückgeschickt wurde. Die Regierung von Zürich hatte, obwohl keineswegs dazu verpflichtet, der Forderung nachgegeben, »um einen Wunsch zu erfüllen, dem die Kaiserin außergewöhnliche Bedeutung beilegte«. Kaunitz riet ihr, von allen Maßnahmen gegen die Gräfin abzusehen und sie in ein Kloster eintreten zu lassen, das sie nur mit höchstem Einverständnis wieder verlassen könne. So wurde denn auch beschlos-

sen. Aber ein unvorhergesehenes Ereignis führte dazu, daß die junge Frau nicht nach Wien zurückkehrte: Unterwegs wurde sie in Waldshut entbunden, ließ das Kind zurück und verschwand in der Nacht vom 29. auf den 30. Dezember. Man vermutete, daß sie samt ihrem Liebhaber nach Holland gegangen sei. Kaunitz redete es Maria Theresia aus, das Paar in contumaciam verurteilen und Schulenburg in effigie hängen zu lassen.
Die Wiener machten sich über die Sittenpolizei lustig, trugen sie aber der Kaiserin nach, die bis dahin so beliebt gewesen war.

Franz Stephan von Lothringen war 1731 in Den Haag durch den englischen Botschafter Lord Chesterfield unter die Freimaurer aufgenommen worden. 1738, zwei Jahre nach seiner Heirat mit der Erzherzogin Maria Theresia, wurden die Logen durch Papst Klemens XII. verboten, doch erst nach dem Tode ihres geliebten Gemahls verbot die Kaiserin-Königin ihrerseits das Freimaurertum und verfolgte die Anhänger, eine Entscheidung, die freilich Joseph nicht hinderte, sich in die Loge einführen zu lassen und an geheimen Versammlungen teilzunehmen.
Mit zahlreichen Vorschriften bekämpfte Maria Theresia Landstreicherei und Bettelei, die im Gefolge der Kriege schlimmer wurden. 1752 verbot sie das Glücksspiel und bestrafte den Eigentümer eines Spielsalons und den Bankhalter mit einer Abgabe von 1000 Dukaten; noch strengere Gesetze wurden zwischen 1758 und 1769 erlassen. Trotzdem konnte die Kaiserin noch Genehmigungen erteilen, vorausgesetzt, daß entsprechend hohe Summen für Hospitäler und andere Wohlfahrtseinrichtungen gespendet wurden.

Trotz vierzehn Kriegsjahren, trotz dem Widerstand von Joseph, von Adel und Geistlichkeit, wurde Maria Theresia eine große Reformatorin. Ob es sich um die politische, militärische oder administrative Organisation handelte, um Strafrecht oder bürgerliches Recht, Finanzen und Steuern, Verteilung von Ländereien, um Handel und Gewerbe, soziale oder andere Fragen – alle großen Probleme wurden untersucht, wenn nicht sogar gelöst. Einer ihrer Zeitgenossen, Professor von Sonnenfels, schrieb sehr richtig: »Bei Maria Theresias Thronbesteigung war die Monarchie ohne Einfluß nach außen und im Innern ohne Kraft; Begabungen blieben unermutigt und unbelohnt; die Landwirtschaft war kümmerlich, der Handel mittelmäßig, das Finanzwesen ohne Führung und ohne Kredit. Bei ihrem Tode hinterließ sie ihrem Nachfolger einen durch ihre Reformen verbesserten Staat; er war wieder in den Rang gerückt, den ihm seine Größe, Fruchtbarkeit, die Intelligenz seiner Einwohner zu allen Zeiten hätten sichern müssen.«

Elftes Kapitel

DIE ERSTE TEILUNG POLENS [1772]

Der Tod König Augusts III. am 5. Oktober 1763, also nur wenige Monate nach Unterzeichnung der Friedensverträge von Paris und Hubertusburg, hat die polnische Teilung heraufbeschworen, die Albert Sorel als »das tragischste und bedeutsamste Ereignis des Jahrhunderts« ansieht. Sobald Katharina II. die Nachricht vom Tode des Königs erhalten hat, wendet sie alle Bemühungen und Listen daran, ihren ehemaligen Liebhaber Stanislaus August Poniatowski auf den polnischen Thron zu bringen. Die Zarin beabsichtigt, ihren einstigen Günstling zu einer Art Lehnsmann zu machen und sich auf diese Weise Polen anzueignen. Sie verfügt dort über geschickte Agenten, vor allem über Graf Keyserling und Fürst Repnin. Mit teuflischer Gewandtheit befolgt sie das Rezept, das ihr Peter der Große in Artikel 4 seines Testaments vermacht hat:

»Polen teilen, indem man ständige Wirren und Eifersüchteleien schürt. Die Mächtigen mit Geld gewinnen. Die Lauen beeinflussen, sie korrumpieren, um bei der Wahl der Könige die Hand im Spiel zu haben. Die Parteigänger begünstigen und dotieren. Russische Truppen ins Land bringen und dort bis zu einer Gelegenheit lassen, die ihre sofortige Anwesenheit verlangt. Falls die Nachbarmächte Schwierigkeiten machen, sie für den Augenblick beruhigen, bis man wieder zurücknehmen kann, was man zugestanden hat...«

Am 12. November 1763 hält der Primas Ladislaus Lubienski eine Rede gegen die Kandidatur Poniatowskis. Katharina antwortet mit einer heftigen Erklärung und proklamiert ohne Erröten: »*Wir sind entschlossen, die Republik in ihrem gegenwärtigen Zustand, ihren Freiheiten und Besitzungen zu erhalten. Und da uns die Erhaltung*

der Unversehrtheit des Königtums Polen und seines Großherzogtums Litauen am Herzen liegt, werden wir niemals irgendeine Zerstückelung zulassen, von wem immer sie geplant sein möge!«
Die Erklärung hindert die Zarin nicht, unter guter Bedeckung eine Million Rubel nach Warschau zu schicken, um die Gewissen zu beruhigen. Sie führt den Vorsitz bei einer Ministerkonferenz in Sankt Petersburg, wo Graf Zacharias Tschernikow die Teilung Polens befürwortet. Friedrich II. folgt den Verhandlungen mit gespannter Aufmerksamkeit. In seinen Augen ist Rußland »verhängnisvoll für seine Nachbarn und gefährlich für ganz Europa«, er bezeichnet die Russen als »die Wilden des Nordens«, »die Barbaren am Eismeer«, »die Bärenhäuter«. Wie Maria Theresia wünscht auch er nicht, daß Rußland sich zu sehr in Europa ausbreitet, ist aber entschlossen, sich an einer eventuellen Beute zu beteiligen. In Briefen überhäuft er Katharina mit Schmeicheleien – und ist unvorsichtig genug, sie in Gesprächen mit Dritten zu kritisieren.
Am 11. April 1764 unterzeichnen in Moskau Katharina II. und Friedrichs II. Bruder Heinrich einen »höchst geheimen« Vertrag zu gegenseitiger Hilfeleistung im Verteidigungsfall und ferner die gesonderte Übereinkunft, Poniatowskis Kandidatur zu unterstützen: Rußland und Preußen verpflichten sich, über die »polnischen Freiheiten« zu wachen – was bedeutet, daß sie das anarchische System wie in Schweden auch in Polen beibehalten möchten; außerdem garantieren sie sich gegenseitig ihre Territorien, Schlesien inbegriffen.
Am 7. Mai 1764 tritt der polnische Reichstag in dem von russischen Truppen besetzten Warschau zusammen. Der Präsident erklärt sofort, die Beratungen könnten nicht beginnen, denn in Gegenwart fremder Truppen könne von der notwendigen Freiheit keine Rede sein. Die russische Partei läßt ihn sogleich durch Adam Czartoryski ablösen. Nach viermonatigen Verhandlungen wird am 7. September Stanislaus Poniatowski unter dem Schutz russischer Bajonette zum König gewählt – Polens letzter Herrscher.
Rußland, Preußen und England erkennen ihn sofort an. Was aber werden die anderen Mächte tun? Seit Ende des Siebenjährigen Krieges sind die offiziellen Beziehungen zwischen Österreich und Frankreich gefestigt; Kaunitz läßt sich Choiseul durch Botschafter Du Châtelet mit den Worten empfehlen, »immer noch, was ich seit je

war: Ihr Bewunderer und wahrer Diener.« Ludwig XV. wiederum hält das Bündnis mit Österreich für »grundlegend«, doch die öffentliche Meinung Frankreichs bleibt feindselig, und Choiseul selbst betrachtet die Allianz als »vorläufig und zufällig«.

Die Beziehungen zwischen Wien und London sind besser geworden, während die Zarin Ludwig XV. und der Kaiserin die kalte Schulter zeigt. Maria Theresia, die zu Beginn wünschte, daß die polnische Krone dem Hause Sachsen erhalten bliebe, hat nun – da die sächsischen Kandidaten nicht die geringste Aussicht auf Erfolg zu haben scheinen – durch ihren Vertreter in Warschau den Wunsch ausdrükken lassen, daß »die Republik Polen und ihr König weiterbestehen, damit sie mit dem einen wie mit dem anderen befreundet bleiben könne«. Um jeder Kriegsgefahr aus dem Wege zu gehen, hat Kaunitz vergeblich versucht, die gründlich zerstrittenen polnischen Parteien miteinander zu versöhnen.

Am 14. September 1764 kommt Graf Andreas Poniatowski, General der österreichischen Armee, nach Wien, um eine handschriftliche Botschaft seines Bruders zu übergeben. Maria Theresia zeigt sich bereit, Stanislaus anzuerkennen, als plötzlich die durch die Franzosen aufgestachelte Türkei eine der polnischen Parteien auffordert, sich Poniatowski, also auch Rußland, entgegenzustellen. Um den Frieden zu retten, versucht Maria Theresia durch ihre Botschafter in Paris und Konstantinopel die Gemüter zu beruhigen. Inzwischen wird der neue König von Polen ungeduldig, akzeptiert dann aber im Vertrauen auf eine Intervention Maria Theresias die gemilderten Bedingungen Frankreichs und der Türkei, die ihn dafür anerkennen, nachdem Österreich es bereits getan hat. Kaunitz vertraut einem Freund an, daß diese Affäre die heikelste seiner ganzen Laufbahn gewesen sei. Aber er soll noch ähnliche erleben.

Seit Unterzeichnung der Friedensverträge von 1763 haben die Kaiserin-Königin und der König von Preußen Reibungsmöglichkeiten tunlichst vermieden; dennoch hat sich ein Streit aus der Frage entwickelt, wie der Austausch von Geiseln, Gefangenen und gepreßten Soldaten vor sich gehen soll. Wenn auch Friedrich seinen Ärger nicht verhehlt, deutet sein Vertrauter General Hordt doch dem österreichischen Botschafter in Berlin, General Graf Nugent, an, daß

Preußen an einem Bündnis interessiert sei. Mißtrauisch forschen Maria Theresia und Kaunitz nach der Ursache dieser Wetterbesserung. Ist der König von Preußen mit England unzufrieden? Fürchtet er die Annexion Polens durch Rußland? Ist er einfach kriegsmüde? Oder handelt es sich nur um ein durchtriebenes Manöver, um Österreich mit Frankreich zu entzweien, falls Wien auf das Angebot eingeht? Nugent antwortet also vorsichtig und ausweichend. In dieser an Verträgen so fruchtbaren Epoche läßt sich Österreichs Politik in den Grundsätzen zusammenfassen: »Kein Krieg; Festigung des Bündnisses mit Frankreich; gute Beziehungen zu den anderen Staaten.«

Im Juni 1766 erfuhr Friedrich II., daß Joseph zu einer Truppenrevue nach Schlesien kommen wollte. Er ließ sofort durchblicken, daß er sich glücklich schätzen würde, dem Kaiser »überraschend« zu begegnen. Maria Theresia und Kaunitz, die Josephs Bewunderung für den »preußischen Fuchs« kannten, fürchteten die Schliche ihres Feindes ebenso wie den Verdacht, der in Paris durch eine solche Begegnung ausgelöst werden konnte. Also umging man die Anspielungen des Königs in aller Höflichkeit. Der junge Kaiser, der sich in Böhmen befand, fügte sich freilich mit Bedauern: »Ich habe eine einzigartige Gelegenheit versäumt, einen Mann zu sehen und kennenzulernen, der, wie ich nicht leugnen kann, meine Neugier in höchstem Maße erregt«, schrieb er seiner Mutter. Der König von Preußen verbarg seinen Ärger und tat sehr erleichtert, als Maria Theresia im Jahr darauf die Pocken glücklich überstanden hatte.

Wieder waren es die polnischen Angelegenheiten, die Maria Theresia und Kaunitz vor allem beschäftigten. Stanislaus Poniatowski hatte die Hartnäckigkeit seiner einstigen Geliebten unterschätzt und die Habgier des preußischen Königs verkannt. Auf dem polnischen Reichstag von 1766 verlangte Repnin Rechtsgleichheit für die zahlreichen Dissidenten (polnische Orthodoxe und Protestanten) – in der Absicht, innere Wirren hervorzurufen. Stanislaus, ein aufrichtiger polnischer Patriot, wandte sich gegen den Antrag, der allzusehr im russischen Interesse lag. Der Reichstag lehnte ihn ein paar Tage später ebenfalls ab, was in Polen lebhafte Bewegung auslöste.

Obwohl tief von der Sorge um die Erhaltung des Friedens durchdrungen, befahl die Kaiserin nun doch die Mobilmachung mehrerer

Einheiten und ließ Laudon nach Wien kommen, während der König von Preußen am 21. April 1767 einen neuen Vertrag mit Rußland schloß. Er versprach Katharina Waffenhilfe für den Fall, daß Österreich in Polen eindringen würde, und behielt sich den Anspruch auf eine entsprechende Entschädigung vor. Inzwischen erklärte der russische Minister Panin dem österreichischen Gesandten Fürst Lobkowitz, daß Rußland nur eingreifen werde, um die Dissidenten zu schützen, die Verfassung zu sichern und dadurch den allgemeinen Frieden zu bewahren.

In Polen fanden sich die Dissidenten zusammen, forderten die Zarin auf, die Freiheiten der Republik zu schützen, und ernannten eine *Delegation,* die am 13. Oktober 1767 die russischen Truppen aufforderte, drei Bischöfe und mehrere Führer der katholischen Bewegung zu verhaften. Die Delegation erklärte Katharina zur Schützerin Polens und seiner Gesetze und Rechte und veranlaßte den Reichstag, die Forderungen der Dissidenten anzunehmen. Von nun an konnte Katharina vorgeben, Polen zu verteidigen, was die anderen Mächte in eine ziemlich heikle Lage brachte. Das schlechte Verhältnis zwischen England und Frankreich vereitelte außerdem eine von Kaunitz angeregte Vermittlung.

Inzwischen vereinigten sich die polnischen Katholiken gegen die von Rußland unterstützten Dissidenten in der *Konföderation von Bar,* dem Gegenspieler der *Konföderation von Radom.* Rußland stachelte die Dissidenten der Ukraine zu einem Aufstand an, bei dem mehrere hunderttausend Polen massakriert wurden: Bürgerkrieg mit all seinen Schrecken.

Die Konföderation von Bar richtete einen verzweifelten Hilferuf an Europa und an die Türkei. Eine Feuersbrunst, die von Russen bei der Verfolgung polnischer Patrioten in der türkischen Stadt Balta auf der Krim entfacht wurde, benutzte der französische Botschafter Vergennes, um die Pforte im Oktober 1768 zur Kriegserklärung an Rußland zu veranlassen. Katharina schrieb an Graf Tschernikow in französischer Sprache:

»Die Türken und die Franzosen sind auf den Einfall gekommen, die schlafende Katze zu wecken ... Und nun rennt die Katze auf die Mäuse los ... und nun werden Sie sehen, was Sie sehen werden, und nun wird man über uns reden, und nun hat niemand all das Getöse erwartet, das wir machen werden, und nun werden die Türken geschlagen, und nun werden die Franzosen überall so behandelt werden, wie sie es verdienen!«

Der Großwesir warf den russischen Geschäftsträger in ein Verlies des Siebentürme-Schlosses. Die Konföderierten richteten in Paris eine Gesandtschaft ein, aber Katharina verfügte dort über gedungene Lobredner (Voltaire, Grimm, Diderot und andere), welche die Großmut der *Semiramis des Nordens* in hohen Tönen besangen, – und da die Patrioten keine Propaganda trieben, vernahm man ihre Stimme nicht. Mit Recht beklagte sich der schwächliche Stanislaus später bei Georg III. über »die Apathie Europas, die es noch einmal bereuen wird«.

Maria Theresia, fest entschlossen, sich nicht in einen Krieg verwikkeln zu lassen, verhielt sich außerordentlich vorsichtig. Nach gründlichem Studium der Lage kam Kaunitz zu der Auffassung, daß ein Bündnis zwischen Österreich und Preußen unumgänglich notwendig für die Aufrechterhaltung des Friedens in Deutschland sei; er dachte an einen Freundschaftsvertrag, mindestens den Austausch von Briefen zwischen Maria Theresia und Friedrich II., die sich verpflichten sollten, im Kriegsfall neutral zu bleiben. Auf Befehl der Kaiserin schlug Kaunitz Joseph vor, den König von Preußen zu treffen, präzisierte aber in zwei Schreiben die Vorsichtsmaßnahmen, die für solchen Fall zu beachten waren, außerdem Form und Grenzen jeder Art von Verpflichtung. Der Kaiser, durch diese Anweisungen in seinem Selbstgefühl verletzt, lehnte rundweg die Entrevue ab, was Kaunitz sofort mit den Zeilen an die Kaiserin quittierte: »Das bestärkt mich mehr und mehr in meiner lange gehegten Überzeugung, daß ich nicht dazu tauge, einem anderen Herrn als Eurer Majestät zu dienen.« Ein paar Monate später war Joseph dann damit einverstanden, daß Nugent in Berlin eine Begegnung vorschlug.

Nach einigem Hin und Her empfing der preußische Minister Finkenstein Nugent, um ihm folgende Antwort in französischer Sprache zu diktieren: »Das liebenswürdige Angebot Seiner Kaiserlichen Majestät an den König hat Seine Majestät veranlaßt, es ohne Zögern dankbar anzunehmen, und Seine Majestät wird entzückt sein, die Bekanntschaft Seiner Kaiserlichen Majestät zu machen und seinerseits alles tun, was von ihm abhängt, um für immer alle Spuren

der vergangenen Feindseligkeiten zu löschen, die zwischen den beiden Häusern einst bestanden haben.«
Im Januar 1769 erneuerte Friedrich II. den Bündnisvertrag mit Katharina II.: Die Zarin anerkannte und unterstützte die Ansprüche des Königs auf Ansbach und Bayreuth, wogegen er sich verpflichtete, in Schweden und in der Türkei mit Rußland zusammenzugehen. Maria Theresia, die eingesehen hatte, wie nutzlos ihre Bemühungen um den Frieden in Konstantinopel geblieben waren, ließ die lange polnische Grenze durch einen Truppenkordon besetzen, der die widerspruchsvolle Aufgabe erhielt, jeden Grenzübertritt abzuschlagen, aber strikte Neutralität zu beobachten.
Am 11. Mai 1769 fragte Katharina II. durch ihren Botschafter in Wien, den Fürsten Galitzin, an, wie sich die Kaiserin im gegenwärtigen Krieg zu verhalten gedenke. Ihrer Meinung nach sei Österreich auf Grund des 1753 erneuerten Verteidigungsvertrags von 1746 verpflichtet, Rußland Beistand zu leisten. Drei Tage später ließ Maria Theresia durch Kaunitz antworten: Rußland könne sich nicht auf den Vertrag berufen, den es selbst 1762 zerrissen habe. Indessen sei Österreich, obwohl es seine Beziehungen zur Pforte nur loben könne, fest entschlossen, in diesem Krieg neutral zu bleiben, solange es nicht selbst irgendwelchen Schaden erlitte; Österreich werde sich nicht in die inneren Wirren Polens mischen und keine Unternehmung gegen Stanislaus unterstützen. Gegen die preußische Hilfe für Rußland wolle Österreich nichts einwenden, werde andererseits aber auch nicht gleichgültig der Entsendung preußischer Truppen nach Polen zusehen.
Die diplomatischen Verwicklungen, der russisch-türkische Krieg, Bürgerkrieg und fremde Besatzung in Polen, die Beängstigungen, welche die Kaiserin bei der Aussicht auf einen neuen Krieg überfielen – das alles machte eine Begegnung zwischen Joseph II. und Friedrich II. notwendig. Sie wurde auf Ende August festgesetzt. Kaunitz hatte Zeit, ein umfangreiches Memorandum über die österreichischen Gesichtspunkte aufzusetzen, und diesmal nahm der Kaiser die Schrift ohne Protest entgegen.
Am 25. August 1769 erreicht Joseph II., der unter dem Namen Graf Falkenstein reist, Friedrichs II. Generalquartier in Neiße. Ihn begleiten sein Schwager Prinz Albert von Sachsen-Teschen, der Ober-

stallmeister Graf Johann Karl Dietrichstein, Feldmarschall Graf Lacy, die Generäle Laudon, Ayasasa, Althan und Nostitz. Wie gewohnt steigt er im Gasthaus ab und begibt sich dann zu Friedrich. Der König erwartet ihn, umringt von vielen Offizieren. Er ruft: »Das ist der schönste Tag meines Lebens!«, worauf der Kaiser antwortet: »Für das Haus Österreich gibt es kein Schlesien mehr!« Man umarmt sich, die Majestäten ziehen sich zu einem Gespräch unter vier Augen zurück. Drei Tage lang unterhalten sich die beiden Herrscher ohne Zeugen. Als man sich zu Tisch setzt, behandelt der König General Laudon mit großer Aufmerksamkeit: »Setzen Sie sich an meine Seite«, sagt er lachend, »ich habe Sie nicht gern mir gegenüber!«
Joseph bewundert die preußischen Manöver und eine Parade. Albert von Sachsen hat sich mit Prinz Heinrich angefreundet.

Am letzten Abend tauschen die Herrscher Briefe aus, in denen sie die Versöhnung der beiden Häuser begrüßen und Vertrauen und Freundschaft versprechen. »Es ist meinem Herzen nicht möglich, Feind eines großen Mannes zu sein«, versichert Friedrich II. und erhält zur Antwort: »Ich habe eine persönliche Bekanntschaft gemacht, die das Sprichwort Lügen straft, daß die Großen aus der Nähe gesehen verlieren.« Dann versprechen sie in gleichlautenden Texten, daß »falls jemals wieder die Fackel des Krieges zwischen England und dem Hause Bourbon entfacht werden sollte, sie beide den so glücklich zwischen ihnen errichteten Frieden bewahren wollen; sollte sich ein anderer Krieg entfesseln, (dessen Ursache im Augenblick noch nicht vorauszusagen ist) würden sie für ihre gegenwärtigen Besitzungen die strengste Neutralität beobachten«. Die Herrscher trennen sich mit dem Versprechen, einander wiederzusehen.

Der achtundzwanzigjährige Kaiser hat seiner Mutter geschrieben: »Es war interessant, Friedrich einmal zu sehen, aber Gott bewahre mich vor einer zweiten Begegnung! Doch er droht mit einem Gegenbesuch in Kolin ... Er ist ein Genie; er spricht ausgezeichnet, aber jeder seiner Sätze enthält einen Hintergedanken.« Der siebenundfünfzigjährige König notiert in seinen Erinnerungen: »Dieser junge Souverän hat sich liberal gegeben ... Er besitzt einen liebenswerten Charakter, ist lebhaft und munter. Es fehlt ihm nicht an Ehrgeiz, aber an Geduld für die Wissenschaft. Sein hohes Amt hat ihn ein wenig oberflächlich gemacht; aber das, was ihn am besten charakterisiert, sind die brillanten Ideen, die im Verlauf einer Unterhaltung spontan aufblitzen und lebhaft den ungemessenen Ehrgeiz beleuchten, der ihn treibt.« An d'Alembert schreibt er: »Joseph ist der beste Kaiser, den Deutschland seit langem gehabt hat«, doch Minister Finkenstein vertraut er an: »Er wird von Ehrgeiz verzehrt. Ich könnte zwar nicht sagen, ob er es im Augenblick auf Bayern, Venedig oder Lothringen abgesehen hat, aber es ist sicher, daß Europa in Flammen stehen wird, wenn er an die Macht kommt...«

Kaiser und König haben einander durchschaut. Dagegen begeht Joseph einen verhängnisvollen Irrtum, wenn er meint, die Friedensbekundungen seines Gastgebers resultierten aus der Furcht vor der erneuerten österreichischen Armee. Wie gefährlich diese Illusion ist, wird sich später zeigen.

Die Russen erobern die Moldau und die Walachei und erringen am 6. Juli 1770 einen Seesieg über die Türken, drei Wochen danach auch einen Sieg zu Lande. Bald haben die Russen ganz Bessarabien und die Donaumündungen besetzt. Der Sultan gibt auf, will Frieden schließen und erbittet Österreichs Vermittlung. Am 3. September kommt Friedrich II. in das mährische Neustadt, um sich mit Joseph II. zu besprechen, dem diesmal Kaunitz assistiert. Seinen Gastgebern zuliebe hat der König mit seinen Offizieren die weiße Uniform der österreichischen Armee angelegt, »obwohl sie bei meinem Tabakschnupfen schnell schmutzig werden könnte«, wie er sagt. Vom ersten Augenblick an ergreift Kaunitz das Wort und gibt es im Verlauf der Gespräche kaum wieder ab. Österreich, so sagt er in diesem »politischen Katechismus« der zehn Punkte, kann die Ansprüche Katharinas auf Moldau und Walachei nicht anerkennen; es wünscht keine gemeinsame Grenze mit den Russen; es möchte ein vollkommenes Einverständnis mit Preußen erreichen und verlangt von Friedrich, daß er im Falle eines österreichisch-russischen Konflikts nicht eingreift. Der König verpflichtet sich zu nichts; aber man einigt sich, der Zarin eine gemeinsame Mediation anzubieten, mit welcher heiklen Aufgabe Prinz Heinrich von Preußen, der häßliche, intelligente Charmeur, betraut werden soll.

Kaunitz' Selbstsicherheit und Weitschweifigkeit haben den König herausgefordert, der in seinen Erinnerungen schreibt:

»Dieser Mann vereinigte mit geradem Sinn einen gewundenen Geist; wenn man ihn unterbrach, wurde er zornig, statt zu konversieren, hielt er Vorträge und redete lieber selbst, als auf das zu hören, was die anderen ihm antworteten. Unter scheinbarer Offenheit verbarg er tiefe Heimlichkeiten, und da er weder einen Vertrauten noch einen wirklichen Freund besaß, waren seine Geheimnisse undurchdringlich.«

Kaunitz seinerseits beeilt sich, der Kaiserin mitzuteilen, daß »seine Ausführungen einen tiefen Eindruck auf den König gemacht und ihn sehr zugunsten Österreichs eingenommen haben«. »Wer behauptet«, fährt er fort, »daß Friedrich II. falsch sei? Vielleicht wird diese Eigenschaft geistvollen Männern überall von den Dummen zugeschrieben – ich glaube nicht daran!« Von einer solchen Begeisterung schockiert, antwortet Maria Theresia kühl: »Ich empfehle Ihnen, vor allem am Bündnis mit Frankreich festzuhalten, das Ihr einzigartiges und Ihr wichtigstes Werk ist!«

Am Wiener Hof gehen die Meinungen über die Haltung zu Rußland weit auseinander. Maria Theresia will Österreich aus den polnischen Angelegenheiten heraushalten. »Soll sich Rußland allein mit den Türken arrangieren!« meint sie. Joseph II. dagegen wünscht um jeden Preis territorialen Gewinn. Kaunitz befürwortet eine aktive Politik, die gemeinsam mit Preußen die Ausdehnung Rußlands verhindern und der Zarin einen Frieden auferlegen soll; freilich faßt auch er einen Gebietsgewinn für die beiden Verbündeten ins Auge: für Preußen Kurland, für Österreich die Kleine Walachei und einige Grenzbezirke.

Im Februar 1769 läßt sich die Kaiserin von Joseph den Befehl abringen, 60 000 Mann in Ungarn zusammenzuziehen und einige Starosteien in Polen zu besetzen, um dort die Ordnung wiederherzustellen. Der Kaiser hat die Archivare von Rosenthal und Kollar beauftragt, in einer Denkschrift die Ansprüche Österreichs zu begründen, was sicherlich keine leichte Aufgabe war ... »Ich habe eine sehr geringe Meinung von unseren Rechten«, schreibt die Kaiserin an den Rand eines Berichts. Kaunitz bemüht sich, sie mit der Versicherung zu beruhigen, es handle sich nur darum, Ordnung und Ruhe wiederherzustellen. Friedrich II. nutzt die Gelegenheit, sich polnische Gebiete anzueignen, und wählt dazu den Vorwand, daß er einen sanitären Kordon gegen das Umsichgreifen der nahenden Pest errichten müsse. Die Besetzung, erklärt er, bedeute keinen Angriff auf die Rechte Polens.

Von Joseph und Kaunitz bedrängt, schwankt die sonst so entschlossene und tatkräftige Kaiserin und fügt sich schließlich den Ereignissen. An Lacy schreibt sie am 18. Januar 1770: »Ich glaube, daß Sie beide (Joseph und der Feldmarschall) zum Krieg geneigt sind ... und ich, die ich die Schrecken des Krieges nur zu sehr bedauere, möchte keinen mehr; ich liebe meine Völker, meine Ruhe zu sehr ... Fahren Sie fort, ihn (Joseph) zu beraten, aber stacheln Sie ihn nicht zum Kriege. Ich werde Ihnen in den Weg treten. Niemals, nimmermehr, etwas gegen meine Muselmanen! ... Um keinen Preis will ich gegen die Verträge handeln und in irgendeiner Weise etwas gegen die Abmachungen und gegen jene Leute (die Türken) unternehmen, die als einzige ihre Verpflichtungen gegen mich gehalten haben.« Doch zehn Monate später schreibt Joseph II. an Lacy, daß er gern mit Rußland, Preußen und Polen gemeinsam vorgehen möchte, »um die Türken in Europa zu zerschmettern und sich mit den anderen in die Beute zu teilen«.

Im Januar 1771 spinnen sich aufs neue Verhandlungen zwischen Wien, Berlin und Moskau an. Die Zarin übermittelt ihrem Verbündeten Friedrich ihre Friedensbedingungen, die ihm allerdings schon deshalb nicht zusagen, weil ihm darin nichts geboten wird. Am 11. schreibt er seinem Bruder Heinrich, der sich noch in Moskau befindet: »Ich will nicht wie ein Sklave für die Gebietserweiterung der Russen arbeiten, ohne daß irgend etwas zu meinen Gunsten stipuliert worden wäre.« Bald darauf schlägt er Katharina und Maria Theresia eine Dreiteilung Polens vor. Auf die Gefahr hin, die beiden Herrscherinnen zu schockieren, gönnt sich der atheistische Monarch folgenden Kommentar: »Das würde die drei Religionen, die griechische, die katholische und die reformierte, wieder vereinen, denn wir würden ja am selben eucharistischen Leib teilhaben, den Polen bildet, und sollte das auch für das Seelenheil nicht weiter nützlich sein, so wäre es doch ganz gewiß ein großes Objekt für das Heil unserer Staaten!« Er läßt in Moskau durchblicken, daß Österreich die besetzten polnischen Starosteien behalten will – was nicht zutrifft, denn er weiß wohl, daß sich die Kaiserin mit Stanislaus geeinigt hat, nach dem

Kriege freundschaftlich über die Zips zu verhandeln. (Die Zips liegt südlich der Leitha und hatte drei Grenzen mit Ungarn gemeinsam, das aus der Geschichte Rechte auf das Gebiet ableitete.) Maria Theresia erklärte sich außerdem bereit, ihre Truppen zurückzuziehen, falls Rußland und Preußen ein gleiches tun würden.
Zu Sommerbeginn nennt Rußland seine Friedensbedingungen, die nach Maria Theresias Meinung übertrieben und für das europäische Gleichgewicht gefährlich sind. Die Königin setzt ihre Verhandlungen mit Konstantinopel, Moskau und Berlin fort, was Kaunitz Gelegenheit gibt, immer neue Anweisungen und Denkschriften zu verfassen. Am 7. Juli 1771 trifft der österreichische Gesandte in Konstantinopel, Thugut, eine geheime Übereinkunft mit der Türkei. Die wesentlichsten Klauseln: Österreich verspricht, auf einen Frieden mit Rußland hinzuwirken, bei dem die alten Verhältnisse wieder hergestellt und Polen von der russischen Bevormundung befreit werden soll. Als Preis für die Intervention tritt die Pforte die transsylvanische Walachei und einige an Mähren grenzende Bezirke ab und zahlt ferner »zwanzigtausend Beutel Gold« – was mehr als zehn Millionen Gulden entspricht. Kaunitz hat das Abkommen angeregt, weil er fürchtet, daß Friedrich sonst auf dem Balkan eingreifen könnte. Die Kaiserin hat zwar noch nicht ratifiziert, mobilisiert aber ihre Truppen, nimmt die ersten viertausend Beutel Gold entgegen und verbietet ihren an den Donauufern angetretenen Truppen jede Bewegung. Die Russen setzen ihre Siege fort und erobern die Krim, woraufhin Katharina die ganze Moldau, die ganze Walachei und die Rückgabe von Asow verlangt. Friedrich rät Österreich, sich diesen Forderungen nicht zu widersetzen. Doch Maria Theresia weigert sich, mit Katharina zusammen die Türkei zu vernichten. Sie schreibt:
»In meinem Alter hat man ein reiferes Urteil. Nach den furchtbaren Kriegen, die ich zu führen gezwungen war, weiß ich sehr gut, welche schreckliche Sache ein Krieg ist, vor allem in der Türkei, wo uns Pest und Hunger bedrohen... Ich schreibe diese Zeilen unter Tränen; mein Herz und meine Hand wollen nichts anderes unterzeichnen als den Frieden!«
Joseph ist wütend. Warum denn mobilisieren, wenn man sich nicht schlagen will? »Tun wir alles im Interesse unserer Sache, und han-

deln wir mit entschlossener Kraft – oder tun wir gar nichts!« schreibt er. Er vermutet, daß Friedrich doppeltes Spiel treibt, und möchte ihn zwingen, Stellung zu beziehen; er droht, sich von der Regierung zurückzuziehen. Starrköpfig ruft er im Verlauf einer lebhaften Auseinandersetzung mit dem Kanzler aus: »Ich werde nach Bender gehen, auf die Krim, überallhin, vorausgesetzt, daß ich mir dort Ruhm erwerben und mein Handwerk als Soldat ausüben kann!« Aber Maria Theresia bleibt fest entschlossen, das Unternehmen zu vereiteln, das ihr, wie sie am 31. Juli 1771 an Kaunitz schreibt, als »das gewagteste und gefährlichste« gilt.

Während des ganzen Herbstes ziehen sich die Verhandlungen zwischen den Kabinetten hin. Ende 1771 schlägt der Kanzler Maria Theresia vor, die Teilung Polens ins Auge zu fassen, vorausgesetzt, daß Österreich Moldau und Walachei erhält. Joseph widersetzt sich heftig, weil er die gesamten Fürstentümer mit Donau und Pruth als Grenzen will. Seiner Meinung nach kann für Österreich nichts günstiger sein als eine Fortsetzung des Krieges. Doch die Kaiserin beurteilt die Lage düster und ist überzeugt, die Zarin werde sich mit Unterstützung preußischer Truppen auf Österreich stürzen: Kann sich Katharina nicht jetzt schon auf Friedrich verlassen, ist sie nicht verärgert durch das Bündnis Österreichs mit der Pforte und aufgebracht über Kaunitz' Weigerung, Rußland freie Hand zu jeder Gebietserweiterung zu lassen? Was würde das für ein Krieg werden gegen eine so furchtbare Koalition! Joseph verkennt diese Gefahr und bleibt dabei, daß er gegen Rußland marschieren will.

Am 4. Februar 1772 macht Botschafter van Swieten auf Anordnung von Kaunitz in Berlin folgenden Vorschlag: Preußen soll Österreich die Grafschaft Glatz und einen Teil Schlesiens zurückgeben und zum Ausgleich reichlichen Anteil an der Teilung Polens erhalten. Friedrich springt entrüstet auf: »Nur meine Beine haben die Gicht, mein Kopf aber nicht! ... Ich erkenne jetzt, daß Österreich es niemals ernst gemeint hat, wenn es erklärt hat, daß es auf Schlesien verzichten will!« Der unfruchtbaren Verhandlungen überdrüssig, unterzeichnet der König von Preußen einen Vertrag mit Katharina II.

Joseph, der ihn immer noch verkennt, schreibt seinem Bruder Leopold, er »hoffe, den König von Preußen auszuschalten«.

Von Kaunitz gedrängt, der ihr »die Wahl läßt«, entweder an der vorgesehenen Teilung Polens durch Rußland und Preußen teilzunehmen oder einem furchtbaren Krieg entgegenzugehen, ist die Kaiserin endlich am 25. Juli 1772 bereit, den Vertrag der Dreiteilung Polens zu unterzeichnen. Sie schreibt: »Placet! Weil es denn so viele gelehrte Männer wollen. Aber wenn ich schon lange tot sein werde, wird man erkennen, was aus dieser Verletzung alles Geheiligten und Gerechten entstanden ist!«

Unter der Drohung russischer Bajonette ratifiziert die vom polnischen Reichstag ermächtigte Delegation im September 1773 die Verträge zwischen den drei Mächten. Österreich erhält ganz Galizien und Lemberg mit zweieinhalb Millionen Einwohnern; das neugewonnene Gebiet wird künftig zusammen mit benachbarten Neuerwerbungen als »Galizien« und »Lodomerien« gesondert verwaltet.

Rußland bereichert sich um die Territorien zwischen Düna und Dnjepr mit anderthalb Millionen Bewohnern. Friedrich II. nimmt Westpreußen, mit Ausnahme von Danzig und Thorn, das Bistum Ermeland und den Netzedistrikt, mit insgesamt 600 000 Menschen; das preußische Staatsgebiet wächst damit um 25 000 Quadratkilometer, also um ein Viertel; der König versteht es, sich außerdem noch 200 polnische Dörfer zu erlisten. Bald tragen ihm seine Eroberungen mehr als zwei Millionen Taler im Jahr ein. Vor allem aber bildet der »Korridor« eine starke Brücke zwischen dem Königreich Preußen und Brandenburg. »Eine sehr gute und sehr vorteilhafte Erwerbung«, schreibt Friedrich II. seinem Bruder Heinrich. »Wir werden Herren der ganzen polnischen Produktion und haben die Einfuhr in der Hand. Und der größte Vorteil liegt darin, daß wir als Herren des Weizenhandels künftig niemals mehr eine Hungersnot zu fürchten brauchen.« Der König von Preußen geht als Sieger aus dem russisch-türkischen Krieg hervor, der ihn nicht einen Mann gekostet und in dem er sein diplomatisches Geschick bewiesen hat.

So ist Polen um ein Viertel seines Territoriums beraubt worden, in Verletzung der Erklärung, die Maria Theresia 1754, 1767, 1771 abgegeben, unter Bruch der Versicherung, die Friedrich II. 1764 ausgesprochen hat, und ebenso unter Verachtung jener Verpflichtungen, die Katharina wiederholt auf sich genommen hat. Frankreich hat nicht interveniert, Europa hat die Dinge laufen lassen. »Ich sehe ganz klar, daß die für Polen geplanten Arrangements Ludwig XVI. in keiner Weise persönlich berührt haben«, berichtet der Botschafter Mercy d'Argenteau Maria Theresia. »Die widerrechtliche Teilung« (wie die Kaiserin sie bezeichnet) wird von Voltaire und Diderot höchlich begrüßt: »Man hat Schluß gemacht mit der Anarchie!« sagt der eine, während sich der andere freut, daß »diesem Asyl des Fanatismus und des Aberglaubens« ein Schlag versetzt worden ist. Nur Rousseau gibt seiner Entrüstung Ausdruck.

Die Teilung Polens bedeutete noch nicht das Ende des russisch-türkischen Krieges, und um seine Verpflichtungen gegen die Türkei aus dem Vertrag von 1771 wenigstens teilweise zu erfüllen, unterhielt Österreich mehrere einsatzbereite Regimenter, zog Truppen aus den Niederlanden und aus Italien ab und half einen Waffenstillstand zu vermitteln. Als dann die russisch-türkischen Besprechungen von Fokschani und Bukarest scheiterten, intervenierte Österreich auf russischen Wunsch in Konstantinopel. Neue Niederlagen zwangen den Sultan Abd-ul-Hamid, der nach Mustafa III. den Thron bestiegen hatte, im Juli 1774 den Frieden von Kütschük-Kainardschi zu schließen, in dem sich Rußland die Mündungen von Don, Dnjepr und Bug sicherte und Kertsch erhielt, so daß es von nun an das Asowsche Meer beherrschte; außerdem ließ es sich das Recht auf freie Schifffahrt auf dem Schwarzen Meer geben. Die Donaufürstentümer blieben unter türkischer Oberhoheit, doch Rußland erhielt das Recht, zugunsten der Christen einzugreifen. Wovon es auch Gebrauch machte...

Noch immer waren nicht alle Schwierigkeiten beseitigt. Kaunitz und Thugut gelang es, die Türkei im Mai 1775 zur Abtretung der Bukowina an Österreich zu bewegen. Joseph II. hatte die Verhandlungen zwischen Warschau und Konstantinopel durch seine Forderungen erschwert, während Maria Theresia in ihren Bemühungen um friedliche Lösungen nie nachließ.

Die Teilung Polens und ihre Beteiligung daran hat Maria Theresia immer als ungerechtfertigt empfunden. Am 23. Februar 1775 sagte sie zu dem Marquis de Breteuil, als er ihr sein Beglaubigungsschreiben überreichte: »Ich weiß, mein Herr Botschafter, daß ich meine Herrschaft sehr verdunkelt habe durch alles, was jetzt mit Polen geschehen ist; aber ich kann Ihnen nur sagen, daß man mir verzeihen würde, wenn man wüßte, bis zu welchem Punkt ich widerstanden habe und wie viele Umstände sich verschworen haben, um meine Grundsätze und alle Beschlüsse, die ich gegen den maßlosen, ungerechten Ehrgeiz der Russen und der Preußen gefaßt hatte, umzustoßen.«

Und in einem privaten Brief an ihren Sohn Ferdinand schrieb die Kaiserin:

»Diese unglückselige Teilung verkürzt mein Leben um mindestens zehn Jahre... Was mich schließlich gezwungen hat, diese elende Sache mitzumachen, waren die Schwäche der Türkei, die Tatsache, daß wir von Frankreich und England keine Unterstützung erwarten konnten, meine Furcht, in einen Krieg mit Rußland und Preußen verwickelt zu werden, sowie das Elend, der Hunger und die große Sterblichkeit, die in unseren Ländern herrschten...«

Die Teilung Polens war ein Verbrechen, an dem Maria Theresia wider Willen teilnahm. Dagegen steht fest, daß Österreich seine Verpflichtungen gegen die Türken, die es im Vertrag vom Juli 1771 übernommen hatte, nicht einhielt. Der entrüstete Protest des Sultans gegen die Unzuverlässigkeit der Christen war berechtigt.

Zwölftes Kapitel

MARIA THERESIA UND JOSEPH II. DER BAYERISCHE ERBFOLGEKRIEG [1777–1779]

Joseph II., Kaiser des Heiligen Römischen Reiches Deutscher Nation und Mitregent seiner Mutter, ist intelligent, ehrlich, energisch, aber auch pedantisch, unnahbar, autoritär. Er ist aus dem Stoff, aus dem Tyrannen gemacht werden, aber die Kehrseite ist der Reformator und der Zuschnitt der eines Unteroffiziers. Tut er Gutes, tut er es schlecht. Seine Brüder und Schwestern hält er zur Hauptsache für »unnütze Bagage«, die dem Staat nur Kosten macht.

Er arbeitet mit leidenschaftlichem Eifer, hat drakonische Sparmaßnahmen durchgeführt, den Hofstaat reorganisiert, die öffentlichen Diners mit ihrem Schaugepränge abgeschafft, vierhundert Pferde aus den kaiserlichen Ställen verkauft. Als Befürworter des Absolutismus nach preußischem Muster kritisiert er die österreichische Verwaltung, verlangt Stärkung der Zentralmacht und der Armee, Aufteilung der Vermögen, Steuergleichheit. Er möchte die Adelsvorrechte abschaffen, die Zensur, die Leibeigenschaft, die verschwenderischen Zeremonien. Er schlägt vor, den Handel zu fördern, einen Teil der Klöster und Stiftungen aufzuheben, die Gesetze über das Schulwesen zu revidieren und noch vieles mehr.

Maria Theresia liest seine Denkschrift voller Unruhe, vor allem die Vorschläge auf dem Gebiet der Religion, des Unterrichts, der Zensur. Sie versucht, bei den nun einsetzenden Änderungen zu überzeugen und Zusammenstöße zu vermeiden; wo es irgend möglich ist, respektiert sie erworbene Rechte und Privilegien. Diese vorsichtige Haltung erscheint Joseph lächerlich, er wird seine Projekte hartnäkkig durchsetzen, wenn er erst einmal Kaiser ist. »Man soll seine Absichten erst bekanntgeben, wenn man sich fest dazu entschlossen hat, dann freilich auf keinen Einwand mehr hören, sondern sich unbeugsam an die Durchführung dessen machen, was man als richtig erkannt hat«, schreibt er.

Die Kaiserin legt die Denkschrift ihres Sohnes dem Kanzler vor, und Kaunitz fertigt einen fein abgewogenen Bericht an, in dem er zunächst Josephs Vaterlandsliebe rühmt und sich mit den gesteckten Zielen identifiziert. Dann aber verwirft er einen Teil der Reformen und kritisiert die zu ihrer Durchführung vorgesehenen Maßnahmen. Vor allem opponiert er gegen den Plan, die Zivilverwaltung und die Polizei nach militärischem Muster aufzuziehen. Und auch sonst hält Kaunitz allen diktatorischen Vorstellungen eine sanftere Methode entgegen, die auf allmählicher Entwicklung aufbaut und auf die Unterschiede der Volksgruppen und Länder in der Monarchie Rücksicht nimmt.

Die Kaiserin stellt sich auf die Seite des Staatsmannes. Sie trifft übrigens keine Entscheidung, sondern überläßt Joseph zunächst nur mehr Kompetenzen auf fiskalischem und militärischem Gebiet. Ihre Autorität wahrt sie dabei: das letzte Wort hat sie. Da man also nicht »unverzüglich große Dinge ins Werk setzen kann«, beschäftigt sich der Kaiser mit weniger wichtigen und bekämpft zuerst die verschwenderischen Ausgaben. Außerdem macht er ausgedehnte Inspektionen an die Grenzen und nimmt aktiv teil an den Manövern. Und obwohl er so dringlich Sparsamkeit empfohlen hat, schlägt er vor, die Effektivstärke der Truppen zu erhöhen, wogegen Kaunitz jedoch in einer Denkschrift an Maria Theresia protestiert: Eine solche Entscheidung würde die Finanzen des Staates erschüttern, der dann in Kriegszeiten nicht die nötigen Mittel bereit hätte. Man müßte außerdem die Steuern erhöhen... Solchen widersprechenden Meinungen ausgesetzt, verschiebt Maria Theresia ihre Entscheidung und fordert den Sohn auf, die Frage noch einmal mit Lacy und Starhemberg zu erörtern. Als sich Joseph dann in seiner Korrespondenz sehr heftig gegen Kaunitz und andere wendet, macht ihm seine Mutter in ihrem Brief vom 14. September 1766 Vorwürfe:

»... Wie sehr ich doch fürchte, daß du niemals Freunde haben wirst! Denn wer möchte sich einem Joseph mit so beißenden, ironischen und boshaften Charakterzügen anschließen! Ich werde eines Tages nicht mehr auf der Welt sein, aber ich schmeichle mir doch, in deinem Herzen auch nach meinem Tode weiterzuleben ... Du hast dir jenen Helden (Friedrich II.) zum Muster gewählt, der so viel von sich reden gemacht hat; besitzt er aber nur einen einzigen Freund? Was ist das für ein Leben, aus dem jedes menschliche Gefühl verbannt ist!

Wie groß auch immer deine Fähigkeiten sein mögen, du kannst unmöglich so viel Erfahrung, so viel Erinnerung an die Vergangenheit und Kenntnis der Gegenwart haben, um alles allein zu machen ...

Ich beende meinen Brief, nehme deinen Kopf in meine Hände, umarme dich zärtlich mit beiden Armen und wünsche, daß du mir den Kummer verzeihst, den dir meine erbosten Zeilen gemacht haben. Ich wünsche doch nichts weiter, als dich von aller Welt so geachtet und geliebt zu sehen, wie du es verdienst.«

Im Januar 1769 erhebt sich ein neuer Konflikt: Joseph weigert sich, die politischen Dokumente mit zu unterzeichnen, weil angeblich »zwei Unterschriften mit den monarchischen Gesetzen nicht vereinbar sind«; außerdem erklärt er, daß er mit manchen Entscheidungen nicht einverstanden sei. Maria Theresia antwortet ihm:

»Ich bin überzeugt, daß du gut schreiben und reden kannst, und ich hoffe, daß du das, was du sagst, auch wirklich fühlst, aber *deine Hartnäckigkeit und deine Vorurteile werden das Unglück deines Lebens bilden, wie sie augenblicklich das Unglück des meinen darstellen.*«

In den Jahren 1771 und 1772 vertraut sie ihren Kummer mehreren Briefen an die Marquise d'Herzelles an.

»... Wir wohnen sogar nicht einmal mehr zusammen; er ist in der Stadt, ich bin hier. Das hat mir anfänglich viel Kummer gemacht, aber ich versuche, von Tag zu Tag unempfindlicher dagegen zu werden. Auf die Dauer wird es mir gelingen! Wir sehen uns nur, wenn wir uns zu Tisch setzen, nachher trennen wir uns sofort und sehen uns nicht mehr ... Ich habe eben ganz und gar den Platz der seligen Kaiserin Josepha eingenommen ...«

Am 31. August 1772 stürzt Joseph vom Pferd, und die Kaiserin schreibt ihrer vertrauten Freundin: »Er hat mich zu Tode erschreckt ... Es ist nichts zu befürchten, aber er hat sich das Steißbein so verletzt, daß er es noch lange spüren wird.« Auch Feldmarschall Lacy öffnet sie ihr Herz: »Im Grunde ist er (Joseph) gut; aber seine Umgebung ist schlecht, und er hat zu unserem Unglück zu viel Fähigkeiten.«

Joseph seinerseits beklagt sich im Juni 1772 bei seinem Bruder Leopold:

»... In den inneren Angelegenheiten geht alles noch den gleichen Gang. Man redet von Veränderungen, aber man tut nichts. Alle Welt intrigiert, niemand arbeitet. Das Herz blutet mir!«

Auf heftige Angriffe Josephs gegen den Staatsrat antwortet Kaunitz weise: »Sicherlich fehlt es dem Staatsrat am Geist der Zusammenarbeit und Versöhnlichkeit. Wenn jedes seiner Mitglieder die Neigung zum Widerspruch unterdrücken und ohne vorhergefaßte Meinung auf die der anderen hören würde, ginge alles besser!« Joseph schlägt vor, den Staatsrat durch zwei Gremien für innere und äußere Angelegenheiten zu ersetzen; ein besonderer Ausschuß soll die Kanzlei beaufsichtigen. Maria Theresia und Kaunitz sprechen sich zwar auch für eine Verbesserung der Arbeitsweise aus, sind aber gegen die Aufhebung des Staatsrats.

Kaunitz fühlt sich gekränkt durch weitere Vorschläge Josephs II., nach denen die Verwaltungen der Lombardei, der österreichischen Niederlande und Galiziens aus der Kanzlei herausgenommen werden sollen. Am 7. Dezember reicht der Kanzler sein Entlassungsgesuch ein, das Maria Theresia wie gewohnt mit vielen lobenden Worten ablehnt. Daraufhin legt Joseph II. zwei Tage später in einem Brief, der im Ton respektvoll, aber hart in der Sache ist, sein Mandat in die Hände der Kaiserin zurück; mit neuen kritischen Bemerkungen über die Verwaltung des Staats und sogar über seine Mutter verlangt er seine sofortige Verabschiedung, wobei er versichert, »daß er sein Leben lang den Befehlen Ihrer Majestät gehorchen werde«. Maria Theresia antwortet mit demselben Kurier (wobei man sich vorstellen muß, daß sich alle, die Kaiserin, Joseph und Kaunitz, in Wien befinden): Sie kann nicht mehr, sie ist bereit abzudanken und Krone und Palast aufzugeben ...

Am Abend vor Weihnachten 1775 bittet Joseph von neuem darum, ihn von seinen Ämtern zu entbinden. Maria Theresia antwortet sofort: »Diese Nacht und die folgenden Tage sind zu heilig, als daß wir uns mit deiner Bitte befassen sollten ...« Schon am 26. Dezember wiederholt er seine Forderung, daß ihn die Kaiserin ins Privatleben entlassen möge, gibt aber dann in einer mündlichen Besprechung nach...

Bald darauf veranlaßt ein neuer Konflikt mit Joseph den Kanzler, wiederum auf Entlassung zu bestehen; es gelingt der unglücklichen Königin, ihn dennoch in der Leitung der Kanzlei festzuhalten, und damit senkt sich der Vorhang über einer dramatischen Komödie, die Joseph wieder einmal mit seinen beißenden Bemerkungen heraufbeschworen hat: Jeder der beiden hat erklärt, daß er gehen will, und jeder bleibt auf seinem Platz, beharrt auf seinen Ansichten und bewahrt seine Konzeptionen. Nach außen hin hat sich nichts geändert, aber der Graben zwischen Maria Theresia und Joseph II. hat sich verbreitert.

Das Problem der Leibeigenschaft verstärkt die Spannung. Nach einer Inspektionsreise durch Böhmen berichtet Joseph in einer Denkschrift, daß dort innerhalb von vierzehn Tagen mehr als 15 000 Menschen an Elend und Krankheit gestorben seien. Er befürwortet wieder Aufteilung des Grundbesitzes, Aufhebung der Leibeigenschaft und der Frondienste. Doch die Mehrheit im Staatsrat spricht sich gegen so revolutionäre Reformen aus. »Sie ziehen alles in die Länge«, berichtet der Kaiser dem Großherzog von Toskana. »Das arme Böhmen leidet, und man gibt ihm nichts als einen Wisch Papier.« Es wird kein Erlaß durchgeführt, der die untersten Grenzen für bäuerliches Eigentum fest- und die Frondienste herabsetzt. Die Wirren werden schlimmer, es folgen Handstreiche und Plünderungen. Anfang 1775 marschieren 15 000 Bauern nach Prag. Der Aufstand wird mit Härte unterdrückt. Joseph II. vertraut seinem Bruder Leopold an: »Die armen Aufrührer von Böhmen, die so viele Untaten vollbracht und so viele Schlösser geplündert haben, sind von der Militärgewalt vernichtet worden. Wir haben viele von ihnen gefangen gesetzt und achtzehn ihrer Anführer zum Tode verurteilt.«

Maria Theresia legt dem Staatsrat einen Entwurf von Raas vor, dem Intendanten der Krondomänen, der die Umwandlung der großen Güter vorsieht und die Leibeigenen zu Bauern machen will. Sie stimmt dem Projekt zu und erklärt, sie habe es satt, zuzusehen, »wie die Großgrundbesitzer die Bauern auf alle erdenkliche Art unterdrücken, zuweilen sogar zu ihrem eigenen Schaden!« Dem Staatsrat wirft sie vor, »Hoffnungen erweckt zu haben, die er nicht realisieren konnte«.

Am 1. März 1777 beendet ein neues Gesetz den agrarpolitischen Konflikt in Böhmen: Der Bauer wird gegen die Willkür des Grundherren in Schutz genommen.

Jahr für Jahr hatte sich das Zerwürfnis zwischen den beiden Regenten, Mutter und Sohn, gesteigert, denn die Unvereinbarkeit in Charakter und Temperament, aber auch die beiden eigene Starrköpfigkeit wurden durch ihre Uneinigkeit in religiösen oder politischen Fragen noch vergrößert. Flüchtige Versöhnungen brachten nur Atempausen in die Streitigkeiten.

Während der Reise des Kaisers nach Frankreich 1777 nahm Kaunitz vertrauliche Verhandlungen mit Kurfürst Karl Theodor von der Pfalz, Herzog von Jülich und Berg aus dem Hause Wittelsbach-Sulzbach auf. Nach den Bestimmungen des Westfälischen Friedens und anderen feierlichen Akten wurde der Kurfürst von der Pfalz Thronerbe in Bayern, falls die regierende Wittelsbacher Linie ausstarb. Karl Theodor – dreiundfünfzig Jahre alt, kinderlos – war der nächste Verwandte des Kurfürsten von Bayern Maximilian III. Joseph. Wenn Österreich auch irgendwelche vagen und alten Ansprüche auf die Thronfolge in Bayern erheben konnte, so hatten die Kurfürstin-Witwe Maria Antonie von Sachsen, eine Schwester Max Josephs, und Herzog Karl von Zweibrücken, ein Vetter Karl Theodors, doch wesentlich mehr Rechte.

Der Kurfürst von der Pfalz, der mit seiner Schwester in Mannheim lebte, fürchtete einen Erbfolgekrieg ebenso wie Forderungen, die von Friedrich II. kommen konnten, und war nicht abgeneigt, Bayern zu verhandeln oder gegen österreichische Gebiete zu tauschen. Kaunitz hatte bereits Baron de Breteuil, Frankreichs Wiener Botschafter, davon unterrichtet. Aber Vergennes verpflichtete sich in dieser Frage zu nichts, weil er ein Abenteuer voraussah und nicht wünschte, daß Frankreich »für Interessen, die nicht die seinen sind«, in einen Krieg verwickelt würde. Außerdem kämpfte Frankreich bereits gegen England in Amerika.

Die bayerische Frage wurde aktuell, als Kurfürst Max Joseph von Bayern am 30. Dezember 1777 an den Pocken starb. Mit ihm starb die regierende Linie der Wittelsbacher aus. Als die Nachricht zwei Tage später in Wien bekannt wurde, schrieb Joseph II. am 1. Januar 1778 an Kaunitz:

»Mein lieber Fürst! Gerade habe ich erfahren, daß der Kurfürst von Bayern uns den schlechten Streich gespielt hat zu sterben. Da wir nun keine Zeit haben, die Affaire gründlich zu besprechen, ist es meine Idee, daß wir uns sofort Niederbayern nehmen. Ich rate Ihnen, der Kaiserin nichts davon zu sagen, um ihr nicht den Feiertag zu verderben ...«

Wenn die Habsburger auch von jeher gehofft hatten, ihr Gebiet bis an den Bodensee auszudehnen (was schließlich auch der Hintergrund für die Ehe Josephs mit Josepha von Bayern gewesen war), so wußte der Kaiser doch, daß seine Mutter gegen jedes Vorhaben war, das den Frieden gefährdete. Sie bestätigte es am 2. Januar in einem Brief an ihn:

»*Es handelt sich um das Glück meiner Völker und ganz Deutschlands.* Selbst wenn unsere Ansprüche auf Bayern besser begründet und leichter zu beweisen wären, als sie es in der Tat sind, müßten wir uns gründlich bedenken, ehe wir einen allgemeinen Brand entfachen. Es würde uns zwingen, unsere Völker aufs neue zu bedrücken, Schulden zu machen, um eine große Armee zu unterhalten. Niemals wieder könnten wir die Ruhe, den Frieden und das Glück genießen, die unlösbar an Treu und Glauben gebunden sind. Ich habe nichts gegen den Versuch, die Angelegenheit auf gütliche Weise zu regeln, *aber ich will mich auf keinen Waffengang einlassen.*«

Am 3. Januar trat Karl Theodor im Vertrag von München Niederbayern, Landshut und Straubing mit dem Gebiet zwischen Isar, Inn und Donau an Österreich ab. Frankreich, das mit Österreich nur ein Verteidigungsbündnis unterhielt, wurde vor vollendete Tatsachen gestellt. Am 4. Januar fragte Breteuil die Kaiserin, ob österreichische Truppen in Bayern einmarschieren würden, und erhielt zur Antwort: »Ich weiß es nicht.«

»Doch sie sprach diese Worte mit Ton, Geste und Blick eines Menschen, der mir zu verstehen geben wollte, ›es hängt nicht von mir allein ab‹«, berichtete Breteuil.

Tatsächlich handelte Joseph ohne Rücksicht auf den Willen seiner Mutter. An Leopold schrieb er am 5. Januar 1778: »Der Einmarsch der Truppen ist auf den 16. Januar festgesetzt. Alles ist bereit. Die Kavallerie ist gestern aufgebrochen, die Infanterie setzt sich heute in Marsch, und die Artillerie folgt morgen ...«

Weniger scharfsichtig als seine Mutter, glaubte Joseph nicht, daß Friedrich II. sich diesem Gebietszuwachs Österreichs widersetzen würde. Er war, wie er seinem Bruder Leopold schrieb, überzeugt davon, »daß der Schlag keinen Krieg auslösen wird«. Doch der König von Preußen, der übrigens vier Jahre zuvor die österreichischen Ansprüche anerkannt hatte, traf seine Vorbereitungen. Er erklärte sich zum Verteidiger der Kurfürstin-Witwe Maria Antonie von Sachsen, die ihm 21 000 Mann zur Verfügung stellen wollte, und Karls von Zweibrücken. Außerdem verlangte er, daß die Reichsversammlung einschreiten sollte. Seinem Bruder Heinrich schrieb er: »Einzig unser Interesse veranlaßt uns in diesem Augenblick zum Handeln, aber das darf man auf keinen Fall sagen!«

Maria Theresia bemühte sich um Frankreichs Unterstützung und richtete dringende Schreiben an Marie Antoinette und Mercy. »Eine Änderung in unserem Bündnis wäre mein Tod!« schrieb sie am 1. Februar an ihre Tochter. Ludwig XVI. aber ließ seine Gemahlin spüren, wie wenig ihm die Sache gefiel:

»Es ist der Ehrgeiz Ihrer Verwandten, der alles erschüttern wird. Mit Polen haben sie angefangen, jetzt ist Bayern an der Reihe. Meine Gesandten haben Anweisung erhalten, die Höfe, an denen sie akkreditiert sind, wissen zu lassen, daß diese Zerstückelung Bayerns gegen unsere Wünsche ist und daß wir sie völlig ablehnen ...«

Tatsächlich schickte Vergennes am 5. Februar 1778 in mehrere europäische Hauptstädte eine Note mit der Erklärung, daß der König an den Verhandlungen Österreichs und Bayerns nicht beteiligt sei. Durch den Wiener Botschafter ließ er Kaunitz wissen, daß der *casus foederis*, der Bündnisfall, der sich aus der Garantie für die Länder des Hauses Österreich herleiten ließ, sich nur auf jene Länder beziehe, die Österreich bei Abschluß des Versailler Vertrags von 1756 besaß, nicht aber auf die späteren Erwerbungen. Außerdem könne Frankreich wegen des Krieges mit England »seine Kräfte nicht teilen, die voll und ganz für die wesentlichsten Interessen des Königreichs, für seine Würde und Sicherheit, gebraucht werden«.

Maria Theresia flehte die Königin an, ihre Bemühungen fortzusetzen, war sich aber durchaus klar über die schwierige Lage Marie Antoinettes, die zwischen zwei Heimatländern, zwei Familien stand. »Ich bin von ihrer Ergebenheit und Treue überzeugt«, schrieb die Kaiserin an Mercy. »Sie muß mit viel Vorsicht und Geschicklichkeit handeln, damit sie dem König nicht lästig oder gar verdächtig wird.« Friedrich II., der mit der Unterstützung Sachsens und Rußlands rechnen konnte und über Frankreichs Neutralität informiert war, sandte am 6. Februar 1778 eine so drohende Note nach Wien, daß Kaunitz außer sich geriet. Inzwischen setzten sich aber die Verhandlungen zwischen Österreich und Karl Theodor fort. Der Kurfürst schlug am 4. März vor, ganz Bayern gegen die österreichischen Niederlande zu tauschen. Als Maria Theresia dies zurückwies, Kaunitz den Gegenvorschlag machte, Bayern gegen Galizien und Lodomerien zu tauschen, war es der Kurfürst, der ablehnte.

Am 9. März verlangte eine preußische Note, daß Österreich Bayern wieder in den Zustand überführe, wie er vor dem Tode Max Josephs bestanden hatte – mit anderen Worten: der Kaiser sollte seine Truppen sofort zurückziehen. Kaunitz erklärte diese Forderung für »höchst unverschämt und schurkisch«. Der Kaiser schrieb an Leopold: »Ich habe schon einen Fuß im Steigbügel; sobald ich höre, daß der König Berlin verläßt, begebe ich mich zu meinen Truppen.«

Maria Theresia warnt ihren Sohn am 14. März 1778:

»Wir dürfen uns nicht reizen lassen! Selbst wenn der Zufall auf unserer Seite ist, müssen wir drei oder vier Jahre Krieg führen ... Nach allem, was ich dir hier auseinandergesetzt habe, muß ich dir noch erklären, daß ich mich nicht dazu hergeben kann, immer gegen mein Gewissen und meine Überzeugung zu handeln. Das ist keine persönliche Schwäche, denn ich fühle mich genauso kraftvoll wie vor dreißig Jahren, aber *ich will nicht an der Zerstörung meines Hauses und meiner Länder beteiligt sein*!«

Erstaunlicherweise teilt Kaunitz diesmal nicht die Bedenken der Kaiserin. Er schreibt ihr am 19. März: »Mir scheint, daß man die zugleich feste und bescheidene Haltung beibehalten sollte, die man bisher eingenommen hat. Inzwischen – da alles für einen kraftvoll geführten Krieg vorbereitet ist – sollte Eure Majestät getrost und mit sich selbst zufrieden sein, wie auch diejenigen es sind, die ihr zu dienen die Ehre haben.«

Der sonst so scharfsichtige Kaunitz täuscht sich aber, als er annimmt, daß »der abscheuliche« Nachbar nur bluffen will: Friedrich bricht am 6. April nach seinem Hauptquartier Breslau auf. Damit macht er es Botschafter Cobenzl unmöglich, ihm die Vorschläge für eine Einigung und Teilung vorzulegen, die Kaunitz erst am 8. April schickt. Am 11. April verläßt Joseph Wien, sein Bruder Ferdinand und der Palatin von Ungarn, sein Schwager Albert von Sachsen-Teschen, begleiten ihn.
Zweifellos wird dem Kaiser nun auch der Ernst der Lage bewußt, denn am 13. April 1778 macht er dem Preußenkönig durch Cobenzl einen Einigungsvorschlag, der im wesentlichen vorsieht: Friedrich II. erkennt die am 3. Januar zwischen Maria Theresia und dem Kurfürsten von der Pfalz geschlossenen Abmachungen an und damit auch die Besitzergreifung, die Österreich in Bayern vollzogen hat. Die Kaiserin dagegen wird zugestehen, daß Ansbach und Bayreuth an Preußen fallen, wenn die regierenden Fürstenhäuser aussterben. Am 14. April 1778 antwortet der König sehr geschickt:
»Mein Herr Bruder, ... Es handelt sich um die Frage, ob ein Kaiser nach seinem Willen über die Lehen des Reiches verfügen kann. Wenn man dieser Meinung ist, werden aus den Lehen nur noch eine Art Leibrenten, wie die Timariots der türkischen Soldaten, über die der Sultan nach dem Tode des Inhabers wieder verfügt. Das aber ist gegen Gesetze, Überlieferungen und Sitten des Heiligen Römischen Reiches. Kein Fürst würde dazu die Hand bieten. Jeder würde sich auf das Feudalrecht berufen, das seinen Besitz den Erben garantiert, und niemand wäre damit einverstanden, selber die Macht eines Despoten zu festigen, der ihm und seinen Kindern früher oder später seine uralten Besitzungen rauben würde. Und das eben ist es, was den ganzen Corpus Germanicus gegen die gewalttätige Art aufbringt, mit der Bayern überfallen worden ist. Da ich Mitglied des Reiches bin und überdies in den Hubertusburger Verträgen die Bestimmungen des Westfälischen Friedens innegehalten habe, finde ich mich unmittelbar verpflichtet, die Immunitäten, reichsfürstlichen Libertäten und Rechte des Corpus Germanicus zu verteidigen und ebenso die kaiserlichen Kapitulationen, welche die Macht des Reichsoberhauptes einschränken, damit es nicht seinen Vorrang mißbraucht ...
Könnte man denn nicht durch entsprechenden Ausgleich den Herzog

von Zweibrücken zufriedenstellen? Könnte man nicht einen Weg finden, um den Kurfürsten von Sachsen für seine Allodialrechte in Bayern zu entschädigen? Die Sachsen beziffern ihre Ansprüche auf 37 Millionen Gulden, wären aber sicher bereit, um des Friedens willen etwas abzulassen. Auf solche Vorschläge, Sire – wobei wir den Herzog von Mecklenburg nicht vergessen dürfen – würde ich mich mit Eurer Majestät gern vereinigen, denn sie würden meinen Pflichten und dem Platz, den ich einnehme, entsprechen ...«

Am 16. bestätigt der Kaiser, daß er »die lange Tirade« Friedrichs erhalten hat; er protestiert dagegen, daß man ihm »Despotismus« vorwirft, den er selbst »verabscheut«, versagt sich aber nicht den Hinweis: »Ihre Kaiserlich-Königliche Majestät hat nur ihre Rechte geltend gemacht und durch eine unabhängige Übereinkunft bekräftigt; sie wird deshalb auch mit allen verfügbaren Mitteln ihren Besitz zu verteidigen wissen.« Schließlich betont er seinen aufrichtigen Wunsch, »daß 400 000 brave Leute auf keinen Fall wieder dazu veranlaßt werden, sich gegenseitig umzubringen. Und wozu auch? Wem wäre damit gedient?«

Am 18. bestreitet Friedrich II. in einem langen Schreiben aus Schönwalde die juristische Seite der kaiserlichen Argumentation.

Joseph II. antwortet am 19. aus Königgrätz, er habe seinem Geschäftsträger bereits die nötigen Anweisungen gegeben und hoffe, daß die Geißel des Krieges nun abgewendet sei. Die Kaiserin versucht, ihren Sohn auf diesem friedlichen Wege zu unterstützen:

»... Schließen wir Frieden, mein lieber Joseph, sei du der Vater deiner Völker! ... Wenn du die Großmut zeigst, dein eigenes Interesse dem Frieden zu opfern, wird dir das mehr Ehre einbringen als eine siegreiche Schlacht. Verliere niemals den Grundsatz aus dem Auge: *Ein mittelmäßiger Frieden ist mehr wert als ein glücklich gewonnener Krieg!* Ich gebe dir die Vollmacht, den Frieden auf dem Schlachtfeld zu unterzeichnen, und mache dir keinerlei Vorschriften, wenn es dir gelingt. Ich muß gestehen – wenn der Krieg doch noch stattfindet, weiß ich nicht, ob du mich wiedersehen wirst ...«

Die Gesandten versammeln sich, aber die preußische Delegation verwirft sämtliche von Cobenzl vorgelegten Vorschläge und formuliert für Preußen und seine Schützlinge territoriale und finanzielle Bedingungen, die Joseph II. als »absurd« erklärt. Immer noch glaubt der Kaiser, daß Friedrich II. nachgeben wird; Maria Theresia ist vom Gegenteil überzeugt: »Wir werden den Krieg haben. Das Wort ist furchtbar, und die Folgen sind schrecklich«, schreibt sie am 26. Juni. Sie täuscht sich nicht: am 4. und 7. Juli überschreiten die preußischen Armeen unter General Wunsch und Friedrich II. die österreichische Grenze bei Nachod und bei Trautenau. Die preußischen Vertreter verlassen Wien. Der Krieg ist da.

Maria Theresia gesteht Mercy ihre Furcht ein: »Der König steht mit starken Kräften in Böhmen und wird uns von allen Seiten abschnüren, denn er hat 40 000 Mann mehr als wir. Gott möge uns schützen!« Die beiden österreichischen Armeen unter Laudon und Lacy sind etwa 170 000 Mann stark; sie bleiben in der Defensive. Die Preußen rücken vor, nehmen eine Befestigungslinie nach der anderen – für die Joseph Unsummen aufgewendet hat. Er schreibt am 7. Juli 1778 an seine Mutter:

»Der Feind, mit dem wir es zu tun haben, ist uns überlegen und zu allem bereit; der König ist ein großer Feldherr. Wir müssen sofort in allen Ländern Rekruten einziehen und Massenaushebungen veranstalten. Der Staatsschatz muß auf alle Weise erhöht werden, und jedermann, vom Thron bis in die kleinste Bauernstube, dazu beisteuern. Wir haben Kredite im Ausland aufzunehmen, auch zu härtesten Bedingungen. *Wenn das Haus brennt, ist es sinnlos, auf den hohen Preis des Wassers hinzuweisen!* Auf politischem Gebiet müssen wir alles versuchen, um Hilfe bei unseren Verbündeten zu finden. *Wir werden dazu alles versprechen, was immer es sei*... Ich fühle mich verpflichtet, Eurer Majestät die Lage ungeschminkt darzustellen und schnellste Maßnahmen zu erbitten...«

Maria Theresia hat in der Stunde der Gefahr ihre alte Tatkraft wiedergefunden. Sie schreibt an Kaunitz:

»Jetzt ist genau das eingetreten, was ich vorhergesehen habe. Aber ich würde erst nach einer unvermeidlichen Niederlage resignieren... während man jetzt schon, bevor noch ein Kanonenschuß gefallen ist, alles für verloren hält! ... Ich bin fest entschlossen, das Unmögliche zu versuchen. Sie werden ernsthaft und unverzüglich darüber nachdenken, wie man den Krieg beenden kann, und mir die Mittel dazu ohne Einzelheiten vorschlagen.«

An Joseph schreibt sie: »Ich habe neue Kraft geschöpft und werde alles tun, um die Trümmer deines Erbes zu retten... Falls du den Frieden auf dem Schlachtfeld schließen kannst, tu es, selbst zu härtesten Bedingungen. Wirf alle Verantwortung auf ein graues Haupt, das zu nichts anderem mehr nütze ist...«
Das nächste Schreiben von Joseph lautet:
»Unsere Lage ist äußerst kritisch: Der Feind ist auf allen Gebieten stärker, kühn und kriegserfahren. Wenn wir uns nicht halten, müssen wir ihm Böhmen überlassen. *Nur Gottes Barmherzigkeit kann uns noch helfen. Wenn man auf irgendeine Weise, und sei es zu wenig günstigen Bedingungen, den Frieden wiederherstellen könnte, wäre das ein großes Glück, aber ich sehe keinen Weg.*«
Nun zögert die Kaiserin nicht mehr, sie beschließt, den Feindseligkeiten ein Ende zu machen, koste es, was es wolle. Sie überwindet ihre Abneigung gegen Friedrich und schreibt ihm am 12. Juli 1778:
»Mein Herr Bruder und Vetter,
aus dem Bericht des Freiherrn von Riedesel und dem Einmarsch der Truppen Eurer Majestät in Böhmen erfahre ich in tiefer Erschütterung den Ausbruch eines neuen Krieges. Alle Welt kennt mein Alter und meinen Wunsch, den Frieden zu erhalten, und ich selbst kann ihn nicht besser bekunden als durch diesen Schritt. Mein Mutterherz sorgt sich um zwei geliebte Söhne und einen Schwiegersohn, die bei der Armee sind. Ohne den Kaiser, meinen Sohn, vorher benachrichtigt zu haben, wende ich mich an Sie und bitte Sie, ebenfalls diesen Schritt vor aller Welt geheimzuhalten, was immer auch darauf erfolgen wird. Ich wünsche, daß die Verhandlungen, die der Kaiser bisher geleitet hat und die zu meinem Kummer abgebrochen worden sind, erneuert und zu Ende geführt werden. Freiherr von Thugut, der dieses Schreiben in Ihre Hände legt, hat Instruktionen und Vollmachten. Ich wünsche glühend, daß Eure Majestät auf unsere Vorschläge unter Rücksicht auf unsere Würde und unsere Zufriedenheit eingehen können und bitte Sie, daß Sie meinen dringenden Wunsch, unsere guten Beziehungen für immer wiederhergestellt zu sehen, im gleichen Geiste beantworten, zum Segen des Menschengeschlechts und unserer beiden Familien.«
Ohne ihren Sohn zu fragen, händigt Maria Theresia noch am selben Tage Baron Thugut die Vollmachten aus. Er soll auf der Basis ver-

handeln, daß Österreich einen Teil Bayerns behält und dafür andere Territorien an den Kurfürsten von der Pfalz abtritt... Thugut galoppiert mit dem Brief und der Bevollmächtigung, ferner einer Abschrift des Briefes für Joseph II. aus Wien. Doch der Kaiser weigert sich, den »Botschafter der Demütigung« zu empfangen, schlimmer noch, er spricht von Fahnenflucht und Verrat, anstatt seiner Mutter zu danken für die Einleitung von Verhandlungen, die er selbst durch seine verzweifelten Briefe provoziert hat.
Ein Schreiben Josephs benachrichtigt die Kaiserin von seinem Befehl, die Räumung der öffentlichen Kassen, der Artillerie und der Waffen, die sich in Prag befinden, vorzubereiten. Maria Theresia schreibt an Kaunitz: »... Dieser Brief ist wieder einmal so, daß ich wahnsinnig darüber werden könnte. Was für Anordnungen in Prag! Um ein paar Altertümer zu retten oder ein paar Häuser zu verbrennen, verliert man Monarchie, Glaubwürdigkeit, Vertrauen, ja, das ganze Land! Ich wünsche, daß diese Anordnungen geheim bleiben. Jetzt bin ich endlich wirklich verzweifelt, und meine ganze Hoffnung richtet sich auf den König von Preußen, auf den wir nun angewiesen sind.« Thugut erreicht am 15. Juli das preußische Hauptquartier in Welsdorf (Böhmen), spricht mehrere Male mit dem König und bringt dessen Vorschläge für einen Präliminarfrieden sowie einen sehr höflichen Brief für die Kaiserin zurück:
»Die Seelengröße, die Eure Majestät an den Tag legt, ist Ihres Rufes würdig. Die mütterliche Sorge, die Sie angesichts der Gefahren für den Kaiser und die Prinzen Ihres Hauses empfinden, verdient das Mitgefühl jedes hochherzigen Menschen und trägt, sofern das noch möglich ist, zu der hohen Achtung bei, die ich Ihrer geheiligten Person entgegenbringe. Ihren Vorschlägen habe ich weitere hinzugefügt und verspreche, bis zum Eintreffen Ihrer Antwort so zu handeln, daß Eure Majestät für Ihre Familie und insbesondere für Ihren Sohn, den Kaiser, nichts zu fürchten hat...«
Thugut, der zwischen Wien und Friedrichs Hauptquartier pendelt und unter dem Namen eines russischen Legationsrats Roßdorf reist, bringt immer neue Vorschläge und Gegenvorschläge. Obwohl die Preußen ihren Vormarsch fortsetzen, bleibt Joseph bei seiner unbeugsamen Haltung. Er weigert sich, eine von Kaunitz verfaßte Antwort an Friedrich II. zu bestätigen, und schreibt seiner Mutter:

»Sie haben diese *unglaublichen Verhandlungen* aufgenommen, ohne mich zu befragen; Sie sind dabei, abzuschließen; was also soll ich noch sagen? Das Unglück ist unheilbar. Ich darf nur noch daran denken, die Trümmer meiner Ehre und die des Staates zu retten. Entsprechend werde ich handeln.«

Sein Verhalten veranlaßt die Kaiserin, ihm zu antworten: »Zu dieser Stunde hältst du das Geschick deiner Länder in deinen Händen. Welche Entscheidung du immer triffst, sie wird vollzogen werden. Aber du mußt dich entscheiden: Krieg oder Frieden.« Der Kaiser weicht aus. Er lehnt es ab, an den von ihm heraufbeschworenen »schmachvollen« Verhandlungen teilzunehmen, aber er kämpft auch nicht. Ohne sich um ihn zu kümmern, setzt Maria Theresia ihre Bemühungen fort. Vom 13. bis zum 16. August 1778 bespricht sich Baron Thugut im Kloster Braunau mit den beiden preußischen Gesandten Herzberg und Graf Finkenstein. Die Gespräche scheitern.

Thugut, der in der Nacht vom 20. auf den 21. wieder in Wien eintrifft, ist überzeugt davon, daß Friedrich II. jetzt, nach dem inzwischen erfolgten Rückzug der Österreicher, jede Übereinkunft vereiteln wird. Aber ein unerwartetes Ereignis gibt der Kaiserin neue Hoffnung: Während sich Joseph auf eine nahe bevorstehende Schlacht vorbereitet, zieht sich der König von Preußen auf Schlesien zurück. Er muß es tun, aus Mangel an Lebensmitteln, wegen des starken Regens, wegen Krankheiten und Fahnenflucht. Im September ist Böhmen frei von Feinden. Der Kaiser hat nicht einmal daran gedacht, die Preußen zu verfolgen, deren Rückzugsstraße, wie Tschuppik schreibt, von »Massen zerstörter Wagen, unbrauchbaren Kanonen, Gewehren und zahlreichen Pferdekadavern« gekennzeichnet ist. Ein sonderbarer Feldzug! Anstatt sich auf den Feind zu stürzen und dem Gegner seinen Willen aufzuzwingen, wie er es früher so oft getan hat, ließ Friedrich II. Monate mit fruchtlosen Verhandlungen vergehen. Die Österreicher ihrerseits haben sich jeder Schlacht entzogen. Zwei große Armeen haben sich auf Demonstrationen beschränkt und einander keine Schlacht geliefert. Aber zehntausende Preußen und Österreicher sind von Epidemien hingerafft worden, und der »Kartoffelkrieg« hat die beiden Kriegführenden mehr als 30 Millionen Taler gekostet.

Obwohl die preußischen Truppen österreichisches Gebiet geräumt

haben, bleibt Maria Theresia unruhig. Sie weiß, daß sich die meisten Fürsten und Städte auf dem Frankfurter Reichstag für Friedrich ausgesprochen haben und daß wahrscheinlich im kommenden Frühjahr eine russische Armee von 60 000 Mann zu den Preußen stoßen wird. Eine drohende Note, die Katharina II. am 20. Oktober 1778 durch Galitzin in Wien vorlegen läßt, bestätigt die Sorgen der Kaiserin. Also muß man sich mit dem Frieden beeilen. Kaunitz hat begriffen, daß die Partie verloren ist, und unterstützt nun die Versuche der Kaiserin, Joseph zu überzeugen, der seine Illusionen noch nicht aufgibt und sich in Briefen an seine Mutter widersprechend äußert. Er schreibt: »Glauben Sie wirklich, daß Rußland im kommenden Frühjahr in den Krieg eintreten und daß sich Frankreich dann heraushalten würde? In diesem Falle bleibt uns immer noch, Bayern wieder herauszugeben... Der König (von Preußen) hätte dann seinen Triumph und Sie Ihren Frieden! Aber wenn es nur von mir abhinge, ich *würde nicht vor einem kühnen Schlag zurückschrecken!*« Ein anderes Mal vertritt er die Ansicht, daß die Fortsetzung der Feindseligkeiten »keine Aussicht auf Erfolg« habe, und hofft, daß der Frieden noch im Laufe des Winters geschlossen werden kann; er bringt seine alte Idee wieder vor, die österreichischen Niederlande gegen Bayern abzutreten. Ende Dezember kommt er nach Wien zurück und zieht alle Truppen aus Bayern ab. Ohne einen Tag zu verlieren, bittet Maria Theresia Frankreich und Rußland, als Vermittler tätig zu werden.
Im März 1779 wird ein Waffenstillstand zwischen Österreich und Preußen geschlossen, dem nach zweimonatigen Verhandlungen am 13. Mai der Friede zu Teschen folgt; an seinem Zustandekommen ist Frankreich mit geschickten Bemühungen zugunsten seines Verbündeten beteiligt.

Auf dem Teschener Kongreß wurde Österreich vertreten von dem jungen Grafen Ludwig Cobenzl, einem Vetter des Vizekanzlers. Ihm fiel keine leichte Aufgabe zu: Die Kaiserin hatte ihm empfohlen, »sich sehr versöhnlich zu zeigen«, während der Kaiser ihm auftrug, »ein Beispiel äußerster Härte« zu geben. Die wichtigsten Vertragsklauseln: Der Kurfürst von der Pfalz erhielt Bayern, das nach seinem Tode dem Herzog von Zweibrücken als nächstem Verwandten zufallen sollte; Österreich bekam das Innviertel, ein Gebiet von 234 Quadratmeilen zwischen Donau, Inn und Salzach mit 80 000 Einwohnern. Der Kurfürst zahlte 4 Millionen Taler an Sachsen. Österreich erkannte die familiären Regelungen an, nach denen der Kurfürst von Brandenburg, König von Preußen, im Erbfall die Markgrafschaften Ansbach und Bayreuth übernehmen sollte, falls keine männlichen Erben vorhanden wären. Im übrigen wurden die Verträge des Westfälischen Friedens bestätigt.

Im Verhältnis zur Annexion ganz Bayerns, von der Joseph II. ehrgeizig und kühn geträumt hatte, war der Gewinn des Innviertels geringfügig. Aber ein Krieg, den Österreich aller Wahrscheinlichkeit nach verloren hätte, wäre kostspielig an Menschen und Territorien geworden. Und eben das hatte Maria Theresia verhindert.

Friedrich II., der jetzt seine Animosität gegen Maria Theresia auf Joseph II. übertrug, machte eine elegante Geste: Am 13. Mai, dem Geburtstag der Kaiserin, zog er seine Truppen aus den bisher besetzten österreichischen Städten zurück. In ganz Österreich dröhnten die Glocken. Maria Theresia schrieb an Kaunitz: »Ich habe meinen Weg mit einem Tedeum beschlossen!« Sie fügt hinzu: »Zwar habe ich für Friedrich wirklich nichts übrig, muß ihm aber doch Gerechtigkeit widerfahren lassen, denn in diesem Fall hat er sich nobel benommen. Er hatte mir zugesagt, den Frieden zu ehrenvollen Bedingungen zu schließen, und er hat sein Wort gehalten. Ich empfinde unaussprechliches Glück bei dem Gedanken, daß ein furchtbares Blutbad vermieden worden ist!«

Joseph sagte bitter zu Botschafter Breteuil: »Man mußte sich dem Willen der Kaiserin beugen!« Kaunitz warf er vor, ihn »verraten« zu haben, und verfaßte eine Denkschrift für seine Mutter, worin er den Kanzler lebhaft angriff, der daraufhin wieder einmal seinen Abschied anbot. Wieder lehnte Maria Theresia seine Entlassung ab, gab ihm aber auf seinen Wunsch den jungen Cobenzl als Mitarbeiter. Der Kanzler versöhnte sich schnell mit dem Kaiser, indem er ihm neue Pläne vorzusetzen wußte. Joseph II. nahm es Frankreich übel, daß es seine anspruchsvollen Pläne in Bayern nicht unterstützt hatte. Ebenso ungerecht gegen Marie Antoinette wie gegen seine Mutter, schrieb er der Schwester: »Frankreich hat immer eine reichsfeindliche Haltung eingenommen; es hat sich sogar bemüht, alle ge-

genwärtigen und künftigen Vorteile für das Haus Österreich beim Frieden zu Teschen zu verringern.«
Kaunitz trug mit Joseph zusammen die Verantwortung für das unglückselige Unternehmen. Er war es, der die Besetzung vorgeschlagen hatte und »auf den Bluff Friedrichs mit einem noch größeren Bluff antworten« wollte. Aber der Kanzler hatte wenigstens eingesehen, wie sehr er sich verrannt hatte. Joseph dagegen versteifte sich gegen alle und alles. Friedrich II. wurde jetzt von den Deutschen mehr und mehr als ihr Verteidiger und mächtiger Beschützer angesehen.

Nach dieser bayerischen Affaire mied Joseph die Kaiserin; in der ganzen zweiten Hälfte des Jahres 1779 war er auf Reisen. Bei allen seinen Fehlern muß man ihm doch zugestehen, daß er sich ganz seinem Land widmete. Er führte, zuweilen unter sehr schwierigen Verhältnissen, lange Inspektionsreisen durch. Da er überzeugt davon war, daß eine Annäherung an Preußen ausgeschlossen und an England schwierig sei, da er außerdem gegen Frankreich eingenommen blieb, warf er seinen Blick auf Rußland.
Ein unvorhergesehenes Ereignis kam seinem Wunsch, nach Rußland zu reisen, entgegen: Die Zeitungen sprachen davon, daß die Zarin Weißrußland besuchen wollte. Daraufhin begab sich der Kaiser ohne Gefolge zum russischen Botschafter Fürst Galitzin in den Prater, um zu erfahren, ob die Zeitungsnachricht zuträfe. Galitzin wußte es nicht. Wenn es stimmte, sagte der Kaiser, würde er sich glücklich schätzen, anläßlich einer ohnehin geplanten Reise nach Galizien die Bekanntschaft Ihrer Majestät zu machen. Er fügte hinzu, daß er mit der Begegnung keine politischen Zwecke verfolge, und bat den Fürsten, die Herrscherin in diesem Sinne zu unterrichten: es handle sich um eine persönliche Botschaft, die nicht den Dienstweg gehen dürfe. Galitzin, der das Geheimnis eifrig bewahrte, ließ Katharina II. durch einen Sonderkurier informieren und erhielt bereits am 4./15. Februar 1780 Antwort von der Zarin:
»Sie werden keinesfalls verfehlen, Seiner Kaiserlichen Majestät zu bezeugen, in welchem Grade mir ein Vorschlag willkommen ist, der keinen Zweifel an seiner Freundschaft für mich läßt – und wie sehr ich die Gelegenheit zu nutzen wünsche, seine persönliche Bekannt-

schaft zu machen und mich in seiner Nähe zu befinden, um den hervorragenden Eigenschaften gerecht werden zu können, die ihm unter den Souveränen dieses Jahrhunderts einen so ausgezeichneten Platz verschaffen ...«

Ihre Zaristische Majestät erklärte, daß sie am 10./21. Mai von Moskau aufbrechen und am 27. Mai/7. Juni in Mogilew ankommen wolle, wo sie den Kaiser zu empfangen wünsche. Joseph, den Galitzin sofort unterrichtete, schickte Marschall Lacy am 29. Februar 1780 ein Billett, um ihm die Neuigkeit mitzuteilen: »Wir werden noch darüber sprechen, und ich kann nicht verhehlen, daß ich sehr neugierig bin, sie kennenzulernen. Vielleicht kann ich damit den lieben Friedrich so ärgern, daß er platzt. Adieu!« Maria Theresia hörte inzwischen, was der Kaiser eingefädelt hatte, und schrieb an Botschafter Mercy: »Sie können sich vorstellen, wie wenig ich diesen Plan begrüße, einmal wegen des Eindrucks, den die Begegnung auf die anderen Mächte machen wird, dann aber auch wegen der Antipathie oder sogar des Schauders, den mir Charaktere wie die Kaiserin von Rußland einflößen! ... Das Ganze ist ein neuer Beweis dafür, wie wenig ich die Projekte meines Sohnes verhindern kann, und dabei fallen die Vorwürfe doch auf mich zurück!« Kaunitz bemühte sich, die Königin zu beruhigen. Da er wußte, wie sehr sich Friedrich in Moskau bemühte, die Begegnung zu hintertreiben, verfaßte er auf Josephs Anregung zwei Denkschriften, eine in deutscher, eine in französischer Sprache, die er »Reflexionen« nannte und in denen er wertvolle Ratschläge gab.

Obwohl Maria Theresia ernstlich erkrankt war, brach Joseph am 26. April zu seiner Reise auf. »Graf Falkenstein« reiste im Wagen bis Meseritsch in Mähren, überquerte dann zu Pferde mit einigen Offizieren die Pässe, setzte die Reise am 5. Mai im Wagen fort, machte in Kiew Aufenthalt und erreichte Mogilew am 2. Juni, wo die Kaiserin aller Russen zwei Tage später eintraf. Auf ihre dringende Aufforderung hin begleitete er sie bis Smolensk und reiste dann mit Potemkin nach Moskau, während sich die Zarin nach Sankt Petersburg begab. Dort traf der Kaiser am 28. Juni zu einem dreiwöchigen Aufenthalt ein.

Kautnitz' Ratschläge waren davon ausgegangen, daß Zarin und Kaiser politische Gespräche führten, die sich, wie er hoffte, in einem

Abkommen niederschlagen würden. Zwar hatte Joseph ursprünglich nur eine Begegnung zu persönlicher Fühlungnahme geplant, sich aber dann vom Kanzler überzeugen lassen, so daß die beiden Herrscher nun politische Themen besprachen. Sie unterhielten sich vor allem über den letzten russisch-türkischen Krieg und warfen einander die Bündnisse mit Preußen vor, die dann jeder zu rechtfertigen verstand. Mehrmals fragte Katharina, warum Österreich nicht ganz Italien mit Rom eroberte, was Joseph mit der Bemerkung quittierte, daß Konstantinopel eigentlich für Rußland eine schöne Hauptstadt wäre. Er hatte den Eindruck, den er auch seiner Mutter mitteilte, daß die Zarin die Türkei haben wollte und von einem orientalischen Imperium träumte.

Fürst Potemkin tat sehr entzückt von seinem Gast. Er schlug Botschafter Cobenzl vor, daß Österreich und Rußland endlich die Feindseligkeiten begraben und die alte Freundschaft und Vertrautheit auf dauerhafte Weise neu konstituieren sollten. Katharina schien nichts dagegen zu haben; sie zielte auf eine gegenseitige Garantie der gegenwärtigen und *künftigen* Besitzungen ab – wobei nur die Erwerbungen ausgeschlossen sein sollten, die Österreich in Preußen oder Polen machen würde. Nach Ablehnung dieses Vorschlags kam Potemkin mit einem neuen: Kaiser und Zarin sollten einander versprechen, sich niemals mit der Türkei gegen den anderen zu verbünden. Joseph dagegen verlangte von Rußland die Verpflichtung, daß es sich nie an einem Angriffskrieg gegen Österreich beteiligen werde. Die Ziele der beiden Herrscher klafften völlig auseinander: Katharina II. wollte die Türkei und schlug Österreich dafür einen unmöglichen Ausgleich in Italien vor, und Joseph, der ein Auge auf preußische Territorien geworfen hatte, wollte sich dafür Rußlands Neutralität sichern. Aber Katharina hielt am Bündnis mit Preußen fest. Die Gespräche führten also zu keinem Ergebnis.

Eines Tages brachte Potemkin Cobenzl bei, daß die Zarin brennend gern das Goldene Vlies haben wolle. Das führte den Kaiser in nicht geringe Verlegenheit, denn der Orden, der für die Ausbreitung des katholischen Glaubens gestiftet worden war, kam nur »untadeligen Edelmännern von Rang und Waffen« zu. Nur Prinzen, Mitglieder des Hochadels, Staatsoberhäupter hatten ihn erhalten, niemals eine Frau. Am 12. Juli berichtete der Kaiser Maria Theresia von der Sa-

che. Er persönlich befürwortete, eine Ausnahme zu machen und der Zarin den Orden zu verleihen, aber er würde warten, bis die Zarin selbst das Gespräch darauf brächte ... Doch Katharina hütete sich, und von der Sache war nicht mehr die Rede.
Trotz allen Komplimenten, Schmeicheleien und Freundschaftsbeteuerungen waren sich die beiden Souveräne nicht nähergekommen. »Katharina denkt nur an sich selbst«, schrieb Joseph an Kaunitz. »Rußland interessiert sie ebenso wenig wie meine Person ... Die Eitelkeit ist ihr Idol.« Aber der Kaiser irrte sich: Katharina widmete ihre Intelligenz, ihre Kraft und ihr Leben dem neuen Vaterland.
Erst nach dem Tode Maria Theresias, am 18. Mai 1781, tauschten Rußland und Österreich die Handschreiben ihrer Herrscher über ein allgemeines Verteidigungsbündnis aus. Es dauerte so lange, weil sich Joseph II., der die Ranggleichheit der Zarin bestritt, hartnäckig dem »Alternat« widersetzte; das heißt, er verlangte, daß seine Unterschrift auf beiden Ausfertigungen des Vertrages an erster Stelle stehen sollte.

Dreizehntes Kapitel

WER WAR MARIA THERESIA?

Unter den christlichen Monarchen gehörte Maria Theresia zweifellos zu den gläubigsten. Gott herrschte in ihren Ländern, ihrer Familie, ihrem Leben.

Ganz im Gegensatz zu der stolzen Devise A.E.I.O.U. (Austria est imperare orbi universo – Alles Erdreich ist Österreich untertan) wollte Maria Theresia keineswegs die Welt erobern, sondern einfach das Erbe bewahren, das sie von ihrem Vater erhalten hatte, um es ihrem Nachfolger heil zu übergeben. Sie wollte aus ihren Ländern ein möglichst einheitliches Ganzes machen und ihre Völker, die sie wie ihre Kinder liebte, glücklich sehen. Die Briefe der Kaiserin an ihre Länder haben dieselbe Färbung, denselben Ton wie die Briefe der Mutter an »ihre Brut«. Die gleiche Autorität, eine ähnliche Wärme spricht aus ihnen. »Die Liebe unserer Völker ist der einzige Lohn unserer Bemühungen«, schrieb sie nach fünfunddreißig Jahren der Macht. Sie war wirklich die *Landesmutter*. Was Taten und Werk Maria Theresias beseelte, war nie das eigene Interesse oder das ihrer Familie, sondern das Interesse Österreichs. Sie lebte nach den Worten, die sie einmal schrieb:

»Eine Wahrheit steht mir ständig vor Augen: ich gehöre nicht mir selbst, ich gehöre meinen Völkern ...

So sehr ich meine Familie und meine Kinder liebe und weder Mühe noch Sorgen und Arbeit in ihrem Interesse scheue, so hätte ich doch nicht gezögert, gewissenhaft vor allem die Mutter meiner Länder zu sein und ihnen den Vorzug zu geben, wenn es nötig gewesen wäre ...«

Sie bewies es, als sie zwei Töchter zwang, Ehen einzugehen, die unerträglich werden mußten, die aber den Einfluß Österreichs in Italien festigen sollten. Sie wußte, daß man das Königtum in ihrer Person so verehren würde, wie sie es selbst in anderen Herrschern respektierte. Sie war durchdrungen von der Achtung vor den Rechten der Staaten und der Individuen. Deshalb weigerte sie sich auch, Botta, den ehemaligen Botschafter in Rußland, auszuliefern, als die Zarin Elisabeth ihn beschuldigte, an einer Verschwörung teilgenommen zu haben. Maria Theresias Haltung ist um so verdienstlicher, als dadurch die Beziehungen zu Rußland litten und das Bündnis in Gefahr geriet, auf das Österreich angewiesen war.

Maria Theresia wandelte das alte habsburgische Erbteil zu einem Staat mit moderner Verwaltung um und schuf eine zentrale Macht, die bis in die entlegensten Dörfer reichte. Immer handelte sie kraftvoll, aber mit Takt und Einfühlungsvermögen. Niemals improvisierte oder überstürzte sie etwas. Sie sah die Dinge, wie sie waren, als Realistin und nicht so theoretisch wie ihr Sohn Joseph. Sie ließ sich weder blenden, noch ködern, sie kannte Vorzüge und Fehler ihrer Mitarbeiter so genau wie ihre eigenen und die ihrer Kinder. Sie machte sich keine Illusionen über Grenzen und Wirksamkeit ihres Werkes und wußte genau, was sie wollte.

Das Erstaunlichste waren ihr unabhängiges Urteil und ihre Beharrlichkeit. Gewiß folgte sie den Ratschlägen von Kaunitz, Haugwitz, Lacy und anderen bedeutenden Männern ihrer Umgebung – aber nur dann, wenn sie mit ihnen einig war. Nur dann erklärte sie mit einem *Placet* am Rand des Schriftstücks ihr Einverständnis.

Sie besaß in höchstem Grade die beiden Eigenschaften, die nach Jakob Burckhardt den überlegenen Menschen ausmachen: Aktivität und Ausdauer. Sie überstand Niederlagen, sie überwand sich selbst, sie trug niemandem etwas nach – außer Friedrich II.

Maria Theresia bewies ihre ungewöhnliche Seelenstärke bei vielen Schicksalsschlägen, persönlichen und politischen. Und ungerührt ließ sie die Unzufriedenheit über manche Reformen, vor allem auf moralischem Gebiet, über sich ergehen. In einer Epoche, wo in Versailles die Favoritinnen herrschten und in Moskau ein Liebhaber den anderen ablöste, achtete sie auf strengste Sitten am Hof und in der Hauptstadt. Sie wußte, daß man darüber spottete, aber es ließ sie kalt: Sie konnte sich von ihrer Pflicht nichts abhandeln lassen.

Die Kaiserin suchte ihre Mitarbeiter mit Umsicht aus – allerdings war sie bei der Auswahl ihrer führenden Generäle weniger glücklich. Sie gab sich ihren Mitarbeitern gegenüber, die sie oft duzte, fröhlich, zutraulich, großzügig. Fürst von Ligne, den man am Versailler Hof »Prince Charmant« nannte, erzählt folgende Anekdote:

»Um mich einer geliebten Frau widmen zu können, die ich zu lange auf den Stufen des Hofes festhielt, ließ ich die Kaiserin eine volle Stunde warten. Sie war erzürnt und ließ mir sagen, daß ich mich jeden Tag in ihrem Vorzimmer einfinden und durch den diensthabenden Kammerherrn bei ihr melden lassen sollte, daß sie mich aber erst dann empfangen werde, wenn ich begriffen hätte, daß ich derjenige wäre, der warten müßte. Ich nahm Papier und Tinte mit und schrieb meine Briefe in ihrem Vorzimmer, um nicht Zeit zu verlieren, bis der Kammerherr mir den Bescheid gab, daß ich am nächsten Tage wiederkommen solle. Nach zwei Wochen dieser öffentlichen Buße ließ sie mich endlich zu sich, aber statt mir wie erwartet den Kopf zu waschen, empfing sie mich mit der freundlichsten Miene der Welt und den Worten: ›Wissen Sie eigentlich, daß ich Sie während unseres kleinen Streits zum Oberst ernannt habe? Ich verstehe mich schlecht auf meinen Vorteil: Sie haben mir im Feldzug von 1757 eine Kompagnie töten lassen, und diesmal könnten Sie am Tod eines Regiments schuldig werden. Mäßigen Sie sich, aus Diensteifer, meinetwegen und Ihretwegen!‹«

War einer ihrer Minister, Generäle oder Beamten leidend, gab sie ihm Ratschläge, Empfehlungen, schickte ihren Arzt, sandte ganz persönliche Mitteilungen. Es gibt viele liebevolle Billetts der *Augustissima* an Kaunitz, Laudon, Lacy und andere. Als Lacy im September 1770 erkrankt war, schrieb sie ihm:

»... Es ist kein Wunder, nach so ungeheurer Arbeit, die Sie dem Staat leisten. Aber Sie dienen Ihrer Freundin Therese schlecht, die sich einen so ergebenen, fleißigen und einzigartigen Mann unbedingt in ihrer Umgebung erhalten möchte.«

1766 starb Daun, ein Jahr nach Haugwitz. Die Kaiserin rief: »Gott hat mir zwei Menschen genommen, die mein ganzes Vertrauen besaßen. Sie waren fromme Christen, voller Eifer und Hingabe. Sie haben mir die Wahrheit gesagt, und ich konnte ihnen mein ganzes Herz öffnen.«

Auch die Truppen spürten ihre Güte. Sie schrieb Graf Ulfeld: »Die Armee in Italien befindet sich im tiefsten Elend. Sie wird nicht rechtzeitig Geld bekommen können. Bis zum Mai habe ich keinen Pfennig. Wirklich, mein Herz blutet bei diesem Unglück. Gibt es denn keine Hilfe?« War ein Feldzug beendet, so belohnte Maria Theresia die tapferen Truppen, schloß aber alle aus, die geplündert hatten.
Gegen ihre Hofdamen und Kammerfrauen war sie ebenso großzügig; sie nahm als Freundin an allen Kümmernissen teil. Als die Gräfin Enzenberg 1772 ihren Mann verlor, erhielt sie eine Einladung der Kaiserin: »Wollen Sie fort vom Lande, dann kommen Sie, richten Sie sich hier ein. Sie können immer mit einer Wohnung im Schloß rechnen. Falls Ihr Sohn ein Amt möchte, will ich mich darum kümmern.« Gegen alle geheiligten Traditionen ließ sie ihre geliebte »Füchsin« in der Kapuzinergruft beisetzen, in der bis dahin nur Herrscher und Prinzen ruhten. Bescheidenen Dienern verhalf die Königin zu besseren Posten; für ihre Frauen trat sie jederzeit ein, stellte ihnen Wagen für die Fahrt in die Stadt und eine Loge im Burgtheater zur Verfügung. Brautpaare wurden aus ihrer Privatschatulle beschenkt. Zur goldenen Hochzeit ihres Kammerdieners veranstaltete sie ein großes Fest. Sie kümmerte sich um alles – um Nahrung, Unterbringung, Unterricht und ferneres Schicksal der Kinder. 3000 Kinder aus dem Volk wurden auf ihre Kosten unterhalten. Natürlich wurde die Kaiserin in jener Zeit, die kaum soziale Hilfsorganisationen kannte, immer wieder um Hilfe gebeten und auch oft genug ausgenutzt.

Das Los der Bauern, Arbeiter, Soldaten und Leibeigenen lag ihr besonders am Herzen. An Katharina II. schrieb sie: »*Ich habe niemals Diener, sondern nur Freunde gehabt*«, an Lacy: »Wenn die Leute zufrieden sind, arbeiten sie das Doppelte; haben sie Furcht, tun sie nur ihre Pflicht.« An ihren Sohn Ferdinand: »*Durch das Gefühl zieht man die Menschen an sich heran und nicht durch die heute so moderne Philosophie.*« An die Gräfin Enzenberg: »Ich finde das Leben nur so weit erträglich, wie man anderen Freude machen und ihnen gefällig sein kann.«

Isabella von Parma schloß ihr begeistertes Porträt der Kaiserin mit den bezeichnenden Worten: »Loyalität und Güte bildeten den Grund ihres Wesens.«

Maria Theresias Devise (*Justitia et clementia*) kam in der Milde zum Ausdruck, die sie gelegentlich walten ließ: Als die Preußen 1743 Prag geräumt hatten, ging man daran, die Einwohner zu bestrafen, die den Feind begünstigt hatten. Der Kreishauptmann Karl David, der sich von Belle-Isle hat kaufen lassen, soll einen schrecklichen Tod erleiden: Er solle geköpft, sein Kopf auf einen Pfahl gesteckt, seine rechte Hand angenagelt, sein Körper durch das Schwert in vier Teile zerhauen werden, die der Henker in den vier Hauptstraßen Prags aufhängen wird. Am Tage der Hinrichtung drängt sich in der Dämmerung eine Menschenmenge um das Schafott. Der Verurteilte wird gebracht, das Todesurteil verlesen. Die Henkersknechte verbinden ihm die Augen, lassen ihn niederknien und legen seine rechte Hand auf den Block. In diesem Augenblick galoppiert ein Reiter heran – mit der Begnadigung durch die Kaiserin.

Sie begnadigte auch Graf Kolowrat, der aus österreichischen in bayerische Dienste gewechselt war. Dagegen verweigerte sie dem Pandurenoberst Franz von der Trenk jegliche Gnade, als er wegen Grausamkeiten, die er in Böhmen und Schlesien begangen hatte, zu lebenslänglicher Haft verurteilt wurde. Die Intervention Karls von Lothringen und anderer Generäle blieb wirkungslos; Trenk starb im Gefängnis. Ebensowenig Milde hatte sie für einen Kornett übrig, der vier Monate Kerker erhielt, weil er an der Spitze seines Pelotons Bauern malträtiert hatte.

Die Etikette des achtzehnten Jahrhunderts wollte den Herrscher stolz und unnahbar, doch Maria Theresia verband Schlichtheit mit der Majestät, Leutseligkeit mit der Zurückhaltung, und ohne je an Würde zu verlieren, gab sie sich heiter, lebhaft, begeisterungsfähig. Sie blieb auch auf dem Thron eine Frau, blieb die Wienerin, blieb sie selbst.

»Man verehrte sie«, berichtete der Fürst von Ligne, »schon deshalb, weil sich jedermann mit ihr nah verbunden fühlen durfte. Sie fragte die Leute nicht danach, was sie von ›Philosophie‹ hielten, sondern ließ sich von Heiratskontrakten, Testamenten und Einkünften aus Landbesitzen berichten.« Sie interessierte sich für Hausrat- und Viehbestand, und wenn sich ein Bauer von einer Neuerung geschädigt fühlte, zog er getrost in die Stadt, um »mit unserer Theres zu sprechen«. Voltaire hatte recht, als er feststellte: »Maria Theresia verbannte Etikette und Dünkel, die einen Thron verhaßt machen können, ohne ihm mehr Respekt zu verschaffen.«

Ihren entschlossenen Kampf gegen Atheismus, liberales Denken und schlechte Sitten trieb die Kaiserin so weit, daß sie unmoralische Bücher nicht ins Land lassen wollte. Als der Botschafter Rußlands protestierte, weil man ihm den achtzehnten Band der Gesamtausgabe von Voltaires Werken beschlagnahmt hatte, antwortete sie: »Galitzin sollte sich schämen, solche Bücher zu lesen! Das macht ihm wenig Ehre in den Augen anständiger Leute.« Als der sächsische Gesandte Graf Vitzthum eine ähnliche Beschwerde vorbrachte, ging Maria Theresia die Liste der konfiszierten Werke durch und gab dann ihre Entscheidung bekannt: »So ekelhafte Bücher, die weder der Unterhaltung, noch der Wissenschaft oder der Religion dienen, werden nicht über die Grenzen gelassen. Alle unsere jungen Leute würden sie sich ausleihen! Die Frechheit des Lasters muß eine große Gewalt haben, wenn der Gesandte nicht davor zurückschreckt, die Auslieferung der Bücher zu verlangen!« Man sollte meinen, daß es sich um gefährliche Werke gehandelt habe, erotische, verdammenswerte Literatur – aber beschlagnahmt waren dem Herrn von Vitzthum Montesquieus *Persische Briefe*, die *Freien Stücke* von Antoine Ferrand und die *Erinnerungen* der Frau von Maintenon. Van Swieten hatte große Mühe, das Verbot von Montesquieus *Geist der Gesetze* aufheben zu lassen.
Seit 1754 bekämpfte Maria Theresia Aberglauben, Hexenwesen und Schwarze Magie. 1766 befahl sie die Bestrafung von Hexenmeistern und Personen, die sich mit okkulten Dingen befaßten. 1775 verbot ein Edikt die Alchimie.

Ungarn, das bedeutendste Land der Monarchie, war in drei Klassen gespalten: Adel, Bürger und Bauern. Die Königin bemühte sich, alle drei für sich zu gewinnen, doch im ständigen Kampf des niederen Volkes gegen die Grundherren gehörte ihr Herz den Unterdrückten. Sie war aber zu klug, um es mit dem mächtigen Adel zu verderben, und versuchte deshalb, die Edelleute mit den geplanten Reformen zugunsten des Volkes auszusöhnen. Ämter, Auszeichnungen und Gunstbeweise sollten ihr dabei helfen. Als der Palatin Ludwig Bat-

thyany starb, ernannte sie ihren Schwiegersohn Albert von Sachsen zum Gouverneur. Im August 1765 erhielten die Leiter der Komitate Anweisungen zur Urbarmachung und Entwässerung bestimmter Gebiete, zur Entwicklung neuer Kulturen und Bildung von landwirtschaftlichen und gewerblichen Vereinigungen. Der Unterricht, der ausschließlich bei den Jesuiten lag, wurde verbessert und die Universität Tyrnau reorganisiert.
1766 brachen Wirren in Ungarn aus. Maria Theresia ließ gründliche Untersuchungen anstellen. Sie schuf wieder Ordnung zwischen Grundherren und Untertanen und machte mehreren Aristokraten Vorwürfe wegen der inhumanen Behandlung ihrer Leibeigenen. »Ich bin eine gute Ungarin«, schrieb sie ihrem Schwiegersohn. »Mein Herz ist voller Dankbarkeit für diese Nation.«
Übrigens wuchs die Bevölkerung Ungarns zwischen 1720 und 1787 von zweieinhalb auf acht Millionen Menschen.

Auch die Belgier hatten die Sympathie ihrer Herrscherin. Sie sprach von »meinen guten Flamen«, vom »Land, das uns am Herzen liegt«. Am Besitz der Niederlande durfte nicht gerüttelt werden. Was von dort kam, wurde mit größter Aufmerksamkeit beachtet, ob es sich um den Jahresbericht handelte, den die Königin schon am 8. Januar »mit Freude« erwartete, oder um Meldungen über einzelne Vorkommnisse.
In einem Gespräch mit Sir Charles Hansbury Williams im Jahre 1753 rief sie aus: »Ich bin die Herrscherin der Niederlande! Und ich habe die Pflicht, meine Untertanen zu schützen. Sie haben schon zu lange unter dem Barrierenvertrag gelitten und auf natürliche Rechte verzichten müssen, die andere Völker genießen.« Als Joseph 1778 mehrmals den Gedanken vorgebracht hatte, Belgien gegen Bayern zu tauschen, schrieb sie ihm: »Würden wir die Niederlande verlieren, wäre der Verlust schlimmer als der Schlesiens. Diese schönen Landschaften wären sehr zu bedauern, wenn man sie gegen die bayerischen Grobiane hergeben wollte. Ich hoffe, daß Sie nicht mehr daran denken.«
Maria Theresia hat Brüssel nie besucht. Aber die belgischen Historiker sind sich darüber einig, daß sie in den Niederlanden innig verehrt wurde. Sie wirkte auch aktiv an der Verschönerung Brüssels

mit. Und sie ließ die *Kaiserliche und Königliche Akademie der Wissenschaften und Schönen Künste* errichten, die noch heute dank ihren Arbeiten, Traditionen und Wettbewerben eine führende Rolle spielt.

Die Kaiserin interessierte sich ebenfalls für die Entwicklung der italienischen Besitzungen. Auch dort wurde 1776 in Mailand eine Akademie der Schönen Künste eröffnet.

Bei der ersten Teilung Polens ermahnte die Kaiserin Feldmarschall Lacy: »Ich empfehle Ihnen ... dieses arme Land nicht noch elender zu machen. Man soll die Konföderierten menschlich und maßvoll behandeln. Man darf sie nicht von Haus und Hof und ihrem einzigen Zufluchtsort vertreiben, ohne ihnen einen anderen anzuweisen!«

Maria Theresia war eine untadelige Ehefrau und vorbildliche Mutter. Mündlich und schriftlich gab sie die strengsten und genauesten Anweisungen für die Erziehung jedes Kindes.

Isabella von Parma schrieb einmal an ihre geliebte Schwägerin: »Du weißt wohl, auf welche Weise die Kaiserin ihre Kinder liebt: In ihre Liebe mischt sich immer ein wenig Mißtrauen, eine spürbare Kälte ...« Man wird aber vergebens nach Spuren von Mißtrauen und Kälte in Maria Theresias Briefen an ihre Kinder suchen – außer in denen an Joseph, der sich ja oft gegen seine Mutter stellte, so daß eine kühle Reaktion wohl gerechtfertigt scheint.

Alle Pflichten – als Kaiserin, Gattin, Mutter, Großmutter und Freundin erfüllte Maria Theresia mit gleicher Gewissenhaftigkeit. In ihr selbst gab es keine Kämpfe, keine Widersprüche. Sie war in sich harmonisch: Frau und Mutter in ihr harmonierten mit der Herrscherin, Seele mit dem Körper, Mut mit dem Willen.

Als letzte der Habsburger, die fünfhundert Jahre an der Macht gewesen waren, hatte Maria Theresia das Haus Habsburg-Lothringen gegründet, das noch etwa zwei Jahrhunderte regierte. Dank ihren politischen Konzeptionen, ihrer unermüdlichen Tätigkeit und ihren Reformen setzte sie nicht einen Endpunkt, sondern bildete Fortsetzung und neuen Beginn. Ihr ist es zu danken, daß Österreich den Satz von Adam Müller illustrierte: »Der Staat ist ein Bündnis voraufgegangener mit künftigen Generationen und umgekehrt.« Maria Theresia wagte es, die Wege ihrer Vorgänger zu verlassen: Seit dem ungarischen Reichstag von 1742 nahm sie den Ländern gegenüber eine neue Stellung ein, brachte Herrscher und Volk einander näher und zerbrach die Schranken, die sie seit Karl V. und Philipp II. getrennt hatten. So hat sie nicht nur aus den alten Erbländern einen neuen Staat geformt, sondern auch eine Brücke zwischen Herrscher und Volk geschlagen. Der Großkanzler von Fürst notierte: »Bei ihrer Thronbesteigung fand die Kaiserin alles in größter Unordnung vor, und ein achtjähriger Krieg konnte natürlich die Finanzen nicht aufbessern. Welcher andere Herrscher hätte es fertiggebracht, in sieben Friedensjahren die Dinge auf den jetzigen Stand zu bringen? Bis in die fernste Zukunft hinein *wird man zugeben, daß Maria Theresia eine der größten Herrschergestalten der Welt ist. Das Haus Österreich hat nicht ihresgleichen gehabt.*«

Wie auch immer Friedrichs II. Urteil über Maria Theresia ausfiel, er hat ihr doch in seinen Testamenten gehuldigt als »der weisen Fürstin«, »der weisesten und politisch begabtesten«. Und er fügte hinzu: »Diese Frau, die man als einen *großen Mann* ansehen könnte, hat die schwankende Monarchie ihrer Väter gefestigt.«

Vierzehntes Kapitel

MARIA THERESIAS LETZTE JAHRE

Die Pocken, die sich die Kaiserin 1767 am Krankenbett ihrer Schwiegertochter Josepha zugezogen hatte, erschütterten ihre Gesundheit. Zwei Jahre danach schreibt sie ihrer Freundin Gräfin Edling:
»... Ich bin noch fetter als meine verstorbene Mutter und auch so rot, vor allem nach den Blattern. Aber Füße, Brust, Augen sind nur noch Ruinen. Die ersteren sind stark geschwollen ... Ich darf mich nicht beklagen: Die menschliche Natur muß ein Ende haben. Ich habe mich fünfzig Jahre lang immer sehr wohl befunden; es ist nur gerecht, daß ich nun auch etwas zu klagen habe. Das ist eine Gnade Gottes!«
Seit dieser Zeit leidet die Kaiserin an Atembeschwerden und Schlaflosigkeit. Am 1. März 1771 schreibt sie der Marquise d'Herzelles:
»... Das Übel verstärkt sich von Tag zu Tag, vor allem dann, wenn irgend etwas in Unordnung gerät. Ich habe sogar seit zwei Monaten ein Erysipel im Gesicht und viele andere Beschwerden und immer weniger Atem.« Und im Jahr darauf: »Meine Gesundheit scheint mir besser zu sein, leidet aber unter Unbequemlichkeiten und allerlei Beschwerden, die Laune ist gesunken, und das Elend, in dem wir stecken, macht sie auch nicht besser ...«
Ganz allmählich ist aus der schönen, stattlichen Herrscherin eine fettleibige Frau geworden. Sie leidet unter pulmonären Kongestionen, die zu Erstickungsanfällen führen. Man hat eine Art primitiven Aufzugs in der Hofburg und der Kapuzinergruft eingerichtet, weil ihr das Treppensteigen soviel Mühe macht. Gewiß, ihre geistigen Fähigkeiten, Urteilskraft und Scharfblick sind ungetrübt, wie es sich zeigt, als sie bei dem traurigen bayerischen Abenteuer der drohenden Kriegsgefahr schnell und kühlen Bluts entgegentritt.

Aber ihre Nerven sind verbraucht, ihr Lebensrhythmus wird langsamer. Sie hat auf die Welt verzichtet, auf das Spiel, das Theater; sie weint jetzt leicht. Weder Lektüre noch Musik machen ihr Freude oder können sie zerstreuen. In schlaflosen Nachtstunden sitzt sie im Bett und schreibt unermüdlich an ihre Kinder. Sie zittert bei dem Gedanken an die Zukunft – es ist ihr Mitregent, der ihr diese Sorgen macht. Von einem anderen nie ruhenden Schmerz spricht sie nicht: von ihrer Entzweiung mit der ungestümen Herzogin Amalia von Parma.
Im Sommer 1778 hat Joseph bei seiner Rückkehr von Rußland so begeistert berichtet, daß seine Mutter ärgerlich zu Mimi sagt: »Ihm gefällt nur noch das Russische!« Bald darauf bricht er zu Manövern in Böhmen auf, und seine Mutter will sich in Schloßhof erholen. »Ich werde es zu niemandem sonst sagen«, vertraut sie ihrer lieben Mimi an, »aber ich glaube, daß ich zum letztenmal hinfahre.« Sie lebt dort sehr zurückgezogen, in Gesellschaft ihrer beiden entstellten Töchter Marianne, Äbtissin in Prag, und Elisabeth, Äbtissin in Innsbruck, die jetzt einundvierzig und sechsunddreißig Jahre alt sind.
Am 31. August 1779 freut sie sich über die Geburt des achten Kindes von Leopold. Zwar hat sie schon ein rundes Dutzend Enkelkinder, aber das genügt ihr noch nicht...
Ihr Zustand hat sich merklich verschlechtert; sie trinkt geeiste Limonaden, um den Durst und die innere Hitze zu beschwichtigen. Die Ärzte wagen sie nicht mehr zur Ader zu lassen. Maria Theresia macht sich nichts vor: Der Tod naht.

Immer noch hält die Kaiserin viel von ihrem Schwager Karl von Lothringen. Gewiß hat er sich als unzulänglicher General erwiesen, ist aber als Gouverneur der Niederlande ausgezeichnet. Er ist leutselig, immer guter Laune, großzügig, sorglos, pflegt eine Vorliebe für Maskeraden und für die hübschen Frauen kahlköpfiger Minister und hat sich mit allen diesen Eigenschaften die Herzen der Belgier so gründlich erobert, daß die Stände von Brabant seinen Tod nicht abgewartet haben, um ihm ein Denkmal zu setzen. Der intelligente und wohlwollende Gouverneur respektiert die Privilegien, an denen alle Schichten des Landes hängen, und verteidigt sie gegenüber den Wiener Zentralbehörden. Einmal schreibt er der Kaiserin: »Man hat versucht, das ganze Land hier bei Eurer Majestät anzuschwärzen, aber ich wage zu behaupten, daß es das nicht verdient.« Karl von Lothringen fördert Handel und Gewerbe, gründet Schulen für bildende Künstler, protegiert das Theater, die Musik und die Kunst. Sein Hof in Brüssel ist, wenn man Fürst von Ligne glauben darf, »heiter, harmlos, angenehm, liederlich, brillant und von Musik erfüllt«. Seine Zeitgenossen loben den Takt, die Milde und den klaren Verstand des Fürsten. Allerdings hat er einen Fehler: er wirft das Geld zum Fenster hinaus. Maria Theresia hat viermal die beträchtlichen Schulden ihres Schwagers bezahlt.

Seine Schwester Anne Charlotte von Lothringen lebt, nachdem sie 1754 den Wiener Hof verlassen hat, in Mons als Äbtissin des vornehmen Stifts von Sainte-Waudru. Gelegentlich fährt sie nach Brüssel, wo sie sich eine Wohnung genommen hat. Groß und mager mit unregelmäßigen, scharfen, von Pocken gezeichneten Zügen hat sie etwas Männliches an sich, das nicht zu ihrer kindlichen Schüchternheit passen will. Als sie 1773 stirbt, ist Karl tief erschüttert. Einige Jahre später erkrankt er selbst. »Der Zustand meines lieben Schwagers bekümmert mich tief«, schreibt die Kaiserin an Marie Antoinette. »Ich war ihm im wahrsten Sinn sehr zugetan. Er war die Güte selbst und hat seine Provinz zur glücklichsten der ganzen Monarchie gemacht.« Karl stirbt am 4. Juli 1780. In seinem Testament setzt er seinen Neffen Joseph II. als Erben ein.

Zum Nachfolger in Brüssel bestimmt Maria Theresia ihren Schwiegersohn Herzog Albert von Sachsen-Teschen. Ohne sich um dessen Etablierung und Verpflichtungen in Brüssel zu kümmern, versteigert Joseph alles, was der verstorbene Gouverneur an Pferden, Wagen, Möbeln und Geschirr hinterlassen hat. Maria Theresia wirft ihm diese unfreundliche und wenig würdige Art vor, »die auf ganz Europa einen sehr schlechten Eindruck macht«. Als Kaunitz und Starhemberg eine vorsichtige Andeutung machen, antwortet Joseph hochmütig: »Es ist mein Erbe. Ich weiß, was ich tue!«

Nach langen Verhandlungen wird Erzherzog Maximilian am 7. August 1780 zum Koadjutor des Erzbischofs von Köln ernannt, und zwar ist er durch den Papst von den letzten Gelübden entbunden. Man hat ihm ein paar Tage vorher die Tonsur geschoren, er hat die niederen Gelübde gesprochen. Am 16. ernennt ihn auch das Kapitel von Münster zum Koadjutor. Friedrichs II. Drohungen, die eigentlich die Wahl verzögern sollten, haben sie im Gegenteil beschleunigt. In einem Brief vom 31. August bedankt sich Maria Theresia bei Marie Antoinette, weil sie sich für die Etablierung ihres Bruders eingesetzt hat. Die Kaiserin schreibt: »Diese Angelegenheit ist nun aufs beste geregelt. Unser Nachbar hat es ziemlich übelgenommen und wird es nicht vergessen und bei anderen Gelegenheiten die hinterhältigsten und gefährlichsten Andeutungen machen ...«

Am 15. Oktober 1780 ergänzt Maria Theresia noch einmal ihr Testament und fügt der langen Reihe ihrer Gaben etliche Legate hinzu, darunter 100 000 Gulden für ihre Damen und ihr Personal. Sie bittet ihre Nachfolger inständig, »Liebe zu Gott und Gottesfurcht zu beweisen, väterliche Liebe zu den Untertanen, Tugend und Gerechtigkeit«. Sie möchte lieber ihre Länder »von einem tugendhaften und gläubigen Fremden regiert wissen als von einem Prinzen ihres Hauses, der seiner Vorväter und seiner Mission nicht würdig wäre«.

Am 18. begibt sie sich in die Kapuzinergruft, um am Grabe Franz' I. zu beten. Kurz bevor der Aufzug auf den Boden aufsetzt, reißt das Seil. Die Kaiserin fällt, erhebt sich langsam und sagt zu dem erschrockenen Kapuziner: »Es ist mein Gemahl, der mich zurückhalten möchte!« Am 3. November schreibt sie, beunruhigt durch Marie Antoinettes Leichtsinn und Verschwendungssucht, den letzten Brief an ihre geliebte kleine Tonia:

»Den ganzen Tag war ich mehr in Frankreich als in Österreich und habe mich an die für immer entschwundene schöne Zeit Ihrer Kindheit erinnert. Nur die Erinnerung daran vermag mich zu trösten. Ich bin sehr glücklich, daß Ihre Kleine, die so reizend sein soll, wie Sie berichten, wieder gesund ist ... Ich habe mich über alles gefreut, was Sie über Ihr Verhältnis zum König erzählen. Man muß die kommenden Zeiten abwarten und Hoffnung haben. Allerdings gebe ich zu, daß ich nicht recht einsehe, warum Sie auf getrennten Schlafzimmern bestehen. Mir wäre es viel lieber, wenn Sie auf deutsche Art zusammenlebten. Dann wären Sie mit Ihrem Gemahl so eng vertraut, wie es sich aus dem gemeinsamen Leben von selbst ergibt ... Der Kaiser reist wieder, diesmal in die Niederlande. Wie die Jahre vergehen, macht mir das mehr und mehr Sorge, und ich hätte doch in meinem Alter Hilfe und Trost dringend nötig. Nun, ich verliere alle, die ich liebe, einen um den anderen. Ich bin erschöpft.«

Der Kurier nach Paris bringt auch Mercy d'Argenteau ein Schreiben: »... Meine Kümmernisse aller Art sind schon zu groß und wachsen doch noch täglich. Ich habe keine Unterstützung, keine Hilfe. Das ist in meinem Alter kaum zu ertragen, und meine Gesundheit ist sehr angegriffen.«
Sie läßt den Kanzler für Ungarn, Esterházy, kommen, dem sie aufträgt: »Sagen Sie es den Ungarn immer wieder, daß ich bis zum letzten Augenblick dankbar an sie denken werde.« Kaunitz aber läßt sie nicht rufen, denn sie kennt ja ihres Kanzlers Furcht vor allem, was mit dem Tod zusammenhängt.
Am 8. November beginnt in Schönbrunn am frühen Morgen eine Fasanenjagd, die zu Ehren von Albert und Mimi veranstaltet wird. Die beiden sind aus Preßburg gekommen. Trotz Kälte und sintflutartigem Regen will die Kaiserin teilnehmen, um die Geschicklichkeit ihrer Tochter zu bewundern. Sie steigt aus dem Wagen und unterhält sich mit den Gästen. Die besorgte Elisabeth kommt mit Mänteln, hilft ihrer Mutter in den offenen Wagen und packt sie gut ein. Maria Theresia will noch nicht nach Hause: sie möchte die Artemis-Statue bewundern, die gerade aufgestellt worden ist und mit anderen Skulpturen des Bildhauers Beyer die Terrassen schmücken soll. Und Mimi muß unbedingt die neue Allee sehen! Man kommt ziemlich spät zurück ins Schloß, wo ein Jagdessen vorbereitet worden ist. Prinz Albert, der seiner Schwiegermutter sehr ergeben ist, rät ihr, sich in einem vorgewärmten Bett auszuruhen. Aber obwohl sie nasse Füße hat, weigert sie sich energisch, und Prinz Albert wagt nicht, sie weiter zu bedrängen. Die Gesellschaft begibt sich in das Lieblingszimmer des verstorbenen Kaisers. Schweigend blickt sich Maria Theresia um: Hier ist seit ihren glücklichen Tagen nichts verändert worden. Die vierundzwanzig Felder der Zimmerwände, die sie selbst bemalt hat, sind noch wie damals. Immer noch blickt Leopold I. mit Isabella und den Erzherzoginnen von Meytens Porträt herab. Da hängen Aquarelle, die Franz I. selber gemalt hat – und sein Bild ist da, in Lebensgröße, gemalt von Maron. Die Kaiserin versinkt in Träume. Doch dann ist plötzlich eine Stimme da: der Oberzeremonienmeister meldet, das Frühstück sei bereit. Maria Theresia läßt sich nicht anmerken, daß sie völlig durchfroren ist. Sie setzt sich zu Tisch. Nach der Mahlzeit will sie immer noch nicht in die Hofburg

zurückkehren. Es treibt sie, einige Zimmer wiederzusehen. Auf Mimi und Albert gestützt, betritt sie das Rote Zimmer. Hier stehen die kostbaren Gegenstände aus chinesischem Lack, die Franz ihr geschenkt hat, weil sie sich so leidenschaftlich dafür interessierte. Sie ist so erschüttert, daß ihr die Tränen übers Gesicht laufen. Und nun darf Albert sie zum Wagen bringen, sie hat von der Vergangenheit Abschied genommen.

In den Tagen darauf leidet Maria Theresia an quälendem Husten und starkem Fieber und klagt, daß es sie wie Feuer in der Brust brennt. Die Ärzte stellen ein Lungenödem fest. Sie kann nicht ausgestreckt liegen und verbringt die Nächte in einem Liegesessel, eingehüllt in den alten Morgenmantel ihres lieben Verstorbenen. Tagsüber sitzt sie aber wieder am Arbeitstisch, hält Audienzen ab und unterzeichnet Akten: der Staat verlangt sein Recht.

Am 20. fordert sie einen Aderlaß, obwohl Oberhofarzt Störck dagegen protestiert. Es erleichtert sie für ein paar Stunden. Am 22. und 23. wird der Puls schwächer, der Atem rasselt tief in der Brust. Die Kranke schläft kaum, hört aber wie immer die Messe und erledigt ihre Arbeit; jeden Abend setzt zwischen acht und neun Uhr der schreckliche Husten ein. Am 24. kommen Mimi und Albert aus Preßburg; Störck hat sie holen lassen, weil das Fieber bedrohlich steigt. Nur der Kaiser will es nicht wahrhaben. »Es kam sogar zu einem unangenehmen Auftritt mit dem Arzt, weil der Kaiser ihm den Vorwurf machte, die Gefahr zu übertreiben, um später mit der Genesung um so mehr Ehre einzulegen«, berichtet Albert von Sachsen, der die Szene miterlebt hat. Der Arzt überhört den schweren Vorwurf und tut, was er der Kranken versprochen hat: Er rät der Kaiserin, ihren Beichtvater kommen zu lassen, Prälat Müller von Sankt Dorothea.

Am 25. beichtet Maria Theresia. Am nächsten Morgen um vier Uhr empfängt sie am Altar das Abendmahl. Sie ist vollständig angekleidet und trägt einen schwarzen Schleier. Sie kniet auf einem Betschemel. Abends um sechs Uhr läßt sie ihre Kinder kommen, mit denen sie sich heiter unterhält. Joseph schreibt an Leopold: »Das Asthma hat sich verschlimmert, aber die Kaiserin ist völlig klar und lebhaft wie immer; man kann also hoffen, daß sie die Erkrankung übersteht.« Er verbringt die Nacht vom 26. auf den 27. November in ih-

rem Vorzimmer und öffnet ab und zu die Zwischentür, um nach ihren Wünschen zu fragen. Dabei überrascht er sie, wie sie am Schreibtisch sitzt und an Leopold schreibt:
»Meine mehr als zärtlichen und teuren Kinder, ich bin untröstlich bei dem Gedanken, welchen Eindruck Ihr durch den Kurier erhalten haben müßt, den man Euch gestern gesandt hat. Ich kenne doch Eure Anhänglichkeit. Stellt Euch nur meine Unruhe vor! Ihr seid christlich und tugendhaft, das tröstet mich, und Ihr werdet Euer Glück immer in Euch selbst finden. Gott erhalte Euch! Ich sende Euch beiden und Euren zehn lieben Kindern meinen Segen. Maria Theresia.«
Bei allen Schmerzen verbringt die Kaiserin fast den ganzen 27. November mit Arbeit und dem Ordnen ihrer Angelegenheiten. In der Nacht zum 28. erklären die Ärzte, daß keine Hoffnung mehr bestehe. Um vier Uhr morgens benachrichtigt sie ihre Kinder und bittet, daß man ihr die letzte Ölung in ihrer Gegenwart geben soll; aber sie läßt sie wissen, daß sie Verständnis dafür habe, wenn ihnen die Teilnahme zu schmerzlich sei. Es kommen: der Kaiser, Großherzog Maximilian, die Erzherzoginnen Marianne und Elisabeth, Mimi und ihr Gatte. Sie knien nieder. Die Kaiserin empfängt laut betend die letzte Ölung. Danach bleibt sie eine Viertelstunde mit ihrem Beichtvater allein und läßt dann wieder die Kinder eintreten. Zwanzig Minuten lang spricht sie mit ihnen, dankt ihnen für alle Liebe und richtet ergreifende Worte an jeden einzelnen. Lächelnd bittet sie Joseph, sich seiner Schwestern anzunehmen. Sie weinen. Der Kaiser kniet vor seiner Mutter und küßt ihr schluchzend die Hände, sie segnet ihn und küßt ihn auf die Stirn. So küßt und segnet sie jedes Kind und den geliebten Schwiegersohn. Weil sie der Kummer der Ihren zu sehr bedrückt, schickt sie alle fort.
Maria Theresia ruft alle Diener zu sich und bittet sie um Vergebung, falls sie einem Unrecht getan habe. Dann unterhält sie sich noch mehrmals sehr liebevoll mit Joseph – dem einzigen, der sich immer noch Illusionen macht. Tatsächlich steht am Schluß eines Briefes, den er am selben Tag an Kaunitz schreibt: »Ich habe noch große Hoffnung, daß Ihre Majestät die Krankheit überwindet!«
Am Abend des 28. Novembers sitzt Maria Theresia wie immer mit ihrer Familie am Tisch, stützt sich aber mit beiden Armen, um sich

aufrechtzuhalten. Man führt sie in ihr Schlafzimmer zurück. Zu Prälat Müller, der sie zur Geduld ermahnt, sagt sie mit dem Blick auf Kinder und Freunde: »Ihretwegen fürchte ich den Tod, denn ich sehe, was sie ertragen müssen!«

Die Nacht vom 28. auf den 29. beginnt mit einem furchtbaren Hustenanfall. Als man die Herrscherin bittet, sich niederzulegen, meint sie: »Ihr wollt, daß ich schlafe, während ich darauf warte, jeden Augenblick vor meinen Richter gerufen zu werden? *Ich fürchte mich einzuschlafen, denn ich möchte nicht vom Tod überrascht werden. Ich will ihm ins Gesicht sehen!*« Um drei Uhr früh bittet sie Joseph, sich schlafen zu legen und ihr Maximilian zu schicken, der sich im Vorzimmer aufhält. Eine Stunde lang unterhält sie sich mit diesem Lieblingssohn. Nach qualvollen Nachtstunden frühstückt sie um fünf Uhr mit dem Kaiser und achtet darauf, daß er alles vorfindet, wie er es liebt. Um sechs Uhr schickt sie die Kinder in die Messe und behält nur Marianne bei sich, mit der sie sich in großer geistiger Klarheit unterhält. Aber ihre Stimme klingt dumpf, ihre Züge sind sehr verändert. Noch einmal segnet und küßt sie Marianne, dann Elisabeth und Mimi, die geholt worden sind. Ihrem Schwiegersohn und Mimi sagt sie viele liebevolle Dinge – es habe keine größere Freude für sie gegeben, als die Heirat der beiden. Um zehn Uhr schickt sie die Erzherzoginnen fort, damit sie ihren Tod nicht mitansehen müssen. Noch mehrmals spricht sie mit dem Kaiser, jetzt in französischer Sprache, während sich die beiden bisher immer deutsch unterhalten haben. Ein Getränk, das Störck ihr reicht, weist sie lächelnd zurück: »Das soll mich wohl hier zurückhalten? Nun, dann nehme ich es nicht!«

Trotz allen Schmerzen wartet die Kaiserin friedlich und klar auf den Tod. Ihre Aufgabe in dieser Welt ist beendet: Das Erbe ist ungeschmälert – Schlesien fehlt, aber Galizien und Lodomerien werden es ersetzen –, sie hat dem Land zur Einheit verholfen, Friede herrscht, ihre Kinder sind gut versorgt. Nun kann sie zu Franz I. gehen, der auf sie wartet. Für alle Zeiten.

Immer mehr verändert sich ihr Gesicht. Sie murmelt: »Ich habe immer danach gestrebt, so zu sterben. Ich sehe, daß man mit Gottes Gnade alles vermag...« Bald darauf: *»Es ist, als wenn man von einem Zimmer ins andere geht.«* Sie läßt die Fenster öffnen: *»Ich* *habe kein schönes Wetter für meine lange Reise!«* Plötzlich wird sie von heftigen Schmerzen überfallen. Nach einem Krampf fragt sie den Arzt: »Ist es das Ende?« »Noch nicht, Majestät«, antwortet er. Und Maria Theresia: »Das Ende ist also noch schmerzhafter?«

Am 28. November 1780 abends gegen neun Uhr, erhebt sich die Kaiserin-Königin, als ob sie fortgehen wolle. Joseph stürzt vor und fragt: »Wohin wollen Eure Majestät gehen?« Ohne zu antworten, fällt sie zurück, von einem krampfhaften Zucken befallen. Sie tut den letzten Atemzug. Ihre Kinder schluchzen. Dr. Störck tritt heran und schließt ihr die Augen. Denn Maria Theresia hat ihn darum gebeten: »Es wäre zu grausam für den Kaiser!«

So starb:

Maria Theresia die Große.

MARIA THERESIAS SECHZEHN KINDER

Franz I. von Lothringen
8. 12. 1708 – 18. 8. 1765
1737 Großherzog von Toskana, 12. 2. 1736 ∞
1745 Kaiser

Maria Theresia
13. 5. 1717 – 29. 11. 1780

1.
Marie Elisabeth
5. 2. 1737
– 7. 1. 1740

2.
Marianne (Anna)
6. 10. 1738
– 19. 11. 1789
Äbtissin in Prag

3.
Marie Karoline (Carolina)
12. 1. 1740
– 25. 1. 1741

4.
Joseph II.
13. 3. 1741
– 20. 2. 1790
1765 Kaiser
Gemahlinnen:
Isabella von Parma
Heirat 6. 10. 60
31. 12. 1741
– 27. 11. 1763
Maria Josepha von Bayern
Heirat 23. 1. 1765
30. 3. 1739
– 28. 5. 1767

5.
Maria Christine
(Mimi)
13. 5. 1742
– 24. 6. 1798
heiratet
8. 4. 1766
Albert Heinrich
von Sachsen-Teschen
1738 – 10. 2. 1822
1766 Palatin von Ungarn

6.
Marie Elisabeth
13. 8. 1743
– 25. 9. 1808
Äbtissin in Innsbruck

7.
Karl Joseph
1. 2. 1745
– 18. 1. 1761

8.
Maria Amalia
26. 2. 1746
– 18. 6. 1804
heiratet
19. 7. 1769
Herzog Ferdinand von Parma
20. 1. 1751
– 9. 10. 1802

9.
Leopold II.
5. 5. 1747
– 1. 3. 1792
1765
Großherzog von Toskana
1790 Kaiser
heiratet
5. 8. 1765
Maria Ludovika,
Tochter Karls III.
von Spanien
24. 11. 1745
– 15. 5. 1792

10.
Caroline
geboren und gestorben
17. 9. 1748

11.
Johanna
4. 11. 1749
– 23. 12. 1762
verlobt mit
Ferdinand von Neapel

12.
Josepha
19. 3. 1751
– 15. 10. 1767
verlobt mit
Ferdinand von Neapel

13.
Caroline
13. 8. 1752
– 8. 11. 1814
heiratet
12. 5. 1768
Ferdinand von Neapel,
Sohn Karls III. von Spanien
12. 1. 1751
– 4. 1. 1825

14.
Ferdinand
1. 6. 1754
– 24. 12. 1806
heiratet
15. 10. 1771
Maria Beatrice von Este,
Tochter Herkules' von Modena
6. 6. 1750
– 14. 1. 1829

15.
Marie Antoinette (Antonia)
2. 11. 1755
– 16. 10. 1793
heiratet
16. 5. 1770
Herzog Ludwig von Berry
(Ludwig XVI.) von Frankreich
23. 8. 1750
– 21. 1. 1793

16.
Maximilian Franz
8. 12. 1756
– 27. 6. 1801
1784
Kurfürst von Köln und
Bischof von Münster

DIE HERRSCHER UND PÄPSTE WÄHREND DER REGIERUNGSZEIT MARIA THERESIAS 1740–1780

Heiliges Römisches Reich Deutscher Nation

Karl VI.	1711 – 1740
Karl VII.	1742 – 1745
Franz I. von Lothringen	1745 – 1765
Joseph II.	1765 – 1790

Päpste

Benedikt XIV.	1740 – 1758
Klemens XIII.	1758 – 1769
Klemens XIV.	1769 – 1774
Pius VI.	1775 – 1799

Frankreich

Ludwig XV.	1715 – 1774
Ludwig XVI.	1774 – 1793

England

Georg II.	1727 – 1760
Georg III.	1760 – 1820

Preußen

Friedrich II.	1740 – 1786

Spanien

Philipp V.	1700 – 1746
Ferdinand VI.	1746 – 1759
Karl III.	1759 – 1780

Rußland

Anna Iwanowna	1730 – 1740
Elisabeth	1741 – 1762
Peter III. Januar–Juli	1762
Katharina II. Juli	1762 – 1796

Türkei

Mahmut I.	1730 – 1754
Osman III.	1754 – 1757
Mustafa III.	1757 – 1774
Abd-ul-Hamid	1774 – 1789

Polen

August III.	1733 – 1763
Stanislaus Poniatowski	1764 – 1795

Holland

Wilhelm IV.	1747 – 1751
Wilhelm V.	1751 – 1795

Dänemark und Norwegen

Christian VI.	1730 – 1746
Friedrich V.	1746 – 1766
Christian VII.	1766 – 1808

Schweden

Friedrich I. von Hessen-Kassel	1720 – 1751
Adolf Friedrich	1751 – 1771
Gustaf III.	1771 – 1792

Portugal

Johann V.	1707 – 1750
José	1750 – 1777
Marie I.	1777 – 1799

Savoyen

Karl Emanuel I.	1730 – 1773
Viktor Amadeus II.	1773 – 1796

Neapel und Sizilien

Karl IV. von Bourbon	1735 – 1759
Ferdinand I. (IV.)	1759 – 1806

Bayern

Karl Albert (Karl VII.)	1726 – 1745
Maximilian Joseph	1745 – 1777
Karl Theodor	1777 – 1799

REGISTER

Bildnachweis

Ludwig XV. von Frankreich, Katharina II. von Rußland, Stanislaus II. August von Polen: Bildarchiv Preußischer Kulturbesitz.
Alle übrigen Bilder: Historia Foto, Bad Sachsa.